Siegfried J. Schmidt
Kalte Faszination

Siegfried J. Schmidt

Kalte Faszination

Medien · Kultur · Wissenschaft
in der Mediengesellschaft

Velbrück Wissenschaft

Erste Auflage 2000

Gesetzt vom Verlag aus der Stempel Garamond
Druck: Hubert & Co, Göttingen
Printed in Germany
ISBN 3-934730-20-5

Die Deutsche Bibliothek – CIP-Einheitsaufnahme
Ein Titeldatensatz für diese Publikation ist bei
Der Deutschen Bibliothek erhältlich.

Inhalt

Vorwort

Gesellschaften brauchen offenbar griffige Formeln zur Selbstbeschreibung; und je vielfältiger die Perspektiven und die Strategien der Selbstbeobachtung werden, desto diverser werden auch diese Formeln.

In das Arsenal dieser Selbstbeschreibungsformeln gehören seit einiger Zeit ›Medienkultur‹, ›Mediengesellschaft‹ und ›Medienkulturgesellschaft‹. Ob diese Formeln hinreichen, eine Gesellschaft als Ganzes zu beschreiben, sei dahingestellt. Daß sie zwei Themen zusammenbringen, die im Vordergrund des öffentlichen wie wissenschaftlichen Interesses stehen, dürfte dagegen unbestritten sein: *Medien* und *Kultur*. So kontrovers die öffentliche Debatte darüber geführt wird, in welcher Art von Kultur wir leben, so intensiv wird auch in vielen Wissenschaften darüber gestritten, wie die unterstellte Medienkulturgesellschaft in wissenschaftlichen Beschreibungen und Erklärungen eingeholt werden kann. An den Gerüsten für eine Medienkulturwissenschaft wird an vielen Orten gearbeitet, und wie nicht anders zu erwarten, wird diese Arbeit begleitet von tiefgreifenden Kontroversen über Grundlagen, Voraussetzungen, Zielsetzungen und Verfahren.

In diese Kontroversen mischt sich das vorliegende Buch ein, um einen konstruktivistischen Standpunkt in die Debatte einzubringen. Nicht als ob unterstellt würde, damit seien alle Probleme zu lösen, sondern um vorzuführen, welche Beobachtungs- und Beschreibungsmöglichkeiten von Medienkulturgesellschaften man mit einem konstruktivistischen Ansatz gewinnt. Darüber hinaus soll aber auch ganz bewußt versucht werden, Verbindungslinien zwischen erkenntnis- und medientheoretischen Positionen zu ziehen, um – wenn man so will – zu dichteren Beschreibungen zu kommen.

In den Kapiteln dieses Buches sind Überlegungen zu diesem Themenbereich zusammengefaßt, die ich zum Teil in den vergangenen Jahren in Vorträgen, Zeitungs- und Zeitschriftenartikeln und Beiträgen zu Sammelbänden vorgelegt und diskutiert, zum anderen Teil neu geschrieben habe. Diese Überlegungen und Formulierungen sind hier thematisch konzentriert und aufeinander bezogen worden, um ein möglichst hohes Maß an argumentativer Kohärenz zu erreichen. Dabei geht es mir wohlgemerkt nicht um den Entwurf einer neuen »großen Theorie«, sondern darum, Perspektiven auszuprobieren – vor allem konstruktivistische Perspektiven.

Wie jede Auseinandersetzung mit Medien vollzieht sich auch die vorliegende in einem Medium. Aber daraus erwachsen einem Konstruktivisten keine grundsätzlichen Probleme; denn so wie jede Beobachtung, jede Unterscheidung und Benennung also, auf einen Beobachter und seine systemspezifischen Bedingungen bezogen werden muß, gehört auch zur Einschätzung jedes Medienangebots die Berücksichtigung der konstitutiven mediensystemischen Bedingungen der Produktion und Nutzung dieses Angebots. Ebendieser differenztheoretische Ansatz, der auf die kulturelle Selbstorganisation von Wissen setzt und damit die Endgültigkeit der Vorläufigkeit festschreibt, prägt die verschiedenen Überlegungen dieses Buches, die sich bewußt nicht nur auf journalistischen oder wissenschaftlichen Mediengebrauch konzentrieren, sondern auch »Fiktionsmedien« wie Literatur und bildende Kunst mit berücksichtigen.

In den Text eingestreut sind eine Reihe von Abbildungen. Einige davon werden im Text besprochen, so etwa Bilder von Tizian, Mondrian oder Malewitsch. Andere stehen exemplarisch für Kunstrichtungen, auf die sich der Text bezieht, zum Beispiel Visuelle Poesie oder Medienkunst. Eine dritte Gruppe von Abbildungen (Texte oder Bilder) liefern gewissermaßen Formulierungsvarianten für Themen, die im Text behandelt werden, und illustrieren die Thesen des Textes zum Problembereich Intertextualität und Intermedialität.

Unvermeidliche Stilbemerkung: Streng konstruktivistisch müßte jede Existenzbehauptung (»A ist«) wie jede Attribuierung (»A ist x«) mit dem Vor-Satz »ich sage, meine, behaupte, nehme an ..., daß x ...« versehen werden. Um diese stilistischen Ungetüme zu vermeiden, bitte ich alle Leserinnen und Leser, diesen Vor-Satz in Erinnerung zu behalten.

Unvermeidliche Schlußbemerkung: Die Aktanten, von denen in diesem Buch die Rede ist, sind Menschen, also Männer und Frauen.

Münster, Mai 1999 s. j. schmidt

1940194119421943194419

4519461947194819491950

1951915219531954195519

5619571958195919601961

1962196319641965196619

6719681969197019711972

1973197419751976197719

7819791980198119821983

1984198519861987198819

8919901991199219931994

19951996199719981999

Abbildung 1: Siegfried J. Schmidt, »Öffentliche Autobiographie«

PS 1: Bücher wie dieses schreiben sich – jedenfalls nach meiner Erfahrung – noch nicht (von) selbst. Deshalb beginnt dieses Buch mit einer öffentlichen Biographie des Autors. (Abb. 1)
PS 2: Der Titel dieses Buches reflektiert – in gewissem Sinne – M. McLuhans Unterscheidung zwischen heißen und kalten Medien.
PS 3: Christiane Jasper hat aus meinen Manuskriptwüsten ein lesbares Buch gemacht. Dafür danke ich ihr sehr.

Erstes Kapitel
Konstruktivismus als eine Grundlage der Medienforschung

Nachträge zum Dauerthema Konstruktivismus

»Das ist so hier. Ich bin. Ich bin eine Geschichte. Ich bin eine Geschichte von jemand. Jemand, von dem ich eine Geschichte bin, ist die Geschichte, die ich bin. Ich bin jemand, der eine Geschichte ist, ja. Das ist wie ein Motto. Und dann ist es so.«
Josef Hiršal in einem Gespräch mit dem Autor

1. Konstruktivismus – ein Diskurs, keine Lehre

Mit dem Funkkolleg »Medien und Kommunikation«[1] ist zum erstenmal und unter höchst kontroverser Anteilnahme des Faches eine Anwendung konstruktivistischer Ideen auf Probleme der Medien- und Kommunikationsforschung erprobt worden. Seither ist vor allem von den Kritikern oft eine Darstellung »des Konstruktivismus« geliefert (oder stillschweigend vorausgesetzt) worden, die von den Kritisierten als inadäquat empfunden und oft auch explizit zurückgewiesen worden ist.

Zu Beginn dieses Buches, das einen neuen Anlauf zur Entwicklung konstruktivistischer Ansätze (in) der Medienforschung unternimmt, will ich daher noch einmal auf dieses leidige Thema eingehen; nicht indem ich den Streit erneut aufrolle, sondern indem ich meine derzeitige Position in Sachen »Konstruktivismus: Was ist das?« skizziere, auch wenn ich dabei Wiederholungen in Kauf nehmen muß.

Konstruktivismus – was immer darunter verstanden wird – ist in den letzten Jahren fast zu einem Modethema geworden, das nicht nur in Seminaren und auf Kongressen, sondern auch in

1 Zur Darstellung der Ergebnisse vgl. Merten, Schmidt und Weischenberg (Hg.) 1994.

allen Medien diskutiert und kommentiert wird.[2] Aber wie alle in Mode gekommenen Pauschalnamen für künstlerische oder philosophische Strömungen bezeichnet auch ›Konstruktivismus‹ im öffentlichen Diskurs bis heute keine genau definierte Denk- und Forschungsrichtung, sondern weist in eine bestimmte Richtung und weckt vor allem Affekte: Hosianna und steinigt ihn! Auf der Strecke bleibt, was diejenigen intellektuell umtreibt, die sich Konstruktivisten nennen oder als solche bezeichnet beziehungsweise beschimpft werden.[3] Alles Konstruktion – nichts Konstruktion. Wo bleiben die Differenzierungen, wo die Unterscheidungen, die den Konstruktivisten so wichtig sind, daß sie ihren Denkansatz gelegentlich einfach als Unterscheidungstheorie »ausflaggen«?

Damit sind wir bereits mitten im Dilemma. »Der Konstruktivismus« (manche sprechen auch mit Ernst von Glasersfeld vom »Radikalen Konstruktivismus«) als kognitions- und erkenntnistheoretische Denkrichtung ist kein einheitliches Theoriegebäude, das von einer homogenen Forschergruppe entwickelt worden wäre und in lehrbuchartiger Form vorläge. Vielmehr handelt es sich eher um einen Diskurs, in dem Stimmen aus unterschiedlichen Disziplinen – von der Biologie bis zur Wirtschaftswissenschaft – zu hören sind; und manchmal durchaus dissonant, da ganz unterschiedliche Denktraditionen und »Denktemperamente« zusammentreffen und jeder Forscher auch noch seinen eigenen Kopf hat – weshalb dann jeder von ihnen auch immer wieder genau spezifizieren muß, was er unter »Konstruktivismus« versteht.[4]

Zusammengehalten wird dieser vielstimmige Diskurs bestenfalls von einer Reihe für wichtig gehaltener Themen, an denen sich Konstruktivisten »abarbeiten«, wie zum Beispiel Beobachten und Unterscheiden, Selbstorganisation und Selbstreferenz,

2 Ein Beispiel für viele: »Die Philosophie des Radikalen Konstruktivismus hat den Fußball erreicht. Die Medien konstruieren ein Ereignis, das ohne die Medien gar keines wäre. Erst die Beobachter schaffen die Welt.« So H. Kreitling in *Die Welt* vom 20. Juni 1998, S. 10.

3 Vgl. etwa Groeben u.a. 1991.

4 Ausführlich habe ich das getan in Schmidt 1994, 1996, 1998. An dieser Stelle verweise ich deshalb nur auf einige Schwerpunkte und kritische Punkte, um den Argumentationsrahmen für die medientheoretischen Überlegungen zu skizzieren.

Autonomie und Regelung komplexer Systeme, organisationelle Geschlossenheit und Strukturdeterminiertheit, Umwelt und System, Autopoiese und Heterarchie.[5] Diese Themen verweisen auf die vielfachen Wurzeln und Störungen konstruktivistischer Theoriebildung: auf empirische Kognitionstheorien (Humberto R. Maturana, Francisco J. Varela, Gerhard Roth); auf Heinz von Foersters Theorie der Beobachtung zweiter Ordnung; auf Ernst von Glasersfelds Radikalen Konstruktivismus im Anschluß an Jean Piaget; auf Peter M. Hejls soziologische Systemtheorie wie auf Niklas Luhmanns sozialphilosophischen systemtheoretischen Konstruktivismus; auf George Spencer Browns Unterscheidungslogik; auf Paul Watzlawicks Psychotherapie, auf Gotthard Günthers polykontexturale Logik und so weiter. Und dirigiert wird dieser vielstimmige Theoriediskurs von einer gemeinsam geteilten Verschiebung des Erkenntnisinteresses vom Erkenntnisobjekt zum Erkenntnisprozeß und dessen konkreten empirischen Bedingungen.

2. Die Beobachter-Geschichte

»Sich der Unterscheidungen bewußt werden heißt *beobachten.*«
E. von Glasersfeld

»Auf der Ebene der Beobachtung zweiter Ordnung sieht der Beobachter, daß Beobachter nicht sehen, was sie nicht sehen. Zu dem, was sie nicht sehen, zählen sie selbst, zählt ihre eigene Materialität des Beobachtens.«
D. Baecker

In gewisser Weise kann die Geschichte der modernen Erkenntnistheorie geschrieben werden als die Geschichte des *Beobachters* beziehungsweise des *Beobachtens*. Diese Geschichte handelt von den Konsequenzen der Einsicht, daß, was immer gesagt wird, von einem Beobachter zu einem anderen Beobachter gesagt wird und daß, was immer wahrgenommen und erkannt

5 Vgl. dazu ewa jüngst die Beiträge zu Ernst von Glasersfelds radikal-konstruktivistischer Wissenschaftstheorie in: *Ethik und Sozialwissenschaften* 9 (1998), Heft 4.

wird, von einem Beobachter mit anderen Beobachtern wahrgenommen und erkannt sowie zur gemeinsamen Grundlage des Handelns gemacht wird. Beobachten, das sei von Beginn an betont, ist eine Form von Handeln, von Unterscheiden- und Benennen-Können, das in Gemeinschaft mit anderen gelernt, schematisiert und bis zur Selbstverständlichkeit routinisiert worden ist. Und der Beobachter, auch das sei von Anfang an betont, ist keine identische Größe im Sinne der »alteuropäischen« Individualitäts- und Subjektphilosophie. Vielmehr entsteht und besteht er ausschließlich in Unterscheidungsprozessen im Sinne der Glasersfeldschen Hypothese: »Indem ich unterscheide, bringe ich mich als Beobachter hervor« (1990, S. 287).

In der Geschichte der Philosophie gibt es für diese Beobachterproblematik nach wie vor keine präzisere Formulierung als die Demokrit zugeschriebene, daß man in der Wahrnehmung nicht hinter die Wahrnehmung zurückkann, um das Wahrgenommene mit dem noch nicht Wahrgenommenen in Hinblick auf die Repräsentationsadäquanz der Wahrnehmung zu vergleichen. Sextus Empiricus argumentierte darüber hinaus, daß man ein Kriterium brauche, um wahre von falschen Erkenntnissen unterscheiden zu können. Ein solches Kriterium aber müsse wiederum selbst eine Erkenntnis sein. »So gerät die Erörterung in die Diallele, und die Auffindung des Kriteriums wird aussichtslos« (*Grundriß der Pyrrhonischen Skepsis*).

Und bei Xenophanes (*Fragment* 34) lesen wir: »Selbst wenn ein menschliches Wesen die Welt erkennen würde, wie sie wirklich ist, könnte es das selbst doch nie wissen.« (»Es ist mir nicht möglich«, formulierte Robert Walser zwei Jahrtausende später, »mir die Wahrheit zu sagen.«)

Prominent geworden ist Demokrits Einsicht als Argument in der Debatte über einen Wechsel von identitäts- zu differenztheoretischen Ansätzen in der Philosophie und Soziologie, die sich um die Konzepte System und Umwelt gruppieren. System und Umwelt, so ließ sich nun (auch schon) mit Demokrit argumentieren, lassen sich nur in gegenseitiger Abhängigkeit bestimmen, nämlich als Umwelt eines Systems bzw. als System in Differenz zu einer Umwelt.

Die Überzeugungskraft von Demokrits Einsicht erleichtert auch die Annahme der empirischen neurobiologischen Hypothese von der operativen Geschlossenheit kognitiver Systeme, weil beide behaupten, daß Umwelten die Umwelten von Beobachtern sind, so wie diese sie nach biologischen, psychischen und soziokulturellen Randbedingungen zum jeweiligen Zeitpunkt konstruieren. Jeder Konstruktivismus, so folgert Luhmann deshalb zu Recht, muß notwendig auf der Tatsache des Beobachtens aufruhen. Deshalb verbürgt die Wirklichkeit des Beobachtens aber noch keineswegs die Objektivität der Beobachtung.

In der neueren Philosophiegeschichte haben dann so unterschiedliche Denker wie Kant, Nietzsche, Vaihinger, Simmel, Cassirer, Ludwik Fleck und andere ihr spezielles Kapitel zu der philosophischen Beobachter-Geschichte beigetragen. In den letzten zwei Jahrzehnten sind die Vertreter des sogenannten Radikalen oder systemtheoretischen Konstruktivismus zu den Haupterzählern dieser Geschichte geworden. Die zentrale Frage in diesem Diskurs lautet: Wie operieren beobachtende Systeme (im weitesten Sinne)? Und den Ausgangspunkt in diesem Diskurs bildet die konstitutive Differenz zwischen System und Umwelt.

Menschen als beobachtende Systeme operieren mit Unterscheidungen und Benennungen, also mit der Einführung und Weiterbearbeitung von Differenzen. Dabei ist es wichtig, zu betonen, daß jede Unterscheidung ihren blinden Fleck hat; denn die jeweils benutzte Unterscheidungskategorie kann im Unterscheidungsprozeß nicht zugleich mit der beobachteten Differenz beobachtet werden.

Unterscheidungen werden notwendig beobachterabhängig getroffen, sie sind mit anderen Worten systemrelativ. Die Einheit der Unterscheidung, mit deren Hilfe beobachtet wird, läßt sich nur im Beobachter feststellen, nicht in der Umwelt. Mit anderen Worten: Unterschiede bestehen nicht, sie werden *hergestellt*. Forscher wie Ludwik Fleck, Jean Piaget, Jakob von Uexküll, Carl Friedrich von Weizsäcker oder Heinz von Foerster haben in den letzten Jahrzehnten viele gute Argumente für die Auffassung beigebracht, daß Objekte als spezifische Objekte von Subjekten im Gesamtprozeß ihrer Tätigkeiten (im weitesten Sinne) konstruiert werden. Weil der Organismus aufgrund seiner Nerventätigkeit nur Wissen von seinem eigenen Verhalten haben kann, so betont etwa von Foerster, sind Objekte Zeichen für Eigenverhaltensweisen des Organismus, also für erlernte (und daher kulturabhängige) subjektabhängige Fertigkeiten. Objekte sind keine primären Gegebenheiten. Sie sind *facta*, nicht *data*, Gemachtes und nicht Gegebenes. Wahrnehmen und Denken liefern uns nicht einfach ein Bild der Wirklichkeit, sondern vielmehr ein Bild unserer *Poiesis*, das heißt unserer *Aktivitäten in Umwelten*, also ein Bild dessen, was *wir* kooperativ mit anderen mit oder genauer *als* Wirklichkeit »anstellen«.[6] Dinge sind Dinge-für-uns, »Tat-Sachen«, sie resultieren aus empirisch hochgradig konditionierten Aktivitäten. Diese Aktivitäten sind »real«; sie brauchen Aktanten, sie brauchen Zeit für ihre Ausführung, und beides bedingt und formt ihre Resultate. Die traditionelle empiristische Frage, ob »die Welt« oder »die Vernunft« der entscheidende Schiedsrichter in allen Fragen mit Wahrheitsrelevanz ist, sollte deshalb so beantwortet werden: Es ist weder »die Welt« noch »die Vernunft«, die darüber entscheidet, sondern kollektives Wissen. Nicht nur in der visuellen Wahrnehmung, in allen Kognitionen können wir dem blinden Fleck unserer Unterscheidungs- und Benennungstätigkeit nicht entgehen. Auch die soziale Konstruktion sinnvoller Umwelten wird dominiert durch die blinden Flecken unserer kulturellen Programmanwendungen (dazu mehr in Kapitel 1, 4).

Im Anschluß an den methodischen Kulturalismus von Peter Janich und Mitarbeitern muß deutlich betont werden, daß Beobachter nicht nur als wahrnehmende und erkennende, sondern auch als *handelnde* Aktanten in kulturellen Zusammenhängen konzipiert werden müssen. »Sozialisation« heißt in diesem Sinne »erfolgreich handeln lernen« in einer menschlichen Gemeinschaft. Auch das Unterscheiden- und Benennen-Können, auf das System- und Unterscheidungstheorien so großen Wert legen, ist – wie etwa von Foerster immer wieder betont hat – ein Handeln-Können, da kognitive Fähigkeiten sich nur im Wirkungszusammenhang von sensomotorischen Prozessen entwickeln können. Handeln-Lernen in einer menschlichen Gemeinschaft heißt aber Hineinwachsen in Ordnungen, in Begründungs- und Geltungszusammenhänge, die dem einzelnen

6 Ganz ähnlich formulieren Hartmann und Janich: »›Objektive‹ (im Sinne von intersubjektive und interkulturelle) Wirklichkeit wird durch das *Gelingen gemeinsamer Praxis* konstituiert« (1998, S. 20; Hervorhebung im Original).

Individuum vorausliegen. Daraus kann mit Janich und Hartmann der Schluß gezogen werden: »Erkenntnistheoretisch primär ist das aus einer Wir-Perspektive des Teilnehmens sich vollziehende gemeinsame Handeln, das in der Schematisierung zur Praxis und in der Tradierung zur Kultur wird« (1998, S. 17). Erkenntnisse, das folgt aus dieser Annahme, sind »Mittel zur Lebensbewältigung« (Janich 1998, S. 174), Theorien sind Instrumente zur Systematisierung von Handlungswissen.

Im Wahrnehmen, Erkennen, Handeln und Benennen sind beobachtende Systeme eingebunden in bisher gemachte Erfahrungen, in Wissen, Kommunikation, Normen, Konsense und so weiter. Wir erfahren Wirklichkeit in Form sinnvoller Erfahrungen, also als Sinn; oder anders gewendet: Was wir – eingebunden in biologische und soziokulturelle Evolutionsprozesse – als Wirklichkeit erfahren, ist ökologisch valides (überlebenstaugliches) Wissen, das wir erfahrungsgemäß mit anderen teilen, eben weil seine Konstruktion von der Interaktion mit anderen, von Sprache und Kultur bestimmt und geprägt wird. Der erkenntnistheoretisch interessante Punkt dieser Überlegungen liegt darin, daß Umwelt oder Wirklichkeit immer in Relation zu beobachtenden Systemen beobachtet und beurteilt werden muß. Wenn wir aber um den Beobachter nicht kürzen können, dann bedeutet das strenggenommen: Wir können nur von »der Wirklichkeit-des-Beobachters« reden, und das heißt genauer: von »*den* Wirklichkeiten-der-Beobachter«. Darüber, wie »die Wirklichkeit an sich« (oder »die Realität«) ist, können wir uns kein Urteil anmaßen – reden kann darüber, wer will.

Beobachten, so kann man zusammenfassen, ist eine empirische, beobachtbare Operation eines existierenden Systems in einer existierenden Umwelt, bei der natürliche wie soziokulturelle Bedingtheiten der Wahrnehmung berücksichtigt werden müssen. Systeme könnten ohne Umwelt nicht existieren und nichts erkennen. Wer immer also behauptet, Konstruktivisten seien philosophische Idealisten oder Solipsisten, ist schlecht informiert.

Allerdings ist diese Umwelt den beobachtenden Systemen *kognitiv* unzugänglich, da kognitive Systeme nur mit ihren eigenen Zuständen operieren können, auch wenn diese über die Sinnesorgane von der Umwelt ausgelöst worden sind. Insofern sind kognitive Systeme durch operationale Schließung, also durch ausschließlichen operationalen Selbstbezug (Selbstreferentialität), von ihrer Umwelt abgeschlossen und orientieren sich allein an eigenen Konstruktionen, obwohl die Umwelt dauernd auf sie einwirkt. Die Unterscheidungen, mit denen das System die Umwelt beobachtet, sind systemspezifisch. Darum hat es wenig Sinn, Wahrnehmen und Erkennen als Abbilden der Außenwelt zu interpretieren; plausibler können sie als ein ontologisches Codieren der Operationen des Systems modelliert werden.[7] »Wir erzeugen daher buchstäblich die Welt, in der wir leben, indem wir sie leben«, hat Maturana einmal plastisch formuliert (1982, S. 269).

Ohne operationale Schließung wäre keine Erkenntnis möglich, die Umwelt würde das System »überfluten«. Operational (nicht materiell und energetisch!) geschlossene Systeme aber definieren selbst die Differenz zur Umwelt und selegieren, welche Umweltkontakte sie systemspezifisch ver- und bearbeiten können, und zwar gemäß den strukturell festgeschriebenen empirischen Randbedingungen, die für ein System gelten.

Zu diesen empirischen Konditionierungen gehören Bau und Funktionsmöglichkeiten der Sinne, des Gehirns und der motorischen Peripherie sowie Gedächtnisleistungen und emotionale Steuerungen durch das limbische System (Lust-Unlust-Äquilibrierungen oder Überzeugtheitsgefühle). Dazu gehört aber auch in besonderem Maße Sprache, die in einem langen Prozeß der (Selbst-)Sozialisation erworben wird. Wichtig ist nun, daß Sprache im konstruktivistischen Diskurs nicht nur als semiotisches System, sondern als sozial sanktioniertes Instrument der Verhaltenskoordinierung gesehen wird. Semantische Referenz wird dementsprechend als eine sprachliche Operation angesehen, die auf Kommunikation und nicht etwa auf Wirklichkeit an sich bezogen ist. Anders ausgedrückt: Sprache reguliert Verhalten, indem sie Unterscheidungen benennt, intersubjektiv vermittelt und damit sozial zu verarbeiten (»prozessieren«) erlaubt.

Beobachtungen sind weiterhin – vor allem in funktional differenzierten Gesellschaften – konditioniert durch Diskurse, also durch Wissens- und Themenzusammenhänge, Gattungen, Darstellungs- und Argumentationsformen. Und die umfassendste

7 Selbst wenn wir tatsächlich »die Realität« objektiv richtig abbilden würden, könnten wird das weder wissen noch belegen.

Konditionierung erfolgt durch Kultur als Programm der gesellschaftlich verbindlichen Semantik der Wirklichkeitsmodelle einer Gesellschaft.

Ich fasse zusammen: Konstruktivismus, sofern er auf einer beobachtungslogischen Grundlage aufbaut, ist nicht etwa charakterisiert durch das Bestreiten oder Leugnen der Wirklichkeit – diese Debatte ist meines Erachtens völlig »unkonstruktivistisch«; denn der Beobachter ist keine feste Größe, sondern er konstituiert sich fortlaufend durch ein doppeltes Differenzmanagement, nämlich durch die Setzung der Differenz Objekt/Nische (Figur/Grund) sowie der Differenz Selbstreferenz/Fremdreferenz. Vielmehr korrigiert der Konstruktivismus eine Entscheidung, die schon früh in der griechischen Philosophie gefallen ist, und zwar die Entscheidung, Subjekt und Objekt, Sprache und Wirklichkeit, Wahrnehmen und Wahrgenommenes dichotomisch kategorial voneinander zu trennen, womit man sich das Dauerproblem einhandelte, ihre Relation zu definieren, wohingegen die behauptete Tatsache ihrer Trennung als diskursive *Setzung* aus dem Blick geriet. Europäische Erkenntnistheorie, so könnte man mit J. Mitterers plastischer Metaphorik sagen, ist das Resultat der undurchschauten Startentscheidung der griechischen Philosophie, die Wirklichkeit in das Diskursjenseits zu versetzen, um sich dann im Diskursdiesseits um den rechten Weg in dieses Jenseits zu bemühen. Die Korrektur besteht darin, daß die beiden Pole der postulierten Dichotomie lediglich als die zwei Seiten derselben Medaille angesehen werden, mit anderen Worten, daß sie eine sich selbst konstituierende Funktion bilden: S (O) und O (S). Carl Friedrich von Weizsäcker hat diese Einsicht auf den Nenner gebracht: »Sprechen wir sinnvoll von Realität, so sprechen *wir* von Realität; spricht niemand von Realität, so ist von Realität nicht die Rede« (1980 S. 42). Man könnte diese Einsicht auch in eine Transformation der berühmten Einleitung zu Ludwig Wittgensteins *Tractatus logico philosophicus* kleiden: Die Welt ist alles, was *für uns* der Fall ist. Oder man könnte mit Mitterer (1992, 1999) sagen, daß das Objekt der Beschreibung und die Beschreibung des Objekts im Diskursdiesseits zu finden sind – und nirgendwo sonst.

3. Kognition und Kommunikation: Kopplungsprobleme

»By so-called exchange with another being, the subject only touches the outer walls of an automaton.«
L. E. J. Brouwer

Den folgenden Überlegungen möchte ich eine grundsätzliche Vorbemerkung voranstellen.

Da es keinen voraussetzungslosen Beginn gibt und da Konstruktivisten annehmen, daß es keine Problemlösungen gibt, die im emphatischen Sinn wahr sind, müssen wir uns im Sinne Heinz von Foersters ständig im Angesicht von Unentscheidbarkeiten entscheiden. Das gilt für philosophische Überlegungen ebenso wie für die Frage, welche Annahmen, Hypothesen, Beschreibungen und so weiter wir aus anderen Wissenschaften, der Literatur oder der Kunst als plausibel bewerten und in unseren eigenen Diskurs einbauen.

Wenn also im folgenden Übernahmen aus der Biologie oder der Anthropologie erfolgen, dann geschieht dies aufgrund meiner Entscheidung für die argumentative Stringenz und Brauchbarkeit solcher Übernahmen. Meine eigene Argumentation gewinnt dadurch keineswegs an objektiver Geltung, hoffentlich aber an Plausibilität – bis auf weiteres.

Wenn Konstruktivisten zum Beispiel im Anschluß an den gegenwärtigen neurobiologischen Kenntnisstand kognitive lebende Systeme als operativ geschlossen konzipieren, handeln sie sich das schwerwiegende Problem ein, erklären zu müssen, wie geschlossene, also kognitiv autonome Systeme mit anderen autonomen Systemen erfolgreich interagieren und kommunizieren können, wo doch kein System als Umwelt in ein anderes System hineinschauen oder es direkt steuern kann. Ein Lösungsversuch für dieses Problem ist in den bisherigen Überlegungen zum Teil bereits angedeutet worden und soll im folgenden kurz weiter skizziert werden. Vor dieser Skizze darf ich noch einmal eine (eben nicht nur terminologische) Anmerkung machen. Ich darf den Leser bitten, im folgenden alle Existenz- und Tätigkeitsbehauptungen (A ist ..., B tut ...) stillschweigend zu ersetzen durch Formulierungen wie: »Ich beschreibe A als ...«, »In meinem Theorieangebot gilt, daß B ... tut«).

Wenn wir uns für die basale Annahme entscheiden (die wie alle wissenschaftlichen und philosophischen Grundannahmen unentscheidbar ist), daß Menschen ähnlich gebaute kognitive Systeme besitzen und ständig miteinander interagieren, dann können wir daraus schließen, daß sich die Interaktionseinheiten (genannt Gegenstände) so hinreichend ähneln, daß ihre Produziertheit und damit ihre Gebundenheit an autonome kognitive Systeme nicht in den Blick gerät. Das Einzelindividuum realisiert daher normalerweise nicht, daß es nur *eine* erfahrbare Welt gibt, nämlich *seine* Erlebniswelt, und daß die Erlebniswelten der Individuen nur zum Teil miteinander übereinstimmen. Das ist sein blinder Fleck.

Der gehirninterne Aufbau von Kenntnissen über die Umwelt, so meine weitere Annahme, wird durch lange Lernprozesse geprüft. Parallel zu diesem Kenntnisbau erfolgt seine Überprüfung durch Gleichgewichts- und Gesichtssinn sowie eine Prüfung durch Vergleich mit dem Gedächtnis. Abstraktionen oder die Bildung von Invarianten (wie zum Beispiel konstanten Objekten) folgen dabei zum Teil angeborenen Mechanismen beziehungsweise Mechanismen, die in ontogenetisch frühen Versuchs- und Irrtumsprozessen prägungsartig entwickelt worden sind. Hinzu kommt, daß kognitive Wirklichkeit nur unter spezifisch sozialen Bedingungen ständiger Interaktion mit anderen Menschen[8] entwickelt werden kann. Die von unserem Gehirn konstruierte Wirklichkeit ist also aufgrund der geltenden Konstruktionsbedingungen eine soziale Wirklichkeit, obgleich das Gehirn keine »Fenster nach draußen« hat. Sie ist subjektabhängig, aber nicht subjektiv im Sinne von willkürlich. Mit der Formel von der »gesellschaftlichen Konstruktion von Wirklichkeit im (beziehungsweise durch das) Individuum« versuchen Konstruktivisten der Alltagserfahrung Rechnung zu tragen, daß wir im täglichen Leben (also als Beobachter erster Ordnung) – abgesehen von Situationen des Streits – intuitiv den Eindruck haben, wir lebten doch mehr oder weniger alle in ein und derselben Wirklichkeit.

Zu diesem Eindruck trägt vermutlich die Tatsache bei, daß wir kommunizierende, sprachbegabte Lebewesen sind, die das

8 Dabei ist allerdings ernsthaft zu berücksichtigen, daß andere Menschen in meiner Erfahrungswirklichkeit nur als meine systemspezifischen Konstrukte vorkommen.

Kunststück fertigbringen, die strikt voneinander getrennten Bereiche von Kognition und Kommunikation im gemeinsamen Rückgriff auf (beziehungsweise durch gemeinsame Nutzung von) symbolische(n) Ordnungen der Kultur durch Kommunikationsinstrumente und Medien (vgl. Kap. II, 6) miteinander zu vermitteln. Diese Hypothese soll im folgenden erläutert werden, wobei einige historische Überlegungen zur Plausibilisierung herangezogen werden.

In der Kulturanthropologie und der historischen Kommunikationsforschung ist schon lange die Meinung vorherrschend, daß erst der aufrechte Gang, die Freisetzung der Hände und die Dominanz visueller Wahrnehmung so etwas wie Kommunikation ermöglicht haben. So betont etwa K. Merten (1977), daß Kommunikation reflexive Wahrnehmung (einschließlich der Möglichkeit reflexiver Personenwahrnehmung) voraussetzt. Reflexive Wahrnehmung eröffnet die Entwicklung mehrkanaliger Wahrnehmung (man sieht, was man fühlt) sowie die Möglichkeit, sich selbst wahrzunehmen und damit Handeln als Handeln von *Ego* wahrzunehmen. Erst in reflexiver Wahrnehmung wird die perzeptorische Asymmetrie erzeugt, die für die Entwicklung komplexerer Verhaltensweisen unentbehrlich erscheint und der Ablösung von Instinktverhalten zugunsten von Symbolgebrauch evolutionär vorausgeht.

Erst die reflexive Wahrnehmung erlaubt das Anlaufen eines Mechanismus, der mit dem Konzept *Erwartungs-Erwartung* beschrieben werden kann. Beobachter sind in der Lage, Regelmäßigkeiten zu erfahren und auch bei anderen zu unterstellen, wodurch diese zu kalkulierbaren Handlungspartnern werden. Damit aber bildet sich ein als gemeinsam unterstelltes Wissen (sogenanntes kollektives Wissen) heraus, das die Grundlage für Interaktionen und Kommunikationen abgibt: A erwartet, daß B erwartet, daß A erwartet und so weiter (Reflexivität in der Sozialdimension).

Auf der Grundlage von Kommunikation kann sich dann Sprache entwickeln, wodurch die Selektionsverstärkung, welche die Kommunikation hinsichtlich des Wahrnehmungsprozesses bewirkt, nun auch hinsichtlich des Kommunikationsprozesses selbst möglich wird.

Sprachlich geführte Kommunikation wirkt nicht nur je aktuell verhaltenssteuernd (wie nonverbale Kommunikation), sondern erzeugt auch eine intersubjektive thematische Vorstrukturierung künftiger Kommunikationen. (Man weiß, was bereits besprochen worden ist.)

Mittels Sprache kann, wie oft betont worden ist, Kommunikation in der Zeit-, Sach- und Sozialdimension ausdifferenziert werden. Man kann nun »über alles« *sprechen*, sogar über Sprache und Kommunikation. Man kann die sinnlich wahrnehmbare Welt gegenwartsübergreifend vervielfachen und das alles durch Negation noch einmal verdoppeln. Da Sprache selektives Verhalten durch Intentionalität ermöglicht, erlaubt sie die Zurechenbarkeit von Handeln, wodurch sich Handlungsstrukturen herausbilden. Diese Reflexivität in der Sozialdimension erbringt, wie Merten betont, die eigentlich *kommunalisierende* Leistung sprachlich geführter Kommunikation.

Neben der durch sprachliche Kommunikation eröffneten Reflexivität in der Zeit-, Sach- und Sozialdimension bildet die Verkopplung verbaler und nonverbaler Kommunikation eine weitere Grundlage kultureller Evolution. So hat etwa P. Meyer betont, daß sich der menschliche Kommunikationsprozeß – evolutionär betrachtet – verschiedener Teilsysteme bedient; so des phylogenetisch jüngeren Systems der Symbole, dessen Variationspotential über keine eingebaute Grenze verfügt, aber auch des entwicklungsmäßig älteren Systems nonverbaler Kommunikation, das unmittelbar an das phylogenetisch ererbte Programm menschlicher Affektivitäten angeschlossen ist. »Mit der Verkopplung dieser Systeme erweist sich die menschliche Kommunikation als eine neue, übergeordnete Ganzheit, welche schneller als der naturale Prozeß Varianz zu erzeugen vermag« (1992, S. 101).

Dabei übernimmt der nonverbale Kanal äußerst wichtige Funktionen. Auf ihm können verbale Aussagen kommentiert, konsentiert, hervorgehoben und bewertet werden; auf ihm wird die Einschätzung der Beziehung der Kommunikationspartner zueinander sowie zur Kommunikationssituation ablesbar; und schließlich wird er zur Strukturierung des Prozesses der Kommunikation (etwa bezüglich Sprecherwechsel) eingesetzt. Im Falle einer bemerkten Differenz zwischen den beiden Kanälen genießt in der Regel der nonverbale höhere Glaubwürdigkeit[9], ist also in seiner kommunikativen wie metakommunikativen Bedeutung gar nicht zu überschätzen.

Ergänzend zur Formel von der Erwartungserwartung, die sich eher auf den Wissensaspekt der Kommunalisierung bezieht, benutze ich das Konzept von *Unterstellungs-Unterstellungen*, um den Kommunalisierungsaspekt auf der emotionalen und normativen Ebene[10] zu charakterisieren: A unterstellt B, daß B ihm unterstellt, daß, und so weiter, wobei sich diese Unterstellungen auf die emotionale Einschätzung des Kommunikationspartners sowie auf die ihm unterstellten Intentionen, Bewertungen, Einstellungen und so weiter beziehen können.

Mit der Schrift wird dann eine weitere Steigerung von Kommunikationsleistungen erreicht, die ihre volle historische Schärfe erst durch die Einführung des Buchdrucks erhält, der zu einer endgültigen Vergegenständlichung des Wortes und der noëtischen Tätigkeiten führt.

Kommunikationsmöglichkeiten, so kann man die allgemeine Tendenz der Medienevolution bis heute vielleicht zusammenfassen, werden durch neue Medientechniken exponentiell erweitert und immer stärker vom menschlichen Körper und von Nahkontakten abgelöst. So werden etwa durch den Buchdruck Diskurse möglich, die in den typographischen Raum eingebettet werden und mit Öffentlichkeiten rechnen müssen, die nicht länger nach rhetorischen Konzepten organisiert sind, sondern mit Zielkriterien wie Objektivität, Exaktheit, Wissensfortschritt und Rationalität operieren.

Medientechnisch vermittelte Kommunikationsformen setzen weitere reflexive Strukturen frei, und zwar eine reflexive Erwartungs- sowie eine reflexive Wissensstruktur. Die kommunalisierende Funktion medientechnisch vermittelter Kommunikationsformen liegt, wie Merten zu Recht betont, nicht mehr in der Reflexivität der Wahrnehmung, sondern in der Reflexivität des Wissens, die durch parallel erfolgende Medienrezeption ermöglicht wird. An die Unterstellung geteilten Wissens schließt sich zugleich auch die Ausprägung von homogenisierten beziehungsweise homogenisierbaren Meinungen an, da die Verbreitung von Themen in den sogenannten Massenmedien nicht nur

9 Dieser Umstand wird dann vor allem in den AV-Medien ausgenutzt, mit Vorliebe etwa in Werbe-Medienangeboten.

10 Diese Erweiterung ist bedingt durch die Erweiterung des Konzepts von ›Kognition‹ in Kapitel 1, 7.

als Bericht, sondern zugleich als (zumindest impliziter) Verweis auf Meinungen rezipiert wird. Insofern im Prozeß der »Massenkommunikation« reflexive Strukturen des Wissens und Meinens ausgebildet werden, wird also eine Kommunalisierung der Teilnehmer an dieser Kommunikation geleistet – allerdings eine Kommunalisierung, die auf einer nie (zumindest nicht völlig) überprüfbaren *Kollektivfiktion* beruht.

Eine vergleichbare Kollektivfiktion, genannt *kollektives Wissen*, reguliert auch den Umgang mit Sprache. Dazu einige Anmerkungen.

In dem hier zugrunde gelegten konstruktivistischen Diskurs wird *Sprache* als Resultat der Verhaltenskoordination von Individuen konzipiert. Sprache reguliert das Verhalten, indem sie – wie oben bereits gesagt – gesellschaftlich relevante Unterscheidungen benennt, intersubjektiv vermittelt und damit sozial zu prozessieren erlaubt. Entgegen unserer Alltagsintuition besteht die Leistung von Sprache gerade nicht darin, individuelle Kognition und soziale Kommunikation zur Deckung zu bringen, sondern darin, deren signifikante *Differenz* zu ermöglichen und zu organisieren. Nicht etwa mit den sogenannten Bedeutungen, sondern gerade mit der *Ausdrucksseite* der Zeichenprozesse steht ein Prinzip struktureller Kopplung von Kognition und Kommunikation bereit, über das kommunikative Erfahrungen, die Verständigung organisieren, mit Sprachmaterial verfügbar gehalten werden. In der Ausdrucksseite der Zeichenprozesse sind die gesellschaftlichen Erfahrungen mit dem Prozessieren von Sprache gleichsam sedimentiert; Sprache als soziale Gestalt ist Ausdrucksgestalt, wie vor allem Helmuth Feilke überzeugend herausgearbeitet hat (1994, 1996). Ebendiese Ausdrucksgestalt organisiert Bedeutung für die Kommunikation, das heißt, sie organisiert Verständigung. Diese Verständigung kann nur in der Kommunikation erfolgen, das heißt im Prozeß der »Konstruktion eines Gemeinten« durch Sprecher *und* Hörer. Dazu müssen Sprecher brauchbare Ausdrücke einer Sprache verwenden, eben Ausdrücke, die sich im Gebrauch bewährt haben und durch den Gebrauch konventionalisiert worden sind, wodurch sich ein gemeinsam geteiltes Erfahrungswissen über den Gebrauch von Zeichen herausbildet, das als Erwartungserwartung für das kommunikative Handeln von Aktanten dient. Semantische Referenz ist deshalb als eine sprachliche Operation anzusehen, die auf Kommunikation und Common-sense-Wissen bezogen ist, nicht auf eine beobachterunabhängige Realität. Kopplungsprozesse laufen ausschließlich über die *Materialität* der Kommunikationsmittel, da Sinn nur innerhalb von Systemen (nämlich als Prozeßresultat) entstehen kann. Materialitäten aber kann man nur koppeln und nicht hermeneutisch ineinander übersetzen. Folglich müssen die Materialitäten all das enthalten, was eine systemspezifisch bewertbare Anschlußfähigkeit von Medienangeboten eröffnet; denn wir gehen kognitiv wie kommunikativ mit der Materialität von Medienangeboten um, nicht mit Sinn oder Bedeutungen. A kann zu B reden, nicht aber denken. Das in der sprachlichen Sozialisation im kognitiven System aufgebaute (kollektive) Wissen über den sozial erfolgreichen und viablen Gebrauch sprachlicher Ausdrucksmittel bildet also die einzige Grundlage und Referenzebene viabler Kommunikation, weil jeder Sprachverwender unterstellt, daß Kommunikationspartner hinreichend ähnliches Wissen investieren, wenn sie bestimmte sprachliche Ausdrucksgestalten verwenden, beziehungsweise daß die Partner aus Anlaß der Wahrnehmung und Verarbeitung bestimmter Ausdrucksgestalten kognitive und emotive Operationen in Gang setzen, die den eigenen hinreichend ähneln.

Da in der Kommunikation aber immer nur Ausdrucksgestalten und keine Bedeutungen beobachtbar sind und da bekanntermaßen keiner in den Kopf des anderen hineinsehen kann, bleibt diese Annahme eine operative Fiktion, die sich aufdrängt, die aber nie überprüfbar ist – eben eine *effiziente Kollektivfiktion*.

Kommunikation kann nach diesen Überlegungen bestimmt werden als soziales Handeln von Aktanten mit Hilfe von Medien mit dem Ergebnis der Sinn-Kopplung von Systemen. Entsprechend kann der Sinnaspekt der Kommunikation von ihrem Handlungsaspekt unterschieden und damit auch die Frontstellung zwischen system- und handlungstheoretischen Kommunikationstheorien aufgeweicht werden (vgl. Schmidt 1996a). Soziologisch kann Kommunikation beobachtet und bestimmt werden als ein System von Diskursen, zu denen Beiträge entlang kultureller Orientierungsschemata geleistet werden. Schemata unterschiedlicher Art spielen deshalb eine zentrale Rolle für Kommunikation (vgl. Schmidt 1994).

Rein analytisch läßt sich eine dreifache Schematisierung von Kommunikationsprozessen konstatieren: (a) eine Schematisierung durch Kulturprogramme (siehe unten), die unterschiedlich weit reichende Strategien zur Invariantenbildung bereitstellen: von Makro-Schemata für Diskurse (generalisierten Kommunikationsmedien) bis hin zu Gattungen, Ausdruckstypen, Metaphoriken, Stilregistern und so weiter; (b) eine Schematisierung durch soziale Konstellationen der Kommunikationspartner (Kommunikationskonstellationen); (c) eine Schematisierung durch technische Voraussetzungen, die Nutzungsanpassungen erzwingen. Wie Kognition ist also auch Kommunikation nur möglich durch die sozial normierte Beschränkung von Möglichkeiten.

Ich fasse zusammen: Spracherwerb läßt sich bestimmen als Erwerb eines Instrumentariums zur Kopplung von Kognition und Kommunikation mit Hilfe artikulierter Zeichenkomplexe (= Medienangebote), ohne daß damit die operative Autonomie kognitiver wie kommunikativer Systeme aufgehoben würde.

Dabei ist wichtig zu beachten, daß ein Kind immer in einem *Lebenszusammenhang* sprechen lernt und spracherwerbend die Kompetenz für funktionierende Lebenszusammenhänge »erwirbt«. Lehrende und Lernende agieren als beobachtete Beobachter, deren Verhaltenssynthesen sich (partiell) aneinander angleichen. Das Kind lernt im Sozialisationsprozeß, wie die Wirklichkeitsmodelle seiner Gesellschaft aufgebaut sind, welche Handlungsmöglichkeiten (im weitesten Sinne von kognitiven bis zu kommunikativen und nicht-sprachlichen Handlungen) es im Rahmen seiner Sozialstruktur darin nutzen kann und welche nicht. Spracherwerb führt also, abstrakt gesagt, zum individuellen Erwerb kollektiven Sprachverwendungswissens (auf der Ausdrucksebene wie auf der Inhaltsebene), das sich durch Reflexivität in der Zeit-, Sach- und Sozialdimension selbst stabilisiert. Dieses kollektive Wissen bildet die vom normalen Sprecher intuitiv erwartete Grundlage für die Interindividualität von Kognitions- wie Kommunikationsprozessen.

Auch in diesem Kontext liegt ein Konsens mit Auffassungen des methodischen Kulturalismus nahe. Janich hat deutlich herausgestellt, daß Sprache »ein Mittel zum Zweck der gemeinsamen Lebensbewältigung« darstellt und nicht in erster Linie ein Medium zur Beschreibung von Realität. Die »auffordernde

Sprache der Kooperation« dominiert eindeutig, so Janich, »die propositionale Sprache als Abbild der Welt« (1998, S. 174f.). Auf sozialer Ebene dient Sprache Gesellschaften als Institution zur sozialen Kontrolle von Individuen mit Hilfe von kulturell programmierten Bedeutungen. Auf diese Bedeutungen beziehen sich die sozialen Erwartungen an sogenanntes Verstehen, das Sprecher sich in einer Kommunikationssituation attestieren, wenn sie kommunikative Anschlußhandlungen produzieren, die den jeweiligen Erwartungen der Sprecher entsprechen. Insofern bezeichnet die Kategorie »Verstehen« auf der sozialen Ebene einen Prozeß sozialer Bewertung und Kontrolle der Anschlußfähigkeit von Kommunikationen. Damit kommt in hermeneutischen Prozessen notwendig ein oft übersehener Machtfaktor zum Tragen; denn die entscheidende Frage in der Kommunikation lautet: Wer kann/darf wem in welcher Situation attestieren, er habe »richtig verstanden«?

Im Unterschied dazu läßt sich die kognitive Operation, die traditionell »Verstehen« genannt wird, theoretisch modellieren als Operation aus Anlaß beziehungsweise im Vollzug der Wahrnehmung eines Ereignisses beziehungsweise eines Medienangebotes, das von kognizierenden Systemen als kohärent empfunden wird. Auf der kognitiven Ebene hat die Differenz Verstehen/Mißverstehen keinen Sinn. Ich kann zum Beispiel als Textrezipient einen Text nicht mißverstehen; wohl kann ich Probleme beim Aufbau einer kohärenten kognitiven Struktur bekommen, die Rezeption abbrechen und so weiter.

Konstruktivistischen Sprach- und Bedeutungstheorien wird immer wieder vorgeworfen, sie unterschätzten die Rolle der Medienangebote in der Rezeption. Auf diesen Vorwurf möchte ich an dieser Stelle im Duktus der bisherigen Argumentation wie folgt antworten: Aufgrund der langen sprachlichen Sozialisation weiß jeder kompetente Sprecher einer natürlichen Sprache, welche Erwartungen an den sozial (weitestgehend) geregelten Gebrauch bestimmter Kommunikationsinstrumente geknüpft sind (prototypisches Sprachverwendungswissen im Sinne von *common sense*). Deshalb nutzt er die zeitlich ablaufende Wahrnehmung der Bestandteile von Medienangeboten dazu, im Wahrnehmungskontext kognitive Wissensstrukturen zu konstruieren, die aus seiner jeweiligen Interpretation der Materialität der Kommunikationsinstrumente resultieren und stets in systemspezifischer Weise emotional und normativ besetzt sind. Insofern steuern eine sprachliche Äußerung oder ein Medienangebot durchaus signifikant seine Wahrnehmung, ohne damit allerdings die systemspezifische Konstruktion von Wissensstrukturen präzise determinieren zu können, da diese Konstruktion allein von den Zuständen und Operationsweisen des Systems zum Konstruktionszeitpunkt abhängt.

Da jede Einzelsprache immer nur eine ganz bestimmte Selektion möglicher Unterscheidungen und Benennungen semiotisch konkretisiert, kann sie auch als ein System blinder Flecken (bei) der Beobachtung und Unterscheidung beschrieben werden; denn im Verlauf der Verwendung einer bestimmten Sprache bleiben andere Möglichkeiten unbeobachtbar. Dadurch erzeugt jede Muttersprache bei denen, die sie einmal erworben haben, die intuitive Gewißheit, *man* müsse doch genauso über die Umwelt und über Sprache sprechen, wie es die Muttersprache jeweils nahelegt.

Ich fasse zusammen: Mit der Entstehung reflexiver Strukturen, die zu immer dichteren Komplexen vernetzt werden können, hat sich in der menschlichen Evolution ein Potential von enormer Dynamik entwickelt. Über die Möglichkeiten des fiktiven Aufbaus von kollektiv verbindlichem Wissen über Erwartungserwartungen und Unterstellungsunterstellungen konnten kognitiv autonome Systeme strukturell gekoppelt werden. Über die Entwicklung reflexiver Strukturen in der Sach-, Sozial- und Zeitdimension ließen sich die Relationen zur Umwelt und zu Interaktions- und Kommunikationspartnern extrem ausdifferenzieren sowie durch Negation noch einmal verdoppeln. Und schließlich erlaubte die Hierarchisierung von Sprache und Kommunikation in Metasprache und Metakommunikation die Entfaltung von Beobachtungshierarchien, die wiederum den Unterscheidungs- und Benennungsreichtum ausdifferenzierte.

Diese evolutionär genutzten Möglichkeiten, die durch Medien sukzessive potenziert wurden, erlaubten es den Individuen, ihre kognitiven Kapazitäten exponentiell auszubilden, strukturelle Kopplungen extrem zu verdichten und Kreativität zu entfalten. Sie erlaubten es Gesellschaften, sich zu gigantischen *Fiktionsmaschinen* zu entwickeln, die durch Selbstreferenz und Selbstorganisation sowie durch den Aufbau und die konsequente Nutzung immer komplexerer Mediensysteme zunehmend unabhängig von Umwelten wurden, sich also autonomisierten und damit die Konstruktivität des Umweltbezugs unterscheidungsfähiger Systeme immer evidenter werden ließen.

4. Kultur

> »[...] was Realität ist, definiert die Kultur.«
> J.-M. Büttner

In den bisherigen Überlegungen ist immer wieder darauf verwiesen worden, daß Kognition und Kommunikation wesentlich angewiesen sind auf kollektives Wissen, auf kommunalisierende Erwartungserwartungen, auf symbolische Ordnungen, also auf etwas, was allgemein zum Bereich der Kultur gerechnet wird. Da ich mich bereits an verschiedenen Stellen zu diesem Thema geäußert habe (Schmidt 1994, 1996) und inzwischen P. Drechsel u.a. (2000) eine präzise Darstellung meiner Medienkulturtheorie vorgelegt haben, fasse ich meine Argumente hier nur noch einmal zur Erinnerung kurz zusammen. Dabei sind ganz allgemein folgende Überlegungen zu berücksichtigen: (a) Wie »Kommunikation« ist auch »Kultur« deshalb ein besonders tückischer Begriff, weil er sowohl in der Alltagssprache als auch im Diskurs des sogenannten Bildungsbürgertums und darüber hinaus in den verschiedensten wissenschaftlichen Disziplinen benutzt wird. Überall dort gibt es Gebrauchsusancen, die schwer zu erschüttern sind. (b) Klärungs- bzw. Definitionsversuche von »Kultur« können nur im Rahmen einer vorhandenen und also wirksamen Kultur unternommen werden. Mit anderen Worten, es ist schwer, in diesem Diskurs eine Position des Beobachters zweiter Ordnung zu gewinnen. Ein voraussetzungsloser Beginn dieser Konzeptualisierung von »Kultur« ist mithin unmöglich. Also bleibt nur die Möglichkeit diskursiver Explizitheit, und um die bemühe ich mich im folgenden.

Das Thema Kultur spielt in den hier vorgestellten Überlegungen aus zwei Gründen eine zentrale Rolle.

1. Die auffällige Konjunktur des Themas Kultur von den Wissenschaften bis zur Politik[11] läßt sich entweder als Modeer-

11 Der ehemalige Bundespräsident Roman Herzog etwa reklamierte eine »Kultur der Selbständigkeit und Verantwortung«. Der ehemalige hessi-

scheinung oder aber – wofür hier plädiert wird – als Indiz für eine bedeutsame gesellschaftliche Entwicklung deuten, eine Entwicklung von der Dominanz von Materialitäten hin zu einer Dominanz von Wissen.[12]

Wenn man nachvollzieht, was im Laufe der Geschichte an maßgeblichen Ressourcen gesellschaftlicher Ordnungen und Entwicklungen angesetzt (beziehungsweise angesehen) worden ist, dann zeigen sich ganz unterschiedliche Optionen, von Grund und Boden über Kapital, Manufaktur, Arbeit und Industrie bis hin zu Information und Kommunikation oder Wissen. Ganz offensichtlich ist gegenwärtig eine neue Option in Vorbereitung, und zwar Kultur, wobei gerade die Unschärfe dieses Begriffs seiner zunehmenden Inanspruchnahme zuträglich zu sein scheint. Meine Erklärungshypothese für diese Entwicklung lautet, daß nach der Entwicklung der Informations- und Kommunikationstechnologie jetzt diejenigen Ressourcen entscheidend werden, die als »semantische Programme« die formale wie inhaltliche Nutzung und Bewertung dieser Technologien steuern.[13] Daher favorisiere ich eine Konzeption von Kultur, die

sche Kultusminister Holzapfel fordert uns eine »Kultur der Anstrengung« ab. Bayerns Ministerpräsident Stoiber zelebriert sich als Wächter der deutschen »Stabilitäts-Kultur«. Der CSU-Fraktionsvorsitzende Glück konstatiert: »Wir haben zuviel Mißtrauenskultur, wir brauchen mehr Vertrauenskultur.« Das findet wörtlich auch Frau Professorin Gertrud Höhler in der *Welt am Sonntag*. Bundeskanzler Schröder proklamiert gar eine neue »Kultur der Durchlässigkeit«, während die ehemalige Bundestagspräsidentin Süßmuth unsere »Erinnerungs- und Mahnmal-Kultur« gefährdet sieht.
Da will dann auch die Wissenschaftspolitik nicht nachstehen. Und so ruft die ehemalige Vorsitzende des Wissenschaftsrates, Dagmar Schipanski, mit besonderer intellektueller Prägnanz nach einer »Kultur der Schließung« (nämlich von Forschungseinrichtungen). – Die Reihe der Beispiele ließe sich – leider – beliebig fortsetzen.

12 So werden etwa in der neueren Betriebswirtschaft ausschließlich marktorientierte Modelle in der Managementtheorie ersetzt durch ressourcenorientierte Managementkonzepte, in denen Wissen als Produktionsfaktor und Wettbewerbsvorteil immer stärker betont wird. Dabei spielen Schlagwörter wie »intelligente Güter«, »intelligente Organisationen«, »Wissensarbeit« und »Wissensgesellschaft« eine immer wichtigere Rolle. (Vgl. dazu A. Rossmann, »Wettbewerbsvorteile durch Wissensmanagement«, unveröffentlichtes Manuskript, Stuttgart 1998.)

13 Vgl. dazu auch folgende Überlegungen von S. Lash: Während Film oder Schallplatte selbst noch keine Technologie waren, sondern Inhalte ver-

sich nicht auf Phänomene kapriziert, sondern auf Programme zur gesellschaftlich relevanten Produktion und Interpretation von Phänomenen. Einen solchen Kulturbegriff versuche ich seit Beginn der neunziger Jahre zu entwickeln.

2. Eine Kulturtheorie muß nicht nur den Zusammenhang zwischen Kognition und Kommunikation plausibel machen, sondern ebenso auch mikro- und makrosoziologische Beschreibungs- und Erklärungsansätze sinnvoll miteinander vermitteln. Aus diesem Grunde beziehe ich in meinem Kulturkonzept Kultur sowohl auf Gesellschaft und die sie konstituierenden Wirklichkeitsmodelle als auch auf Aktanten als Anwender von Kulturprogrammen, die durch Einübung in diese Anwendung wie durch jede vollzogene Anwendung gesellschaftlich konstituiert werden, ohne ihre kognitive Autonomie einzubüßen.

Die folgenden Überlegungen zu einem konstruktivistischen Kulturkonzept gehen zunächst aus von der Grundoperation aller kognitiven und kommunikativen Systeme: vom *Beobachten* qua *Unterscheiden* und *Benennen.* Wahrnehmen und Erkennen operieren mit Unterscheidungen, die sowohl evolutionär als auch sozialisatorisch basiert sind und mit Hilfe von Sprachen als differentiellen Systemen von Benennungen kommunikativ verfestigt werden. Aus Interaktion und Kommunikation emergieren im Laufe der Geschichte die Wirklichkeitsmodelle (verstanden als Modelle *für* Wirklichkeiten, nicht *von* Wirklichkeiten) von Gemeinschaften und Gesellschaften. Wirklichkeitsmodelle lassen sich als systematisiertes kollektives Wissen der Mitglieder einer Gemeinschaft bestimmen, das über Erwartungserwartungen deren Interaktionen ko-orientiert und damit kommunalisiert. Wirklichkeitsmodelle entstehen auf dem Wege der Konstruktion und Systematisierung von für essentiell gehaltenen Unterscheidungen. Solche essentiellen Unterscheidungen be-

mittelten, ist die Situation in den globalen Kulturindustrien des 21. Jahrhunderts anders: »Mit der Konvergenz von Computertechnik, Unterhaltung, und Telekommunikation verschmelzen Technologie und Kultur, sie werden eins, werden undifferenzierbar. [...] nach Meinung der kritischen Theorie folgte die Kultur der Industrialisierung und wurde ihr zunehmend ähnlich. Jetzt könnte es sein, daß dieses Verhältnis sich umkehrt. [...] Heute wird die Kultur weniger der Industrie folgen als vielmehr die Industrie der Kultur. [...] Ob es uns paßt oder nicht, wir leben im Zeitalter der globalen Kulturindustrie« (1998, S. 41 f.).

treffen die Verhaltensweisen gegenüber Natur und Umwelt (wirklich/unwirklich, wirksam/wirkungslos, hilfreich/gefährlich, oben/unten), gegenüber Ko-Aktanten (alt/jung, männlich/weiblich, mächtig/machtlos), in bezug auf Normen und Werte (gut/böse, heilig/profan) sowie hinsichtlich der Inszenierung von Affekten (glücklich/traurig, liebevoll/grausam). Daß gerade diese Dimensionen besonders relevant sind, hat vermutlich etwas zu tun mit der (bis heute vermuteten) Struktur und Funktionsweise unseres Gehirns, in dem alle kognitiven Operationen unlösbar mit deren emotionalen, normativen und lebenspragmatischen (oder empraktischen) Einschätzungen und Bewertungen verbunden sind (vgl. Kapitel 1,7). Daher sind auch Dichotomien in Wirklichkeitsmodellen ebenso wie ihre Verknüpfungen ausnahmslos affektiv, normativ und empraktisch besetzt. Die für eine Gemeinschaft oder Gesellschaft relevanten Unterscheidungen sind hinsichtlich ihrer Bedeutsamkeit *gewichtet*. Diese Gewichtung drückt sich einmal darin aus, daß Unterscheidungen Bereichen zugeordnet sind, die wiederum der Unterscheidung zentral/peripher unterliegen; und daß sie unterschiedliche Bindungskräfte entfalten, also mit unterschiedlich vielen anderen Unterscheidungen in Beziehung stehen bzw. gebracht werden können.

Da Aktanten (wie Peter M. Hejl in verschiedenen Publikationen plausibel gemacht hat) nur so lange und insofern Mitglieder einer Gemeinschaft oder Gesellschaft »sind«, als sie auf deren Wirklichkeitsmodell bezogen agieren, kommt der Thematisierung, Plausibilisierung und Legitimierung des jeweiligen Wirklichkeitsmodells eine entscheidende Rolle zu. Mit anderen Worten, das System von Unterscheidungen, das den kategorialen Rahmen des Wirklichkeitsmodells bildet, muß dauerhaft mit einer inhaltlich elaborierten gesellschaftlichen Semantik und mit gesellschaftlich sanktionierten Affekten und Normen verbunden werden. Das *Programm* für diese sozial verbindliche kommunikative Gesamtinterpretation des Wirklichkeitsmodells einer Gesellschaft nenne ich *Kultur*. Daraus folgt: Es gibt keine Gesellschaft ohne Kultur und keine Kultur ohne Gesellschaft, und beide werden getragen von kognitiv und kommunikativ aktiven Individuen. Die Entstehung von Kultur ist eine nicht hintergehbare evolutionäre Errungenschaft (im Sinne von Luhmann).

Die Entscheidung für das Konzept »Programm« bei der Bestimmung von ›Kultur‹ eröffnet meines Erachtens folgende Argumentationsmöglichkeiten:

1. Die vorgeschlagene Konzeptualisierung von »Kultur« faßt Wirklichkeitsmodelle und Kulturprogramme als unterschiedliche Aspekte eines notwendigerweise integralen Gesamtzusammenhangs der – salopp gesprochen – »Sinnmaschine Gesellschaft«, wobei »Wirklichkeitsmodelle« eher den strukturellen (oder kategorialen), »Kulturprogramme« eher den dynamischen (prozessualen) Aspekt betonen. Damit läßt sich meines Erachtens die oft beobachtbare Tendenz zur Reifizierung beider Momente des Gesamtzusammenhangs vermeiden.

2. Ein Programm enthält nicht nur eine Menge von Prinzipien, Regeln und festen Items, die aus bisher erfolgreichen Problemlösungen stammen und nicht ohne weiteres geändert werden können, sondern es braucht immer wieder neue Programm*anwender.* Dieser Doppelaspekt erlaubt die Beobachtung, daß *der* Mensch Schöpfer aller Kultur ist und zugleich *die* Menschen Geschöpfe einer je spezifischen Kultur sind. Auch ein flexibles Programm erlaubt nicht alle möglichen Anwendungen: Die ausgeschlossenen Möglichkeiten bestimmen seine Spezifika (sozusagen seine »Identität«) ebenso wie die realisierbaren Möglichkeiten. Je nach Ausführungsinstanz (Programmanwendern), Situation, Anwendungsbereich und Verknüpfung von Programmbereichen liefert das Programm ganz unterschiedliche Ergebnisse (kulturelle Manifestationen). Charakteristisch für das Programm Kultur ist, daß es nicht nur die Herstellung von kulturellen Manifestationen, sondern auch deren Beobachtung und Bewertung steuert.

3. Kultur als Programm kann nach unseren kulturellen Erwartungen durch unterschiedliche Merkmale gekennzeichnet werden, unter anderem durch spezifische Komplexität, Grade der Lernfähigkeit, Aufnahmekapazität für neue Variablen, Reflexivität beziehungweise Rekursivität und Lösung von Steuerungs- und Kontrollproblemen. Je nach Ausprägung und Verbindung dieser Merkmale kann man Kulturen typologisieren, ohne dabei über Wertkriterien operieren zu müssen.

Da – abgesehen von instinktgesteuerten Körperfunktionen – alle menschlichen Handlungen und Kommunikationen so und auch anders ablaufen und auch alle überlebensrelevanten Funktionen in unterschiedlichen Formen erfüllt werden können (vgl. etwa das Sexualverhalten), muß jede Gesellschaft die ständig anstehende Komplexität reduzieren. Der Mechanismus, der diese Selektionsleistungen in einer für Individuen wie für soziale Systeme intersubjektiv zugänglichen Weise zu vollziehen erlaubt, ist das Programm Kultur. Kultur steuert, welche Selektionen realisiert werden, sie relationiert die Selektionstypen, zeichnet gesellschaftlich akzeptable aus und sanktioniert andere. Damit stiftet Kultur individuelle wie soziale Identität und kompensiert die doppelte Kontingenz, die Kommunikation bestimmt.

4. Wie moderne Computerprogramme sind auch Kulturprogramme lernfähig (also partiell dynamisch), im Augenblick der jeweiligen Anwendung aber »lernunwillig« (also normativ). Kultur als Programm koordiniert also Kognition wie Kommunikation über das kollektive Wissen, das Anwender bei sachgerechter Programmanwendung in ihren kognitiven Bereichen erzeugen. Andererseits ist jede Programmanwendung systemabhängig und damit prinzipiell deviant, womit langfristig kultureller Wandel wahrscheinlich wird, ohne daß die normative Bindungskraft von Kultur beeinträchtigt wird.

5. Kultur als Programm stellt Problemlösungen im Bereich der Sinnkonstruktion kognitiv wie kommunikativ auf (relative) Dauer. Damit werden zwei für den Bestand von Gesellschaften zentrale Aufgaben gelöst, nämlich *Kontrolle* und *Reproduktion*. Die Reproduktion der Gesellschaft erfolgt durch die Weitergabe des Kulturprogramms an Individuen im Verlauf der Sozialisation. Die dabei vollzogene Verpflichtung der Gesellschaftsmitglieder auf ganz bestimmte Problemlösungsoptionen (samt deren normativer und emotionaler Besetzung) regelt die Beziehung zwischen sozialen Ordnungen und individuellen Freiräumen. Die Kontrolle der Individuen erfolgt nicht durch kausale Verursachung, sondern durch kulturell programmierte Bedeutungen, wobei Sprache ein effektives Instrument kultureller Kontrolle darstellt. Sprachliche Sozialisation ist besonders rigide, und die Regeln gesellschaftlich korrekter Anwendung sprachlicher Mittel kondensieren gesellschaftlich akzeptierte Erfahrungen, Affekte und Überzeugungen.

6. Kulturprogramme und deren sozial akzeptierte Anwendungen sind (beziehungsweise werden zum Teil bewußt) der

Beobachtung entzogen. Sie sind gleichsam die blinden Flecken der Beobachtungen, die in einer Gesellschaft »immer schon« üblich sind und waren. Darum besitzen kulturelle Programme für ihre Anwender den Anschein der Natürlichkeit beziehungsweise Selbstverständlichkeit (Kultur = System blinder Flecken), der besonders wichtig ist für die Herausbildung und Erhaltung der Identität einer Gesellschaft.

7. Kulturprogramme bestehen in der Regel aus miteinander verschalteten Teilprogrammen. So entwickeln etwa funktional differenzierte Gesellschaften Teilprogramme für jedes ausdifferenzierte Sozialsystem (»Wirtschaftskultur«, »Sportkultur« und so weiter), die zum Teil miteinander inkompatibel werden können. Konflikte zwischen solchen Teilprogrammen werden seit dem 18. Jahrhundert über abstrakte Rechtsvorschriften gelöst (zum Beispiel Unversehrtheits- oder Eigentumsrechte). Je nach Ausdifferenzierungsgrad eines Kulturprogramms und je nach dem Grad der Multikulturalität einer Gesellschaft stellt sich die Frage, ob man noch sinnvoll von »der Kultur« einer Gesellschaft sprechen kann.

8. Je stärker Gesellschaften durch die Entwicklung von Mediensystemen den Grad ihrer Beobachtbarkeit erhöhen, desto drängender wird die Frage nach der Funktionsfähigkeit und Bindekraft von Kulturprogrammen. Reflexive Beobachtungsstrukturen – das hat die Modernisierung von Mediengesellschaften in den letzten dreißig Jahren drastisch gezeigt – führen notwendig zu gravierenden *Kontingenzerfahrungen* (siehe unten), wobei »Kontingenz« nicht mit »Willkür« verwechselt werden darf.

9. Gesellschaften, deren Wirklichkeitsmodelle einer Dauerthematisierung in komplexen Mediensystemen ausgeliefert sind, entwickeln daher notwendig *Medienkulturen* mit hoher Pluralität und geringem Verpflichtungsgrad traditioneller Problemlösungen. Sie sind verstärkt radikalen Komplexitätsreduktionen über Fundamentalismen jedweder Art ausgesetzt.

»Denn je näher die Kulturen sich rücken, desto mehr werden sie füreinander zur Herausforderung und Konfrontation. So haben die elektronischen Medien eine unerhörte Situation geschaffen, weil sie für die universale Kopräsenz aller Kulturen sorgen, die eben deshalb in einen globalen Kulturkampf geraten, in dem es um ihre Identität und Selbstbehauptung geht« (Tenbruck 1996, S. 275).

10. Der Zusammenhang zwischen Kultur, Gesellschaft und Individuen kann grundsätzlich als »autokonstitutiv« bestimmt werden. Wirklichkeitsmodelle, ihre Interpretation durch Kulturprogramme und deren Anwendung, Evaluation und Modifikation durch Aktanten bedingen sich gegenseitig, Sinn- und Ordnungsproduktion erfolgen selbstorganisierend. Damit wird die Kultur einer Gesellschaft operational gegen die Umwelt und gegen andere Gesellschaften und Kulturen abgeschlossen, womit das oben schon für kognitive Systeme bemühte Paradox Anwendung findet, daß nur operational geschlossene Systeme in komplexen Umwelten überlebensfähig sind, weil sie ihre Umweltkontakte selbst selegieren können (Prinzip der Symmetriebrechung).

Mit Hilfe ihrer Dimensionen symbolischer Ordnungen (Riten, Mythen, Makro-Schemata der Diskursorientierung, Kollektivsymbole, Gattungen und so weiter), die als kollektives Wissen produziert werden, überbrückt Kultur die kategoriale Trennung zwischen Kognition und Kommunikation und vermittelt die Autonomie der lebenden Systeme mit der gesellschaftlich erforderlichen sozialen Kontrolle. Kultur, so kann man zusammenfassend sagen, ist die Einheit der Programme sozialer (Re-)Konstruktion kollektiven Wissens in (durch) kognitiv autonome(n) Individuen. Kultur als Programm materialisiert sich in Anwendungen (wie Kunstwerken, Architekturen, Büchern oder Zeitungen, aber auch Speisen oder religiösen Kulten), die nur dann gesellschaftlich relevant werden, wenn sie eine (jeweils) relevante Öffentlichkeit erreichen und sich dort hinreichend lange etablieren können. Daher erklärt sich die hohe Bedeutsamkeit von Medien und Kommunikation für *jede* Kultur.

Entscheidet man sich für die Hypothese von Kultur als Programm der Thematisierung des Wirklichkeitsmodells einer Gesellschaft, dann lassen sich einige hartnäckige Probleme der kulturwissenschaftlichen Diskussion anders als bisher üblich behandeln. Dazu einige Erläuterungen.

- Zunächst wird deutlich, daß die Kultur einer Gesellschaft nicht gleichgesetzt werden kann mit kulturellen Manifestationen wie Symbol(system)en, Kunstobjekten, Riten und so weiter. Kulturelle Manifestationen sind allerdings die Instanzen, über die Kultur *beobachtbar* werden kann. Aber das Programm erschöpft sich nicht in seinen jeweils realisierten Anwendungen.

- Die berühmt-berüchtigte Frage nach dem Verhältnis von Kultur und Gesellschaft läßt sich wie folgt beantworten. Nach den hier angestellten Überlegungen gibt es kulturlose Gesellschaften so wenig wie Kulturen ohne Gesellschaften. Jede Gesellschaft muß die »universale Kontingenz« bearbeiten, die aus der kognitiven Überkapazität des Neocortex und der Konstruktivität jeder Sinnproduktion folgt. Diese Kontingenzbearbeitung ist realisiert im Rahmen eines interindividuell verbindlichen Wirklichkeitsmodells, also im Rahmen von Gesellschaft, und das Programm für die kommunikative Thematisierung dieser Bearbeitung wird hier gesehen als Kultur, die eine Gesellschaft charakterisiert und ihre Identität (bzw. Nicht-Identität) ausmacht. Es geht also nicht um eine Opposition Kultur vs. Gesellschaft, sondern um den »Vollzug von Gesellschaft« gemäß dem Programm Kultur im Format von kollektiven wie individuellen Sinnkonstruktionen.
- In verschiedenen Sozialsystemen sind Institutionen entstanden, die sich auf besondere Programmteile spezialisiert haben (Kunstmuseen, Akademien, Universitäten, Theater und so weiter). Für Kultur selbst kann es keine Institution geben. Wohl ist die Kultur angewiesen auf die Kontinuität von relevanten Programmanwendungen und auf eine nicht abbrechende Akkulturation, das heißt auf Kompetenzerwerb zur Anwendung des Programms.
- Da Programm und Applikation bzw. Anwender in der Logik dieses Theorieangebots deutlich voneinander unterschieden werden müssen, entsteht für den (äußeren wie inneren) Beobachter verständlicherweise der Eindruck, daß »die Kultur« immateriell und »geistig« ist und jenseits der Individuen existiert. Wie jedes Programm materialisiert sich auch das Programm Kultur nur in seinen Anwendungen durch Aktanten, aber es erschöpft sich nicht darin.
- Wenn Kultur als Programm zum »Vollzug von Gesellschaft« konzipiert wird, dann muß dieses Programm (nicht aber einzelne Programmanwendungen, das heißt kulturelle Manifestationen) die Lebenszeit des einzelnen Individuums überdauern. Diesen Aspekt betonen Maturana und Varela in ihrer Definition von »kulturellem Verhalten«:

»Jene Verhaltenskonfigurationen, die im Rahmen der kommunikativen Dynamik eines sozialen Milieus ontogenetisch erworben werden und über Generationen stabil bleiben, bezeichnen wir als kulturelles Verhalten. [...] Kulturelles Verhalten entsteht also nicht aus einem besonderen Mechanismus; es stellt nur einen besonderen Fall von kommunikativem Verhalten dar. Das Besondere daran ist, daß es als Konsequenz eines sozialen Lebens über viele Generationen hinweg entsteht, wobei die Mitglieder dieses sozialen Gefüges dauernd durch neue abgelöst werden« (1987, S. 218).

Ich fasse zusammen: »Kultur« nenne ich das sozial verbindliche und sozialisatorisch reproduzierte Programm zum Abgleich (sozusagen zum Tuning) individuell erzeugter Wirklichkeitskonstrukte, wobei in diesem Tuning die Kriterien der Wirklichkeitsgeltung entwickelt, erprobt und legitimiert werden. Insofern verkörpert Kultur das grundlegende Prinzip der *Selbstorganisation* allen Lebens, Denkens und Kommunizierens. Es geht also keineswegs um eine Opposition Kultur *versus* Gesellschaft oder Kultur *versus* Individuen (Aktanten), sondern gewissermaßen um den Vollzug von Gesellschaft in/durch Aktanten gemäß dem Programm Kultur im Format von kognitiven wie kommunikativen Sinnstrukturen – eben als Ordnung symbolischer Ordnungen oder, rhetorisch zugespitzt, als *Mehr (Meer?) von Unterscheidungen.*

5. Medien und Wirklichkeiten

> »Wir nehmen heute nicht mehr am Drama der Entfremdung, sondern an der Ekstase der Kommunikation teil.«
> J. Baudrillard

Wenn man die bedeutsame Rolle von Medien und Kommunikation in Rechnung stellt, dann kommt man mit Blick auf die Wirklichkeitsfrage zu folgendem Ergebnis: Wirklichkeit ist in einer von Massenmedien geprägten Gesellschaft zunehmend das, was wir über Mediengebrauch als Wirklichkeiten konstruieren, woran wir dann glauben und gegenüber dem wir entsprechend handeln und kommunizieren. Wohl deshalb fasziniert heute so viele die Entwicklung von Cyberspaces, von »virtuellen Realitäten«, von Bildern ohne Vorbild, die die Gewißheit unserer visuellen Wahrnehmung denunzieren und Szenarien verheißen, in denen »reality on demand« machbar erscheint.

Offensichtlich sind wir in einer massenmedial geprägten Gesellschaft stärker denn je zuvor damit beschäftigt, operativ und pragmatisch, und nicht etwa ontologisch, zu definieren, was wir *als Wirklichkeiten* annehmen in dem Sinne, daß wir unsere Handlungen und Interpretationen darauf beziehen und daß wir im Sinne von Erwartungserwartungen auch von anderen erwarten, daß sie sich dazu kompatibel verhalten. Das heißt, der Wirklichkeitsbegriff wird im Rahmen von pragmatischen Operationen kontextualisiert und prozessualisiert, die den Wirklichkeitsstatus kognitiver wie kommunikativer Operationen erst definieren. Damit aber kommt ein starkes Moment von Verzeitlichung und Kontingenzbildung in alle Wirklichkeitskonstruktionen hinein.

Am komplexen Gesamtprozeß von Wirklichkeitskonstruktion lassen sich analytisch drei Prozeßbereiche voneinander unterscheiden: Poiesis (Handlung und Interaktion), Kognition und Kommunikation. Wichtig ist nun, daß in allen drei Bereichen die Systemspezifik und nicht die »Realitätsspezifik« dominiert. Das Gelingen oder Mißlingen von Poiesis setzt Zwecke und Kriterien voraus, die wiederum aus Handeln und Interagieren gewonnen worden sind, das heißt, die im Lichte von Wissen und Erfahrung beurteilt werden. Alles Wissen wird aber im Übergang von einem anderen Wissen gewonnen und hat die Form von Unterscheidungen und Benennungen. Zentral für die Einschätzung von Kognition ist die Trennung von Körper, Gehirn und Bewußtsein sowie die doppelte Schematisierung kognitiver Prozesse durch angeborene und erworbene kognitive und kulturelle Schemata. Und hinsichtlich Kommunikation ist der obige Hinweis einschlägig, daß die Materialität der Medien aufgrund der rigiden Mediensozialisation als soziales Erfahrungssediment im/für den viablen Umgang mit Kommunikationsmitteln dient. Diese Spezifika der drei Prozeßbereiche machen den Umgang der Systeme mit ihren Umwelten zu einer Konstruktion, wobei die Frage nach der Repräsentativität dieser Konstruktion sinnlos, da unbeantwortbar ist, zumal auch, wie Luhmann konstatiert, »Realität ohnehin nicht mehr konsenspflichtig ist« (1996, S. 168).

Wenn der Wirklichkeitsbegriff nicht mehr allein an »die Realität« gebunden, also ontologisch definiert werden kann, dann pluralisieren sich automatisch die Wirklichkeitsmodelle und unterscheiden sich nach dem Grad und der Richtung ihrer Gangbarkeit (Viabilität), nach der Art ihrer Operationalisierung, nach der Relevanz, die sie für das Problemlösen und Überleben haben – und diese praktische Erfahrung der Konstruktivität ist heute allgemein erfahrbar und wird in der Kommunikation zunehmend thematisiert. Damit beschleunigt sich eine Entwicklung, die im 18. Jahrhundert als funktionale Differenzierung begonnen hat. Soziale Systeme entwickeln ihre je systemspezifischen Wirklichkeitsmodelle und Kommunikationsmodi, wobei als Kriterium für diese Pluralisierung von Wirklichkeiten mehr und mehr ihre Herstellungsmethode und ihre Anwendungsspezifik dienen – wobei wiederum diese Kriterien keineswegs willkürlich gehandhabt werden, sondern in den jeweiligen sozialen Systemen kommunikativ ausgehandelt werden müssen.

Dieser rasche Blick auf einige zentrale Aspekte massenmedialer Gesellschaften legte den Schluß nahe, daß der Konstruktivismus sich offenbar als eine *Kognitionstheorie funktional differenzierter Massenmediengesellschaften* entwickelt hat. Sein Hauptaugenmerk gilt nicht länger der Frage nach dem Verhältnis von Subjekt und Objekt, nach Objektivität und Wahrheit von Wahrnehmung und Erkenntnis oder verbindlichen Deutungen von Individuum und Gesellschaft, sondern es gilt in erster Linie den Voraussetzungen, Mechanismen und Anschließbarkeitskriterien kognitiver und kommunikativer Wirklichkeitskonstruktionen unter der Bedingung vorausgesetzter Selbstorganisation der konstruierenden Systeme.

Medien, so lautet heute ein weitverbreiteter Konsens, sind unsere alltäglichen Instrumente der Wirklichkeitskonstruktion. Wie im weiteren Verlauf dieses Buches noch im Detail geschildert wird, impliziert dieser Konsens folgende Annahmen:

- Medien (verstanden als sich selbst organisierendes System von Kommunikationsinstrumenten, Technologien, sozialsystemischen Ordnungen und Medienangeboten) disziplinieren unsere Wahrnehmung durch die von ihnen erzwungenen Anpassungen an ihre Nutzungsbedingungen.
- Medien selegieren die Selbstbeobachtung der Gesellschaft durch die (konstitutiven) Filter des (medien)technisch Mögli-

chen, als Veröffentlichung Inszenierbaren und Kommerzialisierbaren.
- Medien entfalten oder regulieren alle Prozesse der Kommunikation wie der Kommunalisierung bis hin zur Entstehung virtueller Gemeinschaften.
- Individuelle wie soziale Wirklichkeitskonstruktionen erfolgen notwendigerweise unter zunehmender Verwendung von Modulen aus dem komplexen Medienangebot in funktional differenzierten Gesellschaften (Stichwort: *Modularisierung* von Wirklichkeit) sowie durch Adaptation beziehungsweise Transformation von Inszenierungsstilen für den Ausdruck von Emotion, Gewalt, Intimität und so weiter.

Damit aber wird der bis heute von vielen fast noch fanatisch beschworene und, wohlgemerkt, ontologisch gedeutete Dualismus von Lebenswirklichkeit und Medienwirklichkeit obsolet. Die Wirklichkeitskonstruktionen jedes einzelnen als Funktion seiner Mediensozialisation in Medienumwelten – und orientiert an den Sinngebungsprogrammen einer Medienkultur – sind längst Teil und nicht etwa das Andere der Medienwirklichkeiten. Längst sind die schlichten Referenzmechanismen der europäischen Tradition – wahr und falsch, wirklich und unwirklich – überführt beziehungsweise eingebettet in einen (produktiv zu deutenden) Pool von Referenzierungsmodalitäten, der längst auch den Wert ›Indifferenz‹ mit enthält, also die »Seinsdeutung« eines Ereignisses im weitesten Sinne einfach offenlassen kann (Stichwort: *Modalisierung* von Wirklichkeit). Referenzprädikate werden im Zusammenspiel von Bedingungen, Verfahren, Erwartungen und Erfüllungen von Konstruktionsprozessen vergeben, als deren *Resultate* allererst die »Sinnhorizonte« entstehen, die dann von ihren Konstrukteuren als »Wirklichkeiten« gedeutet werden – als was auch sonst (Sichwort: *Wirklichkeit als normative Virtualität*).

Verglichen mit traditionellen Wirklichkeitskonzepten erscheint dieses in aller Kürze skizzierte Konzept von Wirklichkeiten prozessualisiert und temporalisiert. Wirklichkeit wird proliferiert in Wirklichkeiten, die nicht nach ontologischen Parametern voneinander unterschieden werden, sondern nach den *constraints* ihrer Entstehung, der Pragmatik ihrer Nutzung und den Wertvorstellungen ihrer Beurteilung(en). Wirklichkeiten erscheinen in dieser Sicht als Resultate hochkonditionierter

Prozesse, die wiederum als Voraussetzungen in neue(rliche) Wirklichkeitskonstruktionen eingehen, und nicht als das Umgebende von Realität, *in dem* Wirklichkeiten entstehen. In der komplexen wie komplizierten Maschine der Mediensysteme, so kann man vielleicht zugespitzt sagen, ist aus der scheinbar unbezweifelbaren Wirklichkeit *der* Realität ein dynamisches Geflecht von Wirklichkeitsinszenierungen geworden, die von unterschiedlichen Nutzern in ganz unterschiedlicher Weise genutzt, also als Komponenten ihrer unvermeidbar eigenen wirklichkeitskonstruktiven systemspezifischen Operationen verwendet werden können. – Es liegt wohl überzufällig nahe, an dieser Stelle im Übergang vom angeblich autonomen Text der Gutenberg-Galaxie zum Text als flüchtigem Moment von Hypertextgeweben im Internet ein bezeichnendes Analogon zu sehen.

6. Die Konstruktion von »Konstruktion«

> »Nach wie vor sind wir nicht geneigt, uns vorzustellen, daß wir nichts anderes als unsere Bordmittel haben, um unsere Probleme zu lösen. Tatsächlich ist jedoch genau das der Fall.«
> D. Baecker

Vertreter des Konstruktivismus haben sich lange Zeit der Aufgabe entzogen, den Zentralbegriff ihres Diskurses »Konstruktion« hinreichend deutlich zu definieren beziehungsweise zu explizieren (Abb. 2). Daher ist es nicht verwunderlich, daß gerade an dieser Stelle immer wieder Kritik angesetzt hat, angefangen bei dem Vorwurf, der Radikale Konstruktivismus widerspreche eklatant dem gesunden Menschenverstand, bis hin zu dem Vorwurf, der Konstruktivismus sei ein (philosophisch längst überholter) haltloser Idealismus, Solipsismus oder Subjektivismus. Hinter dieser Kritik steht unsere umgangssprachliche Semantik, die »Konstruktion« mit dem planvollen Entwerfen und Herstellen von etwas gleichsetzt. Entsprechend haltlos, ja widersinnig erscheint dann die Behauptung des Konstruktivismus, jedes Individuum konstruiere seine Wirklichkeit.

Um diese Frage beantworten zu können, muß ich noch ein-

alles wird immer gemacht

alles wird immer gemacht
weil immer alles gemacht wird
von jemand gemacht wird
wird alles für jemand gemacht
alles wird verschieden gemacht
weil immer alles was gemacht wird
anders gemacht wird
wird alles von neuem gemacht
alles wird planvoll gemacht
weil immer alles was gemacht wird
auf anderes aus ist
wird alles endlos gemacht
alles wird grundlos gemacht
weil immer alles was gemacht wird
nicht von selber entsteht
wird alles aus allem gemacht
alles wird immer gemacht
weil immer alles was gemacht wird
aus dem machen gemacht wird

Abbildung 2: Siegfried J. Schmidt, »alles wird immer gemacht«

mal bei der oben angesprochenen Beobachter-Geschichte einsetzen. Den Kern dieser Geschichte bildet ja die Einsicht, daß jedes Wahrnehmungsresultat eine Funktion des Wahrnehmungsprozesses ist und dieser Prozeß eine Funktion der konkreten empirischen Randbedingungen ist, unter denen er in einem kognitiven System abläuft, das in einer soziokulturellen Umgebung operiert. Zu den empirischen Randbedingungen, unter denen kognitive Prozesse ablaufen, gehören – wie bereits gesagt – die biologischen Möglichkeiten des Aktanten als Individuum einer bestimmten Spezies, seine psychischen Kapazitäten an einer bestimmten Stelle seiner Biographie sowie die sozialen und kulturellen Bedingungen, die sich aus seiner Zugehörigkeit zu einer bestimmten Gesellschaft ergeben. Das aber bedeutet im Klartext: Aktanten können so wenig hinter ihre Wahrnehmung zurück, wie sie hinter Sprache, Kommunikation, Sozialstruktur und Kultur zurückkönnen. Dieser Funktionszusammenhang von Kognition, Kommunikation, Kultur und Medien bildet eine sich selbst konstituierende, sich selbst tragende und legitimierende zirkuläre Prozeßeinheit, die ebenjene temporär stabilisierten Prozeßzustände beziehungsweise Prozeßresultate herausbildet, die den wahrnehmenden Aktanten als Elemente von (für sie sinnvollen, da von ihnen erzeugten) Wirklichkeiten erscheinen und ebenso interpretiert werden. Mit anderen Worten, Aktanten produzieren durch ihre soziokulturell geregelten Aktivitäten im weitesten Sinne Wahrnehmungseinheiten, Kommunikations- und Handlungsresultate, die sie zugleich im Sinne ihrer kulturell geprägten Ordnungs- und Deutungsmuster sowie ihrer davon geprägten Anschlußhandlungen als sinnvolle Komponenten der (ihrer) Wirklichkeit interpretieren. In dieser Argumentation erscheint Wirklichkeit als Prozeßresultat und nicht als das Umgebende von Realität, in dem als in einem immer schon bestehenden Raum Aktanten agieren. Da sich die Prozesse in ständiger Entwicklung befinden, ist es einerseits unwahrscheinlich, daß sie zu identischen Resultaten führen; andererseits wird so plausibel, daß jeder Prozeßbeteiligte den Prozeßablauf wie seine Ergebnisse anders akzentuiert, empfindet und bewertet. In genau diesem Sinne lebt jeder in seiner eigenen Wirklichkeit, die er im Verlaufe seiner Teilnahme am gesellschaftlichen Prozeß der Wirklichkeitskonstruktion handelnd und kommunizierend konstruiert.

Dieser gesellschaftliche Gesamtprozeß erfordert empirische *Prozeßorte*, an denen er im Verlauf von Sozialisationsprozessen die soziokulturellen Regularien, Schemata und symbolischen Ordnungen einer Kultur gewissermaßen implantiert. Diese Prozeßorte sind die individuellen kognitiven Systeme. Eine so angelegte Argumentation erlaubt das Fazit, daß die gesellschaftliche Konstruktion von Wirklichkeiten an Individuen gebunden ist, die wohl als Träger, aber nur bedingt als Gestalter dieser Konstruktion anzusehen sind. Mit anderen Worten, Wirklichkeitskonstruktionen von Aktanten sind subjektgebunden, aber nicht subjektiv im Sinne von willkürlich, intentional oder relativistisch. Und zwar eben deshalb, weil die Individuen bei ihren Wirklichkeitskonstruktionen im geschilderten Sinne *immer schon zu spät* kommen: Alles, was bewußt wird, setzt vom Bewußtsein aus unerreichbare neuronale Aktivitäten voraus; alles, was gesagt wird, setzt bereits das unbewußt erworbene Beherrschen einer Sprache voraus; worüber in welcher Weise und mit welchen Effekten gesprochen wird, all das setzt gesellschaftlich geregelte und kulturell programmierte Diskurse in sozialen Systemen voraus. Insofern organisieren diese Prozesse der Wirklichkeitskonstruktion sich selbst und erzeugen dadurch ihre eigenen Ordnungen der Wirklichkeit(en).[14]

7. Steuerungsgrößen im Kognitionsprozeß

> »Something is happening to the way we think about the way we think.«
> C. Geertz

In dem hier mit wenigen Worten skizzierten Prozeß der Wirklichkeitskonstruktion spielen *affektive* und *normative* Faktoren eine kaum zu überschätzende, von vielen Konstruktivisten aber weitgehend übersehene Rolle.

Eine wichtige Ausnahme bildet Luc Ciompi, der in mehreren Veröffentlichungen eine Affektlogik entwickelt hat, die von einer Integration von Fühlen und Denken ausgeht (1986, 1999). Ciompi sieht die grundlegende Leistung und Dynamik des psychischen Apparats

> »[...] einerseits in der Generierung von immer wieder neuen integrierten Fühl-, Denk- und Verhaltensprogrammen unterschiedlichster Dimension aus der Aktion, andererseits in der ständigen affektgeleiteten Anpassung des Gesamtorganismus an die jeweilige Situation. Eine wichtige Grundlage dieser Psychodynamik (oder genauer: Psycho-Sozio-Biodynamik) im weitesten Sinne ist [...] der Mechanismus der neuronalen Plastizität, also der bevorzugten Bahnung von häufig aktivierten Assoziationswegen, über welchen die besagten ›Programme‹ in der neuronalen Feinstruktur enkodiert werden« (1999, S. 121).

Ciompi bestimmt Affekte[15] als Operatoren (bzw. Attraktoren im Sinne von H. Haken), die den gesamten Organismus um- und einstimmen und dadurch Denken und Verhalten zu einem

14 Wie Peter Janich verschiedentlich betont hat, wird das von diesem Verspätungstheorem aufgeworfene Anfangsproblem gelöst durch Rückgriff auf Praxis, die wir als Individuum nicht begonnen haben.

15 In diesem Buch schließe ich mich der Sprachregelung Ciompis an, der »Affekte« als Oberbegriff für alle Phänomene im Gefühlsbereich verwendet. – Generell verwende ich Ciompis hier vorgestellte Argumente gewissermaßen als Startrampe für meine eigenen Überlegungen, das heißt, ich teile keineswegs alle seine Ansichten und deren oft sehr weitreichenden Voraussetzungen.

situationsangepaßten Ganzen integrieren. Das obligate ständige Zusammenspiel von Affekten und Gedanken bewirkt eine affektspezifische Fokussierung der Aufmerksamkeit sowie eine affektabhängige Speicherung und Mobilisierung von kognitiven Gedächtnisleistungen.

Aber nicht nur im kognitiven, sondern auch im sozialen Bereich wirken Affekte, so Ciompi, als »Energielieferanten und Organisatoren«. Jede Kommunikation hat ihre affektiven Komponenten und Steuerungsgrößen, die vor allem an den nonverbalen Aspekten von Kommunikation beobachtbar sind. Gerade die Medien fungieren heute seines Erachtens als Instrumente »emotionaler Ansteckung« und »Versklavung«, wie schon jede Übertragung eines wichtigen Sportereignisses demonstriert. Dabei lassen sich zudem vorauslaufende affektive Gestimmtheiten als »typische Attraktoren verstehen, die jeweils darüber entscheiden, welche Kognitionen überhaupt beachtet und in die eigenen affektiv-kognitiven Bezugssysteme eingebaut (oder informiert) werden« (1999, S. 250). Affekte wirken nach Ciompi daneben als »kontinuitätsschaffende Öffner und Schließer von kollektiven Gedächtnispforten«.

Als Fazit seiner detaillierten affektlogischen Überlegungen konstatiert Ciompi, daß sich im individuellen wie im sozialen Bereich durchaus vergleichbare »mobilisatorische, organisatorische und integratorische Schaltwirkungen von Affekten auf Denken und Verhalten« (ebd., S. 262) beobachten lassen, wobei man sich aber davor hüten muß, soziale kognitiv-affektive Wechselwirkungen einfach auf individuelle zu reduzieren oder umgekehrt; dazu sind die Zeitordnungen, Flexibilitätsgrade und Stabilitätsbedingungen in beiden Bereichen zu unterschiedlich, auch wenn Wechselwirkungen zwischen beiden Bereichen bestehen.

Wie schon an mehreren Stellen angedeutet, müssen aber nicht nur die affektiven, sondern auch die *normativen* und *empraktischen* (lebenspragmatischen) Aspekte *jeder* Kognition und Kommunikation hinreichend berücksichtigt werden, da Kognitionen wie Kommunikationen diese Aspekte als Regulatoren oder Operatoren »einsetzen«. In jeder Situation wird jeder ablaufende Kognitions- wie Kommunikationsprozeß bewußt oder unbewußt oder doch zumindest bewußtseinsfähig auf seine Kompatibilität mit impliziten oder expliziten normativen

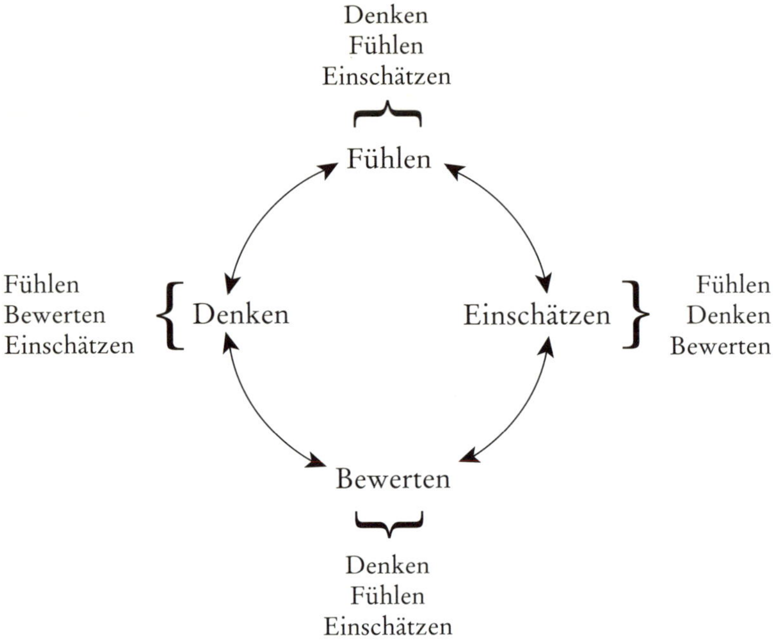

Schaubild 1: Steuergrößen im Kognitionsprozeß

Vorgaben wie auf seine empraktische Relevanz hin bewertet bzw. eingeschätzt, wovon wiederum die affektive Besetzung abhängt. Erfolgreiche Problemlösungen sind nur dann affektiv befriedigend, wenn sie auch für moralisch vertretbar und für lebenspraktisch beziehungsweise sozial relevant gehalten werden. Darum muß die von Ciompi (1986) postulierte affektive Lust-Unlust-Äquilibrierung meines Erachtens um die *normative und empraktische Steuerungskomponente* gut/böse bzw. bedeutsam/bedeutungslos erweitert werden.

Folgt man diesen Überlegungen, dann kann der Bereich der bewußtseinsfähigen Kognition[16] als ein Prozeß konzipiert werden, in dem vier Steuergrößen[17] eine Rolle spielen: Denken (im

16 Mit dieser Einschränkung soll angedeutet werden, daß ich mich zu den physiologischen Grundlagen des Kognitionsprozesses und seiner Steuergrößen bewußt nicht äußere. – Daß darüber aber bei der Vorbesprechung dieses Buches intensiv diskutiert worden ist und wird, belegt der Kommentar von Sebastian Jünger, der meines Erachtens wichtige weiterführende Ideen enthält (vgl. Anlage 1, S. 68 f.).

17 Vielleicht macht es auch Sinn zu sagen, daß sich kognitive Systeme mit Hilfe dieser vier Steuergrößen selbst beobachten und beschreiben.

Sinne der Produktion von Wissen, Vorstellungen, Wünschen, Ideen), Fühlen (Affekte im weiteren Sinne), Einschätzen (lebenspraktischer Relevanzen in der jeweiligen Situation) und Bewerten (Normanwendung). Jede dieser Steuergrößen »enthält« (gewissermaßen fraktal) aber auch zumindest Komponenten der anderen Steuergrößen, wodurch sich der selbstorganisierende Zusammenhang der vier Steuergrößen im Kognitionsprozeß in jeder einzelnen Größe noch einmal wiederholt, was die Autonomie kognitiver Prozesse vervollständigt.

Diese Hypothese soll im Schaubild 1 andeutungsweise visualisiert werden.

8. Die Wirklichkeit der »Realität«

»Die Natur ist nicht natürlich, und
das ist ganz natürlich.«
G. Stein

Eine beliebte Streitfrage in Diskussionen über Konstruktivismus lautet, ob dieser die Wirklichkeit beziehungsweise die Realität leugnet oder nicht. Eine beliebte Streitfrage im konstruktivistischen Diskurs selbst lautet, ob man neben dem Konzept der (Erfahrungs-)Wirklichkeit noch ein Konzept von »Realität« braucht.

Es dürfte ohne große Begründungen einleuchten, daß man die Frage nach der Wirklichkeit oder der Realität nur »in der Wirklichkeit« stellen kann. Ebendarum hat jeder, der diese Frage stellt, sie auch schon im positiven Sinne beantwortet. Kluge Philosophen haben uns überdies seit langem darüber belehrt, daß es an der Referenz des Existenzprädikats nicht das geringste ändert, ob man (dem Konzept) Wirklichkeit das Existenzprädikat zuweist oder aberkennt. Die Frage nach der Existenz der Wirklichkeit ist also eine sinnlose Frage, da die Wirklichkeit eine Bedingung und kein Resultat der Prädikation ist. Man tut daher besser daran, nach der Funktion dieser Frage in einem Diskurs und nicht nach ihrem Sinn zu fragen.

Wenn die Frage nach der Wirklichkeit nur in der Wirklichkeit vorkommen kann, dann muß man sich fragen, welche Gründe es für die Unterscheidung zwischen Wirklichkeit und Realität

Abbildung 3: Werbung für Hewlitt-Packard-Farbdrucker (1999).

in der Wirklichkeit geben kann. Gerhard Roth, der für die Unvermeidbarkeit dieser Unterscheidung plädiert, argumentiert wie folgt:

»Wenn ich [...] davon ausgehe, daß die Wirklichkeit durch das reale Gehirn erzeugt wurde, so folgt daraus logisch, daß es eine Entität geben muß, welche nicht Teil der Wirklichkeit ist. [...] Obwohl erkenntnistheoretisch die Realität völlig unzugänglich ist, muß ich erstens ihre

Existenz annehmen, um nicht in elementare Widersprüche zu geraten, und zweitens kann mir niemand verbieten, mir Gedanken über die Beschaffenheit der Realität zu machen, und zwar zu dem Zweck, die Phänomene in meiner Wirklichkeit besser erklären zu können. Ich darf nur keine objektive Gültigkeit hierfür beanspruchen; vielmehr unterstreiche ich den praktischen Wert meiner Theorie« (^{2}1995, S. 321 f.).

Diese Zwei-Welten-Theorie ist meines Erachtens zu Recht als das »metaphysische Utopia« des Rothschen Konstruktivismus bezeichnet worden. Und dieses Utopia ist nach meiner Einschätzung überflüssig. Natürlich kann ich mir in meiner Wirklichkeit argumentativ eine Realität konstruieren und darüber die paradoxe Aussage treffen, daß ich wohl ihre Existenz behaupten, zugleich aber prinzipiell keine Aussagen über dieses als existent Behauptete machen kann. Wenn ich aber – wie oben vorgeschlagen – den Wirklichkeitsbegriff konsequent *prozessualisiere* und damit *temporalisiere*, dann hat es keinen Sinn mehr, zwischen wirklichen und realen Operationen zu unterscheiden. Man könnte dann aphoristisch formulieren: Wer genug Wirklichkeit hat, braucht keine Realität mehr. Wirklichkeit ist keine Frage des Ortes, sondern eine Frage der Temporalisierung von Prozeßstrukturen und Prozeßresultaten und deren Randbedingungen. Und diese Bedingungen werden für kognitiv autonome (da operativ geschlossene) Systeme nicht von einer unerkennbaren Realität gesetzt, sondern von kollektivem Wissen, von Kommunikation, Sozialstrukturen und Kultur. Sibylle Moser hat die Kontroverse um Wirklichkeit und Realität einmal (brieflich) auf den bündigen Nenner gebracht: »Die Ausführung der Operation ›Realität‹ besteht im ›Realisieren von Wirklichkeit‹.« Luhmann hat argumentiert, daß der Realitätsbezug unseres Wissens in dessen Operativität liegt (1990, S. 147). Und ich füge hinzu: Würde die Wirklichkeit die Realität wirklich einmal einholen – sie würde es nicht bemerken (Abb. 3).[18]

Um es noch einmal zu verdeutlichen: Die Frage, ob es die Wirklichkeit gibt oder nicht, ist meines Erachtens eine unkon-

18 Vgl. dazu die ausführliche Diskussion in Schmidt 1998. – Ich lese einen Aphorismus bei F. Czernin, der sagt: »*wirklichkeit:* was es ohne das, was wir darüber annehmen, nicht geben würde. [...] der augenblick, in dem beziehungen im begriff sind, sich in einem gegenstand zu verfestigen. [...] der augenblick, in dem ich mich auf nichts als auf mich selbst beziehe.«

struktivistische Frage. Der konstruktivistische Akzent in der Wirklichkeitsdebatte liegt auf der Ernsthaftigkeit, mit der das Beobachterproblem berücksichtigt wird. Wenn Aussagen, Wahrnehmungen, Erkenntnisse und auch Wahrheiten konsequent auf den oder die Beobachter rückbezogen werden, deren Aussagen, Wahrnehmungen und Wahrheiten sie sind, dann stellt sich nicht die ontologische Frage, sondern die Frage nach Voraussetzungen, Gründen und Einschätzungen. Natürlich (im Sinne von Janichs Neologismus »kultürlich«) gibt es für Beobachter gute (Erfahrungs-)Gründe dafür, etwas für wirklich oder wahr zu halten, und diese Gründe sind eingebettet in die bisherige Poiesis der Aktanten wie in das kulturelle Wissen der jeweiligen Gemeinschaft oder Gesellschaft, in deren Kontext ein Beobachter operiert. Aber diese Gründe sind und bleiben die Gründe des Beobachters und seiner Wirklichkeit, nicht die der Realität. Kultürlich brauchen Beobachter in ihren Diskursen Wahrheiten im Sinne von bislang unerschütterten Überzeugungen und Evidenzen, die als intersubjektiv akzeptierte Stoppsignale für Begründungsregresse dienen. Aber die bisher unerschütterte Geltung solcher Wahrheiten darf nicht als deren Objektivität mißdeutet werden. Wahrheit wie Wirklichkeit finden sich nur im Diskursdiesseits von Beobachtern.

Auch die beliebte Metapher von der schrittweisen Annäherung an »die« Wahrheit führt in die Irre. Annähern kann man sich nur an ein bekanntes Ziel. Die Wahrheit aber ist kein Ziel, sondern etwas, was wir immer schon besitzen, nämlich unser für wahr gehaltenes Wissen sowie unsere unbefragten Überzeugungen.

J. Mitterer hat in einer Kritik des von Glasersfeldschen Radikalen Konstruktivismus folgendes Argument formuliert: »Wie werden Scheitern oder Widerlegungen von theoretischen Konstruktionen bestimmt? Für das Gelingen unserer Konstruktionen sind wir selbst verantwortlich – ist für das *Mißlingen* die Natur, die Realität verantwortlich? Wer bestimmt, ob unsere Konstruktionen nicht-viabel sind? Die Realität oder *eine* (andere) *Theorie über die Realität*? Der Konstruktivismus würde an Konsequenz gewinnen, wenn er sich für die zweite Variante entscheidet« (1998, S. 554f.).

Diese Entscheidung ist in meiner Variante von Konstruktivismus eindeutig gefallen. Denn wenn die Dichotomie Realität/

Wirklichkeit aufgelöst wird, dann gibt es weder Annäherung noch Scheitern, sondern (Nicht-)Übereinstimmung mit Kriterien und Wissen, die aus anderen vorangegangenen Wirklichkeitskonstruktionen gewonnen und an neuen Erfahrungen modifiziert werden. Aus diesen Gründen brauchen wir im Handeln und Interagieren wie in allen unseren Diskursen unbedingt Wahrheit*en* und Wirklichkeit*en* als Regreßunterbrecher, Evidenzmechanismen und blinde Flecken der Beobachtung. Aber wir brauchen weder *die* Wahrheit noch *die* Realität im emphatischen philosophischen Sinne. Der Realitätsgehalt der Wirklichkeiten wird gleichermaßen durch ihr Funktionieren wie durch ihre argumentative Nichtinfragestellung gewährleistet, also wiederum durch kulturelle und nicht durch ontologische Parameter.

Und schließlich findet auch die Frage, ob Konstruktivisten überhaupt empirische Forschung betreiben können und wollen, eine einfache Antwort (vgl. dazu ausführlich Kapitel III, 4). Kultürlich machen wir Erfahrungen, deren Ergebnisse wir für empirisch verläßlich halten. Und auch in der Wissenschaft erfinden wir als Beobachter zweiter Ordnung im Rahmen von Theorien und Methodologien explizite Verfahren, mit deren Hilfe wir methodisch geordnet Fakten (nicht etwa Daten) produzieren, die wir aufgrund unserer bewährten Kriterien für empirisch verläßlich halten. Aber alle diese Operationen sind Operationen von tätigen Beobachtern und an deren Handlungen, Gedanken und Gefühle, Bewertungen und Anschlußoperationen gebunden. Unsere Welt – und das ist alles.[19]

Wie schon gesagt, muß die alte empiristische Frage, ob die Welt oder die menschliche Vernunft Schiedsrichterin in allen substantiellen Fragen mit Wahrheitsanspruch ist (oder sein sollte), »dekonstruiert« werden: Weder die Welt noch die Vernunft ist Schiedsrichterin, sondern kollektives Wissen, Kommunikation und Kultur. Damit schließt diese Argumentation *partiell* an hermeneutische und dialektische Argumentationen an, insofern diese annehmen, Ausgangspunkt des Erkenntnisprozesses sei nicht ein isoliertes Erkenntnissubjekt oder ein isolierbares Objekt, sondern das historisch-konkrete Wissen, also Hegels »Totalität der Bestimmungen«, die als begrifflich-semantische Kon-

19 Vgl. Schmidt 1982a.

strukte jeder sachlich-inhaltlichen Bestimmung zugrunde liegen, ja sie im Sinne einer Strukturdeterminiertheit kognitiver Systeme allererst ermöglichen.

Wenn es für Menschen kein unterscheidungsloses Beobachten gibt, dann ist alles, was für einen Beobachter Wirklichkeit ist, Wirklichkeit aufgrund der Einheit seiner Unterscheidungen. *Das ist der Sinn der These, Erkenntnis sei Konstruktion.* Diese Begründung hält auch Luhmann für stichhaltiger als die vielfach zu lesende Begründung dieser These durch Verweis auf die Mitwirkung vielfältiger sprachlicher, psychischer, sozialer Ursachen am Zustandekommen von Erkenntnis, die seines Erachtens schon rein logisch nicht stichhaltig ist. »Wer von bestimmten Ursachen auf ›Erkenntnis‹ schließt, kann sich nicht gegen den Einwand wehren, daß auch andere Ursachen mitwirken (zum Beispiel Realitätskontakt) und daß die angegebenen Ursachen nicht alles erklären können (zum Beispiel nicht die Übereinstimmung der Beobachter). Erkenntnistheoretische Thesen müssen auf der Ebene der Beobachtung zweiter bzw. dritter Ordnung [...] formuliert werden« (1990, S. 511). Dem ist sicher zuzustimmen. Davon unberührt bleibt aber meines Erachtens der Hinweis auf die vielfachen Randbedingungen (die ihrerseits wieder Produkte von Unterscheidungen sind), denen sowohl die benutzten Unterscheidungen als auch deren Verwendung durch autonome kognitive Systeme in bestimmten Situationen unterliegen und die nur in empirischen Untersuchungen (partiell) ermittelt werden können.

Das Wissen darüber, welche Unterscheidungen in einer bestimmten gesellschaftlichen Situation in welcher Form anzuwenden sind, kann nur als kulturgeprägt gedacht werden, da ihm sonst kaum die erforderliche Selbstverständlichkeit und Verbindlichkeit zugesprochen werden könnte. Anders ausgedrückt: dieses Wissen (etwa Sprachwissen oder Commonsense-Wissen) ist kollektives Wissen, auch wenn es jeweils im kognitiven System von Aktanten erzeugt werden muß.

Wie alles Wissen ist auch kollektives Wissen der Aktanten eng mit Handeln, Affekten, Normen und lebensweltlichen Praxen »verwoben«; es bestätigt sich durch erfolgreiche Erwartungserwartungen selbst und wird über die Differenz Selbst-/Fremdreferenz temporär entweder auf das Subjekt oder auf die Umwelt bezogen.

Bei all diesen Überlegungen muß – wie eingangs bereits erwähnt – ernsthaft die Voraussetzung mitbedacht werden, daß in differenzlogischen Konzepten im Rahmen der Allgemeinen Systemtheorie die klassische identitätsphilosophische Entgegensetzung von Subjekt und Objekt durch die operative (prozessuale) und temporäre Differenz System/Umwelt ersetzt wird – und daß die beiden Pole der Differenz nur in Beziehung zueinander bestimmt werden können. Nur ein System, das diese Differenz plausibel »aufmachen« kann, kann sich über diese Differenz selbst sinnvoll als System beobachten. Nur in einer Umwelt kann ein System operieren. Und nur wenn ein System hinreichend operativ geschlossen ist, um systemverträgliche Umweltkontakte selbst selegieren und verarbeiten zu können, kann es in einer Umwelt überleben. Das aber heißt: das System ist die »symmetriebrechende Instanz« (im Sinne von Meyer 1993, S. 7). Das System konstruiert seine stets systemspezifischen Umwelten, und es konstruiert auch alle Möglichkeiten, diese Konstrukte zu beobachten und auf ihren »Realitätsgehalt« hin zu bewerten. Darum liegen alle Kriterien der Prüfung, Geltungssicherung oder Begründung von Aussagen über »Wirklichkeit« im Bereich des Systems und der systemspezifischen Bewertung seiner Umweltkontakte, wobei – da es hier logischerweise auf kommunikative Inter-Subjektivität ankommt – in die Konstruktion dieser Kriterien all das an kulturellen Wissensbeständen eingeht, was die kommunikative Akzeptanz von Problemlösungen erhöht.

Exkurs

Im Sinne der bisher angestellten Überlegungen halte ich – neben Gerhard Roths Dualismus – auch Martin Seels Vorschlag, »einen Konstruktivismus zu entwerfen, der einen philosophischen Realismus impliziert«, für nicht überzeugend.[20] Seel entwirft eine Konzeption von Erkenntnis, die den Gegenständen des Erkennens ein eigenes Gewicht einräumt und zugleich den konstitutiven Beitrag der Medien des Erkennens ernst nimmt. Unter »Erkennen« versteht er das »Gewinnen einer Überzeugung,

20 Vgl. Seel 1998, 1998a.

daß es sich so und so verhält« (1998, S. 353). Solche propositionalen Einstellungen sind allein im Gegebensein einer intersubjektiven Sprache gegeben, die uns somit allererst erkennen läßt. Die Fähigkeit zu erkennen schließt weiterhin die Fähigkeit ein, die eigene kognitive Position zur Disposition zu stellen, was wiederum eine Sprache voraussetzt, mit/in der Gedanken so objektiviert werden können, daß beliebige Adressaten ihren Anspruch auf Gültigkeit anerkennen oder bestreiten können. »Ohne das Medium einer Sprache wären also keine Gedanken da, mit denen und zu denen Stellung genommen werden könnte« (ebd., S. 355).

Sprache als Erkenntnismedium eröffnet einen »intransparenten Horizont von Unterschieden, ohne den es für uns im Denken und Sprechen keinen Unterschied gäbe« (ebd., S. 358). Darum gibt es keine Erkenntnisse ohne Erkenntnismedium. Ebenso aber, so betont Seel, gibt es keine Erkenntnis ohne Gegenstände unseres Erkennens. Eine bestimmte Verfassung zeigen Objekte erst dann, »wenn ihnen im Gebrauch sprachlicher Unterscheidungen bestimmte Eigenschaften korrekt zugeschrieben werden. Nur der erkennenden Auffassung zeigt ein Gegenstand diese oder jene Verfassung – verstanden als das, was sich zutreffend über ihn aussagen läßt. Die Wahrheit einer Aussage steht und fällt mit der Verfassung ihres *sprachlich erschlossenen* Gegenstands« (ebd.; Hervorhebung im Original).

In diesen Formulierungen wird Seels Anliegen deutlich: Auf der einen Seite sieht er deutlich, daß Erkenntnis ohne Medien (vor allem Sprache) unmöglich ist und die Gegenstände unserer Rede und die Aspekte ihrer Thematisierung allein beim Sprecher liegen[21]; auf der anderen Seite will er der These entgegenwirken, »die von uns erkennbare Realität im ganzen sei ein Erzeugnis oder eine Konstruktion unserer Erkenntnismedien, allen voran der Sprache« (ebd., S. 356). Bildlich gesprochen: Wenn wir sagen: »Die Katze sitzt auf dem Baum«, legen uns sowohl die Katze als auch die Sprache fest.

Seel folgert aus dieser Überlegung, daß Redegegenstände nur

21 »*Worüber* aber unsere Sätze sind und unter welchem *Aspekt* sie einen Gegenstand thematisieren, dies festzulegen liegt weder in der Macht der Sprache noch in der Macht des angesprochenen Gegenstands, sondern allein in der Hand derer, die denkend oder sprechend etwas zu erkennen versuchen« (ebd., S. 359).

dann mit hinreichender Deutlichkeit identifiziert werden können, wenn sie unabhängig von der Sprache sind, in der sie als Erkenntnisobjekte angesprochen werden. Erkenntnis *erzeugt* nicht nur Wirklichkeit, sie *entdeckt* auch Aspekte »einer ihrem Vollzug vorausliegenden Wirklichkeit«. Aus der Sprachgebundenheit allen Erkennens, so folgert Seel, folgt nicht die Sprachgeborenheit alles Erkannten. Es geht Seel, das wird ganz deutlich, um die sichere Überzeugung, daß die Erkenntnisobjekte erkennenden Wesen zwar nicht sprachunabhängig *gegeben* sein können, daß sie aber unabhängig von allem Erkennen *bestehen* (ebd., S. 363).

Diese Differenz, die generell der Rothschen Dichotomie von Wirklichkeit und Realität entspricht, verbindet Seel nun mit einer zweiten Differenz, nämlich der von Erschlossenheit und Erschließbarkeit von Wirklichkeit einerseits sowie der von Zugänglichkeit und Unzugänglichkeit von Wirklichkeit. Diese Differenz deutet er nicht als Differenz zweier Welten, sondern als Differenz »*innerhalb* der einen, prinzipiell erkennbaren und doch weithin unerkannten und unbekannten Welt« (ebd., S. 364; Hervorhebung im Original). Auch diese zweite Differenz läuft also wiederum auf die Dichotomie Realität/Wirklichkeit hinaus, die offenbar unvermeidlich ist, wenn der Wirklichkeitsbegriff nicht prozessualisiert, also konsequent an die Poiesis, Kognition und Kommunikation von Aktanten in soziokulturellen Kontexten gebunden wird. Daß Systeme und Umwelten ebenso wie Medien und kulturelle Ordnungen »wirklich sind« (»Realität haben«), ist die Voraussetzung allen Beobachtens, Unterscheidens und Handelns und muß nicht eigens begründet werden. Auf dieser Grundlage funktioniert die für kognitive Systeme konstitutive Differenz von Selbst- und Fremdreferenz. Daß es eine dem Erkennen vorausliegende Wirklichkeit gibt, macht als Proposition in einer Erkenntniswirklichkeit Sinn – als Proposition, der zugestimmt und widersprochen werden kann, wozu es eines Mediums bedarf. Solange Seel die Situation so deutet: »Realität ist nicht *als* mediale Konstruktion, sondern allein vermöge medialer Konstruktion gegeben« (1998a, S. 255; Hervorhebung im Original), stimme ich zu. Wenn er aber einen »realistischen Konstruktivismus« (ebd.) propagiert, der glaubt, ohne eine »von aktualen Zugängen unabhängige« Wirklichkeit nicht auskommen zu können, dann setze ich dagegen, daß ein soziokulturell orientierter monistischer Konstruktivismus plausibler und argumentativ kohärenter ist; denn, um es mit Dirk Baeckers Worten zu sagen: »Die entscheidende Entdekkung ist, daß über Fremdreferenzen selbstreferentiell entschieden wird« (in: Maresch 1998, S. 10).

Gegen Seel möchte ich wieder einmal (vgl. Schmidt 1994, Kapitel 1, 4) an J. Mitterers Argumente gegen das dualistische Erkenntnisprinzip erinnern (1992, 1999). Mitterer ersetzt die Dichotomie Sprache/Wirklichkeit durch die Unterscheidung zwischen »Beschreibung *so far*« und »Beschreibung *from now on*«. Das heißt: Das Objekt der Beschreibung wird gleichgesetzt mit bereits geleisteten Beschreibungen, während die Beschreibung des Objekts als noch zu leistende Beschreibung bestimmt wird. »Nichtdualisierendes ›Reden über‹ ist nicht mehr auf das Objekt der Rede gerichtet, sondern geht vom Objekt der Rede aus. Über ein Objekt reden heißt die Rede *so far* in einer Rede *from now on* fortführen. Ein Objekt beschreiben heißt die Beschreibung *so far* /ein Objekt/ fortzuführen und damit das Objekt in ein neues Objekt weiterer Beschreibungen zu ändern. Das Objekt der Beschreibung verhält sich zur Beschreibung wie die Beschreibung *so far* zur Beschreibung *from now on*« (1999, S. 152). Mit anderen Worten: »Objekt und Beschreibung verhalten sich zueinander wie jene Beschreibung, die gegeben ist (und gegeben sein muß, damit weitere Beschreibungen folgen können), und die weiteren Beschreibungen. Das Verhältnis ist ›dynamisch‹ und wird durch den Diskursverlauf ständig neu bestimmt. Die Objekte besitzen keine Identität gegenüber den Beschreibungen« (1992, S. 100).

Nach meiner Einschätzung ist meine konstruktivistische Position mit diesem antidualistischen Prinzip durchaus verträglich, auch wenn die Sprachspiele andere sind. Meine beobachtungstheoretische Position ergibt nur Sinn, wenn ich – wie Mitterer – Gegenständen und Ereignissen keine ontologische Identität oder Priorität einräume, sondern sie als Funktion von Beobachtung (heißt: Unterscheidung und Benennung) bestimme, also als temporalisiertes Prozeßresultat. Was könnte ich denn über sie jenseits der Diskurse sagen (wollen)? Meine Sprachtheorie hat nur Sinn, wenn ich annehme, daß Sprachkomponenten sich nicht auf »die Realität« beziehen, sondern auf Erfahrungen und gesellschaftliches Wissen. Und meine

Wahrheitstheorie führt die Kategorie »Wahrheit« als pragmatische Kategorie ein, nämlich als Stopsignal für infinite Regresse im alltäglichen wie im wissenschaftlichen Diskurs. Insofern identifiziere ich mich durchaus mit Mitterers Diagnose: »Die Wirklichkeit ist in der Nicht-dualisierenden Redeweise der ›letzte Stand der Dinge‹, die erreichten Diskurspositionen, die Beschreibungen *so far*, die (noch) nicht fortgesetzt – verändert – entwickelt werden (können)« (1992, S. 110).

9. Das Problem der Selbstanwendung

»Whose Side Is History On?«
B. und G. Schmidt Heins

Konstruktivisten wie ihre Kritiker haben immer darauf verwiesen, daß die Hypothesen des konstruktivistischen Diskurses selbstverständlich auch auf diesen selbst angewendet werden müssen, was bedeutet, daß es keinen Beweis für die Richtigkeit konstruktivistischer Thesen geben könne, auch nicht durch die Befunde von Neurobiologen oder Kybernetikern. In diesem Falle aber stelle sich die Frage, warum man sich ausgerechnet mit einer Theorie beschäftigen solle, die ihre Wahrheit wie Falschheit einfach offenlassen müsse beziehungsweise von sich aus offenlasse. Auf diese Einwände möchte ich mit verschiedenen Argumenten antworten.

Zunächst einmal verweise ich darauf, daß der (mein) Konstruktivismus wohl Objektivität und Wahrheit als absolut gedachte Größen ausschließt, nicht aber – wie bereits gesagt – Wahrheiten, Sicherheiten, Evidenzen und Plausibilitäten, bezogen auf den jeweils relevanten Stand des Wissens, Handelns und der Fähigkeiten bestimmter Gesellschaften beziehungsweise einzelner Aktanten. Schon aus pragmatischen und psychologischen Gründen muß es Evidenzen geben, mit deren Hilfe Rückfragen und Zweifel glaubwürdig und daher erfolgreich unterbrochen beziehungsweise für eine Weile stillgestellt werden können. Dazu reichen unwidersprochene Gewißheiten durchaus hin; dazu braucht man keine objektiven Wahrheiten, die ihrerseits ja nur den Status solcher unwidersprochenen Gewißheiten haben (können).

Zieht man Objektivität und Wahrheit als absolut gedachte Größen aus dem argumentativen Verkehr, dann folgt daraus keineswegs, daß man damit wissenschaftliche Theorien oder Philosophien in die Beliebigkeit entläßt. Vielmehr wird erst dann wirklich plausibel, daß Theorien und Philosophien kontingente Instrumente zur Lösung von Problemen sind – und nicht mehr. Solche Instrumente können hinsichtlich ihrer Innovativität, bezogen auf den Stand des Wissens, durchaus miteinander verglichen und hinsichtlich ihrer theoriebautechnischen Strukturen wie ihrer Problemlösungskapazität kritisch beurteilt werden. Damit wird die untaugliche Prüffrage nach »der« Wahrheit sinnvollerweise ersetzt durch die Frage, ob und wie eine Theorie aus bereits verfügbarem Wissen und bekannten Ordnungen neues und brauchbares Wissen und neue Ordnungen herzustellen und Poiesis erfolgreich anzuleiten erlaubt. Die Entscheidung über den »Realitätsgehalt« und die »Wahrheit« einer Theorie treffen, wie gesagt, andere Theorien und nicht »die Realität« oder »die Wahrheit«.

Diese Transformation des Beurteilungsdesigns hat zugleich wissenschaftstheoretische und ganz praxisrelevante Konsequenzen. Wissenschaftstheoretisch wird deutlich, daß Anwendungsaspekte (vgl. dazu ausführlicher Kapitel III,4.13) nicht länger als lästige Tribute der Theorie an die Niederungen der Praxis aufgefaßt werden dürfen, sondern in den *Entstehungskontext* einer Theorie gehören. Denn Wissenschaftler gehen nicht mit objektiven Gegebenheiten (Daten, *data*) um, sondern mit von ihnen geschaffenen Fakten (*facta*) oder Phänomenen. Und sie gehen damit um, wenn sie im Kontext wissenschaftlicher Diskurse Probleme mit diesen Phänomenen haben, deren Lösung in einer relevanten Forschergemeinschaft für erforderlich oder wünschenswert gehalten wird, wobei all dies bezogen ist auf den jeweiligen Stand des Handelns, des Wissens und der Bedürfnisse. Insofern ist schon auf der Ebene der reinen Theorie alles Wissen anwendungsbezogenes Wissen. Wird nun die problemorientierte Anwendungsperspektive bereits von Beginn der Theorieentwicklung an ernsthaft berücksichtigt, dann wird auch die Entscheidung für bestimmte Probleme und Problemlösungen zu einer legitimationsbedürftigen Selektion. Dieser Legitimationsbedarf aber kann nicht über subjektive Wünsche und Bedürfnisse einzelner befriedigt werden, sondern nur durch Rekurs auf (entweder bereits erkannten oder sinnvoll prognostizierten) gesellschaftlichen Bedarf (also auf Notwendigkeiten).

Damit aber bekommen die sogenannten Praktiker eine neue Argumentationsbasis bei ihren Forderungen an »die Wissenschaft«, problemlösungsrelevantes Wissen zu produzieren. Gleichzeitig wird es aber auch möglich, ihnen eventuell nachzuweisen, daß ihre Probleme haltlos oder folgenlos sind.

In der Diskussion über »den« Konstruktivismus hat ein Argument stets eine wichtige Rolle gespielt – nämlich seine *Anwendbarkeit*. Nicht nur wissenschaftliche Disziplinen von der Biologie bis zur Theologie haben in rascher Folge konstruktivistische Gedanken aufgegriffen und disziplinspezifisch umgesetzt. Auch in lebensweltlichen Bereichen, in heilenden und beratenden Berufen oder in der Kunst haben sich konstruktivistische Gedanken als praxisrelevant erwiesen. Daß damit nicht über deren objektive Wahrheit entschieden ist, steht hier nicht mehr zur Debatte. Daß sich die Theorie aber überhaupt als anwendungsfähig erwiesen hat, erscheint im Lichte der bisherigen Diskussion als ein durchaus theoriebestätigungsrelevantes Argument, nicht als bloß pragmatischer Nützlichkeitsaspekt.

Ich hoffe, damit ist deutlich geworden, daß die Selbstanwendungsverpflichtung des Konstruktivismus keine theoretische Selbstenthauptung ist, sondern die Verpflichtung zur Selbstbeobachtung, also zur Beobachtung zweiter Ordnung. Ebendieser Beobachtungsmodus aber unterscheidet ja bekanntermaßen wissenschaftliche von nicht-wissenschaftlichen Problemlösungen, womit zugleich ein Argument für die Wissenschaftlichkeit des Konstruktivismus erarbeitet worden ist.

10. Ethische Neutralität?

> »Es ist klar, daß sich die Ethik nicht aussprechen läßt.«
> L. Wittgenstein

Ein besonders bösartiger Vorwurf unterstellt den Konstruktivisten, sie seien ethisch indifferent und rechtfertigten damit jede beliebige ethische Position bis hin zu Völkermord und Holocaust, wenn sie nur jemand aus irgendwelchen Gründen »für richtig halte«. Daher sei der Konstruktivismus untragbar und müsse mit allen Mitteln bekämpft werden.

Ähnlich wie schon das Selbstenthauptungsargument erliegt auch das Neutralitätsargument dem Trugschluß, die Infragestellung absoluter und objektiver Normen sei gleichzusetzen mit der willkürlichen Schaffung eines werte- und normenfreien gesellschaftspolitischen Raums. Dagegen stelle ich das Argument, daß im Bereich des Handelns und Interagierens Normen und Werte so unentbehrlich sind wie Wahrheiten im Bereich kommunikativen Handelns. Und wie für Wahrheiten gilt auch für Werte, daß sie sich historisch entwickeln, legitimationsbedürftig sind und einem steten Wandel unterliegen. Es gibt mithin keine Werte an sich, sondern nur Werte für uns. Dabei tritt das bekannte Problem auf, daß Normen und Werte als Teil unseres in der Sozialisation erworbenen Wissens nur teilweise beobachtungsfähig sind beziehungsweise bewußt beobachtet werden, weil sie zu den blinden Flecken unserer wirklichkeitskonstruktiven Prozesse gehören.

Wie aber kann man unter solchen Voraussetzungen eine plausible konstruktivistische Position in ethischen Fragen entwickeln?[22]

Ausgangspunkt aller ethischen wie moralischen Argumentationen und Entscheidungen ist meines Erachtens das in solchen Kontexten implizit oder explizit vertretene Menschenbild, dessen Wahl – wegen der sich daraus unweigerlich ergebenden Konsequenzen – bereits als eine ethische Entscheidung betrachtet werden muß. Wenn man nun als Konstruktivist mit der Annahme der kognitiven Autonomie lebender Systeme operiert, muß man zwar davon ausgehen, daß Wirklichkeitskonstrukte notwendigerweise *prinzipiell gleichwertig* sind, daß darüber aber nicht die *Handlungsfolgen* solcher Konstrukte vernachlässigt werden dürfen, für die der Konstrukteur verantwortlich ist. An ihren Früchten müssen also auch Wirklichkeitskonstruktionen gemessen werden. Und es ist ja kein Zufall, daß Konflikte und ethische Diskussionen erst bei der Beobachtung und Beurteilung unerwünschter Handlungskonsequenzen ethischer Positionen ausbrechen, also auf der Ebene von Diskursen.

22 Im folgenden verstehe ich Ethik als Reflexionstheorie der Moral. – Zum Diskussionsstand »Konstruktivismus und Ethik« vgl. Rusch und Schmidt (Hg.) 1995.

Mit den vorausgesetzten Menschenbildannahmen ist prinzipiell auch darüber entschieden, welche Annahmen über Wirklichkeit(en), Erkenntnisse, Kommunikations- und Handlungsmöglichkeiten gemacht werden und welche Konsequenzen sich daraus für eigenes und fremdes moralisches Handeln ergeben. Insofern besteht ein enger Zusammenhang zwischen epistemologischen und ethischen Annahmen in jeder philosophischen und wissenschaftlichen Konzeption, nicht nur im Konstruktivismus. Dessen für ethische Diskurse zentrale Annahmen können kurz wie folgt zusammengefaßt werden:

- Pluralität von Beobachtern und von Wirklichkeiten;
- Autonomie des Individuums aufgrund der operationalen Geschlossenheit des Nervensystems sowie der kognitiven Selbstorganisation beziehungsweise Selbstregelung;
- Unmöglichkeit der Letztbegründung von Normen und Werten (legitime Pluralität von Normen und Werten);
- Ablehnung *jedes* »Wahrheitsterrorismus« und Fundamentalismus;
- Notwendigkeit der anderen für das eigene Leben, Erkennen, Kommunizieren und Handeln von der Geburt bis zum Tod;
- Interaktionalität der Bedeutungs- und Sinnkonstruktionen (Vorgängigkeit des sozialen Sinns und der Kommunikation).

Die ethischen Korrelate[23] solcher Annahmen – wie die Werte der Toleranz, der Verantwortung (nach dem Ende der Objektivität), der Begründungspflicht für eigene Entscheidungen und Überzeugungen, der Ent-Trivialisierung der anderen (der Anerkennung ihrer Autonomie) und so weiter – sind nicht in sich und situationsfrei bestimmte Werte, sondern können eher als *Suchaufträge, Reflexionspostulate* oder *Beobachtungsverpflichtungen zweiter Ordnung* angesehen werden, die in der jeweils in Frage stehenden Situation als Rahmen für die Entscheidungsfindung der moralisch handelnden Aktanten dienen können.[24] Diese Entscheidung kann niemandem abgenommen werden, und sie ist gebunden an die *erkennbaren* und *beeinflußbaren* Bedingungen der jeweiligen Situation. (*Nemo ultra posse* forder-

23 Von »Korrelaten« wird hier gesprochen, um anzudeuten, daß aus solchen Annahmen nicht direkt auf ethische Postulate geschlossen bzw. daß solche Postulate nicht logisch aus ihnen abgeleitet werden können.

24 In diesem Sinne können sie auch als Impulse für eine Diskussion über journalistische Ethik dienen.

ten schon die römischen Juristen.) Insofern liefern konstruktivistische Überlegungen in der Tat nur eine reflexive Orientierung; aber darüber hinaus wird hier behauptet, daß es gar keine andere Ethik geben kann, weil Entscheidungen (wie etwa auch Bedeutungen von Medienangeboten) stets aktanten- und situationsabhängig sind und nicht generalisiert werden können. In beiden Fällen gibt es keine Identitäten, sondern nur irreversible Prozesse.

Moralische Entscheidungen sind – wie Heinz von Foerster immer wieder betont hat – Entscheidungen über generell unentscheidbare Fragen, wenn damit eine objektive Begründung der Entscheidung gemeint ist. Der in der philosophischen Ethik so oft vertretene Gedanke einer Ableitung situationsspezifisch relevanter Normen aus zeitunabhängigen übergeordneten ethischen Normen ist am Modell des positiven Rechts orientiert, damit aber nicht einschlägig für die Ethik, es sei denn, man identifizierte Recht und Moral. Ethische Reflexion ähnelt eher einer Heuristik von Annahmen-Folgen-Komplexen. Sie erreicht Reflexionsniveau dann, wenn sie auf einer Ebene der Beobachtung zweiter Ordnung operiert, wenn sie also Latenzbeobachtung versucht, während die meisten Handelnden in Konfliktsituationen im stillschweigenden Vertrauen auf die blinden Flecken soziokultureller Überzeugungen und Routinen handeln.[25]

In jedem Fall aber, das heißt auf jeder Beobachtungsstufe, ist zu berücksichtigen, daß ethische Diskurse nie *ab ovo* beginnen können, sondern nur im Blick auf bereits geltende beziehungsweise Geltung beanspruchende Normen des sittlichen Lebens einer Gesellschaft.[26] Diese dienen in der Regel als Anfangs- und Abbruchsmechanismen der Kommunikation, die schon aus zeitlichen Gründen evidente Diskursunterbrecher benötigt. – Auch die Forderung nach ethischem Rigorismus kommt immer zu spät.

Damit aber läuft die Argumentation – wie immer, wenn zu Ende gedacht worden ist – auf ein Paradox auf: Ethik setzt Ethik voraus; ohne Moral keine Moral. Ethische Diskurse sind stets moralisch.

Kommmunikative Verfahren der Normbegründung (und wir brauchen ständig Normen, um die Kommunikation zu stabili-

25 Zu Einzelheiten vgl. Schmidt 1986.
26 Auch hier gilt also Mitterers Folge *so far – from now on*!

sieren) können etwa als mehrstufige Zweck-Mittel-Argumentationen angelegt werden, wobei man sich allerdings auf Grundnormen verständigen muß. Dabei ist die Abschätzung von Handlungsfolgen äußerst prekär und setzt wiederum Annahmen über die Wirklichkeit sowie Menschenbildannahmen voraus, womit man wieder in einen Begründungszirkel gerät. Außerdem müssen Normen nicht nur begründet werden, sondern sie müssen auch Praktikabilitätsanforderungen genügen. Jede Normbegründung muß ausgehen von den Bedürfnissen, Interessen und Wünschen der Betroffenen. Deshalb ist einerseits anthropologisches, psychologisches und sozialwissenschaftliches Wissen so wichtig für Normfindungen und Normbeurteilungen; deshalb werden aber auch alle Normenbegründungen kontingent, weil sich dieses Wissen und seine Bewertung ständig ändern. Normdiskurse sind unabschließbar. Außerdem spielen gerade hier Gefühle, Traditionen, Üblichkeiten, Gewohnheiten, Habitus und so weiter unvermeidlich eine entscheidende Rolle, weil sie unsere Triebkräfte wie unsere blinden Flecken in dieser Dimension sind, die wir nur ungern beobachten und in Frage stellen (lassen).

Moralische Entscheidungen sind für (mich als) Konstruktivisten situative Problemlösungen in humaner Absicht. Dabei richten sich die Erwartungen auf eine Konsensfiktion, nämlich auf die Zustimmungsbereitschaft aller Gutwilligen (für gutwillig Gehaltenen). Darüber hinausgehende Forderungen müßten physische Macht hinter das Sollen stellen.

Aber ohnehin besteht ja das eigentliche Problem jeder Ethik und Moral nicht in der *Normenbegründung*, sondern in der *Normendurchsetzung* und *Normenbefolgung*. Und zu diesem Problem haben, wie schon Max Weber betont hat, die Philosophen herzlich wenig beigetragen (und beizutragen?).

Was aber kann nun, im Lichte dieser Überlegungen, »der Konstruktivismus« zum Reden und Handeln der sogenannten Praktiker beitragen? Es wäre sicher falsch, den Konstruktivismus als Rezeptologie einzuschätzen oder ihn sich so zu wünschen. Seine Leistung liegt nach meiner Einschätzung darin, von den Praktikern als *Reflexionstheorie* genutzt werden zu können, also im Umgang mit Menschen und Problemen zur konsequenten Beobachterhaltung zweiter Ordnung zu motivieren. Darüber hinaus stellen Konstruktivisten bestimmte Menschenbildannahmen, Wirklichkeits- und Erkenntniskonzepte, Kommunikations- und Kulturmodelle zur Diskussion, die von den Praktikern auf ihre Problemlösungstauglichkeit hin geprüft werden können (und zum Teil ja auch schon so verwendet werden).

Insgesamt bietet mein Konstruktivismus eine Formel an, die den Umgang mit »der Welt« wie mit den anderen vielleicht theoretisch und praktisch erleichtern kann: nämlich die Formel von der Endgültigkeit der Vorläufigkeit. Und dies ist eine *optimistische* Formel!

Anlage 1

lieber herr schmidt,
nachdem ich mir die entsprechenden kapitel bei ciompi nochmals zu gemüte geführt habe, bin ich vielleicht in der lage, meine anregungen zu ihrem operatormodell etwas zu präzisieren.

- kognition ist laut ciompi die produktion und weitere prozession sensorisch irritierter neuronaler differenzen.
- affekt meint die ganzheitliche psychophysische gestimmtheit eines organismus mit unterschiedlicher qualität, dauer und bewußtseinsnähe.
- die wichtigsten operatorwirkungen der affekte auf die kognition habe ich als »affektives routing« (welche pforten werden geöffnet), energetisierung / mobilisierung und komplexitätsreduktion verstanden. soweit zu meiner ciompi-lektüre.

daß die aspekte »qualität«, »dauer« und »bewußtseinsnähe« auch für den bereich der kognition operationalisiert werden können, erschließt sich menes erachtens nicht zuletzt aus dem kapitel über unbewußtes. trotz dieser analogien funktioniert das konzept der affektlogik jedoch nur auf grund der kategorialen trennung der bereiche affekt und kognition (von ciompi selbst auch als »wesensverschieden« beschrieben). die begründung dieser kategorialen trennung sieht auch ciompi in der physiologischen differenz zwischen biochemie und chemoelektrischer signalverarbeitung. warum aber nun »operatoren«? in naturwissenschaftlichen formeln sind operatoren argumente, mit denen sich spezifische zusatzbedingungen in die durch die formel ausgedrückten element-beziehungen einschreiben lassen. ich verstehe den operatorbegriff bei ciompi also so, daß sich in die signalverarbeitung des neuronalen systems auf grund des biochemischen milieus ein permanenter »affektiver inprint« einschreibt, der entscheidend zur nichtlinearen dynamik des gesamtprozesses beiträgt. als attraktor aber verstehe ich eine struktur im jeweiligen phasenraum (also dem theoretischen raum, der sich durch die jeweiligen

bestimmungsgrößen der zu beobachtenden elemente aufspannt), auf den der gesamtprozeß periodisch zustrebt, wenn die startwerte im jeweiligen bassin des attraktors liegen. mit ciompi ist nun anzunehmen, daß die affekte verantwortlich sind für das bassin des attraktors, auf den der temporäre gesamtprozess des neuronalen prozessierens zustrebt. darüber hinaus ließe sich anmerken, daß für das psychophysische system eine parallelität von biochemischen konzentrationen und neuronalen aktivationszentren (und somit dann auch attraktoren) anzunehmen ist, die sich reziprok in ihren jeweiligen startwerten beeinflussen. das resultat ist ein hochdimensionales (!) chaos im gesamtsystem, dessen relativ zeitstabile invarianzen ich als bewußtseinsinhalte verstehe. sie folgen also auch einem – wenn auch (zu) hochdimensionierten – deterministischen chaos, für das es aber zur zeit eher unmöglich erscheint, einen attraktor zu modellieren.
der von ihnen postulierten fraktalität der verschiedenen bereiche stimme ich zu. allerdings plädiere ich nach wie vor für eine stärkere (zumindest analytische) trennung zwischen der physiologie, der psychischen und der »sozio-interaktiven« ebene. wahrscheinlich habe ich ihre verwendung der begriffe norm und empraxis noch nicht wirklich verstanden, aber sind norm und empraxis nicht erst norm und empraxis, wenn sie die qualität hoher bewußtseinsnähe (wenn nicht bewußtseinspflicht) aufweisen? für den fall, daß meine interpretation anschlußfähig ist, schlage ich vor, zur weiteren differenzierung zwei neue dimensionen einzuführen: zeit- und referenzmodus. für die klassifikation von bewußtseinsinhalten und in bewußtseinsinhalte überführtes (also explizit bewußt gemachtes) würden also neben ciompis dimension affekt/kognition die dimensionen vergangen/zukünftig und fremdreferentiell/selbstreferentiell treten (ich überlege zur zeit noch über die dimension subsymbolisch/symbolisch, halte sie aber noch nicht für spruchreif). in diesem dreidimensinalen gebilde wären norm und empraxis zwei affektiv-kognitive bereiche, die bezüglich der dimensionen zeitmodus und referenzmodus (und eventuell repräsentationsmodus) unterschiedlich indiziert wären. zu konzipieren wären sie also nicht im oben beschriebenen sinne als operatoren im psychophysischen gesamtprozess, sondern vielmehr als spezifische invariante produkte spezifisch indizierter attraktoren.
in der hoffnung, daß ihre psychophysis diese anregungen nicht schon obsolet gemacht hat,

gruß sebastian
sebastian jünger <hochfrequenzinsekt@uni-muenster.de>

Zweites Kapitel
Medientheorien der Mediengesellschaften
Auf dem Wege zur Mediengesellschaft

1. Medienwissenschaft, Medientheorie – und so weiter?

»Man kann nicht von außen, scheinbar unbeteiligt, auf die Medien schauen.«
D. Spreen

Daß wir inzwischen längst in einer medienbestimmten oder zumindest von Medien mitbestimmten Gesellschaft leben, dürfte unstrittig sein. Offenkundig strittig ist dagegen, wie die Beobachtung, Analyse und Erklärung dieser Mediengesellschaft in den verschiedenen Wissenschaften inszeniert wird. Die Lage ist, gelinde gesagt, unübersichtlich. Ganz verschiedene Disziplinen mit ganz unterschiedlichen Benennungen reklamieren für sich die Hauptzuständigkeit für diese Aufgabe. Werfen wir deshalb einen kurzen Blick auf die Entwicklung und den gegenwärtigen Stand der Analyse der gegenwärtigen »Medienlandschaft«.

1976 konnte der Theaterwissenschaftler Teichmann noch lapidar feststellen: »Eine Medienwissenschaft als eigene Disziplin [...] gibt es nicht.«[1] Und zehn Jahre später betonten die Herausgeber des Sammelbandes *Ansichten einer künftigen Medienwissenschaft* in ihrer Einleitung: »Die Rede von der ›künftigen Medienwissenschaft‹ hat überdies den Reiz, ein bißchen schillernd offenzulassen, ob die Entwicklung einer bestehenden oder die Entstehung einer noch unentwickelten Wissenschaft gemeint sei« (Bohn u. a. 1988, S. 7).

1994 erklärte W. Faulstich, daß zwar die wissenschaftliche Beschäftigung mit Fragestellungen, die direkt oder indirekt die Medien betreffen, in Disziplinen wie der Publizistik, der Politik- und Propagandaforschung, der Kommunikationssoziologie und Meinungsforschung seit langem auf der Tagesordnung ste-

1 Zitiert nach Müller 1994, S. 119.

he, daß aber eine explizite Medienwissenschaft in der Bundesrepublik erst Mitte der siebziger Jahre im Forschungskontext der Germanistik entstanden sei (1994, S. 9). Von der *Medienwissenschaft* deutlich unterschieden wird vielerorts die *Medientheorie* (bzw. Mediumtheorie), die sich im Anschluß an die Arbeiten Marshall McLuhans herausgebildet hat und die in einem technologischen und militärischen Kontext positioniert ist.[2] »Zentral für die Begrifflichkeit der Medientheorie«, so D. Spreen, »ist das *technisch-mediale Apriori*, das heißt die Ansicht, daß *technische Vermittlungsverhältnisse gesellschaftlichen, kulturellen und epistemologischen Strukturen vorausgesetzt sind*« (1998, S. 7, Hervorhebungen im Original). 1999 bilanziert die Deutsche Gesellschaft für Publizistik- und Kommunikationswissenschaft in einer Art Selbstfindungsverlautbarung »Die Mediengesellschaft und ihre Wissenschaft«:

»Ein Blick in aktuelle Studienführer zeigt, daß eine verwirrende Vielfalt von Fachbezeichnungen existiert: Publizistikwissenschaft, Kommunikationswissenschaft, Journalistik, Medienwissenschaft sowie unterschiedliche Kombinationen dieser Bezeichnungen. Zudem sind diese Fächer an ganz verschiedenen Fakultäten angesiedelt. Darüber hinaus wird an künstlerischen Hochschulen, Fachhochschulen und Berufsakademien eine Reihe von spezialisierten Studiengängen angeboten, wie beispielsweise Wissenschaftsjournalismus, Medienmanagement, AV-Medien, Medienplanung oder Medien- und Kommunikationswirtschaft.

Als die wissenschaftliche Fachgesellschaft geht die Deutsche Gesellschaft für Publizistik- und Kommunikationswissenschaft (DGPuK) davon aus, daß es sich trotz verschiedenen Fachbezeichnungen und unterschiedlicher organisatorischer Einbindung um ein Fach handelt, das an unterschiedlichen Standorten etwas unterschiedlich ausgeprägt ist, sich aber mit ähnlichen Problemen und Gegenständen beschäftigt. Sie strebt im Rahmen der Identitäts- und Profildiskussion eine einheitliche Fachbezeichnung an. Inhaltlich und wissenschaftspolitisch bedeutet dies gleichzeitig das Ziel der Integration verschiedener methodischer und/oder theoretischer Ausrichtungen.«

Bis heute gehen die eher sozialwissenschaftliche Publizistik- und Kommunikationswissenschaft, die aus den Sprach- und Literaturwissenschaften hervorgegangene Medienwissenschaft

2 Die Unterscheidung zwischen Medientheorie und Medienwissenschaft ist unlogisch und wenig hilfreich, zumal sie im Bereich der traditionellen Publizistik- und Kommunikationswissenschaft auch gar nicht akzeptiert wird. Vgl. dazu unter anderem Großmann 1999.

sowie die technikphilosophische Medientheorie also noch weithin getrennte Wege, da sie zum Teil polar gegensätzliche Konzepte von zentralen Begriffen wie ›Gesellschaft‹, ›Mensch‹, ›Erkenntnis‹, ›Medium‹ oder ›Kommunikation‹ vertreten (dazu unten mehr) und noch keine koordinierten gemeinsamen Bemühungen unternommen haben, Forschung, Lehre und disziplinäre Institutionen zu vereinheitlichen und zu systematisieren.[3]

Angesichts dieser prekären Situation beginne ich meine Überlegungen zum möglichen Umriß einer »Medientheorie der Mediengesellschaft« zunächst mit einem zweifachen Orientierungsversuch: In einem ersten Schritt versuche ich, vorhandene Medienforschungen nach wissenschaftstheoretischen, methodologischen und thematischen Gesichtspunkten zu sortieren, wobei es sich nicht um eine inhaltliche Darstellung dieser Forschungen handeln kann und soll, sondern um die Entwicklung eines Beobachtungs- und Beschreibungs*rasters* unter systematischen Gesichtspunkten.

In einem zweiten Schritt wird das Feld der Medienforschung nach mediensystemischen Gesichtspunkten kartiert, wobei als Hauptkategorien ›Materialität‹ und ›Inhalt‹ dienen.

2. Medienforschung: Erster Systematisierungsversuch

Ziel dieser Bemühungen ist es, Grundlagen für eine »integrierte Medien- und Kommunikationswissenschaft« zu legen, die in letzter Zeit zunehmend und, wie ich denke, mit guten Gründen gefordert wird (vgl. Ludes und Schütte 1998, S. 33). Eine solche Integrationslösung soll nicht nur die vorhandenen Forschungen koorientieren und systematisieren, sondern sie soll auch der Annahme Rechnung tragen, daß Medien und Kommunikation so unlösbar miteinander verbunden sind, daß auch Medien- und Kommunikationstheorien aufs engste miteinander verbunden werden sollten.

3 Ludes (1998) suggeriert zwar mit dem Titel seiner *Einführung in die Medienwissenschaft* die Existenz nicht nur einer, sondern *der* Medienwissenschaft; aber der Inhalt des Buches liefert dann doch wieder nur eine Sammlung von Aspekten und Problemen.

Um mich bei der Analyse des heterogenen Feldes der Medienforschung nicht auf die uneinheitlich bis kontrovers und darüber hinaus unlogisch verwendeten Termini ›Medienwissenschaft‹ und ›Medientheorie‹, ›Medienphilosophie‹ oder ›Kommunikationswissenschaft‹ festlegen zu müssen, benutze ich im folgenden Systematisierungsversuch den Ausdruck *›Medienforschung(en)‹* als neutralen Oberbegriff für alle vorhandenen und künftig zu entwickelnden Ansätze zur Erforschung von Medien im weitesten Sinne.

(a) Wie bei jeder Theorie stellt sich auch bei allen Medienforschungen die Grundsatzfrage nach der wissenschaftstheoretischen und methodologischen Bewußtheit und Explizitheit. Damit meine ich nicht die (normativ getönte) Zuordnung zu einem bestimmten Wissenschaftskonzept, sondern die manifeste Auseinandersetzung mit den Fragen, was im jeweiligen Theorienangebot unter ›Theorie‹ und was unter ›Medien‹ verstanden wird.[4] Hinzu kommt meines Erachtens noch das Erfordernis, sich auch explizit zur verwendeten Konzeption von ›Kommunikation‹ zu äußern, da Medien und Kommunikation historisch wie systematisch unlösbar miteinander verbunden sind. – Daß es sich bei dieser Problematik nicht um abgehobene wissenschaftstheoretische Forderungen handelt, belegt etwa die gegenwärtig heftig geführte Diskussion darüber, ob etwa der PC oder das Internet als Medium konzipiert werden kann/soll oder nicht, ob es also legitimes Thema der Medienforschung ist/sein soll oder nicht.[5]

(b) In den Bereich der grundsätzlichen Theorieentscheidungen gehört auch, ob es sich bei Medienforschung um eine empirisch oder hermeneutisch orientierte Theorie handelt[6] oder ob eine sinnvolle Synthese beider Orientierungen (im Sinne von N. Groeben) angestrebt wird. Solche Entscheidungen müssen meines Erachtens mit guten Gründen und vorab getroffen werden, da sie alle theorierelevanten Fragen (von der Bestimmung des Problembereichs bis hin zur Ergebnisinterpretation) essentiell betreffen. Eine weitere in diesen Bereich zu zählende Ent-

4 Diese Auseinandersetzung kann auch im expliziten Anschluß an eine bereits bekannte wissenschaftstheoretische Konzeption bestehen.

5 Vgl. dazu etwa Winkler 1997 und die sich daran anschließende Debatte in der Internet-Zeitschrift *Telepolis* oder die Beiträge in Krämer (Hg.) 1998.

6 Vgl. dazu etwa Rühl 1999.

scheidung betrifft die Anwendungsorientierung. Damit ist nicht etwa die klassische Unterscheidung zwischen Grundlagentheorie und Technologie gemeint, sondern die Entscheidung, ob und, wenn ja, welche Anwendungsperspektiven des von der Theorie produzierten Wissens in die Konzeption der Theorie einbezogen werden.[7]

(c) Medienforschungen lassen sich danach unterscheiden, ob sie sich mit einzelnen Medien oder mit Medien insgesamt beschäftigen. In der gegenwärtigen Medienforschung überwiegen, soweit ich sehe, die Einzelmedientheorien (Film-, Rundfunk-, Pressetheorien und so weiter), wobei auch hier wieder unterschieden werden muß zwischen produktorientierten und systemorientierten Medienforschungen. Produktorientierte Medienforschungen finden sich vor allem im Kontext der Philologien, systemorientierte eher im Kontext von soziologischen und kommunikationstheoretischen Disziplinen.[8]

(d) Ein weiterer Systematisierungsaspekt ist mit der Spezifik der jeweiligen sozialsystemischen Zuordnung von Mediensystemen und Medienangeboten bestimmt. Entsprechend beobachten wir Forschungsbereiche wie Medienrecht und Medienökonomie, Medienpädagogik und Mediendidaktik, Medienpsychologie, Medienästhetik und so weiter

(e) Medienforschungen lassen sich differenzieren nach Art und Grad der Orientierung an Nutzern. Dabei spielen einmal die Alters-, Schicht- und Geschlechtsspezifik der Nutzer(gruppen) eine Rolle, zum anderen aber Ziele, Einstellungen und Motivationen von Nutzern.

(f) Medienforschungen lassen sich weiterhin sortieren nach der Orientierung an Handlungsbereichen und Handlungsrollen in Mediensystemen.[9] Entsprechend gibt es produzentenorientierte Medienforschungen (wie etwa die Kommunikator- oder Redaktionsforschung in der Publizistikwissenschaft), rezipienten- bzw. nutzerorientierte Medienforschungen (wie zum Beispiel Medienpsychologie oder Medienwirkungsforschung), verarbeiterorientierte Medienforschungen (so etwa Theorien der Medienkritik) und so weiter.

7 Zum Thema Anwendungsorientierung vgl. Kapitel III, 4.13.

8 Als Beleg dieser These dienen unter anderem die Beiträge in Faulstich 1994a oder Bohn u.a. 1988.

9 Zur einschlägigen Begrifflichkeit vgl. Schmidt 1994a.

(g) Medienforschungen unterscheiden sich weiterhin nach der zeitlichen Dimensionierung ihres Problembereichs. Entsprechend stehen sich diachron orientierte und synchron orientierte Medienforschungen gegenüber. Diese Unterscheidung darf nicht einfach gleichgesetzt werden mit der traditionellen Unterscheidung zwischen Theorie und Historiographie. Vielmehr ist jeweils zu prüfen, welchem theoretischen Zweck (bzw. Erkenntnisinteresse) die (Re-)Konstruktion historischer Fakten gilt. Entsprechend sind medienhistorische Arbeiten, die zum Beispiel die Abfolge von Medientechnologien nachzeichnen, deutlich zu unterscheiden von Arbeiten, die etwa medientheoretische Hypothesen durch historische Beobachtungen zu plausibilisieren versuchen (vgl. dazu Kapitel II, 10.2). Hinsichtlich der diachronen Perspektive ist zu unterscheiden zwischen der Geschichte der Menschheit, der Geschichte einer bestimmten Gesellschaft sowie der Geschichte von Individuen. Die synchrone Beobachtungsperspektive kann sich auf Systeme, Prozesse und/oder Strukturen konzentrieren.

(h) Medienforschungen unterscheiden sich weiterhin danach, ob sie in kritischer (gesellschafts- oder kulturkritischer), affirmativer oder (betont beziehungsweise versuchsweise) neutraler Absicht geschrieben werden. Dabei wird allerdings damit zu rechnen sein, daß diese Unterscheidung sehr grob rastert und eher Tendenzen als Details erfaßt. Daß solche Tendenzen aber Gesamtorientierungen wie etwa die von Neil Postman, Marshall McLuhan, Friedrich Kittler oder Niklas Luhmann kennzeichnen, dürfte evident sein.

Dieses Beobachtungs- und Beschreibungsraster ist sicher nicht vollständig. An dieser Stelle belasse ich es bei den wenigen Hinweisen und füge zwei Empfehlungen hinzu. Die erste Empfehlung rät dazu, vier Fragen ernsthaft zu stellen: (a) Wie explizit beobachtet die jeweilige Medienforschung das Verhältnis von Materialität und Inhalt/Sinn? (b) Wie explizit bezieht die jeweils zur Debatte stehende Medienforschung Stellung zum Verhältnis von Kognition und Kommunikation? (c) Wie explizit wird die Frage nach dem Verhältnis von Medien und Wirklichkeit behandelt? (d) Wie geht die jeweilige Medienforschung mit ihrer notwendigen Autologie um, also mit dem Faktum, daß sie sich selbst nur als ein Diskurs in beziehungsweise mit Hilfe eines Mediums entfalten kann?

Die zweite Empfehlung geht dahin, Medientheorien bewußt interdisziplinär, systemorientiert und differenztheoretisch anzulegen (vgl. Schmidt 1996) beziehungsweise Abweichungen von dem in dieser Hinsicht bestehenden Konsens in der gegenwärtigen Theoriedebatte explizit zu begründen.

3. Medienforschung: Zweiter Systematisierungsversuch

Mein zweiter Systematisierungsversuch konzentriert sich auf die Unterscheidungen, mit deren Hilfe Medien beobachtet und beschrieben werden.

(a) Die philologisch orientierte Medienwissenschaft interessiert sich in erster Linie für Medienangebote, die sie mit Hilfe der traditionellen Unterscheidung Form/Inhalt beobachtet.

(b) Die publizistisch orientierte Medienforschung bestimmt (im schon genannten Positionspapier der DGPuK von 1999) ihre eigene Aufgabenstellung wie folgt:

> »Die meisten im Fach verwendeten Theorien stellen Aussagen(systeme) über unterschiedliche Teilbereiche öffentlicher Kommunikationsprozesse dar. Sie beziehen sich auf (1) die Struktur und Organisation von Massenmedien, auf (2) die verschiedenen Typen von Kommunikatoren (zum Beispiel aus Journalistik, Public Relations, Werbung), auf (3) die Bedingungen der publizistischen Aussagengestaltung, auf (4) Nutzungs- und Rezeptionsmuster sowie auf (5) dieWirkungen der Medien. Allgemeine Theorien zum Prozeß der öffentlichen Kommmunikation (zum Beispiel Öffentlichkeitstheorien) oder Theorien innerhalb der obengenannten Teilbereiche (zum Beispiel ökonomische oder psychologische Theorien) spielen ebenfalls eine wichtige Rolle.«

(c) Konstruktivistische Medienforschungen konzentrieren sich auf die Wechselverhältnisse von Medien und Kognition sowie von Medien und Kommunikation unter dem Leitaspekt der Wirklichkeitskonstruktion, wobei – wie in Kapitel 1, 3 für natürliche Sprachen ausgeführt – die semiotische Materialität des Medienangebots als eigentümliches Instrument der Sinnkopplung von Systemen betont wird.

(d) Medientheoretiker im Gefolge McLuhans[10] dagegen fokussieren in erster Linie die technische Materialität der Medien.

10 Vgl. zum folgenden Meyer und Ontrup 1998.

Technik wird generell als Medium verstanden, wobei McLuhan Medien als technische Erweiterungen des menschlichen Körpers sowie des zentralen Nervensystems interpretiert. Erst in dieser Perspektive wird deutlich, daß Medien Wirkungen produzieren, die ganz unabhängig sind von dem Inhalt und vom speziellen Gebrauch durch bestimmte Aktanten. Daraus folgt unter anderem, daß die Theorie der gesellschaftlichen Entwicklung als Geschichte der Medien der Gesellschaft geschrieben werden kann; und als solche ist sie zum wesentlichen Teil Militärgeschichte.

(e) Mit der Unterscheidung Verbreitungsmedien/Erfolgsmedien operiert Niklas Luhmann in seiner systemtheoretischen Medienforschung.[11] Verbreitungsmedien wie Schrift, Druck oder Funk führen zu einer enormen Ausdehnung der Reichweite von Kommunikation, die ihrerseits auf die Inhalte der Kommunikation zurückwirkt. Die dadurch bewirkte Trennung von Interaktion und Kommunikation macht es aber immer unwahrscheinlicher, daß Kommunikationsofferten angenommen werden. Dieser Unwahrscheinlichkeit wirken nun die symbolisch generalisierten Kommunikationsmedien oder Erfolgsmedien (wie Geld, Liebe und so weiter) entgegen, die die Chancen der Annahme auch in unbequemen Fällen erhöhen und dadurch zur Bewältigung sozialer Koordinations- und Integrationsprobleme beitragen. Erfolgsmedien sind allerdings nur für gesellschaftliche Funktionsbereiche geeignet, »in denen das Problem und der angestrebte Erfolg in der Kommunikation selbst liegen« und nicht etwa in einer Änderung der Umwelt (Luhmann 1997, S. 407).

Nach Luhmann (1996a) lassen sich drei typische Medieninhalte voneinander unterscheiden: Nachrichten/Berichte, Werbung und Unterhaltung.[12] Diese Inhalte werden technisch, sozial und in ihren Formaten unterschiedlich vermittelt und rezipiert und bieten dadurch, wie P. Ludes betont, je besondere Konstruktionen der Realität an (1998, S. 115).

11 Auf den Medientyp »Wahrnehmungsmedien« (Licht, Luft) und die von Heider übernommene Unterscheidung Form/Medium gehe ich hier nicht ein.

12 Daß diese Trennung unbefriedigend, weil nicht trennscharf genug ist, haben viele Kritiker von Luhmanns Theorie der Massenmedien zu Recht betont.

In einer stark rezipierten Auseinandersetzung mit den Medienkonzeptionen von McLuhan und Luhmann hat Sybille Krämer (1998) darauf hingewiesen, daß der »[...] Nachdruck, mit dem die zeitgenössische Debatte die Medien zum prominenten Thema macht, und die Beiläufigkeit, mit der im alltäglichen Interpretationsgeschehen die Medien zum Verschwinden kommen«, in bemerkenswertem Kontrast zueinander stehen (1998, S. 74). Anhand einer Analyse der Medienkonzepte McLuhans und Luhmanns macht sie deutlich, daß McLuhan sich am Vorbild der Technik, also an einer Relation zwischen autonom werdendem Mittel und Zweck orientiert, während Luhmann von der Denkfigur des Zeichens als Urbild der Vermittlung zwischen Materie und Form ausgeht.

Krämer selbst versucht dann, dem Medienbegriff dadurch schärfere Konturen zu verleihen, daß sie seine Unterschiede zum Begriff des Zeichens wie des technischen Instruments herausarbeitet.

Unter der Überschrift »Das Medium als Spur« beruft sie sich zunächst auf die Konventionalität und Arbitrarität des Zeichens und betont dann, daß die Zeichen kraft ihrer medialen Materialität stets mehr sagen, als die Benutzer damit jeweils meinen. Das wird deutlich am Verhältnis von Stimme und Rede, in dem die Stimme oft genug den Vorgaben und Intentionen der Sprechenden zuwiderläuft. »Die Stimme verhält sich also zur Rede, wie eine unbeabsichtigte Spur sich zum absichtsvoll gebrauchten Zeichen verhält. [...] Spuren sagen uns nichts, sondern sie zeigen uns etwas« (ebd., S. 79). Auf die Frage, wie man sich die »Eigensinnigkeit« von Medien im Unterschied zur gewöhnlichen Zeichenbedeutung vorstellen kann, gibt Krämer folgende Antwort: »Das Medium verhält sich zur Botschaft, wie die unbeabsichtigte Spur sich zum absichtsvoll gebrauchten Zeichen verhält [...]. *Das Medium ist nicht einfach die Botschaft; vielmehr bewahrt sich an der Botschaft die Spur des Mediums*« (ebd., S. 81; Hervorhebung im Original).

Zu Beginn ihrer Überlegungen zum Medium als Apparat unterscheidet Krämer zunächst zwischen ›Werkzeug‹ und ›Apparat‹. Ein technisches Instrument wird als Werkzeug gebraucht und bleibt der bearbeiteten Sache durchaus äußerlich. Sobald Medien die Form technischer Geräte annehmen, spricht die Autorin von Technik als einem Apparat. Das Grammophon setzt die irreversible Ordnung der Zeit außer Kraft; die Videokamera erlaubt Sichtweisen, die in der gewöhnlichen Beobachterperspektive angeschlossen sind, und so weiter. Krämer folgert: »Die Technik des Werkzeugs erspart Arbeit; die Technik als Apparat aber bringt künstliche Welten hervor, sie eröffnet Erfahrungen und ermöglicht Verfahren, die es ohne Apparaturen nicht etwa abgeschwächt, sondern überhaupt nicht gibt. Nicht Leistungssteigerung, sondern Welterzeugung ist der produktive Sinn von Medientechnologien« (ebd., S. 85). Entsprechend betrachtet die Autorin auch den Computer als ein Medium, da die durch Digitalisierung ermöglichte Verbindung von Telekommunikation und Datenverarbeitung eine Kommunikationsform entstehen läßt, die ohne Computer völlig unmöglich wäre.

Spur und Apparat verweisen also darauf, daß die Medialität der Medien das Kommunizieren und Interpretieren dem Ausschließlichkeitsanspruch des intentionalen Handlungsmodells entziehen. Die materialen Strukturen von Medien stellen »[...] geschichtlich sich wandelnde Vorräte von Unterscheidungsmöglichkeiten bereit, in deren Spektrum erst Zeichen gebildet, fixiert und übermittelt werden können. [...] Durch diese mediale Dimension kommt ein nicht-diskursiver, ein vor-prädikativer Überschuß an Bedeutung ins Spiel, der den Zeichenbenutzern eher widerfährt, als daß er von ihnen beherrscht und kontrolliert würde.« Mit Medien umzugehen heiße – metaphorisch gesprochen – lautlos und unsichtbar eine Ordnung zu handhaben, »die wir nicht selbst gemacht und hervorgebracht haben« (ebd., S. 90). An dieser Grenze endet auch eine bloß handlungstheoretische Bestimmung von Kommunikation.

Wenn man die verschiedenen Ansätze zu ko-orientieren versucht, dann wird man einen Medienbegriff entwickeln müssen, der sowohl den Beobachtungsaspekten Inhalt/Form/Sinn als auch den Aspekten Materialität/Form/Technik und den dadurch bestimmten Nutzungs- und Wirkungsmöglichkeiten Rechnung trägt. Ehe dies versucht wird, sollen aber die sogenannte medientheoretische und die konstruktivistische Medienforschung etwas genauer untersucht werden, da sie in einem angeblich unüberbrückbaren Gegensatz zueinander stehen.

4. Konstruktivistische Perspektiven in der Kommunikations- und Medientheorie

In einem grundlegenden Artikel über die Möglichkeiten einer konstruktivistischen Kommunikationswissenschaft hat K. Merten die These vertreten, daß eine konstruktivistische Kommunikationswissenschaft »genügend heuristisches Potential besitze, um die Kommunikationswissenschaft insgesamt in eine fruchtbare Unruhe zu versetzen« (1995, S. 3). Dieses heuristische Potential sieht Merten vor allem in drei Folgerungen, die aus den Grundannahmen des Radikalen Konstruktivismus gezogen werden können:

- »Der Konstruktivismus erlaubt den Einbezug von Personen, verstanden als psychische Systeme, in den Kommunikationsprozeß, derart, daß eine *Interpenetration* psychischer und sozialer Systeme möglich und zurechenbar wird« (ebd., S. 7).
- Aufgrund der Geschlossenheit des kognitiven Apparates leben Menschen notwendigerweise in einer selbsterzeugten Wirklichkeit, woraus folgt, daß Vorstellungen von Objektivität nur den Rang operativer Fiktionen besitzen können.
- Unter dem Primat der Frage »Was machen Menschen mit Medien?« liefert der Konstruktivismus generelle Erklärungen dafür, daß und warum *fiktionale* Strukturen sachlicher, zeitlicher und sozialer Art (wie zum Beispiel Images, Erwartungen und Einstellungen) für die Wirklichkeitskonstruktion so effektiv sein können. Merten selbst zieht als Kommunikationswissenschaftler weitreichende – und für viele seiner Kollegen in der Tat irritierende – Konsequenzen aus seinen konstruktivistischen Annahmen. »*Weil Wirklichkeiten immer konstruiert werden, ist deren Authentizität unerheblich: Wirklichkeitskonstruktionen sind daher nicht auf Wahrheit, sondern nur auf Effizienz zu hinterfragen*« (ebd., S. 10; Hervorhebung im Original).
- Mit steigender Ausdifferenzierung der Gesellschaft entsteht ein zunehmender Bedarf für die Beschaffung von Wissens- und Glaubensstrukturen auf fiktionaler Basis, der durch die immer wichtiger werdende Profession der Public Relations befriedigt wird. Dazu kreiert PR Images, die schnell, kontingent und ökonomisch verändert werden können.

- Wirkungsforschung muß ihre traditionellen Basisannahmen aufgeben, nämlich die Annahmen der Kausalität, Proportionalität und Transitivität. Statt dessen sind – neben dem Stimulus – interne und externe Kontexte als Selektionsinstanzen mit zu berücksichtigen. Zusätzlich muß ein weiteres Paradoxon in Rechnung gestellt werden, nämlich Selbstreferenz auf der Wirkungsebene: *»Wirkungen verändern Wirkungen«* (ebd., S. 18; Hervorhebung im Original).

In der Stoßrichtung seiner Argumente trifft sich Merten durchaus mit Überlegungen, die S. Weischenberg zum Verhältnis von Konstruktivismus und Journalismusforschung angestellt hat. Auch Weischenberg traut dem Konstruktivismus zu, zentrale problematische Annahmen der traditionellen Journalismusforschung endlich zu korrigieren: »Dazu gehören der Glaube an allmächtige Medien, der pauschale Vorwurf der Manipulation durch Medien, das Beharren auf der Existenz von Falsifikationsmaßstäben für *Medienrealität*, der Rekurs auf ontologische Gewißheiten und damit auf absolute Bezugspunkte für die Beurteilung von Massenkommunikation« (1995, S. 47).

Weischenberg sieht aber auch in der Journalismusforschung selbst bereits Traditionsbestände, die konstruktivistischen Basisannahmen nahestehen[13] und die nun – gleichsam mit der »Rückendeckung« konstruktivistischer Kognitions- und Kommunikationstheorien – konsensfähig(er) gemacht werden könnten und sollten.

Nicht nur in der Kommunikationswissenschaft und der Journalismusforschung, auch in der allgemeinen Medienwissenschaft werden zunehmend konstruktivistische Thesen diskutiert, die auch hier traditionelle Basisannahmen konterkarieren. So faßt etwa St. Weber (1996) die Grundannahmen einer konstruktivistischen Medientheorie wie folgt zusammen:

- In der aktuellen Medien*praxis* wird die klassische journalistische Dichotomie wahr/falsch abgebaut zugunsten von Emotionalität.
- Unter kommerziellen Gesichtspunkten wird die mediale Kopplung der Nutzer an die Medien (Quoten, Reichweiten, Umsätze) zum zentralen Faktor. »Die Wirklichkeit der Me-

13 Zur jüngsten Aufarbeitung und konstruktivistischen Bearbeitung solcher Traditionsbestände vgl. Großmann 1999 und 1999a.

dien ist längst nicht mehr normativ, sondern vielmehr rein ökonomisch motiviert.«

- Selbstreferenz dominiert Fremdreferenz. Die »Endo-Welt« der Medien wird immer seltener verlassen, die Medien beschäftigen sich immer mehr mit sich selbst.
- »Die Wirklichkeit der Medien inszeniert immer mehr das *Was* und verschleiert dabei immer mehr das *Wie*«.
- *»The message makes the event.«* Soll heißen: Die Berichterstattung folgt nicht etwa »der Wirklichkeit«, vielmehr folgt die Wirklichkeit der Berichterstattung.
- Die Wirklichkeit der Medien ist hochgradig kontingent (»Wirklichkeits-Patchwork«) und verweist nicht mehr auf eine in sich kohärente, referentialisierbare Wirklichkeit.

Den gravierendsten Unterschied zwischen realistischen und konstruktivistischen Medientheorien aber sieht Weber in einer Umkehrung des Denkens[14], die er in folgender Übersicht zusammengestellt hat, die er aus rhetorischen Gründen gelegentlich überzieht:

1. Realistische Medientheorien	*2. Konstruktivistische Medientheorien*
Wirklichkeit → Medien → Nutzer	Nutzer → Medien → Wirklichkeit
Die Bilder der Wirklichkeit	Die Wirklichkeit der Bilder
Beobachtung von Wirklichkeit	Beobachtung von Beobachtung … von Beobachtrung …
*Fremd*referenz der Medienangebote auf Wirklichkeit	*Selbst*referenz der Medienangebote auf Medienangebote
Hier das Objekt, (eventuell) dann Beschreibungen	Hier eine Beschreibung, (deshalb) dann Objekte

14 Weber 1996, S. 145. – In Anlehnung an Arbeiten von Varela, Glanville oder Mitterer skizziert Weber darüber hinaus eine Alternative zu allen dualistischen Medien- und Kommunikationstheorien, um grundsätzlich über Dichotomien wie Medien/Wirklichkeit, Darstellung/Realität, Sprache/Welt, Bericht/Ereignis oder Medienwirklichkeit/Realität hinauszukommen. Vgl. dazu Weber 1996 und 1999.

Nachrichten folgen auf Ereignisse	Ereignisse folgen auf Nachrichten
Der Journalist als passiver *Selekteur*	Der Journalist als aktiver *Konstrukteur*
Die Umwelt kommt ins Redaktionssystem	Das Redaktionssystem kommt in die Umwelt
Der Zufall will es ...	Der Chefredakteur will es ...

Schaubild 2

Die Liste der Beispiele, wie konstruktivistische Überlegungen in der aktuellen Kommunikations- und Medienforschung im weiteren Sinne (also von der Psychologie bis zu den Wirtschaftswissenschaften) aufgegriffen worden sind und werden, ließe sich erheblich verlängern. Die Liste zeigt, daß konstruktivistische Medienforscher offensichtlich daran interessiert sind, traditionelle Überzeugungen der Kommunikations- und Publizistikforschung in Frage zu stellen. Dazu gehören vor allem Konzepte wie ›Wirklichkeitsdarstellung in den Medien‹, ›Objektivität‹, ›Wahrheit‹, ›Fiktion‹ und ›Authentizität‹, ›Wirkung‹ und so weiter.

Die Faszination konstruktivistischer Hypothesen für Kommunikations- und Publizistikforscher liegt begreiflicherweise im Umstellen von Wirklichkeitsrepräsentation auf Wirklichkeitskonstruktion, da diese Umstellung die Tätigkeit der Aktanten in allen Medienberufen kognitiv, kommunikativ und ethisch in einem neuen und problematischen Licht erscheinen läßt.[15] Die Faszination liegt weiter darin, daß die von E. Katz 1962 formulierte Umstellung der Frage: Was machen die Medien mit den Menschen? auf die Frage: Was machen die Menschen mit den Medien? nun neue Chancen auf Beantwortung erhielt, was wiederum plausibel macht, warum die von Medientheoretikern bearbeiteten Aspekte der Materialität der Medien nur sehr am Rande verfolgt worden sind.

Das gilt auch für meine eigenen Ansätze zu einer konstruktivistischen Kommunikationstheorie[16], die primär an den The-

15 Vgl. etwa die gereizten Reaktionen von Journalisten wie Bresser 1992.
16 Vgl. etwa Schmidt 1994, 1996, 1998.

men Wirklichkeitskonstruktion durch kognitive und soziale Systeme sowie strukturelle Kopplung von Kognition und Kommunikation ausgerichtet waren und die Materialitätsthematik der Medien nur am Beispiel der natürlichen Sprachen behandelt haben.

5. Argumentationsschwerpunkte der »Medientheorie«

> »Medien zu verstehen bleibt [...] eine Unmöglichkeit, weil [...] die jeweils herrschenden Nachrichtentechniken alles Verstehen fernsteuern und seine Illusion hervorrufen.«
> F. Kittler

Eine Reihe von Thesen und Hypothesen, die von Konstruktivisten und Systemtheoretikern vertreten werden – vorwiegend zum Thema *Wirklichkeitskonstruktion durch Medien* –, finden sich auch bei Vertretern der (verschiedenen Varianten der sogenannten) Medientheorie. So heißt es etwa bei Norbert Bolz ganz klar: »Den Kontext dieser neuen ›posthumanen‹ Existenz bieten die neuen Medien. Sie bestimmen, was für uns Wirklichkeit heißt. Was sich ereignet, ist inszeniert. Bilder aus aller Welt ersetzen das Weltbild. Die neuen Medien sind auch das Schema dessen, was sich zwischen Menschen zuträgt. Meine These lautet: *Es gibt kein Jenseits der Medien*« (1994, S. 16; alle Hervorhebungen in den folgenden Zitaten im Original). Konsequenterweise gibt es für Bolz auch keine »unmittelbare Weltwahrnehmung« mehr[17], sondern nur noch die Wahrnehmung von Kommunikation. Wenn aber die Darstellung von Wirklichkeit nicht mehr an dieser selbst gemessen werden kann, dann – so Bolz – zerbricht das »Lieblingsspielzeug« der Intellektuellen, die Kritik. An ihre Stelle tritt bloße Performanz. Nach Bolz wird Manipulation zum Normalfall der Weltdarstellung, was uns zu einem neuen Verhältnis zu den Begriffen ›Schein‹, ›Fiktion‹ und ›Simulation‹ zwingt: »Sie bezeichnen nicht mehr das

17 – als wenn es die je gegeben hätte. Hier jedenfalls »denkt« Bolz nicht ganz konstruktivistisch.

andere der Wirklichkeit, sondern sind ihre Aggregatzustände« (ebd., S. 21).

Auch Bolz geht aus von der operationalen Geschlossenheit von Kognition und Kommunikation, der zufolge das Gehirn nur mit »Übersetzungen« umgehen kann und die Kommunikation von der Umwelt nur gestört, nicht aber kausal beeinflußt werden kann. Auf dieser Basis konzipiert er (im Kontext Marshall McLuhans) seinen Medienbegriff wie folgt: »Weil unsere Gesellschaft nicht mit ihrer Umwelt sprechen kann, trifft sie technische Vorkehrungen, um sich für diese Black Box sensibel zu machen. Solche Techniken heißen Medien. Sie sensibilisieren für Störungen. *Medien stellen Sinnformen zur Verfügung, in denen man die Störgeräusche der Welt verarbeiten kann*« (ebd., S. 144 f.; Hervorhebung im Original). Medientechniken sieht Bolz mit McLuhan als Extensionen des menschlichen Körpers[18]; folgerichtig gibt es kein Subjekt-Objekt-Verhältnis zwischen Menschen und Medien; diese funktionieren nicht etwa außerhalb unserer selbst, und deshalb können wir sie auch nicht kritisch distanzieren. Die digitale Revolution, so Bolz, hat unsere Wahrnehmung der Welt total kontrollierbar und manipulierbar gemacht. Daher überfordern wir die Medien, wenn wir von ihnen eine authentische Berichterstattung erwarten. »Mitteilungen der Massenmedien sind nur Abfallprodukte ihrer Selbstproduktion« (ebd., S. 230).

Einschneidende Folgen haben diese Entwicklungen gerade auch für die Politik und das Verständnis von Öffentlichkeit. Offizielle Politik verflüchtigt sich in Rhetorik; wichtig ist allein noch, wie man Politik in den Medien verkauft. Politik, so Bolz, reagiert nur noch auf ihre Übertragung in den Medien. Macht ist nirgendwo mehr konzentriert; sie ist anonym, verflüssigt, vernetzt. *»Schlüssel der Macht sind heute die Verteilungsstruktur der Informationen und die Kontrolle des Wissens.«* Alle politischen und sozialen Beziehungen werden durch die Massenmedien in Ereignisse mit Nachrichtenwert aufgelöst. Die elektronischen Medien schaffen eine virtuelle Realität von Gemeinschaften durch Reichweiten und Frequenzen und zerstören damit alle vertrauten Formen bürgerlicher Öffentlichkeit.

Nicht nur Bolz, auch seine Kollegen im Kittler-Kreis sind an

18 Zur Kritik dieser Auffassung vgl. unter anderem Krämer 1998.

postmoderner französischer Rhetorik geschult und formulieren entsprechend (bewußt) kühn.[19] Einige zentrale Hypothesen ihres Diskurses fasse ich im folgenden kurz zusammen, wobei ich aus Gründen der Bewahrung rhetorischer Effekte ausgiebig zitieren muß.

(a) »Medien sind auf eine erstaunliche Weise *souverän* geworden. Sie diktieren Denk-, Handlungs- und Wahrnehmungsweisen, sie bestimmen Modi, Tempi und Rhythmik der Informationsgewinnung, Informationsspeicherung und Informationsweitergabe, und sie geben in Gestalt vereinheitlichender technischer Normen und Standards Verkopplungs- und/oder Entdifferenzierungsgeschwindigkeiten vor. In einem selbstbezüglichen Prozeß spannen sie so einen unhintergehbaren Horizont von Welt auf, eine emergente Wirklichkeit (Virtualität), die zugleich informiert und kritisiert, bestätigt und dementiert, Adressaten erzeugt und sie bezeugen läßt und dadurch weitere Informationen prozessiert, über die abermals berichtet und kommuniziert werden kann« (Maresch und Werber 1996, S. 1).

(b) Entgegen soziologisch-systemtheoretischen Versuchen, »die Massenmedien« als eigenes Sozialsystem zu konzipieren[20], nehmen Maresch und Werber an, daß die Massenmedien schon längst nicht mehr innerhalb eigener Systemgrenzen operieren, sondern andere soziale Systeme mit ihren Operationen penetrieren und kolonisieren: Eine »neue *magisch-technische* Souveränität« hat sich etabliert. »Die Medien« haben die Ausdifferenzierung der öffentlichen Gewalt in Legislative, Judikative und Exekutive eingeebnet, indem sie neben den traditionellen Rollen des Anwalts und Anklägers auch noch die Instanz des Richters besetzt haben. Diese Allmacht der Medien bedeutet das Ende von Staat, Politik und Demokratie (= »Techno-Faschismus«).

(c) »Medial-technische Dispositive« sind keine trivialen Input-Output-Maschinen mehr, sondern erbringen eigenständige Sinngebungsleistungen. Die Technik der Transistoren, Halbleiter und integrierten Schaltkreise und das Netz beziehungsweise der Mix aus Telefon, Fax und Modem werden – so Maresch und Werber – die Basis sozialer Kontaktnahmen von Grund auf re-

19 Zur »Mystik der neuen Medien« vgl. Lau 1977.
20 Vgl. die zusammenfassende Diskussion dieser Versuche bei Görke und Kohring 1996.

volutionieren. Die Gesellschaft wird per Datenautobahnen zu einer »virtuellen Gemeinschaft« zusammenschrumpfen und ihre sozialen Interaktionen von Mikroprozessoren steuern lassen. Die Mediatisierung schließt die Moderne qua Epoche funktionaler Differenzierung ab.

(d) Umstritten ist unter Medientheoretikern die Frage, »ob die virtuelle Operativität der elektronischen Medien eher zu einer *Homogenisierung, Zentralisierung* und *Gleichschaltung* der Welt«, zu einer vom »elektronischen Halsband« zusammengeschweißten »Kontrollgesellschaft« (Gilles Deleuze), oder zu neuer Demokratisierung und Heterarchisierung führen wird. Schließlich gibt es auch die Hoffnung, daß eine Globalisierung der Kommunikation Konflikte abbauen und zu einer Kommunikation »ohne Politik« führen wird.

(e) Nach Friedrich Kittler werden in der allgemeinen Digitalisierung von Nachrichten und Kanälen die Unterschiede zwischen den einzelnen Medien verschwinden. »Nur noch als Oberflächeneffekt, wie er unter dem schönen Namen Interface beim Konsumenten ankommt, gibt es Ton und Bild, Stimme und Text« (1986, S. 7). In den Computern ist alles nur Quantität – bild-, ton-, wortlos. Damit aber, so Kittler, kassiert ein totaler Medienverbund auf Digitalbasis den Begriff des Mediums selbst. »Statt Techniken an Leute anzuschließen, läuft das absolute Wissen als Endlosschleife« (ebd., S. 8). Alle »Daten« werden vom »Totalsystem« selbst errechnet: Medien vermitteln nichts mehr.

(f) Den medientheoretischen Themenkatalog faßt Maresch wie folgt zusammen:

»Ich nenne an dieser Stelle exemplarisch und ausschnitthaft: die Kopplung und Verschaltung unterschiedlichster Medien zu einem einheitlichen (digitalen) Mediensystem; die Emanzipation der Zahlen und Buchstaben von semantischen Zusammenhängen, sprich: die Entkopplung von Information und Kommunikation; die Ablösung des herkömmlichen Bildes durch das beliebig manipulierbare numerische Bild; die Elektronifizierung und Panoptisierung des Sehens und Gesehenwerdens durch ›opake Sehmaschinen‹; die Neuschreibung klassischer Orientierungsmuster wie Wahrheit/Lüge, Sein/Schein, Realität/Fiktion durch die Codierung real/imaginär/symbolisch (Lacan) beziehungsweise real/virtuell/hyperreal (Baudrillard); die Genese eines selbstreferentiellen Mediensystems, dem jeder Kontakt zum Lebenszusammenhang abhanden gekommen ist und das nur noch sich selbst zitiert; die Verlagerung des Politischen (der repräsentative Raum, die öffentliche Arena) in die telematischen Netze (›Bildröhren-Agora‹)« (Maresch 1995, S.404).

Hinter diesem Szenarien-Entwurf der »mediatisierten Welten« steht die feste Überzeugung: »Nur was von Medien zugetragen, was, unter elektronischen Bedingungen heute, schaltbar ist und geschaltet wird, *ist* überhaupt« (ebd., S.399). Das menschliche Bewußtsein ist nach Auskunft dieser Autoren nur noch »Appendix medial-technischer Dispositive«. Da – nach McLuhan – Medien nur Medien enthalten, kann es keine Referenz auf Außermediales geben, »ja möglicherweise noch nicht einmal außermediales Sein als solches« (Spreen 1998, S.124). Nach V.R. Grassmuck gibt es überhaupt nur mediatisierte Beziehungen, zu Menschen wie zu Dingen. »Nur der Teil der Welt, der bereits mediatisiert ist, erscheint auf dem Medienhorizont, und er erscheint in der sensorischen Bandbreite, mit der jeweils der Medienkonsument an den künstlichen Horizont angeschlossen ist« (1995, S.48). Mit Michel Foucault vertritt Maresch die Ansicht, daß die Materialität der Medien *alle* Diskurse kontrolliert, selektiert, organisiert und kanalisiert, und zwar »jenseits von freiem Willen, Bildung und Bewußtsein« (a.a.O., S.407). Die Produktion von Alltagserfahrung und Lebenszusammenhängen geschieht zunehmend technisch. Nur noch die »Transzendentalität des Körpers« (Dietmar Kamper) stellt eine – vielleicht die allerletzte – Grenze technischer Mediatisierung dar (ebd., S.416).

Die Selbstreferenz-Figur »Mensch« hat »ausgedient« (Maresch und Werber 1996, S.2). Emanzipiert haben sich nicht etwa das Bewußtsein oder das Subjekt, sondern »die Medien selbst«: Sie sind »souverän« geworden. W. Gibsons »Nomaden« verschwinden in den immateriellen Welten der Links, »werden Teil des unendlichen Informationsflusses« (Maresch 1995, S.410). Der »Exodus des Geistes aus seiner angestammten Hülle« ist längst US-Forschungsprogramm. Maresch prophezeit:

»Der Zeitpunkt scheint nicht mehr fern, an dem die maschinelle Selbstproduktion in die Endlosschleife des Möbiusbandes einbiegt und weder Kommunikationen verzerrender menschlicher Beobachter bedarf noch ihrer Post- oder e-mail-Adressen, um dieselben prozessieren zu lassen. ›Just a little of that human touch‹, so der verzweifelte Klageruf des Songschreibers Bruce Springsteen, wird dann nicht einmal mehr der Erinnerung zugänglich sein« (S. 416).[21]

Auch bei Norbert Bolz geht die »Zeit des Menschen« zu Ende:

> »Längst haben die neuen Medien das Medium zersetzt, in dem das Individuum wirken konnte. [...] Der Mensch erweist sich als eine Maschine, die Maschinen produziert. [...] Gerade die Negentropie der Information offenbart den massenmediatisierten Menschen als entropisches Wesen. [...] Gesellschaftliche Beziehungen werden nicht mehr durchs konkrete Verständnis des anderen, sondern durch Nachrichtennetze geknüpft. Daten zählen mehr als Erfahrungen – soziale Relais ersetzen die Lebenshermeneutik« (1990, S. 139f.).

Die Umwelt des Menschen wird in der mediatisierten Welt weniger »von seinesgleichen als vielmehr von technischen Implementierungen der Sinne und des Zentralnervensystems bestimmt« (ebd, S. 7). Souveräne Subjekte und sinnstiftende Sequenzierungen haben ausgespielt. »Wenn Menschen fernsehen oder telefonieren, geht es also nicht primär darum, Informationen aufzunehmen oder auszutauschen, sondern um die Resonanz des Subjekts in der Redundanz der Botschaft« (ebd., S. 133). Da in den Welten der neuen Medien alles gegenwärtig ist, nennt Bolz sie »mythische Welten«, denen wir »ikonische Aufmerksamkeit« als »angemessene Haltung« entgegenbringen müssen (ebd., S. 121).

Die *Brave New World* des digitalen Zeitalters wird dann von Bolz Punkt für Punkt als »key-board society« entworfen (Bolz 1993). In dieser Society scheiden sich die Geister streng in Programmierer und Programmierte, Designer und User, die »längst formal-numerisch und algorithmengeleitet« operieren. »Datenprocessing macht Genie überflüssig«, nur alteuropäische Idealisten reklamieren noch Fetische wie Autorschaft und das

21 In einem Interview mit Rudolf Maresch hat Dirk Baecker zu dieser These angemerkt: »[...] ich werde den Verdacht nicht los, daß die Medienwissenschaften ihre Beobachtungen und Beschreibungen mit dem generellen Verdacht starten, daß da irgendwo in den Maschinen ein unheiliger Geist steckt, dem es gelingt, uns zu manipulieren, ohne daß wir eine reelle Chance hätten, ihm auf die Spur zu kommen. Insofern zählen die Medienwissenschaften zur Postmoderne, die Luhmann durch ein spezifisches Interesse an ›unsichtbaren Maschinen‹ gekennzeichnet sieht« (in: Maresch 1998, S. 5).

Schöpferische. Längst walten neue Formen des Sozialkontaktes, »das Face-to-face weicht dem Interface«, und »die alten semantischen Fragen nach Bedeutung, Repräsentation und Intentionalität gleiten an einem elektronischen Datenfluß ab, der Effekte inszeniert – sonst nichts«. Traditionen und Ideologien sind für Bolz in der Rumpelkammer der Geschichte verschwunden. Das Geheimnis des menschlichen Geistes findet bei ihm eine »sehr profane Antwort«: »Speichern und Manipulieren von Datenketten«. »Medienverbund« heißt das »Betriebsgeheimnis einer Kultur, die sich heute anschickt, ihre humanistische Identität wie eine Schlangenhaut abzustreifen«. Unser soziales System formiert sich als key-board society, das heißt, »man trifft nur noch auf Benutzeroberflächen«. Und auch eine geschichtsphilosophische Vision bietet Bolz in seinem medientheoretischen High-Tech-Angebot: »Gadgeteering, die Synergie von Mensch und Maschine, bringt die Befreiung von der philosophischen Zumutung der Freiheit.« Der Mensch wird in Bolz' Neuer-Medien-Welt zum »Schaltmoment im Medienverbund«, das Leben verwandelt sich in einen »telekommunikativen Datenprozeß«, in dem die menschlichen Schaltmomente sich an, als oder mit Biochips und Brainscanning ergötzen. In ihrer Welt geht »aller Trost« von »den Strahlen des Bildschirms« aus.

Angesichts solcher radikalen Szenarien stellt D. Spreen deutlich fest: »Ein Untergangsszenario jagt das nächste, während zugleich eine ganze Reihe von Leuten offenbar der Meinung sind, daß sie auf einer Festplatte oder in der radiophonen Noosphäre ein besseres Leben führen würden als in der modernen Gesellschaft« (1998, S. 19). Spreen selbst hat den Versuch unternommen, die Entwicklung dieser kurz skizzierten Medientheorie zu rekonstruieren. Als deren zentrale Hypothese diagnostiziert er die Ansicht, daß technische Verhältnisse gesellschaftlichen, kulturellen und epistemologischen Strukturen vorausgesetzt sind (ebd., S. 7). Verbunden mit dieser Hypothese sind diverse *Ende-Szenarien*: Das Ende des Sozialen (Jean Baudrillard), das Ende des Menschen (Friedrich Kittler) und das Ende des Politischen (Paul Virilio). »Im Augenblick gnadenloser Unterwerfung unter Gesetze, deren Fälle wir sind«, zitiert er Kittler, »vergeht das Phantasma vom Menschen als Medienerfinder. Und die Lage wird erkennbar« (ebd., S. 7). Diese »Lage« ist dadurch gekennzeichnet, daß dem technisch-medialen Apriori System- und Subjektcharakter zugesprochen wird: »Medien nehmen den Menschen die Gestaltung der gesellschaftlichen Verhältnisse aus der Hand. Nur was an das Mediensystem ›angeschlossen‹ ist, *ist*« (ebd., S. 8). Damit wird der Mensch zugunsten einer technischen und automatischen Medialität aus der zentralen Position verdrängt, die er sich in der Moderne zugeschrieben hatte. Entsprechend verzichtet diese Medientheorie auf traditionelle humanwissenschaftliche und soziologische Basiskategorien, was den Graben zu den entsprechenden Disziplinen aufreißt und scheinbar unüberwindlich macht. Die Argumentation dieser Medientheoretiker, die vor allem militärtechnologisch orientiert ist, stützt sich auf die Unvereinbarkeit des Gewaltpotentials neuerer Medientechnologien mit dem traditionellen Konstrukt *des Menschen* und *der Gesellschaft*. Wie Spreen in seiner Studie vorführt, ist es aber durchaus möglich, die traditionelle »›heiße‹ Überdetermination des Sozialen abzukühlen«, indem gezeigt wird, daß die Gesellschaft nicht als Grund oder Telos begriffen wird, sondern daß sich Gesellschaft zu Beginn der Moderne in einem Feld konstituiert, das durch den Diskurs des *Tausches*, der *Technik* und des *Krieges* begrenzt wird (ebd., S. 13 und passim). Damit erscheint Gesellschaft als *Performanz*, die *im* technisch-medialen Apriori entsteht, nicht *als* Apriori.

Ähnlich voreilig erscheint Spreen auch die Behauptung vom Tod »des Menschen«. Ohne Frage sind Menschen und Medien »eng miteinander verwoben« (ebd., S. 23). Aber die Behauptung, an der Diskursstelle des Menschen erscheine zwangsläufig Medientechnologie als sein Tod, da diese Medientechnologie sich immer militärischen Kontexten verdanke, die – zivilfeindlich – das Soziale und das Menschliche zerstören (Virilio), schließt kurzschlüssig aus, »daß der Shift zwischen den Räumen des Krieges und des Sozialen auch veränderte Strategien im Umgang mit medialen Techniken implizieren könnte« (ebd.). Und konsequent stellt Spreen die Frage, ob denn die Medien zwangsläufig als unhintergehbares Schicksal gedeutet werden müssen, an dem politische Entscheidungen nicht mehr rütteln können. Und er hält es – meines Erachtens völlig zu Recht – für durchaus legitim, zu fragen, »ob zusammen mit ›dem Menschen‹ nicht vielleicht auch etwas vorschnell Möglichkeiten des Widersprechens aufgegeben werden«. – Ganz abgesehen davon, daß das Ende des Menschen ebenso ein *diskursives Konstrukt* ist (und nicht aus »dem Wesen« des Medialen folgt, wie Virilio meint) wie seine Geburt in der Moderne (ebd.).

Wie Spreen verdeutlicht, läßt sich das technisch-mediale Apriori als »Gefechtsfeld zweier Demiurgen« darstellen, nämlich von Geschichte und Subjekt. Daraus ergeben sich folgende Problemfelder dieser Medientheorie:

- Geschichte (Stichwort »historisches Apriori«)
- Konstruktion (Stichwort »Subjekt«)
- Referenz (Objekt als Referent von Organisation, Technik, Wissen und Information)
- Körperlichkeit (des Konstrukteurs) (ebd., S. 108).

Eine Analyse der Bearbeitung dieser Problemfelder bringt Spreen zu dem Fazit, daß das technisch-mediale Apriori auf dreierlei Weise einen *Totalitätsanspruch* erhebt:

- Die transzendentale Position Kants, daß das Objekt an sich immer unbekannt bleibt, schlägt in die medientheoretische Behauptung um, außer den Konstrukten der Medien *gebe es* gar kein Objekt. Realität wird damit zum Zustand medialer Präsenz, zu einem Ort im Hyperraum erklärt.
- Das absolut gesetzte technisch-mediale Apriori erstreckt sich nicht nur auf objektive Urteile, sondern auf alle Bereiche gesellschaftlicher Erfahrung.
- Das technisch-mediale Apriori (die absolute Wirklichkeit des Mediums) erscheint als historisches Apriori, das die ganze Geschichte umfaßt und die historischen Erfahrungsformen vorgibt (ebd., S. 125).

Dieser Totalitätsanspruch aber treibt die Medientheorie der Kittler-Schule in spezifische Aporien, die Spreen klar benennt. Wenn Medien als das angesehen werden, was Bezeichnungen herstellt und Realität konstruiert, dann werden sie als metareal hypostasiert, also zu »der Wirklichkeit« hinter der konstruierten Wirklichkeit stilisiert.[22] »Sofern von dieser ›meta-realen‹ Stabilität und Sicherheit der Medien ausgegangen wird, markieren sie selbst die Grenze der medialen Relationalität. Wenn aber die Medien selbst die Grenze ihres Projektionsraumes markieren, dann können sie nicht absolut sein« (ebd., S. 127).

22 Vgl. das dazu analoge Problem des Verhältnisses von Wirklichkeit und Realität im konstruktivistischen Diskurs.

An ihrem Anspruch, wieder oder noch einmal eine absolute Lösung für die Fragen nach Wirklichkeit, Gesellschaft, Geschichte, Kultur und Mensch anzubieten, scheitert also die techno-emphatische Medientheorie – ein weiterer Todesfall in der Familie der Meistererzählungen?

Ebendiese Erfahrungen mit anderen Theorien, aber auch die bislang erwähnten erkenntnis- und wissenschaftstheoretischen Prämissen einer konstruktivistischen Position mahnen also zur Bescheidenheit und zur Genauigkeit und Nachprüfbarkeit der Argumentation, nicht nur in puncto Medientheorie, aber eben auch dort. Damit ist in aller Regel ein Verzicht auf rhetorische Brillanz verbunden, vor allem aber ein Verzicht auf den Entwurf von Supertheorien. Aber am Ende der Moderne sollte man diesbezüglich allemal vorsichtig geworden sein.

6. Vorschläge für ein integratives Medienkonzept

> »Medien [...] bleiben der blinde Fleck im Mediengebrauch.«
> S. Krämer

Die bisherige Darstellung der verschiedenen Ansätze in der Medienforschung hat ergeben, daß unterschiedliche Beobachtungsschwerpunkte gesetzt werden, wobei die Unterbewertung des eigenen Schwerpunktes in der jeweils anderen Theorie als Fehler bzw. als Schwäche dieser Theorie bewertet wird.

Im folgenden unternehme ich den durchaus problematischen Versuch, einen Vorschlag für ein integratives Medienkonzept vorzulegen. ›Integrativ‹ meint dabei nicht einfach eine Addition der verschiedenen Konzepte. Vielmehr soll versucht werden, die Konzepte so zu systematisieren, daß aus den jeweils synthetisierten Schwerpunkten ein komplexeres kohärentes Medienkonzept entwickelt werden kann. Die Schwierigkeiten der Medienforschung mit dem Medienbegriff rühren daher, daß ›Medium‹ sozusagen ein Kompaktbegriff ist, der an fast allen Orten seines Auftretens in alltäglichen wie wissenschaftlichen Diskursen unterschiedlich verwendet und konnotiert wird. Daher besteht die erste Aufgabe einer Konzeptionsbestimmung darin, die nötigen Differenzierungen vorzunehmen.

(a) Mein Vorschlag geht dahin, am *Kompaktbegriff ›Medium‹* folgende Aspekte zu unterscheiden, die als konstitutive Komponenten von Medien interpretiert werden können: semiotische Kommunikationsinstrumente, das technisch-mediale Dispositiv beziehungsweise die jeweilige Medientechnologie, die sozialsystemische Institutionalisierung eines Mediums sowie die jeweiligen Medienangebote.

Unter *›Kommunikationsinstrumente‹* fasse ich alle materialen Gegebenheiten, die semiosefähig sind und zur geregelten, dauerhaften, wiederholbaren und gesellschaftlich relevanten strukturellen Kopplung von Systemen im Sinne je systemspezifischer Sinnproduktion genutzt werden können. Im Kopplungsaspekt ist dabei ein Bedeutungsmoment aufgehoben, das seit den ersten Begriffsbestimmungen von ›Medium‹ immer mitgespielt hat: der Aspekt der Vermittlung. Bei diesem Vermittlungsaspekt muß aber auch mitbedacht werden, daß Medien gerade durch Trennung und deren Bewußtwerdung beziehungsweise Bewußtmachung vermitteln, daß sie aber zugleich diese Differenzen durch Habitualisierung der Nutzung überspielen. Dabei geht es um Differenzen wie die zwischen Trennung und Kopplung, Materialität und Semantik, Präsenz und Latenz, Konstruktion und Illusion (beziehungsweise Repräsentation des Realen).

Als Prototyp von Kommunikationsinstrumenten betrachte ich gesprochene natürliche Sprache, und zwar nicht nur aus Gründen der historischen Priorität, sondern deshalb, weil seit der Entstehung von Sprachen das grundlegende Prinzip der Sinn-Kopplung durch distinkte Materialitäten für alle Medien virulent geworden ist. Neben Sprache rechne ich auch Schriften, Bilder oder Töne zu den Kommunikationsinstrumenten. Nach der hier vorgenommenen Modellierung eines Medienkonzepts wird daher *natürliche Sprache als Kommunikationsmittel, nicht als Medium konzipiert.*

Mit der Entwicklung der Schrift beginnt die im Laufe der Mediengeschichte immer enger werdende Bindung der Kommunikationsinstrumente an Medientechnologien bzw. an *technisch-mediale Dispositive*, welche die Produktion und Rezeption von Medienangeboten nachhaltig beeinflussen. Nur was dem jeweiligen Entwicklungsstand einer Medientechnologie gemäß ist, kann von verschiedenen Nutzertypen zum Treatment von Medienangeboten auch tatsächlich eingesetzt werden. Der Umgang mit Technologien (wie Druck-, Film- oder Fernsehtechniken) muß sozialisatorisch erlernt werden und wird zum festen Bestandteil der Kompetenzen von Individuen.

Die gesellschaftliche Durchsetzung eines Kommunikationsmittels und der dafür erforderliche Aufbau einer Medientechnologie sind gebunden an die Herausbildung sozialer Institutionen und Organisationen wie Schulen, Verlage oder Fernsehanstalten, deren Stellung in der Gesellschaft wiederum die Lösung ökonomischer, rechtlicher, politischer und sozialer Probleme erforderlich macht. Diese *sozialsystemische Komponente* ist den beiden anderen Komponenten keineswegs äußerlich. Vielmehr muß das Beziehungsgefüge zwischen ihnen wohl als selbstorganisierend modelliert werden.

Das gilt auch für die vierte Komponente, die *Medienangebote*, deren Produktion, Distribution, Rezeption und Verarbeitung eindeutig von den drei anderen Komponenten geprägt ist, was etwa die Analysen der Differenz zwischen oraler und literaler Dichtung seit langem ebenso belegt haben wie jüngste Analysen der Differenz von Buchtexten und Hypertexten.

(b) Dieser erste Differenzierungsschritt erlaubt nun eine zweite Differenzierung, und zwar diesmal der *Möglichkeiten von Beziehungsverhältnissen zu Medien.*

Allen Behauptungen vom Tod des Menschen zum Trotz dürfte wohl außer Frage stehen, daß sich zumindest bis heute Medien noch nicht selbst erfinden, durchsetzen und nutzen, sondern daß Menschen Medien geschaffen haben, und zwar zum Gebrauch durch/für Menschen. Medien wirken (individuell und gesellschaftlich) durch Nutzer.[23] Wenn es keine Nutzer (mehr) gibt, wird ein Medium funktionslos. Jede Nutzung erfolgt durch konkrete Nutzer(gruppen) in ganz konkreten Situationen, die als soziohistorische und soziokulturelle Kontexte bestimmt werden müssen.

Berücksichtigt man nun die unter (a) vorgenommenen Differenzierungen, so wird sofort deutlich, daß zwar »der Mensch« die Medien erfindet und durchsetzt, daß aber die einzelnen Nutzer nicht über die Medien verfügen. Sie finden die Medien

23 So betonen etwa Halbach und Faßler, daß Medien immer zugleich »Geräte, Instanzen und Kernstücke von Weltbildern« sind, die nicht schlüssig von ihrer Verwendung getrennt werden können (1998, S. 35).

als irreduzible Bestandteile ihrer Umwelten immer schon vor, üben sich sozialisatorisch in ihre Nutzung ein und entwickeln dabei spezifische Medienkompetenzen, die nur teilweise bewußtseinsfähig und/oder bewußtseinspflichtig sind. Alle Nutzungsoptionen, die von einzelnen Aktanten gewählt oder entwickelt werden, sind kategorial, ästhetisch-formal und inhaltlich-thematisch durch die jeweilige Medientechnologie bestimmt, wie jede schlichte TV-Nachrichtensendung eindeutig demonstriert.[24] Die Frage von E. Katz, was die Menschen mit den Medien machen, muß also so beantwortet werden: Menschen können mit den Medien nur genau das machen, was die Medien ihnen im Rahmen des Zusammenwirkens ihrer vier (oben genannten) Komponentendimensionen zu machen erlauben. Insofern sind Medien Bedingungen von Möglichkeiten und in diesem Sinne Aprioris, die jeder Nutzung vorausliegen und sie bestimmen. Das oralsprachliche Grundverhältnis setzt sich also fort. Aus dem semiotischen Apriori der gesprochenen Sprache wird mit und seit der Schrift ein technisch-mediales Apriori, das jede Nutzung determiniert. Darum kommt man wohl nicht umhin, McLuhans drastischem Argument zuzustimmen: »Unsere übliche Antwort, mit der wir alle Medien abtun, nämlich, daß es darauf ankomme, wie wir sie verwenden, ist die befangene Haltung des technischen Dummkopfs« (1994, S. 37 f.).

In einer sozialen Umwelt, die Medien als relevante, unübersehbare und irreduzible Bestandteile enthält, ist Sozialisation notwendig Mediensozialisation, sind Medien nur bedingt bewußtseinsfähige Instrumente der Sinn-Kopplung und Wirklichkeitskonstruktion, wobei die Materialität der Dispositive wie der Medienangebote eine entscheidende Rolle spielt.

(c) Wenn von der *Wirkung*[25] von Medien gesprochen wird, müssen daher wieder Differenzierungen vorgenommen werden.

Die am meisten untersuchte Wirkungsdimension ist die der manifesten Inhalte von Medienangeboten, wobei sowohl das Was als auch das Wie zu den Spezifika der kognitiven wie kommunikativen Verarbeitung in Bezug gesetzt wird. Dabei kann

24 Vgl. dazu etwa Hickethier und Bleicher 1998.

25 Zu den kognitionstheoretischen Wirkungskonzepten vgl. Schmidt und Zurstiege 2000 und 2000 a.

sowohl nach der Wirkung von einzelnen Medienangeboten gefragt werden als auch nach der Wirkung, die diskursive Systeme in bestimmten Medien ausüben können.

Von diesen Wirkungen der Medienangebote und Diskurse müssen die Wirkungen unterschieden werden, die aus den technisch-medialen Dispositiven resultieren und die meist übersehen werden, da sie schwer zu eruieren sind.

Das gilt auch für die Wirkungen der sozialsystemischen Komponenten, die meist nur auf der Makroebene beobachtet werden (etwa hinsichtlich politischer oder rechtlicher Aspekte); erst in letzter Zeit wird auch die Mikroebene genauer beobachtet, etwa hinsichtlich der Auswirkung von Kommerzialisierungstendenzen auf Form und Inhalt von Medienangeboten wie auf ganze Programmstrukturen.

Die wichtigste, zugleich aber auch diffuseste und beobachtungsresistenteste Wirkung aber entfalten Medien dadurch, daß sie – längst zum selbstverständlichen Sozialisations- und Lebenskontext avanciert – die Kommunikations-, Kommunalisierungs- und Beobachtungsverhältnisse in Gesellschaften verändern und dadurch – meist vor der Bewußtseinsschwelle – das Handeln der Aktanten auf bestimmte Optionen und Inszenierungsstile[26] festlegen. Raum- und Zeiterfahrung, Kontaktformen, Körpererfahrungen, Kommunikationsmöglichkeiten und -qualitäten, Varianten von Vergesellschaftung, Modi von Kontingenzerfahrungen, um nur die meist genannten Dimensionen zu nennen, haben sich im Verlauf der Mediengeschichte zum Teil dramatisch verändert und lassen es sinnvoll erscheinen, nicht nur Kognitions- und Kommunikationsgeschichte, sondern auch Gesellschaftsgeschichte als Mediengeschichte zu schreiben (vgl. dazu Kapitel 11, 10.2).

Mit diesem Vorschlag kompatibel ist das 1999 von M. Berghaus vorgelegte Modell zur Systematisierung von Medienwirkungen. Berghaus lokalisiert Medienwirkungen auf drei unterschiedlichen Ebenen:

- Soziales Umfeld (Familie, Erziehung, Gruppenbindungen und persönliche Kommunikation) als Steuerungsinstanz, die die Selektionskriterien für die Medienbeurteilung und Lesarten für Medienbotschaften vorgibt. Auf dieser allgemeinsten

26 Vgl. dazu die Beiträge in Willems und Jurga (Hg.) 1998.

Schaubild 3: Der zirkuläre Prozeß der Wirklichkeitskonstruktion

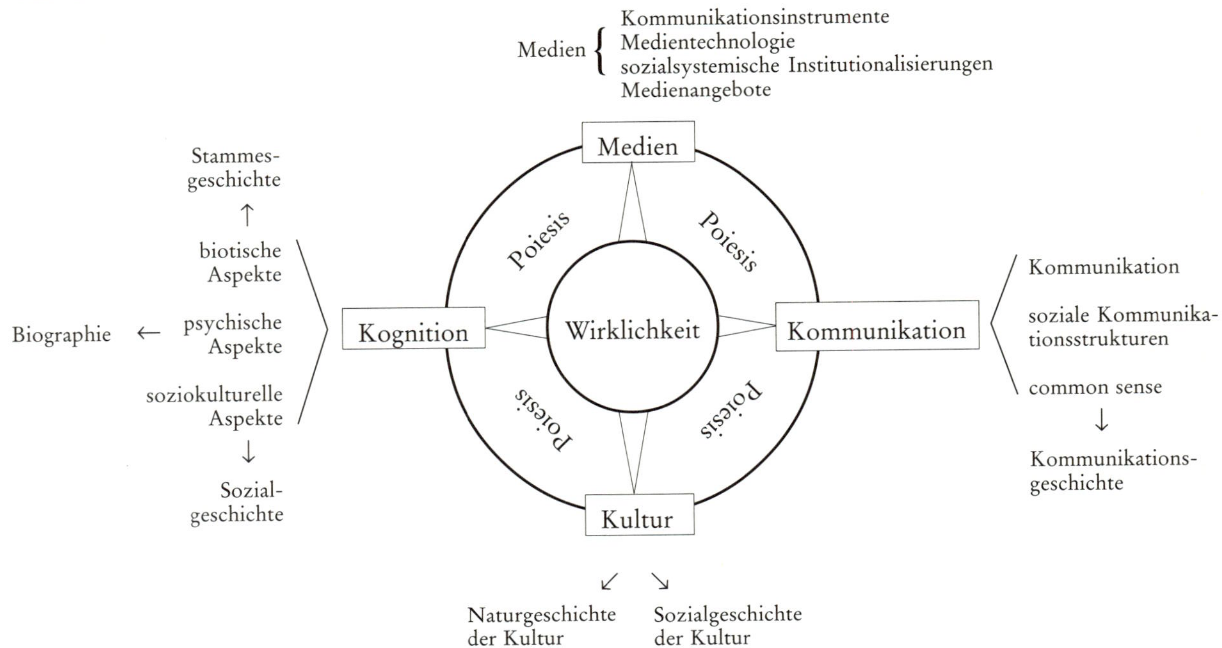

Ebene konkurrieren die Einflußmöglichkeiten des sozialen Umfelds mit denen der Massenmedien.
- Medium als Wirkungskontext, der der Wirkung einzelner Inhalte vorausgeht und Lesarten für Inhalte vorgibt.
- Themen und Informationen einerseits, Meinungen und Einstellungen andererseits, die durch Medienbotschaften vermittelt werden.

Nach Berghaus markieren diese drei Ebenen zugleich die hierarchische Staffelung von Einflußmöglichkeiten vom sozialen Umfeld als wirkmächtigster Ebene herunter zu den Medieninhalten. Während sich die klassische Medienwirkungsforschung in erster Linie mit der Wirkung von einzelnen Medienbotschaften beschäftigt hat und noch immer weitgehend von einer »engen, eindimensionalen, theoretisch überholten Perspektive aus der Frühzeit des Forschungszweiges« bestimmt wird, ist eine Erforschung der Medium-Wirkungen vor allem in der »Cultivation Analysis« um George Gerbner sowie in der Medium-Theorie der Toronto School of Communication (etwa Innis, McLuhan, Meyrowitz) erfolgt. Dabei lag der Akzent auf folgenden Hypothesen:
- Über seine charakteristischen Merkmale entfaltet ein Medium eine eigene Attraktivität und eigene Wirkungen, die grundsätzlich mächtiger sind als die Wirkungen einzelner inhaltlicher Elemente (vgl. McLuhans berühmt-berüchtigtes Diktum: »The medium is the message«).
- Jedes Medium bestimmt über seine Charakteristika, welche Inhalte selegiert und in welcher Form sie präsentiert werden. Mit anderen Worten, Inhalte sind keineswegs medienneutral.
- Die bloße Existenz und Verfügbarkeit eines Mediums hat kulturelle Auswirkungen und beeinflußt dadurch alle Mitglieder einer Kultur unabhängig von individuellen Rezeptionsakten.
- Die Selektion des Mediums geht in der Mediennutzung der Selektion einzelner Inhalte voraus, wodurch Medium-Wirkungen Inhalts-Wirkungen übergeordnet sind.

Hinsichtlich der Wirkung einzelner Medienangebote resümiert Berghaus die bislang vorliegenden empirischen Untersuchungen dahingehend, daß kognitive Wirkungen der Massenmedien eindeutig nachgewiesen werden können: Themen, Wissen, Informationen und deren Gewichtung werden über die Massenmedien verbreitet und vom Publikum angenommen (Agenda-

Setting-Hypothese). Unklarer ist dagegen, ob auch Meinungen und Einstellungen von den Medien verbreitet werden und nicht eher vom sozialen Umfeld bestimmt sind, wobei Berghaus selber eher der zweiten Hypothese zuneigt, aber durchaus berücksichtigt, daß auch Meinungen und Einstellungen durch die Medien vorgegeben werden und dann im sozialen Umfeld gewissermaßen ver- beziehungsweise bearbeitet werden.

Medien, so kann man wohl ohne Übertreibung sagen, sind in der Tat unsere alltäglichen Instrumente der Wirklichkeitskonstruktion, die sich in vielen Bereichen ihrer vier Komponenten der Bewußtseinsfähigkeit entziehen und die Abhängigkeit aller Inhalte von der Medientechnologie und den sozialsystemischen Institutionalisierungen verschleiern. Deren Entschleierung wird schließlich auch dadurch erschwert, daß auch Beobachtungen zweiter Ordnung wieder medienabhängig und medienbestimmt ablaufen und Medienforschung also autologisch operieren muß.

Trotz der Einschätzung von Medien als Instrumenten der Wirklichkeitskonstruktion und der Rede vom technisch-medialen Apriori ist es meines Erachtens aber unangemessen, die Medien absolut zu setzen und zur Totalität zu bestimmen, die sich an die Stelle von Geschichte, Gesellschaft und Menschen setzt – es sei denn, man braucht eine neue Meistererzählung.

Gerade die Entwicklung der Medien, die seit der Schrifterfindung stabile Beobachtungen zweiter Ordnung erlaubt und zunehmend intensiviert haben, ist auch gleichzusetzen mit einem zunehmenden Abbau der *Hierarchien* von Wirklichkeitskonstruktionen und Wirklichkeitskonstrukten und der Zunahme von Kontingenz- und damit von Pluralitätserfahrungen. Damit werden die Medien – machtvolle, aber nicht absolute – Wirkungskomponenten in heterarchisch organisierten Kreisprozessen immer offensichtlicher pluralisierter Wirklichkeitskonstruktionen, an denen – wie in Kapitel 1 skizziert – Kognitionen und Kommunikationen, Kultur und Medien als sich gegenseitig bestimmende Wirkgrößen analytisch voneinander unterschieden werden können (Schaubild 3).

Diese Argumentationsvariante hat gegenüber der medientheoretischen Hypostasierung der Medien meines Erachtens den Vorteil, daß einige (nicht nur) rhetorische Übertreibungen vermieden werden können. Weder müssen Medien totalisiert noch Medientheorien zu Supertheorien hochstilisiert werden; weder müssen alle Medienentwicklungen auf Militärtechnologien reduziert noch Verschwörungstheorien und Todes- wie Verschwindensszenarien kultiviert werden, ohne die latenten wie manifesten, dispositiv-strukturellen wie semantischen Wirkungspotentiale von Medien zu unterschätzen.

(d) Eine Schlußbemerkung dieses Abschnitts gilt der Frage, warum ich Niklas Luhmanns generalisierte Kommunikations- oder Erfolgsmedien nicht in mein hier vorgeschlagenes Medienkonzept zu integrieren versuche. Den Grund möchte ich wie folgt formulieren: Nach Luhmann erhöhen Erfolgsmedien die Annahmewahrscheinlichkeit der durch die Medienentwicklung reduzierten Annahmewahrscheinlichkeit von Kommunikationsofferten, indem sie sozialsystemspezifische Kommunikation gewissermaßen auf einen größten gemeinsamen Erwartungsnenner gleichrichten.

Nach meinem Verständnis von Medien und Kommunikation ist dies eine Aufgabe, die in den Bereich der kulturellen Programmierung von Kommunikation fällt. Daher ordne ich theoretisch die generalisierten Kommunikationsmedien als *Makro-Schemata der Diskursorientierung* in das Kulturprogramm eines Sozialsystems, nicht zuletzt auch deshalb, um den überbelasteten Medienbegriff zu entlasten.

Einen Vorteil des hier vorgeschlagenen Medienkonzepts sehe ich darin, daß damit einige der Dauerthemen der Kommunikationswissenschaft neu perspektiviert werden können, so zum Beispiel die Themen *»Massenmedien/Massenkommunikation«* und *»Öffentlichkeit«*. Dazu einige Bemerkungen.

Nach dem hier vorgeschlagenen Medienkonzept sind alle Organisationen, die mit technischen Mitteln Medienangebote erzeugen und distribuieren, »Massenmediensysteme«, deren Produkte, also die Medienangebote, öffentlich zugänglich und damit im Prinzip allgemein nutzbar sind. Aus ökonomischen Gründen muß jedes Mediensystem daran interessiert sein, daß der Nutzungsgrad seiner Produkte hoch ist, um kommerziell ergiebig zu sein. Um dieses Ziel zu erreichen, arbeitet jedes Mediensystem hoch selektiv, um genau diejenigen Medienangebote zu produzieren und zu distribuieren, die einen hohen Nutzungsgrad verheißen. Dabei werden als Selektionsfilter etwa Nachrichtenfaktoren eingesetzt, die sich in der bisherigen

Arbeit bewährt haben. Und daher werden solche Themen und Inszenierungsstile bevorzugt, die in möglichst vielen gesellschaftlichen Systemen Aufmerksamkeit gewinnen können, also »Ereignisse mit Mehrsystemzugehörigkeit beziehungsweise Umweltrelevanz« (Kohring und Hug 1997, S. 16). In dieser Argumentation wird noch einmal deutlich, daß Mediensysteme aufgrund ihrer technischen wie ökonomischen Systembedingungen konstruktiv und nicht mimetisch sein müssen. Zum zweiten verdeutlicht diese Argumentation, daß in Gesellschaften mit komplexen Mediensystemen die Angebotsvermarktung den Gesetzen der Aufmerksamkeitsökonomie und nichts anderem folgt. Die Quote ist das Damoklesschwert über den Köpfen aller Medienakteure.

Aus konstruktivistischer Sicht stellt sich zum Thema Medien und Öffentlichkeit[27] die grundsätzliche Frage, ob »die Öffentlichkeit« nicht eine Fiktion ist, woraus folgt, daß man auch von ›Öffentlichkeit‹ stets im Plural sprechen sollte. Dieser Plural ist dadurch bedingt, daß meines Erachtens Öffentlichkeiten nicht nur durch Ereignisse mit Mehrsystemzugehörigkeit, sondern auch durch Medien und Nutzer konstituiert werden. Je mehr Medien und je mehr Nutzer zur Verfügung stehen, desto mehr Öffentlichkeiten entstehen, die sich wiederum per Medien aufeinander beziehen können. Welche Themen und Beiträge in welchem Medium behandelt werden, hängt – je nach Medium und Medienangebotsgattung – ab von der unterstellten Allgemeinheit der Interessen der Nutzer. Darum tauchen bestimmte Nachrichten aus Politik, Wirtschaft oder Sport in allen Verbreitungsmedien auf, während andere zielgruppenspezifisch bleiben. In dieser Hinsicht schließe ich mich Kohrings Vorschlag an, Öffentlichkeit und Mehrsystemzugehörigkeit als aufmerksamkeitsbindende Qualität in enge Beziehung zueinander zu setzen. Weniger einleuchtend finde ich seinen Vorschlag, Öffentlichkeit als eigenes Sozialsystem zu konzipieren und von Verbreitungsmedien ebenso wie vom Journalismus abzukoppeln.[28] Zwar hat sein Vorschlag, Öffentlichkeit ausschließlich

27 Vgl. dazu auch Kapitel II, 13 zum Thema Aufmerksamkeitsökonomie.

28 Die verwickelte Diskussion darüber, ob und wie Massenmedien oder Öffentlichkeit als Systeme im Sinne Luhmanns konzipiert werden sollten (vgl. dazu Arbeiten von Blöbaum 1994, Marcinkowski 1993, Luhmann

über Sinn zu definieren, auf den ersten Blick etwas Bestechendes; aber meines Erachtens kann Sinn nicht abgekoppelt werden von Kognition und Kommunikation, die wiederum nur über Medien(angebote) aneinandergekoppelt werden können. Ver-Öffentlichung ist doch gerade das Manöver, den Anspruch auf überindividuelles, eben allgemeines Interesse zu signalisieren. Insofern liest der einzelne an den hoch selektiv verfahrenden Mediensystemen ab, was Anspruch auf allgemeines Interesse, also auf Öffentlichkeit, erhebt. Und da der einzelne Mediennutzer der Selektionskompetenz der Medien in der Regel vertraut (ja, vertrauen muß), konstituieren diese, wie fiktiv auch immer, Öffentlichkeit im Sinne unterstellter »Umweltrelevanz« (im Sinne von Kohring) wie im Sinne unterstellter Unbegrenztheit der Nutzer (Reichweite).

In diese Argumentation fügt sich der Vorschlag von B. Großmann sehr gut ein, massenmediale Kommunikation als »medienspezifische Öffentlichkeit« zu bezeichnen (1999, S. 181). Auch Großmann vertritt die Auffassung, daß massenmediale Kommunikation aufgrund der prinzipiell freien Zugänglichkeit massenmedialer Medienangebote in starkem Maße an der Konstitution von Öffentlichkeit beteiligt ist. Wenn Öffentlichkeit aber als frei zugängliche Kommunikation definiert wird, dann wird deutlich, warum gerade in demokratischen Gesellschaften die Forderung nach Öffentlichkeit eine so entscheidende Rolle spielt, vor allem in Gestalt des Konzepts der sogenannten öffentlichen Meinung (dazu siehe unten, Kapitel II, 8.2).

Die Unterstellung der prinzipiell unbegrenzten Nutzerreichweite in massenmedialer Kommunikation (also eine virtuelle Strukturbildung) führt zu der anderen Unterstellung, alle wüßten, was man selbst weiß, und orientierten sich in vergleichbarer Weise an den Wirklichkeitskonstrukten, die in den Medien

1996, Kohring 1997, Kohring und Hug 1997), hat zu einer ähnlich verwickelten Diskussion über Nutzen und Nachteil solcher Vorschläge geführt (Görke und Kohring 1996, Scholl und Weischenberg 1998, Hoffjann 1999, Großmann 1999, Weber 1999). Meines Erachtens krankt die Dabatte daran, daß die Verfechter dogmatisch an Luhmanns Theorierahmen festhalten wollen und damit stärker daran interessiert sind, die Schwächen der Luhmannschen Systemtheorie in puncto Medien zu kurieren, als eine medientheoretisch plausible und brauchbare Konzeption zu entwickeln.

inszeniert werden. Damit wird die Wahrscheinlichkeit erhöht, daß Aktanten dazu neigen, solche medialen Wirklichkeitskonstrukte in ihre eigenen Wirklichkeitskonstruktionen einzubauen, was wiederum zu einer Parallelisierung der individuellen Wirklichkeitskonstruktionen und damit zur Fiktion gesellschaftlicher Homogenität führt. Insofern tragen auch Medienangebote in massenmedialer Kommunikation zur Sozialisation der Aktanten wie zur strukturellen Kopplung von Kognition und Kommunikation bei und erzeugen über die geschilderten virtuellen Strukturen bei Beobachtern erster Ordnung die intuitive Überzeugung der gesellschaftlichen Verbindlichkeit der eigenen Wirklichkeitskonstruktion.[29]

7. Mediennutzungsaspekte im kognitiven Bereich

Während sich sogenannte medientheoretische Forschungen schwerpunktmäßig auf die Entstehung und Auswirkung von Medientechnologien konzentriert haben, lag der Schwerpunkt sogenannter medienwissenschaftlicher sowie konstruktivistischer Arbeiten eher auf der Beobachtung von Mediennutzungsaspekten im kognitiven Bereich.

In den folgenden Abschnitten werde ich versuchen, einige der hier einschlägigen Argumentationen zusammenzufassen und – wo (mir) möglich – im Sinne des oben entwickelten Medienbegriffs zu erweitern. Daß es sich dabei um orientierende Hinweise handelt und um nichts mehr, dürfte bei der Komplexität der behandelten Themen ebenso offensichtlich sein wie der Hinweis darauf, daß die Auswahl der behandelten Themen keineswegs erschöpfend ist.

29 Auf das Thema »Massen(-mediale) Kommunikation« gehe ich an dieser Stelle nicht ein. Ich verweise dazu auf die konsistente Darstellung bei Großmann 1999.

7.1 Medien und Wissen

»Was wir über unsere Gesellschaft, ja über die Welt, in der wir leben, wissen, wissen wir durch die Massenmedien.«
N. Luhmann

Im Unterschied zu Luhmann, der Wissen eindeutig sozialen Systemen zuordnet, wird aus konstruktivistischer Perspektive die Ansicht vertreten, daß die Produktion von Wissen an empirische kognitive Systeme gebunden ist. Unter diesem Aspekt kann Wissen bestimmt werden als spezifischer Zustand beziehungsweise als Resultat der Operationsweisen eines kognitiven Systems. Dabei darf allerdings nicht vernachlässigt werden, daß in die subjektdependente Wissensproduktion in großem Umfang übersubjektive, als sozial unterstellte Faktoren eingehen (kulturelle Schemata und Strategien der Produktion und Bewertung von sogenanntem Weltwissen oder enzyklopädischem Wissen, Erfahrungen im sozialen Umgang mit Wissen, Erzählstrukturen, Erfahrungen im sozial erfolgreichen Umgang mit Sprache und so weiter). Daneben sind die technisch-medialen und systemspezifischen Aspekte von Medien zu berücksichtigen, die für Mediennutzer je medienspezifische Optionen der Wissensproduktion wie der kommunikativen Bewährung und Durchsetzung von Wissensgewinnen zur Verfügung stellen. Der Buchdruck ist in diesem Zusammenhang als Beispiel ausführlich beschrieben worden (vgl. Giesecke 1991), da er als Beginn der Objektivierung und Empirisierung von Wissensproduktion und -bewährung angesehen werden kann.

Neben bzw. zusammen mit diesen strukturellen und systemischen Gegebenheiten spielen Medienangebote eine zentrale Rolle, da sie in besonderer Weise zur kognitiven Wissensproduktion geeignet sind. Auch bei diesem Mediennutzungstyp ist immer wieder zu berücksichtigen, daß die Aktanten unter ihren je systemspezifischen Bedingungen die gezielte Wahrnehmung von Medienangeboten im Rahmen der bisher erfolgreich durchgeführten Nutzungserfahrungen und -bewertungen in Wissensproduktion transformieren müssen. Das Medienangebot selbst *enthält* keine Bedeutung. Wohl kann es – und das aufgrund seiner sozial normierten Ausdrucksgestalt in durchaus zu Recht erwartbarer Weise – zur zwar subjektgebundenen, aber mit sozialen Erwartungen hinreichend kompatiblen Wissensproduktion genutzt werden, wobei die Erwartbarkeit der Nutzungsweise wie der Nutzungsresultate bedingt ist durch den Grad der sozialen Normierung des Gebrauchs der materialen Komponenten der jeweiligen Medienangebote. Mit anderen Worten: Als sozial verbindlich unterstelltes Wissen (Sprachwissen, Weltwissen) wird in der kognitiven Wissensproduktion eingesetzt, um Resultate zu erzielen, denen soziale Akzeptanz unterstellt werden kann. Die Probe auf den Erfolg dieser Unterstellung erfolgt in der Kommunikation. Gelingt sie – und das kann nur das jeweilige kognitive System in Auseinandersetzung mit der Kommunikation entscheiden –, dann bestätigt sich die individuelle Fiktion und gerät im Verlauf zunehmender Bestätigung zu der nicht mehr »hintergehbaren« operativen Fiktion, alle wüßten, daß »man« so und so verfährt und daß alle anderen ähnlich oder gar ebenso verfahren.

Von medial »vermitteltem« Wissen wird in der Regel das Wissen unterschieden, das in der unmittelbaren Erfahrung (sozusagen vor Ort) erworben wird. Diese Unterscheidung wird allerdings – wie in Kapitel I,5 bereits erwähnt – in modernen Mediengesellschaften aus zwei Gründen immer problematischer. Zum einen gilt heute schon als geflügeltes Wort, daß wir das meiste von dem, was wir wissen, »aus den Medien« wissen; zum anderen ist es bei mediensozialisierten Aktanten in technisch-medial geprägten Umwelten immer wahrscheinlicher, daß sie alle Erfahrungen im Lichte medial geprägter bzw. angebotener Strategien deuten, also gerade auch lebensweltliche und intime Erfahrungen nicht etwa medienfrei, sondern gerade in besonderer Weise mediengeprägt interpretieren. Nicht umsonst thematisieren eben die Medien – etwa im Bereich der Werbemedienangebote – die scheinbar unmittelbar gestaltete und erlebte Freizeit in medienfreien Erlebnisräumen (von Palmenstrand bis Omas Garten) und prägen damit in den Medien Erwartungs- und Inszenierungsstile für das »Leben fern der Medien«.

Neben den eher kulturtheoretischen Aspekten des Zusammenhangs von Wissen und Medien müssen dann die Probleme erörtert werden, die unter einer eher soziohistorischen Perspektive in den Blick kommen.[30] Dabei geht es unter anderem um die

30 Zum Thema »wissenschaftliches Wissen« vgl. Kapitel III,4.

kommunikative Anschließbarkeit neuer Medienangebote, also um die Art ihrer Nutzung(en) in Kommunikationsprozessen; um die soziale Bewertung von Medienangeboten im Hinblick auf den durch sie angeregten Wissensgewinn; um die Selektion von Medienangeboten zum Zwecke der Speicherung, Kanonisierung oder pädagogischen Prämierung; um die zeitliche Sequenzierung sowie die Kontrolle von Wissenserwerb anhand ausgewählter Medienangebote, wobei etwa zwischen dem streng kontrollierbaren Wissenserwerb in »Manuskriptkulturen« und dem unkontrollierbaren Zugang zu Möglichkeiten der Wissensproduktion in »Internetkulturen« unterschieden werden kann.[31] Unter solchen Fragestellungen kann dann eine Mediengeschichte auch als Geschichte der Mediennutzung zur kognitiven Produktion und sozialen Kontrolle von Wissen entworfen werden, die – wie unten noch näher erörtert werden soll – den komplexen Interdependenz- und Interaktionszusammenhang von Kognition, Kommunikation, Medien und Kultur berücksichtigen muß.

7.2 Medien und Gedächtnis

> »Was ist Erinnerung? Wissen wir's? Lebt das, was in uns lebt von unserem Vergangenen, nur in uns, oder hat es noch eine andere Wirklichkeit?«
> E. von Bodmann

Wie ich an verschiedenen Stellen ausgeführt habe, wird in der Gedächtnisforschung heute das Gedächtnis eher als eine im gesamten Gehirn verteilte Funktion denn als ein genau lokalisierbarer Speicher konzipiert.[32] Das Gedächtnis repräsentiert in seiner neuronalen Architektur und den dadurch ermöglichten Funktionsabläufen sozusagen den jeweiligen Stand der Wahrnehmungsgeschichte eines kognitiven Systems und steuert die Bedeutungszuweisungen an aktuelle Wahrnehmungen durch

31 So verweist etwa Faßler darauf, daß in computerunterstützten kommunikativen Umgebungen Anonymität sozial geöffnet und zu einer Quelle von Kommunikation, Kreativität und Produktivität werden kann und wird (1998, S. 337).

32 Vgl. als Überblick Schmidt (Hg.) 1991.

Schemata beziehungsweise Attraktoren (im Sinne von H. Haken), wobei Sprache, Affekte und Normen eine bedeutende Rolle spielen dürften. Damit erfüllt das Gedächtnis eine zentrale Funktion bei der Wahrnehmungs- und Verhaltenssynthese und bildet die Grundlage der selbstorganisierenden Autonomie des kognitiven Systems, das völlig überfordert wäre, müßte es bei jedem Wahrnehmungsvorgang wie eine *tabula rasa* immer wieder von neuem beginnen.

Das Gedächtnis wird offenbar gesteuert von Wachheit und Aufmerksamkeit. »Gespeichert« wird nur das, was neu *und* relevant ist, wobei das Gedächtnis wiederum die Vergleichsparameter für Neuheit und Relevanz aus sich selbst heraus liefern muß – wie könnte die Umwelt auch so etwas wissen?

Eine wichtige Rolle für die Fokussierung von Aufmerksamkeit (und darüber hinaus für Gedächtnis) spielen Affekte und Normen, die Luc Ciompi geradezu als »Schleusen oder Pforten« bezeichnet, die den Zugang zu unterschiedlichen Gedächtnisfunktionen öffnen oder schließen (1999, S. 97). Durch gemeinsame Affektstimmungen verbundene Kognitionen werden, so Ciompi, »gemeinsam abgespeichert und gemeinsam remobilisiert«. Dadurch schaffen Affekte (und dasselbe dürfte für Einschätzungen und Bewertungen gelten) Kontinuität in den Kognitionsprozessen und bestimmen die Hierarchisierung unserer Denkinhalte. Beide können auch als wichtige Komplexitätsreduktoren betrachtet werden, da sie mögliche Operationen auf gewünschte und positiv bewertete reduzieren. Wie manische, schizophrene oder depressive Zustände zeigen, führt ein Versagen solcher Filter zu erheblichen Störungen des Denkens und Verhaltens.

Da Gedächtnis nicht in allen Bereichen bewußtseinsfähig oder gar bewußtseinspflichtig ist, dürfte Gedächtnis als neuronale Funktion umfangreicher sein als bewußte Erinnerung.

Gedächtnis und Erinnerung müssen deutlich voneinander unterschieden werden. Gedächtnis ist eine neuronale Funktion, Erinnerung eine kognitiv-psychische Konstruktion, die bewußt werden muß und dann sprachlich formuliert werden kann.

Erinnerungen können also nicht plausibel als Zugriffe auf Speicherinhalte konzipiert werden. Sie sind kognitive Operationen, die notwendigerweise immer in der Gegenwart ablaufen und dem Bewußtsein wie eine Art von Wahrnehmungen oder

Vorstellungen erscheinen – allerdings, wie Rusch (1987) ausgeführt hat, einem Wahrnehmen oder Wiedererkennen ohne Gegenstand gleichen, da sensorische Stimulationen und die charakteristischen Kontexte sinnlicher Wahrnehmung fehlen.

Erinnern als aktuelle Sinnproduktion wird erheblich beeinflußt von gestaltendem Erzählen. Beide scheinen denselben Mustern kohärenter Konstruktion von Zusammenhängen zu folgen. Beide stellen einen (wie auch immer fiktiven) Zusammenhang her zwischen einem Ereignis, seinem scheinbaren Wiedererkennen durch Gedächtnis und seiner Repräsentation in der erzählten Erinnerung, deren Erzählschemata den Kohärenz- und Konsistenzerwartungen der Erzählgemeinschaft oder Gesellschaft sowie der verwendeten Medien folgen, nicht der intrinsischen »Wahrheit des Ereignisses«. Wie J. Kotre (1996) plausibel dargelegt hat, arbeitet unser Gedächtnis im Dienst des menschlichen Bedürfnisses, dem Leben einen erzählbaren und erzählenswerten Sinn zu geben. Im Sinne der sogenannten Kryptomnesie wird im Erinnern Erlebtes mit Erzähltem verbunden, so daß endgültig verlorengeht, was man als »wirkliche Quelle« oder »reales Erlebnis« bezeichnen könnte. Erinnern ist eine präsentische Konstruktion, weshalb gewissermaßen »falsche« Erinnerungen wie »echte« aussehen und sich ebenso »anfühlen«.

Erinnern und Vergessen sind komplementär. Was erinnert und was vergessen wird, das hängt vor allem ab vom subjektiven wie vom sozialen Identitätsmanagement, welches wiederum von Affekten, Bedürfnissen, Normen und Zielen gesteuert wird. Die Dialektik von Erinnern und Vergessen ist dabei in den letzten beiden Jahrhunderten durch soziale Differenzierung und die Entstehung eines reflexiven Systems von Massenmedien radikal verschärft worden. Nicht nur die Zahl der aktuell nutzbaren Medienangebote stieg ins Unermeßliche; auch die Zahl und Kapazität der Archive proliferierte. Damit aber wurde die Selektivität der Nutzung von Erinnerungsanlässen (vorwiegend Medienangeboten aller Art) unabweisbar evident, die Abhängigkeit der Nutzung von Interessen und Motiven so offenkundig, daß jede Nutzung unter Motivverdacht gestellt werden konnte – oder im Orkus kollektiver Indifferenz verschwand. Das Erinnern wurde zu einer biographie- wie zu einer gesellschafts*politischen* Angelegenheit. Die sich ausdifferenzierenden gesellschaftlichen Teilsysteme betrieben zunehmend eine eigenständige Gedächtnispolitik, sie schafften sich zunehmend ihre systemspezifischen Kategorien und Strategien des Erinnerns und Nicht-Erinnerns am Leitfaden systemspezifischer Kompetenzen, Interessen, Werte und Intentionen, wobei immer neue Medientechnologien in Dienst gestellt werden konnten, aber auch den Vollzug gedächtnispolitischer Operationen bestimmten: Mit Hilfe von Filmen oder Video-Aufzeichnungen »erinnert man« anders als mit Hilfe von Akten.

Angesichts der Überfülle von Themen und Präsentationsformen, die in immer schnellerem Wechsel in immer mehr Mediensystemen zur kognitiven und kommunikativen Nutzung angeboten werden, sinkt der sinnvolle Anspruch jedes einzelnen Medienangebots, als effizienter Erinnerungsanlaß genutzt zu werden. Vor allem das Fernsehen läßt Bildkaskaden aufeinander folgen, die an den Rezipienten ohne jede Sättigung durch eigene Erfahrungen vorbeifluten. Diese Bilderbögen erheben auch keinen Anspruch mehr auf aktives Erinnern; denn zur Gedächtnispolitik der heute weithin kommerzialisierten Kommunikation gehört ja gerade, daß die Bilder auf recycelbare Serialität angelegt sind, nicht auf kritisch bewertendes Erinnern.

Nun ist die zugleich kognitive, affektive und normative Selektivität der »Erinnerungsarbeit« sicher kein neues Phänomen, sondern dürfte bereits seit den ersten schriftlichen Medienangeboten virulent gewesen sein. Neu ist sicher auch nicht, daß die erinnerungsorientierte Nutzung von Medienangeboten stets systemgebunden und auf je aktuelle, systemspezifische gedächtnispolitische Ziele bezogen war. Neu an unserer Situation ist bestenfalls, daß komplexe und reflexive Mediensysteme uns durch die Vermehrung wie durch die Austauschbarkeit von Erinnerungsangeboten zum Bewußtsein der Kontingenz wie der Politizität unserer Erinnerungskonstruktionen im Rahmen individueller wie sozialer Gedächtnispolitik zwingen. Wer heute noch mit dem Anspruch auftritt, Erinnerungsanlässe verbindlich selegieren zu wollen und zu können, wird dies nur noch im Modus der Beobachtung zweiter und dritter Ordnung tun können. Die Zeit des Gedächtnisses ist von den Zeiten der Gedächtnisse abgelöst worden; und wir sollten dies als Anlaß zu konstruktiver »Kreativität« sehen, nicht als Menetekel des Endes der Geschichte. – Die war ohnehin nie mehr als eine Geschichte.

7.3 Medien und Affekte

»Our media, ourselves.«
M.R. Real

»Niemand ist völlig akkulturiert, wenn er nicht auf einen kulturspezifischen Streß mit der diesem Streß kulturell angemessenen Störung reagiert.«
G. Devereux

Beim Denken und Vorstellen, beim Wahrnehmen und Wissen, beim Erinnern und Vergessen spielen Affekte eine entscheidende Rolle, die in der einschlägigen Forschung noch lange nicht hinreichend gewürdigt worden ist.[33] Eine solche Würdigung wird sicher auch dadurch erschwert, daß in Gefühlen physiologische, psychische und soziokulturelle Prozesse zusammenwirken, daß evolutionäre und biographische Entwicklungen und kulturelle Überformungen nur schwer voneinander zu trennen sind. Hinzu kommt, daß die Referentialisierbarkeit von Gefühlsausdrücken wie von Gefühlsdarstellungen – wie schon Ludwig Wittgenstein im Käferbeispiel der *Philosophischen Untersuchungen* plastisch demonstriert hat – immer prekär ist, weil sie umstandslos unter Motivverdacht gestellt werden kann und weil der dann so Verdächtigte sich kaum gegen den Verdacht wehren kann. Kann man sich darauf verlassen, daß einer Schmerzen hat, der das sagt, oder so tut? Aber was soll denn der machen, der Schmerzen hat und andere dafür interessieren will?

Paul Watzlawick u.a. (1967) und Niklas Luhmann (1983) haben hinreichend deutlich gemacht, wie paradoxal und doppelbindend das Verhältnis zwischen Gefühl und Ausdruck sowie zwischen Mitteilungs- und Beziehungsaspekten der Kommunikation ist. Unsere Alltagserfahrung belehrt uns, wie unvorhersehbare Verhaltensweisen starke Gefühle auslösen können: Den einen lösen sie die Zunge (bis zur Unerträglichkeit), den anderen binden sie die Zunge bis zum Stammeln und Verstummen, und wieder andere können sich Gefühle überhaupt nur wortlos vorstellen, etwa in sexuellen Akten oder Aggressionen.

33 Vgl. dazu unter anderem die Arbeiten von Alfes 1995, Reichertz 1998, Oeser und Seitelberger 1988, Saxer und Märki-Koepp 1992, Saxer und Landolt 1995 oder Hobbold 1999.

Aus interkulturellen Vergleichen weiß man, daß gerade die scheinbar so privaten Gefühle und ihre Darstellungen hochgradig soziokulturell imprägniert sind. Sie folgen kulturspezifischen Drehbüchern, die regeln, welches Gefühl in welcher Stärke in welcher Situation angemessen und erwartbar ist und wie es körper-, bild- und verbalsprachlich ausgedrückt werden muß, um sozial akzeptabel, authentisch oder wahr zu sein. Insofern sind auch Affekte beschreibbar als kulturelles kollektives Wissen, das sozial verbindlich codiert und konventionalisiert ist. Solche Codes sind zum Beispiel Gefühlsausdrücke (und wie arm erscheint uns jedes Lexikon angesichts der Fülle und Differenziertheit von Affekten!), Typisierungen von Affekten und die körpersprachliche Semiose. Nur weil »man« weiß, wie »man« Gefühle zu haben und zu zeigen hat, können in der Kunst erfolgreich Ausnahmen mit Anspruch auf Interesse thematisiert und gestaltet werden. Und nicht nur die Ausnahmen; vielmehr prägt in der Regel eben das allgemein Menschliche am Gefühl, das in einer Fülle von Medienangeboten von der *Penthesilea* bis zum Arzt-Roman, im Theater und Film, in der Flut von Befindlichkeits- und Betroffenheitsshows im Fernsehen oder im Cybersexangebot des Internet thematisiert wird, das individuelle Gefühlsmanagement in seiner »Normalität« wie in seinen »Devianzen«, über die dann wiederum in den Medien gestritten wird.

Da Gefühle und sprachliche Gefühlsausdrücke zwar eng miteinander zusammenhängen, aber nicht miteinander verwechselt werden dürfen, ist es schwierig, die privaten von den sozialen Codierungen von Affekten zu trennen. Wohl wird man aber annehmen dürfen, daß beide in ihrer Genese wie in ihrer Ausdruckstypik kulturspezifisch geprägt sind, da kollektives Wissen über Affekte (von Affekten) in der Sozialisation prototypisch erworben und über Emotionsbegriffe einerseits, über die Gestaltung in den verschiedensten Medienangeboten andererseits bis zur Routine schematisiert wird. Diese Annahme erlaubt die weitergehende Hypothese, daß Gesellschaften mit Hilfe von Medien *Mediengefühlskulturen* ausbilden, die Gefühle und Gefühlsausdrücke auf der individuellen wie auf der kollektiven Ebene prägen und so auch in dieser Dimension die Doppelaufgabe von Kulturprogrammen, nämlich Reproduktion von Gesellschaft und Kontrolle der Individuen, erfüllen.

Mit A. Hobbold läßt sich daher folgendes Fazit der Überlegungen zu Medien und Gefühlskultur ziehen:

»Die Massenmedien leisten eine ständige Reproduktion moralischer Sensibilität auf individueller und kommunikativer Ebene. Demnach verständigt sich eine Gesellschaft in den Medien und durch die Medien über die Angemessenheit von Gefühlsäußerungen, über die in ihr herrschenden, wünschbaren und auch überwundenen Regeln. Gefühlsmuster reproduzieren insofern den kulturellen Code der Moral. Die Thematisierung von Affekten stellt in diesem Zusammenhang ein unverzichtbares Mittel im Dienste übergeordneter Funktionen [nämlich der Wahrung gesellschaftlicher Identität, sjs] dar« (Hobbold 1999, S. 79).

7.4 Medien und Identität

»Das ist es, was die eigene Identität ausmacht nicht etwas das existiert sondern etwas an das man sich erinnert oder nicht erinnert.«
G. Stein

»100 Prozent Styling, 100 Prozent Ich.«
Werbeclip

Mit diesem Thema kommen wir erneut an eine der Schnittstellen individueller und sozialer Nutzungen von Medien, da beide Aspekte der Identitätsproblematik – wie auch schon beim Thema Medien und Affekte – kaum scharf voneinander getrennt werden können. Das wird um so deutlicher, als bei allen Identitätsfragen der Körper (oder, so C. Jünger, »die somatische Referenz«) eine wichtige Rolle spielt. Körpererfahrung, so kann man vielleicht sagen, bildet den Ausgangs- und Rückzugspunkt für Identitätsbricolage, die sich in sozialer Interaktion abspielt; die Wetware bildet sozusagen das Interface zwischen somatischen Voraussetzungen und sozialen Inszenierungen.

In der identitätstheoretischen Diskussion dominiert denn auch seit längerem eine dynamische Konzeptualisierung von Identität, die Identität nicht als eine fest verfügbare Größe, sondern als höchst variables Resultat von Prozessen und deren Interpretationen sieht.[34]

34 Als Überblick über den Stand der Forschung vgl. Straub 1996. Einen konstruktivistischen Vorschlag hat Konrad 1999 vorgelegt.

Dabei tritt folgendes Dilemma auf. Einerseits setzt gemeinsames Handeln und Kommunizieren voraus, daß die Partner sich aufeinander ausrichten und einander angleichen. Andererseits muß jeder allen Partnern signalisieren, wie er oder sie »ist«, um in verschiedenen Situationen als der- oder dieselbe erkennbar zu sein. Das interagierende und kommunizierbare Individuum muß also einen operativ erfolgreichen Ausgleich herstellen zwischen seinen eigenen Erwartungs-Erwartungen und Unterstellungs-Unterstellungen im Hinblick auf die relevanten Vorstellungen, Erwartungen und Ansprüche der jeweiligen Partner, die Normen und Anforderungen gesellschaftlicher Institutionen sowie seine eigenen Wünsche und Erwartungen. Identitätsbildung läßt sich danach als der permanente Balanceakt zwischen der Interpretation der an das Individuum gerichteten Erwartungen und Normen (Rollenerwartungen) sowie den eigenen Erwartungen, Bedürfnissen und Wünschen konzipieren.[35]

In diesen Balance- und Interpretationsprozessen spielen affektiv und normativ besetzte sozialisatorische Erfahrungen plausiblerweise eine bedeutende Rolle. Und damit kommen wieder Medien als längst unentbehrlich gewordene Instrumente der Sozialisation wie der Selbstinszenierung von Individuen auf gesellschaftlichen »Bühnen« ins Spiel. Die Welt der Heranwachsenden ist seit langem und in ständig steigendem Maße eine Welt der Medien, und das in mehrfachem Sinne: als Erfahrungswirklichkeit, in der ein vielfältiger Gebrauch vieler Medien zur alltäglichen Routine gehört; als Erfahrungswirklichkeit, deren Konstruktion durch Mediennutzungen entscheidend geprägt wird; und schließlich als Erfahrungswirklichkeit, die sich selbst über Medien beobachtet und reguliert.

Im komplexen Zusammenspiel zwischen Kommunikation, Medien und Identitätsbricolage spielt der oben skizzierte Komplex Gedächtnis/Erinnern/Erzählen eine entscheidende Rolle. Die Aktanten müssen wissen, wem sie sich in welcher Situation

35 »*Identität* und *Welt* werden so konstruiert, daß Ansprüche des biologischen Organismus gegenüber der Welt – wenn möglich – durchgesetzt werden können. Wenn dies nicht gelingt, müssen die Ansprüche selbst umgeleitet oder beseitigt werden. [...] Identität bildet sich auch beim Menschen nur durch den Umgang mit anderen Menschen, sie ist ›im Grunde eine gesellschaftliche Struktur und erwächst aus gesellschaftlicher Erfahrung‹ (G.H.Mead)« (Konrad, 1999, S.309).

als wer präsentieren, welche Ich-Erzählung sie also zur Identitätsbricolage eingesetzt haben, um die Anschließbarkeit an solche Ich-Erzählungen und die Verträglichkeit der Erzählvarianten untereinander handhaben zu können. Für solche Erzählungen gibt es in den symbolischen Ordnungen der Kommunikation durchaus verbindliche Gattungsmuster, da – wie die neuere Gedächtnisforschung plausibel gemacht hat – Erinnern und Erzählen sich in ihren Schematisierungen weitgehend aufeinander abgestimmt selbst organisieren. Die für die Identitätsbildung relevanten Kategorien »Kohärenz«, »Kontinuität« und »Autonomie« sind alle eng gebunden an narrative Konstruktionen, das heißt also an sinnbildende Verstehens- und Erklärungsleistungen, die Kontingenzerfahrungen in kohärente Geschichten integrieren. Aus dieser Perspektive erscheint Identität als ein kommunikatives Konstrukt oder – in den Worten J. Straubs – als »operative Selbstauffassung aus der Gegenwartsperspektive«, die vergangene Erfahrungen bündelt, Erwartungen begründet und aktuelles Handeln orientiert. Identitätsbildung verknüpft erfahrene Differenzen auf sachlicher, psychischer, sozialer und zeitlicher Ebene zu einer temporären Einheit (1996, S. 71).

Diese grundlegenden identitätstheoretischen Vorstellungen lassen sich auch auf die Herausbildung *sozialer Identität*[36] anwenden. Auch hier ist Identität gebunden an das kognitiv erfolgreiche, affektiv befriedigende und normativ prämierte Prozessieren der Differenz wir/die anderen und Eigenes/Fremdes. Im einzelnen geht es um erfolgreiches Differenzmanagement zwischen Erwartungen von außen und innen, um Enttäuschungsverarbeitungen, um die Verarbeitung von Diskontinuitäten in der Gruppengeschichte oder um die Bewältigung ökologischer Inkonsistenzen. Dabei spielen, wie etwa die Untersuchungen von W. Ong oder J. Goody gezeigt haben, Medien eine entscheidende Rolle. Auch das Nationenkonzept als Lösungsversuch für das Problem kollektiven Sinnverlustes durch die Korrosion christlicher Globalordnungen ist koevolutiv eng verbunden mit der Durchsetzung von Massenmedien (vor allem der Zeitung) und dem Siegeszug linearer Kohärenzmodelle für

36 Zur kommunikationstheoretischen Auseinandersetzung mit der Rolle von Medien und Kultur vgl. die Arbeiten von Saxer 1999 und Müller-Doohm 1999.

Biographien und Geschichtsmodelle im Roman des 18. Jahrhunderts.[37] Soziale Gruppierungen jeder Art, die über soziale Identität verfügen, werden bekanntermaßen durch Sozialisation, gemeinsame Sprache, gemeinsame Themen, Werte, Lebensstile, Affektinszenierungen und – vor allem in den letzten Jahrhunderten – durch gemeinsame Mediennutzung und die daraus resultierenden Modi der Wahrnehmung aufgebaut und erhalten. Moderne Gemeinschaften, so kann man mit der gehörigen Übertreibung behaupten, sind in dieser Hinsicht mediendeterminierte *Mediennutzungsgemeinschaften,* wobei stets alle nutzbaren Medien hinsichtlich ihrer vier (in Kapitel II, 6 geschilderten) Komponentenbereiche in Betracht kommen.

8. Mediennutzungsaspekte im sozialen Bereich

8.1 Vorbemerkung

> »Distinction is perfect contingence.«
> G. Spencer Brown

Spätestens an dieser Stelle wird eine grundsätzliche Bemerkung erforderlich.

Schon mehrmals hatte ich bisher die kaum sauber durchzuführende Trennung zwischen kognitiven und sozialen Dimensionen, Aspekten beziehungsweise Kategorien betont. Diese Schwierigkeit kommt nicht von ungefähr, da Kognition und Kommunikation zwar terminologisch (mit Hilfe der systemtheoretischen Unterscheidung von System und Umwelt) voneinander getrennt werden können, während schon phänomenologisch und vor allem evolutionstheoretisch eher die gegenseitigen Interaktionen beziehungsweise Interpenetrationen im Vordergrund stehen. Schon Luhmanns Systemphilosophie muß ständig betonen, daß Kognition und Kommunikation sich notwendigerweise in ihrer Umwelt voraussetzen und sich gegenseitig als Ressourcen nutzen müssen. Und im Blick auf die Genese der beiden Bereiche wird wohl unwidersprochen sein, daß unser kognitiver Apparat sich in ständiger Interaktion mit Medien

37 Vgl. dazu etwa Anderson 1993.

und Kommunikation entwickelt hat, so daß die kognitiven Schemata und Strategien der Sinnbildung beim Individuum als empirischem Ort der Sinnkonstruktion weitgehend sozial genannt werden können.[38] Hinzu kommt, daß – wie oben bereits angesprochen – jedes Individuum gelernt haben muß, in seinem kognitiven System kollektives Wissen zu produzieren und sich bei Erwartungs-Erwartungen hinsichtlich sprachlichen Wissens lang erprobter gesellschaftlicher Erfahrungen im Umgang mit semiotischen Materialien zu bedienen, soll die Teilnahme an Kommunikationsprozessen akzeptabel (»verständlich«) und anschließbar (»interessant«) sein.

Die Redeweise von kollektivem Wissen, kommunalisierenden Erwartungs-Erwartungen und Unterstellungs-Unterstellungen, von symbolischen Ordnungen und ähnlichem verweist dann wieder auf den Bereich, der in Kapitel 1, 4 unter dem Stichwort »Kultur« abgehandelt worden ist. Kultur als für alle Gesellschaftsmitglieder verbindliches Programm der Semantik für soziale Systeme ist gleichsam das Scharnier zwischen Kognition und Kommunikation, zwischen Individuum und Gesellschaft; denn dieses Programm liefert das kollektive Wissen, auf das bei der Nutzung von Kommunikationsinstrumenten und Medienangeboten zurückgegriffen wird, wodurch Kognition und Kommunikation strukturell gekoppelt werden.

8.2 Medien und öffentliche Meinung

> »Schließlich trägt jede Kommunikation in dem, was sie aufgreift, und in dem, was sie dem Vergessen überläßt, zur Realitätskonstruktion bei.«
> N. Luhmann

Besondere Aufmerksamkeit im öffentlichen Diskurs über Medien ist stets dem Thema Medien und öffentliche Meinung gewidmet worden – unbeeindruckt durch die enorme Diversität der Lesarten der beiden Zentralbegriffe. Dieses Manko ist in der professionellen Debatte allerdings keineswegs geringer. Dabei stehen sich – vereinfacht gesagt – zwei Auffassungen gegenüber.

38 Vgl. dazu u.a. Großmann 1999.

Die eine bestreitet, daß es im dualen und kommerzialisierten Massenmediensystem moderner Gesellschaften überhaupt noch so etwas geben kann wie eine Öffentlichkeit[39], wobei hier in der Regel der emphatische Öffentlichkeitsbegriff von Jürgen Habermas zugrunde gelegt wird.[40] Die andere versucht, Öffentlichkeit als eigenes gesellschaftliches System zu konzipieren, und stützt damit das Luhmannsche Lager in Kontroversen über den Sinn und die Machbarkeit solcher Theoriemanöver.[41]

Man mag sich je nach theoretischer Vorliebe für die eine oder die andere Alternative entscheiden. In keiner wird man auf dem angedeuteten Abstraktionsniveau allein verbleiben können, sondern sich in die Tiefen der täglichen Erfahrungen, der Meldungen und Meinungen über diese Erfahrungen hinabbemühen müssen, wobei im einzelnen zu klären sein wird, wie die klassischen publizistischen Themen in diesem Bereich reformuliert oder verabschiedet werden, also Themen wie Agenda Setting, Formate von Öffentlichkeit, Kontrolle der Öffentlichkeit durch die Medien beziehungsweise der Medien durch die Öffentlichkeit, und so weiter.[42]

Bereits W. Lippmann (1922, dt. 1964) hatte das Grundproblem der öffentlichen Meinung deutlich markiert: Einerseits sind Kognition und Kommunikation völlig unterschiedliche Prozesse, andererseits orientieren sich beide rekursiv aneinander über Stereotypen als sozial geteilte Symbolvorstellungen, die ein »Äquilibrium der Interessen« beziehungsweise eine »Pseudowelt« erzeugen (1964, S. 15 und S. 17), auf die sich Kognition wie Kommunikation beziehen können. Lippmann nahm an, daß die massenmedial vermittelten, kulturell geprägten Stereotypen hinreichen würden, um trotz der wachsenden Diskrepanz individueller Wirklichkeits- und Gesellschaftsmo-

39 Bolz (1996) vertritt sogar die These, Öffentlichkeit sei heute identisch mit Werbung als Weltöffentlichkeit.

40 Die historische Problematik der Habermasschen Konstruktion bürgerlicher Öffentlichkeit im 18. Jahrhundert hat jüngst Grant 1996 verdeutlicht. Vgl. dazu auch Rödel 1996.

41 So heißt es etwa bei Baecker (mit guten Gründen): »Die Öffentlichkeit ist kein System. Sie ist eine Beobachtungsformel der Selbstbeschreibung der modernen Gesellschaft« (1996, S. 99).

42 Vgl. dazu etwa die Beiträge in Bentele und Rühl (Hg.) 1993 oder Bentele und Haller (Hg.) 1997.

delle eine demokratische Gesellschaftsordnung aufrechtzuerhalten (ebd., S. 74).

Damit sind bereits die beiden Aspekte angesprochen, die bis heute die Debatte über das Konzept »öffentliche Meinung« prägen: die Rolle virtueller Strukturen und die Bedeutung der öffentlichen Meinung für die Funktionsweise demokratischer Medienkulturgesellschaften. Den Virtualitätsaspekt, der vor allem von K. Merten und J. Westerbarkey betont worden ist (1994), hat B. Großmann wie folgt zusammengefaßt:

»Dabei bezieht sich das kognitive Konstrukt der öffentlichen Meinung auf die Vorstellungen von Meinungen anderer, wobei die Vorstellungen im Rahmen der Teilnahme an frei zugänglicher Kommunikation entwikkelt werden. Insofern kann öffentliche Meinung auch als virtuelle Struktur bezüglich der Meinungen anderer verstanden werden, die in gesellschaftlich akzeptierte Wirklichkeitsmodelle integriert ist« (1999a, S. 181 f.).

Wie S. Kimpeler (1999) in ihrem Literaturbericht zu diesem Thema herausstellt, besteht die Leistung dieser virtuellen Struktur vor allem im Prozeß der Themenstrukturierung. So definiert Luhmann (1971) »Öffentlichkeit« als Unterstellbarkeit der Akzeptanz von Themen innerhalb der gesellschaftlichen Kommunikation (siehe oben, Kapitel II, 6) und »öffentliche Meinung« als Themenstruktur öffentlicher Kommunikation. Dabei liefern Themen nicht nur Anschlußmöglichkeiten, sondern auch Anschlußzwänge. Im Anschluß an Luhmann haben K. Merten und J. Westerbarkey (1994) dann »öffentliche Meinung« als einen Kommunikationsprozeß definiert, in dem Themen etabliert werden, zu denen durch die Medien Meinungen erzeugt werden. Zu Recht betonen die Autoren dabei die doppelte Reflexivität der Fiktionen von Öffentlichkeit und öffentlicher Meinung: »Gemeint ist die Wahrnehmbarkeit anderer als Wahrnehmung ihrer Meinungen und Wahrnehmung ihrer Meinungen über Meinungen anderer« (Kimpeler 1999, S. 87).

Nach Ansicht der beiden Autoren ist öffentliche Meinung diffus, instabil und irrational, also keineswegs der Wahrheit oder Richtigkeit verpflichtet. »Gerade dadurch, daß sie zu *Themen* nicht durch Wahrheit gedeckte Meinungen jederzeit schnell beschaffen kann, wird sie zu einem hochflexiblen Kommunikationsaggregat, auf das vergleichsweise leicht Einfluß genommen werden kann« (1994, S. 202).

Nach klassischer Auffassung, die auch von Habermas (1961) vertreten wird, dient öffentliche Meinung als Instrument der Herrschaftskontrolle. Im Unterschied dazu hat Luhmann (1999) ein Konzept vorgelegt, das sich an kognitionstheoretischen Begriffen wie »Schema« und »Skript« orientiert und damit in besonderer Weise an die auch in diesem Buch betonten Leistungen der Komplexitätsreduktion und soziokulturellen Kopplungsleistungen von Schemata im weiteren Sinne anschließbar ist.

Schemata, so Luhmann, sind Kategorien, die es ermöglichen, »etwas als etwas zu beobachten und damit Erfahrungen zu akkumulieren. Sie werden komplexer, wenn es um Doppelschemata geht, zum Beispiel Norm und Abweichung oder Ursachen und Wirkungen. [...] Wenn solche Schemata Anlaß geben, die beschriebene Sequenz durch Handlungen zu beeinflussen (zum Beispiel den Kausalverlauf zu unterbrechen), spricht man von Skripts« (ebd., S. 25). Schemata spielen in der Kognition wie in der Kommunikation eine zentrale Rolle für Erinnern und Vergessen. Sie fokussieren und schließen damit anderes aus, wodurch Kapazitäten frei werden (weil nicht alles erinnert werden kann), aber zugleich ein Wiedererkennen möglich bleibt. Öffentliche Meinung, in diesem Sinne als Schematisierungsprozeß konzipiert, ermöglicht »Sinnformungsprozesse, die aufeinander Bezug nehmen, ohne deswegen in Übereinstimmung einmünden zu müssen. In diesem Sinne ermöglicht öffentliche Meinung Partizipation« (ebd., S. 27).

Öffentliche Meinung richtet kognitive Schemata ein und schreibt sie fort. Zugleich gilt, daß die politisch relevanten Meinungen kontrovers sind und bleiben; sie werden nicht etwa durch öffentliche Meinung in Konsens aufgelöst. Ganz im Gegenteil: Öffentliche Meinung, also Schematisierung, eröffnet und ermöglicht gerade Kontroversen.

Was nun das Dauerthema öffentliche Meinung und politische Kontrolle angeht, kommt Luhmann zu folgender Argumentation: Über Schemata kann die Politik beobachten, wie sie beobachtet wird, also wie groß etwa der Anteil derer ist, die einer bestimmten Politik zustimmen oder sie ablehnen, und wie sich das zeitlich gesehen ändert. Themen spielen also nur dann eine Rolle, wenn sie schematisiert sind und als bekannt – eben als öffentliche Meinung – vorausgesetzt werden können. Diese

Schemata fungieren dann wie ein öffentliches Gedächtnis, das die Kommunikation reguliert. Diese Regulation wirkt nicht so, daß nun automatisch eine Übereinstimmung der Meinungen zu Themen erzeugt würde, sondern dadurch, daß Kommunikationsteilnehmer wissen, zu welchen Schemata sie sich ihre eigene (und eigen bleibende) Meinung bilden und an öffentlicher Kommunikation teilnehmen können, ohne befürchten zu müssen, nicht verstanden zu werden. »Auch das erfordert aber, daß die hochkomplexe Wirklichkeit unberücksichtigt bleibt, wir können auch sagen: vergessen wird, und die Kontakte durch Schemata vermittelt werden« – wodurch wieder der Anschluß an das Thema »virtuelle Strukturen« erreicht wird. »Öffentliche und private Meinung treten so in ein Verhältnis der ›Kohabitation‹. Die vorgegebenen Schemata ermöglichen ein freies Räsonnieren, das in erster Linie dazu dient, die jeweils eigene Überzeugung zu festigen. Es mag dann weniger wichtig werden, wie gut argumentiert wird« (ebd., S. 29).

Mit dem Repertoire ihrer Schemata kann die öffentliche Meinung sich selbst thematisieren, ohne daß deshalb – wie Luhmann sarkastisch feststellt – »die Vernunft als Attraktor mitwirken müßte« (ebd., S. 30).

Öffentliche Meinung wirkt auf der Beobachtungsebene erster Ordnung als schematisiertes soziales Gedächtnis. Erst von einer Beobachterebene zweiter Ordnung aus erweisen sich die Schemata und die ihnen folgenden Skripts als Formen, die wie alle Formen eine andere Seite haben: »nämlich all das, was vergessen ist oder ausgeschlossen werden muß, wenn man Schemata bildet, die als Gedächtnis funktionieren können« (ebd., S. 34).

8.3 Medien, Macht und Politik

> »Alle, die jemals vorgaben, ihre Geschäfte dienten dem Wohl der Allgemeinheit, haben meines Wissens niemals etwas Gutes getan.«
> A. Smith

Womöglich noch ausgeprägter als in anderen Themenbereichen des medientheoretischen Diskurses sind die Kontroversen in der medienpolitischen Debatte. Die extremste Position nehmen (auch) hier die sogenannten Medientheoretiker ein, die die Hypothese vertreten, daß die Medien längst die Ausdifferenzierung der öffentlichen Gewalt in Legislative, Exekutive und Judikative eingeebnet haben und heute zugleich die Rollen des Anwalts, Anklägers und Richters besetzen, womit sich eine neue »magisch-technische Souveränität« etabliert habe. Diese Allmacht der Medien bedeute faktisch das Ende von Staat, Politik und Demokratie (»Techno-Faschismus«).

»Wie ist«, fragen etwa Rudolf Maresch und Niels Werber, »unter solchen Bedingungen Macht beziehungsweise das Verhältnis und der Zugang zu ihr (Korridorbildung bei C. Schmitt) zu denken? Bleibt Macht unter Glasfaserbedingungen auch weiterhin eine Funktion der Gesellschaft, ein verflüssigtes ›symbolisch generalisiertes Kommunikationsmedium‹ (Luhmann)? Oder ist Macht auch weiterhin eine ›objektive, eigengesetzliche Größe‹ (C. Schmitt), die in die Medienkanäle abwandert und aktuell auf Silizium gebrannt wird? Denn sicher scheint: Entfesselte Technik zieht beileibe keine Neutralisierung und Entpolitisierung (C. Schmitt/J. Derrida) nach sich. Vielmehr verschieben Medientechniken das Zentralgebiet und eröffnen ein neues Kampfgebiet, in dem die Probleme anderer Sachgebiete (das Soziale, das Politische und so weiter) künftig gelöst werden müssen. Ferner entwickeln sich im Windschatten dieses Informationskomplexes (P. Virilio) neue Mächte, Imperien (H. Innis) sozusagen, die Zugang zu den diversen (Speicher-)Techniken haben und das Design der Rechnerchips bestimmen. Um diese informationelle Hegemonie zu erobern, zu bewahren und auszuüben, bedarf es der Bemächtigung der allerneuesten Medientechnik und ihrer Abschottung gegen den Zugriff anderer konkurrierender Mächte. Die unerklärten, aber unvermindert jenseits der Benutzeroberflächen tobenden Kriege um Cocom-Listen und Proliferation sind genauso Symptome dieses Kampfes um Technologien, Information und Kommunikationseinheit wie die Versuche beispielsweise eines B. Gates, in der Nachfolge der Fürsten von Thurn und Taxis, globaler Herrscher über die digitalen Datenautobahnen zu werden. Diese Linie, die theoriegeschichtlich von N. Machiavelli über C. Schmitt, E. Jünger und M. Foucault zu F. Kittler und P. Virilio führt, zu konfrontieren mit der gegenteiligen These, wonach Computerisierung eher Heterarchie statt Hierarchie, Horizontalisierung statt Vertikalisierung und Demokratisierung statt Hegemonie zur Folge habe, wäre auch ein genuiner Beitrag zum Mediendiskurs, der zwischen Euphorie und tiefer Skepsis hin und her pendelnd auf der Stelle tritt« (1996, S. 2).

Dieser zwischen system-, emergenz-, technologie- und verschwörungstheoretischen Tendenzen hin- und herpendelnde

Medien-Macht-Diskurs weist aus konstruktivistischer Perspektive einige gravierende Mängel auf. Der wichtigste scheint mir darin zu liegen, daß »die Macht« – entgegen aller Orientierung an Systemtheorie – doch immer wieder identitätstheoretisch gedacht wird: als etwas, das abwandert und sogar auf Silizium gebrannt werden kann; das von Cliquen und Bünden okkupiert werden kann und so weiter.

Zweitens bleibt der Diskurs unentschieden zwischen der Behauptung, ganz ohne den angeblich antiquierten Menschen auszukommen, und dem Zwang, doch wieder Individuen (Gates, Berlusconi und Co.) und Organisationen (Microsoft und Co.) zu Herrschern zu stilisieren. Aber wo dann doch wieder Menschen vorkommen, sind es stets nur (ganz alteuropäisch) die Herrscher – nur die Machtunterworfenen sind auf Relaisstatus verkürzt. Was aber wäre die in die technischen Medien abgewanderte Macht ohne die ökonomisch und politisch nutzbare Ressource der Machtunterworfenen oder Beherrschten? Und wer brennt denn »die Macht« in Silizium, designt die Chips und entwirft die Programme und Architekturen, die den Herrschern den Thron sichern? Das Wissen im endlosen Möbiusband? Auch hier wird man gut daran tun, die oben vorgeschlagene Ausdifferenzierung von Wirkungsmöglichkeiten der Medien(komponenten) zu berücksichtigen und die verschiedenen Beziehungsverhältnisse zwischen Medien und Menschen ins Kalkül zu ziehen.

Man wird, so meine ich, in keinem Machtdiskurs weiterkommen, wenn nicht differenziert wird nach Typen/Formen von Macht, Machthabern und Machtunterworfenen, nach Mitteln und Formen der Machtausübung, Akzeptanz und Legitimation von Macht, Dispositiven und der Mikrophysik von Macht (Michel Foucault), nach intendierter, technischer oder struktureller Macht, nach empirisch benennbaren Machthabern (Aktanten, Eliten) vs. in Gang gesetzten Entscheidungen, deren Folgen auch über die Köpfe von Aktanten hinweggehen können, und nach Beobachtungen beziehungsweise Sinndeutungen solcher Entwicklungen. Wie schwierig solche Differenzierungen sind, zeigt ein Blick auf die immense Literatur zum Thema Medien und Macht[43] sowie zum Thema politische Kommunika-

43 Vgl. schon die umfangreiche Übersicht in Saxer 1983 sowie jüngst die Beiträge in Maresch und Werber (Hg.) 1999.

tion.[44] Und man wird nicht weiterkommen, wenn man nicht den Medienbegriff (wie oben angedeutet) ausdifferenziert, um dann im einzelnen untersuchen zu können, wo Macht(-haber, -gierige) ansetzen: bei der Kontrolle über die Technologien, deren Kenntnis den Nutzern vorenthalten wird, die auf Interface-Kontakt reduziert werden? Beim Einfluß auf Medienorganisationen? Bei der Verfügung über Kommunikationsmittel? Beim thematischen Agenda Setting der Medienangebote beziehungsweise Programme? Bei der Kaprizierung auf Kommunikationsqualitäten?

Bei solchen Differenzierungen wäre unter anderem folgendes zu berücksichtigen: Die Selektivität von Themen und die Systemspezifik ihrer Inszenierung ist in jedem Mediensystem unvermeidlich. Ebenso unvermeidlich scheint zu sein, daß durch die Übereinstimmung der Nachrichtenfaktoren in den verschiedenen Medien die Berichterstattung in der Regel erstaunlich konsonant ist – eine Konsonanz, die eine (gezielte) Selektivität im Wahrnehmungsverhalten der Nutzer unmöglich macht und damit eine starke *strukturelle Wirkung* der Medien konstituiert. Insofern ist M. Faßlers Diagnose zuzustimmen:

> »Funktion des Mediums ist es, Verhalten und Denken so zu steuern, zu integrieren oder auch den Entwurf von neuem zu ermöglichen, – diktatorisch und schöpferisch. Die unabweisbare Vermittlung weitet sich aus, je differenzierter soziale Systeme und je schwächer normativ gesetzte Kultur und Institution werden. Moderne *Struktur- und Massenmedien* sind aus diesem Grunde von Anbeginn mit Macht gepaart; sie sind *Integrations- und Herrschaftsinstrumente*« (1998, S. 327; Hervorhebungen im Original).

Erst eine gezielte und wiederholte spezifische Selektivität aber, die bewußt ganz bestimmte alternativ mögliche Selektionen vorenthält, um damit die Wirklichkeitskonstruktion der Nutzer von Medienangeboten gezielt zu beeinflussen, könnte unter manipulativen »Machtverdacht« gestellt werden, der sich bestätigt, wenn die intendierte Selektivität tatsächlich bei den Nutzern zum gewünschten Folgeverhalten führt. Dabei ist aber stets die Eigendynamik von Medienorganisationen (Stichwort: Selbstorganisation) ebenso zu berücksichtigen wie die relative Autonomie kognitiver Systeme. Hier interagieren nicht-triviale Ma-

44 Vgl. dazu Jarren, Sarcinelli und Saxer (Hg.) 1998.

schinen (im Sinne von Heinz von Foerster) miteinander und machen die Lage durch das Beobachterparadox kompliziert: *Nicht-Erwartbarkeit wird erwartbar.*[45] Daß solche Differenzierungen den Bau von stromlinienförmigen Supertheorien nicht gerade erleichtern, ist wahrscheinlich – und so gesehen üben (rhetorische) Komplexitätsreduktionen und Globalmetaphoriken eine durchaus verständliche Faszination aus.

Versteht man zum Beispiel unter ›Macht‹ die Möglichkeit, andere (bewußt oder unbewußt, mit oder gegen deren Willen) auf bestimmte kognitive, kommunikative und aktionale Selektionen und Strategien festzulegen und andere Optionen (notfalls mit Sanktionen oder Gewalt) auszuschließen beziehungsweise vorzuenthalten, dann könnte ein Nachdenken über Medien und Macht mit der Differenz Intentionalität vs. Strukturalität beginnen.[46]

Wie das Beispiel Berlusconi zeigen kann, eröffnet die Verfügungsgewalt über Fernsehkanäle die Möglichkeit, eine bestimmte Person (mit und ohne politisches Programm) als Amtsanwärter zu profilieren. Ob Berlusconi aber die Wahl gewonnen hat, weil er diese Verfügungsmacht über Fernsehkanäle und damit über Dauer und Stil seiner medialen Inszenierung(en) intensiv ausgenutzt hat, ist eine unbewiesene Hypothese – hat ihn doch dieselbe Macht nicht vor dem Sturz bewahrt. Schließlich ist bis heute nicht klar, *wie* genau Medien in Wahlkämpfen wirken.

Von *struktureller Medienmacht* wäre zu reden im Hinblick auf die heute unumgängliche Präsenz unterschiedlichster Medienangebote und Medienorganisationen, die Nutzungsmöglichkeiten anbieten und zugleich präformieren, die also – kurz gesagt – als Soziotechniken kognitiver wie kommunikativer Wirklichkeitskonstruktionen wirken.

Strukturelle Medienmacht ist nach den Überlegungen in Kapitel II, 6 vor allem festzumachen an den drei Medienkomponenten Kommunikationsinstrument, medientechnologisches Dispositiv und sozialsystemische Institutionalisierung; denn diese liegen allen Konstruktionsleistungen von Aktanten voraus

45 Diese plastische Formulierung verdanke ich Peter Michael Spangenberg.

46 Andererseits könnte man auch den Mediennutzern eine bestimmte Macht zusprechen, da sie eine gewisse Kontrolle über den ständigen Unsicherheitsbereich Mediennutzung ausüben.

und entziehen sich ihrer direkten Beeinflussung. Insofern sind die Beobachtungen der sogenannten Medientheoretiker, die sich auf solche Phänomene und Hintergründe beziehen, unbeschadet aller rhetorischen Zurüstungen sehr ernsthaft zu berücksichtigen.

Soweit man Entwicklungen struktureller Medienmacht überhaupt prognostisch absehen kann, werden vor allem Datennetze[47], Virtualisierungen (zum Beispiel Cyberspaces) und Multimedia-Combines unser privates und soziales Verhalten in der Zukunft beeinflussen.[48] Die Prognosen sind bekannt: Neben aktuale werden virtuelle Gemeinschaften treten – diese aber wohl kaum vollständig ersetzen. Solche Gemeinschaften sind variabel, zeitlich instabil und interessengebunden. Unklar ist bis heute, wie man mit psychischen, ethnischen aber auch juristischen Problemen solcher neuen Modi der Vergemeinschaftung umgeht (vgl. Faßler 1993) und ob sie eher mit Hilfe von Modellen von (Re-)Tribalisierung oder von Szenen/Milieus beschrieben werden sollten.

Angesichts der empirischen Unerforschtheit sowohl der Wirkung neuer Medien (speziell aller Virtualitätsmaschinen) als auch des Nutzerverhaltens sollte man sich vor zu gewagten Prognosen hüten. Zwar gibt es Indizien, daß das Nutzerverhalten von Netz-Usern eher über Sampling, Hybridisierung, Zerstreuung, Faszination und distanzloses Agieren in künstlichen Wirklichkeiten laufen wird als über kritische Distanznahme – aber diese fiel schließlich auch den meisten Usern alter Medien schwer, und keiner weiß, wie Menschen reagieren werden, wenn ihr künftiges Nutzerverhalten beobachtbar und damit differenzfähig (und somit als kontingent beobachtbar) geworden ist.

Einigkeit besteht eigentlich nur darüber, daß sich die zentralen Probleme an den *Schnittstellen* zwischen den Welten und Systemen stellen (werden) – sei es bei der Automatisierung der

47 Vgl. dazu die Beiträge in Neverla (Hg.) 1998.

48 Zu Risiken und Chancen von Multimedia vgl. die Übersicht über die neuesten Veröffentlichungen in den *Bertelsmann Briefen*, Heft 135, 1996, S. 52-55. – Zu Interaktivität und Hypertextualität im WWW vgl. Sandbothe 1998. Zu den kommunikationswissenschaftlichen Aspekten des »Netz-Mediums« vgl. die Beiträge in Neverla (Hg.) 1998. – Zum Problem Demokratie und Internet vgl. die Beiträge in Gellner und von Korff (Hg.) 1998 sowie Sfez 1999.

Interfaces oder bei der Regelung und Interpretation von Entry-Reentry-Prozessen. Will man also nicht von vornherein immer schon genau Bescheid gewußt haben, sollte man sich seine generellen Prognosen genau überlegen. Ganz sicher gibt es eine strukturelle Macht der Mediendispositive – von den Produktions- bis zu den Nutzungsbedingungen und -constraints –, deren wir uns oft erst mühsam und im nachhinein bewußt werden, zumal sie nicht (zumindest nicht so) geplant werden konnte. Wer immer sich zutraut, Prognosen über globale Prozesse abzugeben, sollte sich durch von Foersters Unterscheidung zwischen trivialen und nicht-trivialen Maschinen warnen lassen. Bewußtseins-, Medien- und Virtualitätsmaschinen sind allesamt nicht-triviale Maschinen, die in ihren Interaktionen unvermeidlich Paradoxien erzeugen. Statt Hypermanipulationsszenarien sind vorprogrammierte Nicht-Erwartbarkeiten erwartbar. Wir beobachten Medieneffekte ja an anderen, und das kann alles wiederum beobachtet werden.

Im Unterschied zu den bisher angestellten Überlegungen zu einer strukturellen Medienmacht konzentriert sich Friedrich Kittler vor allem auf eine einzige Komponente des Medienkonzepts, nämlich auf die »Macht der Technik«. Für ihn ist es ausgemacht, daß die Software nur dazu da ist, Menschen zu Untertanen der Microsoft Corporation zu machen; sie müssen sich mit dem Bildschirm begnügen und werden an die Hardware gar nicht herangelassen. Die Differenz Hardware/Software wird bei Kittler gleichgesetzt mit der Differenz geheim/öffentlich, und diese Differenz begründet das Machtgefälle, das denjenigen zum Machthaber macht, der über ihre Zugangsbedingungen entscheidet (Kittler 1993) – wie sonderbar: doch wieder Menschen unten wie oben?

Gegen diese Position ist schwer etwas einzuwenden.[49] Schon immer haben Machthaber die Verfügung über Medien und den Zugang zu relevantem Wissen zu kontrollieren versucht. Auch diesmal wird es wieder darauf ankommen, ob es zur Monopolisierung der Verfügung über die Technik kommt oder ob auch hier Konkurrenz und Differenzierung einsetzen werden. Und auch hier wird sich zeigen, wie sich die alte Kluft zwischen

49 Es sei denn, sie behauptet oder impliziert, die Macht liege »im Medium« (siehe oben: »in Silizium gebrannt«). Ohne Machtinteressenten kommt sie »nicht rein/nicht raus« – oder ist das noch Gutenberg-galaxal gedacht?

Wissenszwergen und Wissensriesen unter Netz- und Interaktionsbedingungen materialisieren wird.

Im Vergleich zu den gewagten medienphilosophischen Thesen wirken die soziologischen und politologischen Mainstream-Diskurse zum Thema Medien und Politik eher nüchtern.[50] In seiner Darstellung dieses Diskurses hat etwa M. Stöckler (1992) drei Hauptpositionen ausgemacht, die im wesentlichen bis heute vertreten werden:

- Die Medien gewinnen die Übermacht über das politische System und tragen zur Unregierbarkeit der Gesellschaft bei.
- Unter dem Einfluß der Politik schwindet die Autonomie der Medien.
- Das Politiksystem und das Mediensystem wachsen zu einem neuen Supersystem zusammen, das jedoch nicht legitimiert ist und unabsehbare Auswirkungen auf die Demokratie haben kann. Die gesellschaftlichen Voraussetzungen für diese Entwicklung liegen in einer von Datenverarbeitungstechnologien bestimmten »Informationsgesellschaft«.

Die *Übermachtthese* wird vor allem von E. Noelle-Neumann, H. Oberreuter und H. M. Kepplinger vertreten[51], die »den Medien« ein enormes Wirkungspotential zutrauen und ihnen die Funktion zuweisen, in der hohen Komplexität der Gesellschaft bestimmte Meinungen als vorherrschend oder sich durchsetzend erkennbar werden zu lassen.

Die These vom *Autonomieverlust* des Massenkommunikationssystems gegenüber dem politischen System ist vor allem von H. Schatz begründet worden. Er sieht einen beträchtlichen Positionsverlust der audiovisuellen Medien gegenüber den etablierten Parteien und dem Staatsapparat, die ordnungs-, personal-, finanz-, organisations- und programmpolitisch die Medien zu beeinflussen versuchen. Hinzu komme die wachsende Abhängigkeit der Medien von neuen technisch-ökonomischen Entwicklungen, die Selbstkommerzialisierung der öffentlich-rechtlichen Anstalten in der Konkurrenz mit den Privaten sowie die wachsende Öffentlichkeitsarbeit von Regierung und

50 Zum neuesten Stand der publizistik- und kommunikationswissenschaftlichen Diskussion vgl. Jarren, Sarcinelli und Saxer (Hg.) 1998.

51 Bibliographische Nachweise finden sich in großer Zahl in Stöcklers Arbeit. – Bolz formuliert: »Das Schicksal der Politiker liegt in den Händen der Mediendesigner« (1996, S. 84).

Verwaltung, von Parlamenten und Parteien, die inzwischen sowohl die Kontrolle über die Themen als auch über das Timing der Medienberichterstattung übernommen hätten.

Die von Stöckler selbst vertretene *Supersystem*-These postuliert, daß die Beziehungen zwischen beiden Systemen mittlerweile derart verflochten sind, daß man von einer »Symbiose« sprechen kann, die dabei ist, sich zu einem »Supersystem« zu verselbständigen, wobei diese Entwicklung maßgeblich von den neuen IuK-Techniken begünstigt wird, die eine zunehmende Vernetzung gesellschaftlicher Teilsysteme fördern und Grenzen zwischen Systemen verwischen. Der Komplexitätsgrad der neuen Netzwerke ist dabei so hoch, daß sich neue Funktionsstrukturen zu seiner Bewältigung herausbilden (müssen).

Stöckler geht aus von der von vielen Soziologen und Politologen konstatierten Mediatisierung der Politik, und zwar für den Bürger wie für den Politiker. Beide nehmen – wie U. Sarcinelli formuliert – politisches Geschehen in Form »medialer Realitätskonstruktion« wahr. Die Mediatisierung der Politik resultiert einerseits aus dem verstärkt drohenden Legitimationsentzug und der geringer werdenden Basisbindung der Politiker; sie resultiert andererseits aus einer Verlagerung professioneller journalistischer Kompetenz in den politischen Bereich dadurch, daß Politikvermittlung zunehmend von Medienprofis geleistet wird.

Der steigende Bedarf nach symbolischer Politik und enge strukturelle Arbeitsteilung führen daher im Zuge einer »tendenziellen Verschmelzung der beiden Subsysteme Politik und Medien« zu einem politisch-technokratischen Supersystem, in dem eine professionelle Macht- und Medienelite täglich aufs neue demokratische Herrschaft inszeniert. Diese politische Technostruktur koppelt sich von den traditionellen Kontrollinstanzen ab und beginnt sich zu verselbständigen. Zugleich wird das Supersystem »introvertierter«, womit Stöckler wohl auf zunehmende Selbstreferenz zum Zweck der Bewältigung von Umweltkomplexität verweist, die sich in folgenden Entwicklungen dokumentiert:

- das Ritual der Politiker-Politik entfaltet ein Eigenleben zwischen professionellen Politikern und Medienmachern, das sich immer mehr vom Alltag der Wähler entfernt;
- die Bereitschaft der Politiker nimmt zu, speziell auf Hinweise

in der Politikberichterstattung zu achten und die Relevanz politischer Ereignisse zu überschätzen, während sie für die Mehrheit der Bevölkerung immer marginaler wird;

- politische Parteien werden zunehmend von Polit-Medienstars und Polit-Medieneliten bestimmt, die traditionelle Führungseliten aushebeln (Beispiel Gerhard Schröder);
- über die gesellschaftliche Umwelt, mit der das Supersystem nur noch intermediär in Verbindung steht, informiert es sich mit Hilfe politischer Meinungsforschung, die den Abschluß des Systems von der Umwelt vervollständigt.

Welche Auswirkungen diese Entwicklung auf die politische Kultur wie auf die Demokratie haben wird, ist heute noch nicht abzusehen. Ob ordnungs- und steuerungspolitische Überlegungen und Modelle in Richtung auf »kommunikative Demokratie« realisierbar sind, kann heute niemand genau einschätzen. Daß Stöckler seine Hoffnung übrigens vor allem auf Printmedien setzt, scheint mir bezeichnend zu sein – in vielerlei Hinsicht.

Eine eher medientheoretisch orientierte Analyse des Zusammenhangs von Medien und Politik ohne Verabsolutierung der Medien haben Th. Meyer und R. Ontrup (1998) vorgelegt. Im Sinne der oben vorgeschlagenen Unterscheidungen trennen sie zwischen Medieninhalten und den Umwelten, die Medien schaffen und in denen Medienbenutzer in gewisser Weise zu Inhalten werden:

»Der Verbund elektronischer Kommunikationstechniken mit dem Leitmedium Fernsehen errichtet eine ›elektronische Bühne‹, die eine unumgehbare Vorstruktur bildet sowohl für das Verhalten derjenigen, die auf ihr auftreten müssen, um gesellschaftlich präsent zu sein, als auch für diejenigen, die Gestaltungs- und Präsentationsaufgaben haben. So wird eine Kommunikationsumwelt geschaffen, in die potentiell alle anderen Repräsentationsformen, Darstellungskonventionen, Kommunikationsstrategien und Selbstdarstellungen integriert werden können. Innerhalb der damit umrissenen Rahmenbedingungen ist die Inszenierung des Politischen durch eine wechselnde, komplexe Verschaltung verschiedener Teilrahmen geprägt, die spezifische Formen der Theatralität entwickeln und sich dabei gegenseitig beeinflussen und verstärken« (1998, S. 528).

Dargestellte politische Handlungen und Reden, Versammlungsrituale und die Selbstinszenierung politischer Repräsentanten sind dabei insofern strukturell von den Medien bestimmt, als sie im Hinblick auf die mögliche mediale Präsentation und Rezeption entworfen und realisiert werden. Eine Unterscheidung zwischen genuinen und mediatisierten, originalen und inszenierten Ereignissen wird dadurch schlicht obsolet; denn politisches Handeln findet inzwischen vorwiegend in der Kommunikationsumgebung von Medien in, für und durch Medien statt. »Die Bühne für politische Inszenierungen wird durch die *Geschwindigkeit, Ortsunabhängigkeit, Kontinuität und Informationsdichte* ihrer technischen Erweiterungen bestimmt« (ebd., S. 529; Hervorhebung im Original). Dabei wird der mediale Handlungsraum der Politik auf die Sinne der Zuschauer und auf den Körper des Politikers, der ständig beobachtet und interpretiert wird, zugerüstet – fast noch mehr als auf das, was er verlautbart.

Dabei ist – entsprechend der schon von M. Edelmann erkannten generellen Strategie des Journalismus – die öffentliche Darstellung der Politik gekennzeichnet durch ein Wechselspiel von Beunruhigung und Beruhigung. Auch das ausgeprägte Interesse der sogenannten Massenmedien an politischen Regelverstößen und Normverletzungen läßt sich dadurch erklären, daß die behauptete Moral den Skandal braucht, um sich zu regenerieren (ebd., S. 533).

Aber nicht nur die Darstellung der Politik folgt den Regeln der Medien; auch die »Substanz der Politik« ändert sich in den Rückkopplungsschleifen zwischen Medien und Politik. Während auf der einen Seite Entscheidungsstrukturen in andere Teilbereiche der Gesellschaft verlagert werden, erscheinen politische Protagonisten so häufig und in solchen Situationen in den Medien, daß es scheint, als hätten sie die Entscheidungen (noch) in der Hand. Nimmt man noch die Tatsache hinzu, daß Informationen immer schneller und global transportiert werden können, dann erzeugt sich ein Inszenierungsdruck, auf den immer rascher mit Entscheidungen und Aktionen reagiert werden muß. »Schon deshalb muß der mediale Schein Vorrang vor dem Tun haben, der Auftritt wichtiger werden als die Handlung, und auch die Unterlassung kann zur Handlung werden« (ebd.).

Trotzdem darf meines Erachtens nicht übersehen werden, daß das politische System (noch) als eigenständiges Sozialsystem besteht, bestimmt durch eine Verfassung, durch Recht und Gesetze, durch Institutionen und eine politische Kultur. Die politische Nutzung der Medien folgt immer noch dem politischen Code, der allerdings eine immer intensivere Synthese mit dem medial-ästhetischen Code eingehen muß, ohne aber darin aufzugehen – soll das politische System erhalten bleiben.

Politik, so läßt sich schließen, wird fernseh- (beziehungsweise allgemein: medien-)gerecht, aber sie bleibt fernsehgerechte *Politik* – sonst wären auch die Medien nicht mehr an ihr interessiert. Und solange sie Politik bleibt, geht es um Lösung *politischer* Probleme – mit welchen Ergebnissen auch immer.

8.4 Medien und Wirtschaft

> »In der Interaktion zwischen Medien und Ökonomie bleiben ethische oder normative Ansprüche unberücksichtigt ...«
> G. Siegert

Schon im vorigen Abschnitt ist sehr deutlich geworden, daß eine randscharfe Trennung zwischen Medien, Technik, Macht, Recht und Wirtschaft unmöglich ist. Das wird exemplarisch deutlich an den Beiträgen zu dem von C. Mast edierten Tagungsband der Deutschen Gesellschaft für Publizistik- und Kommunikationswissenschaft 1995 *Markt – Macht – Medien* (1996), der folgende Rubriken aufweist:

- Rahmenbedingungen: Ökonomie, Technik, Politik, Recht
- Zukunft Multimedia – Euphorie und Skepsis
- Publizistische Entscheidungsprozesse zwischen Ethik und Markt
- Alternativen zum Markt: Non-Profit-Medien und Nutzer-Initiativen
- Frauen und Medien zwischen Autonomie und Vermarktung.

Die verschiedenen Beiträge zeigen sehr klar, daß weder von ökonomischer noch von publizistischer oder medienwissenschaftlicher Seite eine auch nur annähernd vergleichbare Sicht auf die Beziehungen zwischen Markt und Medien entwickelt worden ist. Vielmehr reicht auch hier die Palette von Verschwörungstheorien bis zu Modellierungen von Medien und Ökonomie als streng getrennten selbstreferentiellen Systemen.[52]

52 Diese Position vertritt im Tagungsband etwa Siegert 1996.

Viele Autoren stellen sich die Frage, ob »die Macht« nicht längst schon aus dem politischen System in die Wirtschaft ausgewandert ist. So ventilieren etwa F. Rückenhaus (1993) oder J. Tropp (1997) die These, das moderne Fernsehsystem sei nach dem Ende des öffentlich-rechtlichen Protektionismus zu einem intrinsischen Teil des Wirtschaftssystems geworden. Das bedeutet ihres Erachtens: Ökonomische Macht wird zur Verfügungsmacht über »die Medien« und determiniert die Optionen der Nutzer.[53] Diese These scheint – zumindest intuitiv – von vielen geteilt zu werden; denn im Vordergrund des öffentlichen wie des wissenschaftlichen Interesses stehen wohl nicht zufällig die großen Medienkonzerne, deren Konzentrations- und Programmpolitik sowie die Möglichkeiten einer gezielten Medienpolitik. Die im Diskurs entworfenen Szenarien lassen aber angesichts mangelnder Prognosemöglichkeiten meist mehr Einblick in die politischen Überzeugungen und wissenschaftstheoretischen Orientierungen ihrer Verfasser zu, als daß sie verläßliche Orientierungen an die Hand gäben.

Einen zweiten Schwerpunkt in der Diskussion über Markt und Medien bildet die *Werbung*. Aufklärerischen Kulturkritikern erscheint sie als der Sündenfall der Moderne schlechthin, insofern sie die Menschen entmündigt und zu *economic animals* degradiert. Affirmativen Medienphilosophen wie Bolz dagegen erscheint Werbung als »die schlüssigste Selbstbeschreibung unserer Kultur« (1996, S. 77). Für Bolz ist Öffentlichkeit heute Werbeöffentlichkeit. Die Bilderwelt der Werbung erscheint ihm »bewußtseinskonformer und optisch präziser als die Realität« (ebd., S. 78). Nach dem für Bolz längst schon vollzogenen Übergang von der Bewußtseinsindustrie zur Wirklichkeitsindustrie ist kritisches Raisonnement zur aufklärerischen Fiktion verkommen. »Massenmedien dienen entweder dem Information Processing oder dem Marketing. Tertium non datur!« (ebd., S. 81).

Zieht man von diesem Statusbericht die rhetorischen Übertreibungen einmal ab, so wird man bei der heute gut zu bestätigenden Auffassung ankommen, daß angesichts der hohen Umsätze der Werbewirtschaft, angesichts der finanziellen Abhängigkeit aller Medien von Werbeeinnahmen, angesichts ständig

53 Diese Entwicklung beginnt nicht erst mit dem Fernsehen. Die Presse war schon lange vorher ökonomisch abhängig.

neuer Werbesonderformen und der dadurch insgesamt bewirkten unbestreitbaren massiven Einflußnahmen der Werbung auf das Programm von einer »Kommerzialisierung medienvermittelter Kommunikation« gesprochen werden kann.[54] Viele Studien haben gezeigt, wie sehr heute etwa das Fernsehprogramm zum Umfeld für Werbesendungen geworden ist – zu einem Umfeld, das sich auch in der Konzentration der Programmgestaltung auf Kommunikationsqualitäten den ökonomischen Interessen der Financiers anpaßt.

Aber allen Advo-, Info- oder Confrontainment-Tendenzen zum Trotz gibt es in fast allen TV-Anstalten Informationsangebote, die offenbar auch als solche und nicht zur bloßen Resonanzverstärkung von Werbebotschaften genutzt werden. Je mehr die Kanäle sich zu Spartenkanälen wandeln, desto weniger ersetzt Quote das Programm, wie F. Rückenhaus behauptet – und schließlich kann man auch mit Programm Quote machen!

Überdies gibt es auch (noch) Non-profit-Medien und (immer noch) Ansätze zu einem »Fernsehen der dritten Art«, ausgezeichnet durch »Pluralität der Positionen, die Überschaubarkeit von in kleinen, selbstverantwortlichen Netzen arbeitenden Produzentengruppen, die Differenzierung von Wirkungsansprüchen und Diversität der benutzten Niveaus, eine radikale Skepsis gegen die global formalisierte und standardisierte Medienöffentlichkeit und [...] ein hochentwickeltes, spezifiziertes Zeichen- und Produktionsbewußtsein« (Reck 1994, S. 11).[55] Damit werden nicht etwa die medienromantischen Hoffnungen der linken Szene der sechziger und siebziger Jahre revitalisiert, »die Gesellschaft« durch bessere Fernsehprogramme verändern zu können. Wohl aber wird an den Möglichkeiten und Chancen unabhängiger Mediennutzungen festgehalten und Ausdifferenzierung gegen Entdifferenzierung favorisiert.

Die gelegentlich vorgetragene Behauptung, die Differenzierung zwischen den Sozialsystemen Politik, Wirtschaft und Massenmedien stehe unmittelbar vor der Auflösung, ist heute mit Daten konfrontierbar, die in eine andere Richtung weisen. Wahrscheinlicher ist meines Erachtens, daß diese Systeme sich

54 Vgl. dazu unten, Kapitel II, 12, sowie Schmidt und Spieß (Hg.) 1995, Schmidt und Spieß 1996.

55 Zu Positionen und Erscheinungsformen des »Fernsehens der dritten Art« vgl. die Darstellungen in Reck (Hg.) 1994.

unter dem Druck der IuK-Technologien intern umstrukturieren, neue Formen der Verarbeitung von Umweltkomplexität erarbeiten, ihre Selbstdarstellung wie ihre Selbstbeobachtung umstellen und damit für alle Aktanten im eigenen System und in interagierenden Systemen neue Interaktions- und Kommunikationsmöglichkeiten eröffnen. Noch sehe ich keine triftigen Anzeichen dieser universellen gesellschaftlichen Entdifferenzierung, in der Funktionssysteme spurlos in reinen Datenströmen verschwinden – und wenn: wer wäre dann noch da, um das zu beobachten? Und wenn kein Beobachter da ist, dann spricht auch keiner von Wirklichkeit, Macht, Medien und Geld.

Auf den Themenbereich Medien und Recht war oben bereits verwiesen worden. Ein zweiter hier einschlägiger Themenbereich ist der des Zusammenhangs (oder bereits: der Trennbarkeit) von Werbung, Public Relations und Journalismus.[56] Auch hier sprechen Kritiker schon von einer Kolonialisierung des Journalismus durch PR und Werbung, sehen Pessimisten die letzte Bastion authentischer und kritischer Berichterstattung fast geschleift. Aber auch hier dürfte die systemtheoretische Einsicht gelten, daß soziale Systeme nur dann ihre Funktionsfähigkeit behalten, wenn sie ihre Grenzen in erkennbarer Weise aufrechterhalten und dadurch die Interaktionen mit ihren Umwelten systemspezifisch kontrollieren können. Sowenig das Werbesystem in den achtziger Jahren – allen Unkenrufen zum Trotz – etwa mit dem Kunstsystem fusioniert hat[57], so unplausibel wäre heute eine Fusion mit dem Journalismussystem oder der PR. Denn wenn sich das Werbesystem für seine öffentlichen Maßnahmen (Kampagnen) überhaupt Wirkung (über Aufmerksamkeitsmanagement) erwarten kann, dann gerade durch eine funktionierende, verläßliche Differenz zu journalistischen Aktivitäten einerseits, zu PR-Kampagnen andererseits. Sicher ist heute zu beobachten, daß die genannten Bereiche dazu tendieren, Strategien der jeweils anderen Seite zu adaptieren und organisatorische Zuständigkeiten auch für andere Bereiche an sich zu ziehen. Aber beim absehbaren Stand der Dinge wären Fusionen erkennbar kontraproduktiv. Auch der Journalismus lebt ja von erkennbaren Differenzen, nicht nur zu PR und Wer-

56 Vgl. dazu zusammenfassend die Studie von Becker 1998 oder Kückelhaus 1998.

57 Vgl. dazu Schmidt und Spieß (Hg.) 1995.

bung, sondern auch zu Wissenschaft und Literatur. Und eine PR, die umstandslos in Werbung aufginge, verlöre ihre spezifische Funktion.

Eine konstruktivistische Bearbeitung des Themenbereichs Medien und Wirtschaft wird auch auf den Themenkomplex eingehen müssen, der vor allem in den USA unter dem Stichwort *Consumer Culture* intensiv diskutiert wird. Denn die in den einschlägigen Theorien beschriebene Aufhebung der Grenzen zwischen *high* und *low culture* sowie die Globalisierung und Mediatisierung aller kulturellen Phänomene sind nicht zu denken ohne die globalen symbolischen Instrumente, die der Markt über Marken und Güter zur (pseudo)individuellen Identitätsbildung anbietet. Die Wirtschaft informiert die Verbraucher über das Interface Werbung weltweit über die Möglichkeiten, Konsum als Ersatzangebot für Orientierungsmuster und Orientierungsstrategien zu nutzen. Die Übertreibung, MTV als mächtiger einzuschätzen als den Vatikan, dürfte nicht allzu hoch sein, wenn man das Verhalten der Techno-Generation oder die Umsätze der Fanartikel-Abteilungen von Bayern München und Borussia Dortmund betrachtet.

8.5 Medien und Kunst[58]

> »Eines Tages werden die Künstler mit den elektronischen Medien arbeiten, wie sie es heute mit Pinsel, Violine und Abfällen tun.«
> N.J. Paik (1965)

> »Nicht mehr die Koexistenz verschiedener Welten – es geht um das gleichzeitige Existieren in verschiedenen Welten.«
> M. Huemer

Gerade bei der Behandlung des Themenbereichs Medien und Kunst wird besonders deutlich, warum eine Systemorientierung der Beobachtung sowie eine konstruktivistische Perspektivie-

58 Der Grund, warum in diesem Buch in zwei verschiedenen Kapiteln über Kunst gesprochen wird, liegt darin, daß an dieser Stelle über die spezifischen Probleme von *Medien*kunst nachgedacht wird, während es in Kapitel III um grundlegende kunsttheoretische Fragen geht.

rung der Beobachtung in Richtung »kommunikative Inszenierung von Wirklichkeiten« ergiebig sein können. Dabei betrifft Systemorientierung zwei Aspekte, nämlich einerseits die Orientierung auf das Sozialsystem Kunst unter der Doppelperspektive Kunst als Sozialsystem vs. Kunst als Symbolsystem sowie die Orientierung auf Entwicklungen in der Umwelt des Kunstsystems.

Die Formen heute praktizierter »Medienkunst« basieren notwendigerweise auf Entwicklungen moderner Kunst seit Beginn des 20. Jahrhunderts, die unter die Überschrift gebracht werden können: von der Wirklichkeitsdarstellung zur Wirklichkeitserzeugung, von der Interpretation zur Interaktion, vom Objekt zum Echtzeitereignis, von Sinnsuche zum interaktiven Erlebnis, von Präsenz zu Dislokation. Heutige Medienkunst basiert auf den Erfahrungen des Kunstsystems mit den Materialitäten der Kommunikation (Konkrete Kunst, Pop Art), mit Konzeptualisierungen (Concept Art, Minimal Art), mit Dynamisierungen (Happening, Fluxus, Event); sie basiert auf Versuchen, den passiven Rezipienten zum Ko-Produzenten zu wandeln (Kubismus, Konkrete Poesie, experimentelle Literatur), Gattungsgrenzen zu überschreiten und Medien zu integrieren (Multimedia, Gesamtkunstwerktendenzen).

Heutige Medienkunst[59] basiert daneben auf Versuchen der modernen Kunst, ihr Verhältnis zu Wissenschaft und Technik, das traditionell eher gestört war, neu zu definieren und produktive Systemadaptationen zu erproben (zum Beispiel seit der sogenannten Computerkunst). Voraussetzung dafür war eine Umcodierung des traditionellen Werk- wie des Autorbegriffs sowie die endgültige Abkehr von jeglicher Normativität des Kunstverständnisses bis hin zur Infragestellung von Kunst überhaupt (allerdings im Rahmen des Kunstsystems).

Und schließlich basiert heutige Medienkunst auf den gesellschaftlichen Entwicklungen, die als »Postmodernisierung« diskutiert werden.[60] Ohne an dieser Stelle auf die Problematik

59 Friedrich Kittler merkt grundsätzlich kritisch an, daß Künstler dem Normengeflecht der Medien gegenüber immer zu spät kommen. Sein Fazit lautet: »Es gibt also keine Medienkunst, sondern nur eine Kunst der Medien, die Umwelt mit ihren Normen zu überziehen« (1998, S. 262).

60 Huemer spricht von der »Tatsache, daß die jetzige Medienkunst eine Reaktion auf die Postmoderne ist« (1999, S. 283).

dieses Konzepts eingehen zu können[61], seien hier nur folgende Charakteristika der sogenannten Postmoderne als relevante Kontextmerkmale für die gegenwärtige Medienkunst benannt: Radikalisierung unserer Erfahrungen und Erlebnisse mit und von Kontingenz; Temporalisierung und Pluralismus; die wachsende Einsicht in die Konstruktivität unseres Umgangs mit Umwelten; die Endgültigkeit der Vorläufigkeit in allen Bereichen der Wert- und Sinnorientierung sowie die sogenannte Ästhetisierung des Alltagslebens, die genauer als Medienkulturalisierung bezeichnet werden sollte – auch wenn sie vielen oberflächlich als Verhübschung des Alltags auf Designerniveau erscheint, auf die dann wieder Trash-Ästhetik nach dem Mechanismus des Ausnutzens von Differenzpotentialen antwortet.

Unter solchen gewandelten Mentalitätsbedingungen müssen individuelle wie soziale Probleme in allen Bereichen ständig neu reflektiert und bewertet werden, muß vor allem auch eine neue Semantik für sie gefunden werden, was etwa an den Arbeiten vieler Video-Künstler besonders deutlich wird (U. Rosenbach, P. Rist, B. Viola, J. Shaw, N. J. Paik, B. Naumann und andere), die heute als Vertreter einer Medienkunst mit zum Teil aktionistischer Körperzentriertheit angesehen werden.

Gerade am Thema Video-Kunst ist deutlich geworden, daß die Hoffnungen ihrer frühen Vertreter, wegen der leichten technischen Adaptierbarkeit ihrer Video-Arbeiten in relevantem Umfang vom Fernsehen berücksichtigt zu werden, nicht in Erfüllung gegangen sind. So intensiv sich die Video-Kunst mit dem Fernsehen auseinandergesetzt hat, so konsequent hat das Fernsehen Video-Kunst ignoriert[62] – und nicht nur diese, sondern Kunst insgesamt, die nie über abgelegene Nischen-Sendeplätze hinausgekommen ist.

Was heute als *Medienkunst* bezeichnet wird, entzieht sich einer präzisen Definition ebenso erfolgreich wie einer normativen Phänomenologie. Die Tendenzen solcher Bemühungen lassen sich aber vielleicht mit folgendem Zitat von C. W. Thomsen verdeutlichen. Er schlägt vor,

61 Ein eigenes Konzept von Postmoderne findet sich in Schmidt und Spieß 1996.

62 Im nachhinein erscheint diese Entwicklung als ein für die Video-Kunst sehr erfolgreiches Scheitern.

»[…] ›Medienkunst‹ als Sammelbegriff für Künste zu benutzen, die elektronische und digitale Steuer- und Kommunikationsmedien dominant verenden, mit ihrer Hilfe, in und aus ihnen heraus generiert werden, untereinander visuell, akustisch oder auch darstellend variiert werden können. In ihnen werden an mediale Vermittlung gebundene Wahrnehmungsweisen künstlerisch reflektiert, gebrochen, verändert, erweitert. Hybridisierungen mit traditionellen künstlerischen Darstellungsweisen sind dabei an der Tagesordnung« (1996, S. 8).

Eine eingehende Analyse medienkünstlerischer Prozesse sollte folgende Hypothesen überprüfen. Medienkunst

- thematisiert an mediale Vermittlung gebundene Wahrnehmungsmodi;
- problematisiert den Gesamtbestand traditioneller Kunst(markt)kategorien, vor allem Kategorien wie Dauerhaftigkeit, Einmaligkeit, Speicherbarkeit, Originalität, Werk, Autor, Kreativität;
- stellt Nutzer, Sammler und Vermittler vor ganz neue Wartungs-, Vermarktungs- und Musealisierungsprobleme;
- favorisiert Tendenzen und Strategien der Hybridisierung[63] und Dynamisierung bei der Produktion und Rezeption ebenso wie bei der »Werkkonzeption«;
- baut vor allem auf Interaktivität[64];
- experimentiert mit allen Möglichkeiten der Virtualisierung, wie sie Virtual Realities und Cyberspaces bieten.

Legt man den in Kapitel II,6 vorgeschlagenen Medienbegriff zugrunde, dann kann Medienkunst auch so bestimmt werden, daß in allen vier Konzeptdimensionen Sollbruchstellen durchexerziert und veröffentlicht werden: Wo liegen die Grenzen sei es reduktiver oder hybridisierender Nutzung von Kommunikationsinstrumenten? Welche Verwendungspotentiale geben me-

63 Zum Thema Hybridisierung vgl. die Beiträge in Schneider und Thomsen (Hg.) 1997.

64 Stellvertretend sei ein Zitat von Roy Ascott genannt: »Als Künstler befassen wir uns mit Ungewißheit und Mehrdeutigkeit, Diskontinuität, Fließen und Strömen. Unsere Werte sind relativ, unsere Kultur ist pluralistisch, unsere Bildwelten und Formen sind flüchtig. Wenn es Interaktionsprozesse zwischen Menschen sind, die Bedeutung und damit Kultur hervorbringen, dann sollten wir uns jener Systeme bedienen, die die Interaktion erleichtern und erweitern, um zu vielfältigeren Kulturen und Bedeutungen zu gelangen. Genau das ist das Potential telematischer Systeme« (zitiert nach Thomsen 1996, S. 33).

dientechnische Dispositive her? Wo liegen die Belastbarkeiten sozialsystemischer Institutionalisierung? Wie weit lassen sich Medienangebote materialisieren und dematerialisieren?

Im Nach-Verfolgen solcher Fragen kommt Medienkunst der Beobachtung unserer blinden Flecken beim/im Mediengebrauch sehr nahe – vielen zu nahe.

Wie üblich ist der Diskurs der Künstler wie der wissenschaftlichen Beobachter im Bereich Medienkunst sehr uneinheitlich. Technophantasien und Trivialisierungsverdacht liegen oft dicht beieinander. Roy Ascott zum Beispiel predigt die Vision, daß telematische Kunst (also jede Kunst, die computergestützte Systeme und elektronische Medien jedweder Art integriert), Konnektivismus, Nanotechnologie und Robotik zu einer Neudefinition unseres Lebens im natürlichen Raum, zu einer Wiederherstellung einer natürlichen Materialität (der sogenannten Natur II) führen werden. Damit wird auch die Persönlichkeit allmählich verändert, da die Schnittstelle zwischen Mensch und Umwelt zunehmend digitalisiert wird.

Ascott sieht Vernetzungsmöglichkeiten nicht etwa als Homogenisierung und Neutralisation kultureller, regionaler und individueller Unterschiede, sondern bewertet sie als Chance, neue Realitäten zu konstruieren und in die Realitäten anderer einzudringen, so daß »eine gegenseitige Durchdringung von parallelen Universen des Diskurses« möglich wird. Er zieht die Entwicklungslinien bewußt in Richtung Metaphysik, Mystizismus und Mythologie aus, wenn er feststellt: »Kurz gesagt, die Vernetzung der Computer gibt die Antwort auf unser tiefes psychologisches Verlangen nach Transzendenz – das Immaterielle, das Spirituelle zu erreichen –, den Wunsch, außerhalb des Körpers zu sein, des Geistes, die Grenzen von Raum und Zeit zu überwinden, eine Art bio-technologische Theologie« (1989, S. 102f.).

Auch Peter Weibel verfolgt das Ziel, der Kunst einen neuen »transhistorischen Diskurs« zu geben und sie – um ihre Autonomie zu erhalten – bis zur Unkenntlichkeit umzuformen, ja notfalls zu verlassen: »der Ausstieg aus der Kunst als höchste Form der Kunst« (1989, S. 75).[65] Für Weibel (1999) geht es in

65 Aber die Hintertür bleibt offen: »Klarerweise muß man sich diese Möglichkeit vorbehalten, auch wieder einzusteigen« (Weibel 1999, S. 189).

und mit der Kunst im Cyberspace um eine Befreiung *vom* Körper (»freies Hirn im Cyberspace«), um einen frei konstruierbaren Körper – was für ihn identisch ist mit dem Ausbruch aus dem Jetzt und Hier, mit dem Siegeszug der Fernkommunikation, ob in der Ökonomie oder in der Sexualität. »Kann ich endlich einmal meine physische Präsenz über Bord werfen?« fragt auch M. Huemer und betont: »Ich brauch' mein Knie nicht, ich brauch' es wirklich nicht« (1999, S. 285).

Aktuelle Medienkunst, die Weibel durchaus noch als in den Kinderschuhen steckend betrachtet, muß in Richtung Online und Interaktivität entwickelt werden, wobei subjektive Produzenten immer mehr in den Hintergrund treten. Daneben aber mutet Weibel der Medienkunst durchaus auch kritische Aufgaben zu. »Sie muß Medienkritik mit Sozialkritik verbinden und durchschaubar machen, wie die Medien Wirklichkeit konstruieren« (1999, S. 189).

Sollen solche und vergleichbare Diskurse über bloße Deklarationen hinauskommen, dann wird man – wieder einmal – Grundbegriffe klären müssen. Und dabei steht im Falle der Virtualisierungsdebatte der Wirklichkeitsbegriff obenan. Nur dann lassen sich Modi der Wirklichkeitskonstruktion und der referentiellen Beziehung auf solche Konstrukte unterscheiden von Simulationen, Fiktionen und der technischen Erzeugung virtueller »Wirklichkeiten«. Erst bei einer neu anstehenden Klärung des Wirklichkeitsbegriffs, auf den wir ja auch in Zeiten und Welten des Cyberspace nicht etwa verzichten können, wird dann erkennbar, wie unsere Unterscheidungen, mit denen wir kulturell operieren, durch neue Medientechnologien angereichert werden. Neben die traditionellen Unterscheidungen Wahrheit/Lüge, Schein/Sein, Realität/Fiktion, Wirklichkeit/Utopie und Realität/Simulation tritt die Unterscheidung Realität/Virtualität/Hyperrealität, in die nun aber alle alten Unterscheidungen wieder eingeführt werden können (im Sinne eines Re-entry), so daß *alle* diese Kategorien semantisch uminterpretiert werden müssen.

Ein perfekter Cyberspace, der keine Differenz zwischen Virtualität und Aktualität[66] mehr erlaubte, kein Crossing des Körpers zwischen Innen- und Außenwelt mehr zuließe, wäre eine

66 Vgl. dazu Esposito 1998.

funktionslos gewordene Verdopplung unserer Lebenswelt. Nur solange die Differenz zwischen den genannten Kategorien noch aisthetisch und epistemisch genutzt werden kann, ist die Technologie der Virtualisierung produktiv – auch für Medienkünstler und ihre spezifische Nutzung dieser Technologie zwischen Ingenieurinteressen und Kunstambitionen; wobei diese Nutzung voraussetzt, daß die Differenz von Kunst, Wissenschaft und Technologie erkennbar bleibt – wenn auch vielleicht nicht entlang den alten Demarkationslinien und entlang den gewohnten Funktionsbestimmungen.

Wie immer, wenn der Fortschritt unaufhaltsam zu sein scheint, stellt sich auf den zweiten Blick heraus, daß die Situation doch nicht völlig neu ist – wie sollte sie auch. Immer dann, wenn Kunst sich im Laufe der Geschichte neue Technologien erobert (hat), ist damit zugleich auch die Frage nach dem Kunstbegriff neu aufgerollt worden. Angesichts bereits absehbarer Wandlungsphänomene wie etwa derjenigen von der Darstellung der Wirklichkeit zu deren Erzeugung, vom zeitüberdauernden Werk/Objekt zum Echtzeitereignis, von Wirklichkeit zur Wirkung oder von der Interpretation zur Interaktion stellen heute viele die Frage, ob Cyber-Künstler nicht eher Wissenschaftler und Ingenieure denn Künstler sind und ob Kunst nicht in pure Künstlichkeit transformiert wird – was die Opponenten zu den Rückfragen motiviert, ob denn irgendwo für alle Zeiten festgeschrieben sei, was/wer ein Künstler und was ein Kunstwerk »sei«. Damit aber sind wir wieder einmal bei der alten Einsicht, daß Kunst- und Künstlerkonzepte im Kunstdiskurs innerhalb des Kunstsystems entschieden werden, und das um so unvermeidlicher und überdeutlicher, wenn das Kulturprogramm für den Kunstsektor ausdifferenziert wird und durch Dauerbeobachtung in den Medien seine normative Bindekraft einbüßt (vgl. unten, Kapitel III, 2.)

Eins aber dürfte bestehen bleiben: Auch in Zeiten oder Dimensionen von Medienpoiesis muß ein Differenzmanagement zwischen Kunst und Nicht-Kunst, zwischen bedeutender und unwichtiger Kunst(-praxis) möglich sein. Ohne die genannte Doppelunterscheidung geht im Diskurs wie in der Wahrnehmung offenbar nichts. Die erste Unterscheidung ist unabdingbar, weil unsere Wahrnehmung wie unser Denken und Sprechen über Unterscheidungen operieren (entweder die eine oder die andere Seite der Unterscheidung). Die zweite wird kaum verschwinden, weil alle unsere kognitiven Operationen unablösbar mit Affekten, normativen Bewertungen und Einschätzungen der lebenspraktischen Relevanz unserer Handlungen im weitesten Sinne verbunden sind. Das gilt im besonderen Maße für »Überflüssiges«: Warum soll man sich – obwohl das nicht lebenswichtig ist – überhaupt mit Kunst beschäftigen? Und wenn schon, dann doch zumindest nicht mit irrelevanter Kunst! Was aber »Kunst« und was »relevant« ist – das wird wohl unausweichlich auch in einer Medienpoiesis durch die dort prämierten Praxen entschieden. Also bleibt's dabei: Kunst wird auch in Hinkunft »die Kunst« konstruieren.

Alle diese Überlegungen könnten erst dann Makulatur werden, wenn sich poststrukturalistische Prognosen beziehungsweise Szenarien bewahrheiten sollten, die schon längst den Tod des Autors und das Verschwinden des Kunstwerks postulieren. Wird sich Kunst im nächsten Jahrhundert oder Jahrtausend auflösen? Wird sie in heute noch von ihr unterscheidbare Kontexte wie Werbung, Mode oder Design auswandern und sich in deren semiotischen Praxen verflüchtigen? Werden Autoren überflüssig, weil sich Texte selbst (ein)schreiben?

Eine Antwort auf solche Spekulationen kann selber wohl nur spekulativ sein. Etwas anders sieht es aus, wenn man sich die Prämissen dieser Spekulationen vor Augen hält. Sicher tut man sich heute schwer, noch einen emphatischen Autor- oder Künstlerbegriff zu vertreten oder gar von einer *creatio ex nihilo* zu faseln. Inter- und Hypertextualität sind am Ende des zweiten Jahrtausends sicher zu besonders wichtigen Kategorien geworden. Aber auch solche Relationen müssen doch auch irgendwie »gestiftet« werden, von welcher Instanz auch immer; und sie müssen evaluiert und auf Anschlußtauglichkeit geprüft und dafür genutzt werden – wofür sonst sollten Textmaterialitäten oder visuelle Virtualitäten erzeugt werden? Offensichtlich wird man die Aktanten eben doch nicht so leicht los, was auch gar nicht verwundert, ob man nun beobachtungs- oder beobachtertheoretisch argumentiert. Wer immer und was immer als beobachtungsfähig postuliert wird: Aktanten sind es allemal, und sie sind es mit ganz besonderer empirischer Evidenz.

Und wie steht es bei genauerem Hinsehen mit der Dekonstruktion oder gar dem Verschwinden des Kunstwerks? Was immer sich hinter solchen Thesen verbergen mag, es muß sich der Beobachtung stellen, daß wir noch immer eher ein Übermaß als ein Defizit von Medienangeboten mit Kunstwerkanspruch unterschiedlicher Art und Anspruchshöhe beobachten. Museen und Galerien quellen über von »Werken«, Kunstzeitschriften wie *Kunstforum International* legen umfangmäßig ständig zu und werden trotzdem immer selektiver. Kunst- und Medienkunstakademien können über Zuspruch keineswegs klagen. Sind das alles nur triviale Beobachtungen eines Modernekrüppels ohne medientechnische Kompetenz?

Ein wenig erinnert diese Diskussion an den Beginn des 20. Jahrhunderts, als – etwa bei K. Teige – ebenfalls über das Ende der Kunst und deren Verschwinden im Leben diskutiert wurde. Auch heute soll »die Kunst« wieder verschwinden – in der Werbung, im Design, in der allgemeinen Ästhetisierung der Lebenswelt, in den Medien und so fort. Ausstieg aus der Kunst – als Kunst oder um der Kunst willen? Was wäre, würde »die Kunst« wirklich emigrieren? Würden wir sie vermissen?

Ein wenig erinnert diese Diskussion auch an die Dauerdebatte über Wirklichkeit und Realität (vgl. Kapitel 1,8). Ähnliches gilt für die Kunst. Wenn wir von Kunst reden, dann reden *wir* von Kunst, andernfalls ist von Kunst nicht die Rede. Strenggenommen kann daher nie »die Kunst« verschwinden, sondern bestenfalls unser Reden über Kunst – oder wir selbst. Und davon kann auf absehbare Zeit wohl noch nicht gesprochen werden. Solange wir die Kunst weder auswandern (wohin auch?) noch verschwinden sehen (sagen?), sind wir ihr auf den Fersen, was immer wir darüber auch sagen mögen. Und das ist ein Zeichen unserer Anhänglichkeit.

Vielleicht ist es am Ende doch nicht ganz überflüssig, sich noch einmal der trivialen Frage zuzuwenden, wer oder was denn *so far* Kunst konstruiert hat.

Die allgemeine Antwort ist klar: Kunst resultiert aus dem sich selbst organisierenden Interagieren und Kommunizieren der Aktanten im Sozialsystem Kunst, also der Kunstproduzenten und Akademien, der Galerien und Museen, der Kunstpublizisten, der Käufer und Rezipienten/Nutzer von Kunstwerken, der Kunstverleger und Kunstvermarkter. Und dieser Prozeß wird nachhaltig unterstützt durch Aktivitäten in anderen Sozialsystemen, die sich im Kontext ihrer Diskurse mit dem

Kunstsystem auseinandersetzen, so vor allem im Kunstunterricht (im Erziehungssystem) und dem kunsttheoretischen Diskurs (im Wissenschaftssystem). Alle diese Aktivitäten, die bis heute ungebrochen weiterlaufen, stabilisieren das Kunstsystem durch ihre eigenen wie auch immer motivierten Interessen an dessen Weiterbestehen.

Daß dieser systemische Zusammenhang weiter funktioniert, zeigt sich etwa an der Dauerfrage, ob Kunst nicht längst ökonomisch manipuliert wird. Macht der Markt einen Medienangebotsproduzenten zum Künstler und ein Werk zum Kunstwerk?

Gegen solche primitiven Verschwörungsthesen ist ein differenzierteres Bild der Lage zu setzen. Jemand produziert ein Medienangebot und präsentiert es anderen als Kunstwerk. Wenn es ihm gelingt, eine Kommunikation darüber in Gang zu setzen, ob es sich tatsächlich um ein Kunstwerk handelt und wie sein Rang eingeschätzt wird, dann hat er Chancen, die Aufmerksamkeit solcher Instanzen zu gewinnen, die aufgrund ihrer sozial anerkannten Expertise solche Fragen zu entscheiden befugt und in der Lage sind (Kritiker, Galeristen, Verleger). Findet eine solche Entscheidung statt (etwa durch Ausstellungen, Rezensionen und so weiter), dann stabilisiert sich die Diskussion über das Kunstwerk und den Künstler. Erst dann werden beide interessant für den Kunstmarkt, der an möglichst stabilen Einschätzungen der Kunsthaftigkeit und des Kunstrangs interessiert ist, um stabile Preise kalkulieren zu können. Wenn dann der Markt durch sein ökonomisches Interesse die kunstsystemische Kanonisierung sozusagen fiskalisch approbiert, dann kann sich das wieder auf die Kunstkommunikation auswirken – der Rang eines Künstlers stabilisiert sich, weil die Risiken der anderen hinsichtlich seiner Einschätzung schwinden: Man braucht keinen Mut mehr dazu, A als (wichtigen) Künstler zu bezeichnen.

Kommen wir noch einmal auf die Zukunftsfrage zurück: Wahrscheinlicher als ein schlichtes Verschwinden der Kunst – wohin, warum, für wen? – dürfte eine weitere Ausdifferenzierung des Kunstdiskurses und der Produktion solcher Gegebenheiten und Prozesse sein, die von den beteiligten Aktanten »als Kunst« empfunden und bewertet werden. Es gibt keine Anzeichen dafür, daß die Produktion und Nutzung von werkbasierter Kunst demnächst an Bedeutung verlieren wird. Die Bedingungen dafür wären jedoch ein völlig anderer Kunstunterricht, ein völlig anderer Kunstmarkt sowie eine völlig andere Kunstpublizistik im weitesten Sinne.[67] Wahrscheinlich wird Medienkunst (im weitesten Sinne) an Gewicht im Kunstdiskurs gewinnen, wobei noch nicht auszumachen ist, in welchem Maße die Nutzer quantitativ äquivalent nachziehen werden. Vielleicht werden auch Virtualisierungsstrategien und Interaktionskompetenzen im Kunstsystem an Bedeutung gewinnen, was zu einer radikalen Umdeutung von Materialitätskategorien führen würde: und das, wie bereits erwähnt, nicht nur im Kunstsystem.

Wie stets im Mediensystem werden solche Entwicklungen aber kaum als Verdrängungswettbewerb ablaufen, sondern sich gegenseitig durch Differenz Relief und Nutzungsmöglichkeiten zuweisen: Ausdifferenzierungen und neue Schwerpunktbildungen also, kein Kahlschlag.

Allen poststrukturalistischen und technometaphysischen Unkenrufen zum Trotz muß uns zur Zeit und in absehbarer Zeit um »die Kunst« also wohl nicht bange sein. Vielleicht macht die kleine Geschichte des Sufilehrers Hasan von Basra auch umgekehrt Sinn: »Ich fragte einen Jungen, der eine Kerze trug: ›Von woher kommt das Licht?‹ Sofort blies er es aus. ›Sag mir, wohin es ging – dann sage ich dir, woher es kam.‹«

8.6 Medien und Erziehung[68]

> »Das ›Auge‹ ist ein durch Erziehung reproduziertes Produkt der Geschichte.«
> P. Bourdieu

Kaum ein anderes Thema im Diskurs über Medien wird mit ähnlicher Erbitterung auf allen Seiten behandelt wie das Thema Medien und Erziehung. Zu viel steht hier offenbar auf dem Spiel, nämlich nichts Geringeres als die Zukunft der Gesell-

67 So argumentiert übrigens auch wieder die jüngste Generation der Medienkünstler. Vgl. dazu Huemer 1999.

68 Zum Forschungsstand vgl. Hug 1999, der auch weitere Internet-Quellen und CD-ROMs empfohlen hat (siehe Anlage 2, S. 154f.). – Allgemein zum Thema Medienpädagogik vgl. die CD-ROM *Medienpädagogik* des Südwestfunks (Fernsehen) und der Bundeszentrale für politische Bildung (letztes Update 1998, 1999 ist in Vorbereitung).

schaft. Entsprechend fühlen sich alle Amts-, Funktions- und Bedenkenträger auf den Plan gerufen.

Wie Th. Hug zu Recht festgestellt hat, steht die Formulierung einer konstruktivistischen Medienpädagogik noch aus (1999, S. 13). Gleichwohl versuche ich im folgenden, einige *Startüberlegungen* für eine solche Medienpädagogik zu formulieren.

Beobachter der Medienentwicklung erwarten – in Fortschreibung der Knowledge-gap-Hypothese von P. Tichenor, G. A. Donohue und C. N. Olien – für die nahe Zukunft mit der Durchsetzung des Internet eine neue Art von Klassengesellschaft. Die obere Klasse wird gebildet von Menschen mit schnellem Zugang zu Daten und mit hochentwickeltem Selektions- und Bewertungsvermögen, zur unteren gehören die »Wissenszwerge« (Jürgen Mittelstraß). Um diese Entwicklung abzumildern, muß der selbstverständliche Umgang mit PC und neuen Medien zu einem Kernbereich schulischer Sozialisation werden. Selbst die europäischen Kultusminister haben bereits 1989 erklärt, es sei weder möglich noch wünschenswert, auf den Schulen enzyklopädisches Wissen zu vermitteln. Bildungsschwerpunkte müßten vielmehr sein, Kompetenz in der Auswahl und kognitiven Umsetzung von Medienangeboten zu erwerben, solche Angebote beurteilen zu lernen, Kommunikationsfähigkeit zu schulen und zu lernen, Kenntnisse und Fähigkeiten fortlaufend neuen Situationen anzupassen.[69]

Die Leitformel für schulische Sozialisation in einer Mediengesellschaft wie der unseren könnte daher meines Erachtens lauten: »In der Medienwelt die Lebensbedingungen des einzelnen in der Medienwelt erlernen«, wobei der Grundsatz »Lernen des Lernens« dominieren sollte. Dabei ist schließlich auch zu berücksichtigen, daß in unserer Medienkultur bereits drei Wirklichkeitsdimensionen eröffnet sind, in denen wir uns in naher Zukunft kompetent bewegen müssen: die (mediengeprägten) alltägliche(n) Erfahrungswirklichkeit(en), die in den Medien konstruierte(n) Medienwirklichkeit(en) sowie die virtuelle(n) Wirklichkeit(en) der Cyberspaces. Wir sollten von vornherein

69 Daß dies alles auf der Grundlage einer konstruktivistischen Kognitions- und Medientheorie leichter zu begreifen und zu realisieren ist als auf anderen Grundlagen, sollte nach den bisherigen Ausführungen plausibel geworden sein.

damit rechnen, daß diese drei Dimensionen hochgradig miteinander interagieren – und daß es außerhalb dieser Wirklichkeiten keine uns zugängliche »wirkliche Realität« als letzte verläßliche Basis gibt. – Wir scheinen endgültig aus dem Nest gefallen zu sein.

Was tun, lautet wieder einmal die Frage. Und ein wichtiger Konsens in der medienpädagogischen Debatte steht auch schon mit der Formel »Medienkompetenz durch Medienpädagogik«[70] zur Verfügung. Mit dem Konzept »Medienkompetenz«, das sich an den älteren linguistischen Begriff der »kommunikativen Kompetenz« anlehnt, ist ein äußerst ambitioniertes Programm verbunden.

Zunächst wird Medienkompetenz ausdifferenziert in drei Teilkompetenzen:

- *Wahrnehmungskompetenz* beschreibt die Fähigkeit, Strukturen, Gestaltungsformen und Wirkungsmöglichkeiten von Medien zu durchschauen;
- *Nutzungskompetenz* umfaßt die Fähigkeit der zielgerichteten und angemessenen Nutzung von Medienangeboten;
- *Handlungskompetenz* benennt die Fähigkeit, Medien als Ausdruck der eigenen Persönlichkeit, Interessen und Anliegen aktiv zu gestalten.

Auf dieser Grundlage hat B. Schorb (1997) vier Inhaltsbereiche von Medienkompetenz bestimmt.

Der erste Bereich umfaßt Orientierungs- und Strukturwissen. Unter »Strukturwissen« faßt Schorb Wissen über die technologischen Bedingungen des Funktionierens von Medien, wobei er realistischerweise einräumt, daß es dem einzelnen kaum noch möglich ist, sich detailliertes und umfassendes Wissen über die jeweilige Medientechnologie zu erwerben. Dieses Strukturwissen muß dann erweitert werden um Orientierungswissen, um – so das hohe Ziel – »auf der Basis historischer, ethischer und politischer Einsichten und Kenntnisse das erworbene Wissen ebenso wie Phänomene der Informations- und Kommunikationstechnologie bewerten zu können« (1997, S. 278).

Den zweiten Bereich subsumiert Schorb unter die Kategorie »kritische Reflexivität«, womit die Fähigkeit gemeint ist, die

70 Vgl. dazu exemplarisch Baacke 1997 sowie die Beiträge in Rein (Hg.) 1996 und zusammenfassend Schorb 1997.

Medienentwicklung angemessen zu erfassen, das analytische Wissen auf sich selbst und sein Handeln anzuwenden und mit seiner sozialen Verantwortung abzustimmen. Damit wird *Medienethik* zu einer zentralen Forderung der Medienpädagogik (und nicht nur der Medienpädagogik), die sich kritisch mit den Problemen auseinandersetzen muß, die mit Entwicklungen wie Deregulierung, Kommerzialisierung und Normenwandel aufgeworfen werden.

In den dritten Bereich ordnet Schorb zum einen die Beherrschung von Fertigkeiten im Umgang mit Medien, aber auch die »Er- und Bearbeitung von Gegenstandsbereichen sozialer Realität mit Hilfe von Medien und somit den selbständigen Umgang mit Medien und deren Nutzung als Instrumente der Kommunikation« (ebd., S. 280). Darüber hinaus schließt Medienhandeln nach Schorb auch noch die Fähigkeit ein, »Ziele und Zwecke von Medienentwicklung und Medieneinsatz mitzugestalten« (ebd., S. 281).

Als vierten Bereich von Medienkompetenz bestimmt Schorb die Entfaltung von Kreativität mit Hilfe von Medien, um Kommunikation, Interaktion und menschlichen Fortschritt zu befördern.[71]

Wie bei vielen pädagogischen Entwürfen wird man auch beim Thema Medienkompetenz seine allgemeine Zustimmung kaum versagen, zugleich aber auch sofort anmerken, daß dieser Katalog von hehren Zielen der Medienpädagogik hochgradig illusionär ist. Welcher Jugendliche ist fähig, all die genannten Kompetenzen zu erwerben und praktisch werden zu lassen? Und vor allem: Welcher Lehrer ist denn heute in der Lage, solche Kompetenzen zu vermitteln?

So notwendig medienpädagogische Entwürfe sind, so notwendig ist auch die Kritik an solchen Entwürfen, und zwar Kritik nicht nur an der Realisierbarkeit der Entwürfe, sondern auch an ihren (meist implizit bleibenden) Voraussetzungen. So ist etwa das Menschenbild, das unausgesprochen hinter den oben skizzierten Entwürfen steht, angesichts der gegenwärtigen technologischen, ökonomischen und politischen Verhältnisse

71 Baacke operationalisiert seine vier Dimensionen der Medienkompetenz unter den Bezeichnungen Medienkritik, Medienkunde, Mediennutzung und Mediengestaltung. (1997, S. 98ff., sowie 1999)

(Stichworte: Internet, Globalisierung, Kommerzialisierung der Kommunikation) reichlich alt-humanistisch. Solchermaßen Herr im Hause der Medien wie der eigenen Kompetenzen ist heute kein Mensch – wenn er es denn je gewesen sein sollte.

Wenn man nun das medienpädagogische Konzept der Medienkompetenz nicht mitvollziehen kann: Was hat man als Konstruktivist zum Thema anzubieten?[72] Im folgenden biete ich keineswegs eine Lösung der medienpädagogischen Probleme, sondern verweise auf einige einschlägige Argumente aus konstruktivistischen Diskursen.

- Medienpädagogische Überlegungen sollten allgemein (lerntheoretisch) davon ausgehen, daß Lernen nicht mit Hilfe von Input-Output-Modellen, sondern eher mit Selbstorganisationsmodellen erfaßbar ist. Lernen ist Selbstlernen kognitiver Systeme, und wer diesen Prozeß unterstützen will, muß Umgebungen schaffen, in denen systemverträgliche Veränderungen von Unterscheidungen und Beobachtungen möglich beziehungsweise bewußt aktiv angeregt werden. Lehrende sollten sich darüber klar sein, daß »Lernen« eine Beobachterkategorie ist, die anderen zugeschrieben wird, während die darunter gefaßten Prozesse im jeweiligen kognitiven System eher als »ontogenetische Drift« (im Sinne von Maturana und Varela 1987) aufgefaßt werden können.
- Medienpädagogische Überlegungen sollten grundsätzlich berücksichtigen, daß Nutzerverhältnisse und Wirkungsverhältnisse nicht nur auf den Umgang mit Medienangeboten begrenzt werden dürfen, sondern technisch-mediale und sozial-systemische Komponenten hinreichend berücksichtigen müssen (siehe oben, Kapitel II,6).
- Erziehung zur Mediennutzung setzt intensiven Umgang mit Medien, also Medienerfahrung und nicht etwa Medienschonung voraus – und zwar bei Lehrenden wie bei Lernenden (Abb. 4).

72 F. Gerbert sieht die Situation in einem reißerisch aufgemachten *Focus*-Artikel (Nr. 45 vom 2. 11. 1998) mit dem Titel »Ich bin dumm – und stolz darauf« wie folgt: »Wissenschaftliche Außenseiter – die ›Radikalen Konstruktivisten‹ – unterwandern die Schulen. Ihr Programm: Psycho-Spiele statt Bildung.« Ist das wirklich alles? Oder beschreibt der Autor hier mit dem Titel unfreiwillig seine eigene Inkompetenz in Sachen Konstruktivismus?

Abbildung 4: Victor von Bülow, »Loriots heile Welt« (ca. 1971).

- Mediennutzung bedeutet heute: Mehr-Medien-Nutzung, wobei jedes einzelne Medium seine eigenen Wahrnehmungsbedingungen und Gratifikationsversprechen besitzt (beziehungsweise zugesprochen bekommt).
- Mediennutzung ist heute unumgänglicher wie unverzichtbarer Bestandteil individueller wie sozialer Wirklichkeitskon-

struktion.[73] Ein Großteil dessen, was wir wissen (sicher nicht alles, wie Luhmann behauptet), stammt bekanntermaßen aus den Medien, und die Modi der Wissensproduktion sind geprägt von den Medien und den in ihrem Gebrauch eingeübten Wahrnehmungsformen. Deshalb ist die in vielen Unterrichtssituationen immer noch gängige Fixierung auf Printmedien in einer Zeit komplexer Mediensysteme höchst legitimationsbedürftig.

- Der in komplexen Mediensystemen eingeübte Modus der Beobachtung zweiter Ordnung sollte auch zum Ziel der Medienpädagogik gemacht werden. Das heißt, daß die aus der Printhermeneutik eingeübte Konzentration auf einzelne Medienangebote ergänzt werden muß um systemische Gesichtspunkte, die Medienangebote einbetten in das jeweilige Medienteilsystem im Mediengesamtsystem.
- Das umfassende Ziel von Medienerziehung läßt sich demnach bestimmen als Erwerb von Beobachterkompetenzen erster und zweiter Ordnung. Durch das Beobachten des Beobachtens und von Beobachtern muß Kontingenzerfahrung und – damit unlösbar verbunden – Toleranz zu einer selbstverständlichen Tugend werden. Nur dann besteht Hoffnung, daß die Schüler ihre Erfahrungen mit und bei der Mediennutzung in Richtung auf Kreativität, Freiheit und konstruktiven Pluralismus konkretisieren und nicht in Richtung auf Orientierungslosigkeit, Unsicherheit und Anfälligkeit für Fundamentalismen.
- Ein beliebtes Thema in der Medienpädagogik ist die/eine *Medienethik.* Für dieses Thema gibt es bis heute keine Entwürfe, und je weiter sich die moralischen Entwürfe und Sinnorientierungen der jüngeren Generation von denen der Eltern entfernen, je mehr massenhafter Individualismus und persönliches Glücksstreben zu Leitbildern werden[74], desto unwahrscheinlicher wird der Entwurf wie die erwartbare Akzeptanz einer möglichen Lösung. Auch Konstruktivisten haben hier kein Patentrezept, wohl aber einige intensive Empfehlungen. So hat Heinz von Foerster immer wieder betont, daß in der Ver-

73 Eine angemessene Berücksichtigung dieses grundlegenden Aspekts bietet Baacke 1997.

74 Vgl. etwa die prägnante Beschreibung der »raving society« bei Hatzenbichler 1999, S. 323 ff.

gangenheit ethische Grundsätze immer für die anderen aufgestellt worden sind: *Du sollst!* verkündeten die Ethiker. Demgegenüber empfiehlt von Foerster, sich zu fragen, *was ich soll* und was ich tatsächlich tue. K. Krippendorff hat einen ethischen Imperativ aufgestellt, der besagt: »Gewähre anderen, die in deinen Konstruktionen vorkommen, dieselbe Autonomie, die du bei ihrer Konstruktion beanspruchst« (1990, S. 65). Und schließlich sollte das konstruktivistische Credo, daß es keine absolute Wirklichkeit und keine absolute Wahrheit gibt, nicht als Freibrief, sondern ganz im Gegenteil als Verpflichtung angesehen werden, menschliche und lebenswerte Wirklichkeiten zu erzeugen beziehungsweise zu erhalten und für plausible und menschendienliche Wahrheiten zu werben und sich einzusetzen.[75]

Unter solchen Prämissen könnte dann durchaus im Konsens mit vielen führenden Medienpädagogen eine Konzeption von Medienpädagogik[76] entwickelt werden, die vier Teilbereiche umfaßt:

- *Medienerziehung* beschäftigt sich mit Formen des sinnvollen Umgangs mit Medien im Sinne des Kompetenzerwerbs zur reflektierten und kritischen Mediennutzung (Stichwort: Medienkompetenz).
- *Mediendidaktik* befaßt sich mit den Funktionen, Wirkungen und Inszenierungen von Medien in Lehr- und Lernsituationen.
- *Medienkunde* vermittelt Kenntnisse über Medien, angefangen von technischem Wissen bis hin zu Auswirkungen der Medien auf unsere Wahrnehmung, unser Wirklichkeits- und Wertverständnis.
- *Medienforschung*[77] umfaßt alle erziehungswissenschaftlichen Bemühungen der Untersuchung von Fragen medialer Erziehung, Bildung und Entwicklung in allen Altersklassen.

75 Zum Thema Ethik siehe oben, Kapitel 1, 10, sowie Rusch und Schmidt (Hg.) 1996.

76 Der folgende Vorschlag orientiert sich am Forschungsbericht von Hug 1999.

77 Die Differenz dieser Begriffsverwendung zu meinem Vorschlag in Kapitel 11 dürfte offensichtlich sein.

Anlage 2

Theo Hug
Weitere ausgewählte Internet-Quellen
und CD-ROMs

http://www.educat.hu-berlin.de/dgfe/Beschreibung/Medienpaed.html
Hier stoßen Sie auf Informationen der Sektion Medien- und Umweltpädagogik der Deutschen Gesellschaft für Erziehungswissenschaft (vgl. *http://www.paed2.ewf.uni-erlangen.de/*)

http://www.erzwiss.uni-hamburg/Medien/medien.htm
Dieser URL (Uniform Ressource Locator) verweist auf die vielfältigen Informationsangebote des Fachbereichs Erziehungswissenschaft der Universität Hamburg zu Medienpädagogik und Medien.

http://user.cs.tu-berlin/~schwartz/scimedia.html
Hier handelt es sich um eine ausführliche Sammlung von akademischen, gemeinnützigen und kommerziellen Internetangeboten zur Medienforschung und -wissenschaft.

http://www.uibk.ac.at/c/c6/c603/tpb_6/hugweb.html
Nebst Informationen zum Studienschwerpunkt »Medienkommunikation und Telematik« an der Universität Innsbruck finden Sie hier etliche ausgewählte Links zu Medienforschung, Medienphilosophie und Medienpädagogik sowie weiterführende Hinweise auf Leselisten, Zeitschriften, Zeitschriftenlisten, Mailing-Lists und Newsgroups.

http://www.universum.de/medienkompetenz/
Dieses Unterrichtspaket des Presse- und Informationsamtes der Deutschen Bundesregierung zum Thema »Medienkompetenz – Qualifikation für die Zukunft« enthält eine Informationsbroschüre und 30 Arbeitsblätter, die kostenlos heruntergeladen werden können.

http://www.dipf.de/lars/html/start_im.htm
Hier finden Sie Hinweise auf Publikationen, Kooperationen, Datenbanken und Projekte des Deutschen Instituts für Internationale Pädagogische Forschung (DIPF) samt einem Einstieg in das Informationssystem Medienpädagogik (ISM).

http://www.unesco.org/opi/eng/unescopress/98-116e.htm
Die Webseite enthält einen Kurzbericht zur UNESCO-Konferenz »Die Zukunft der Medien am Vorabend des 21. Jahrhunderts«.

Hierdeis, Helmwart, und Theo Hug (Hg.) (1996), *CD-ROM der Pädagogik*. Baltmannsweiler: Schneider-Verlag-Hohengehren (vgl. *http://www.uibk.ac.at/c/c6/c603/cd_paed/*)
Dieses erste erziehungswissenschaftliche Nachschlagewerk auf CD-ROM im deutschen Sprachraum ist kompatibel mit dem Taschenbuch der Pädagogik (4 Bände) und enthält nebst zusätzlichen Grafiken, englischsprachigen Abstracts, diversen Suchmöglichkeiten und Hyperlinkfunktionen einige Demonstrationen von Möglichkeiten der eigenständigen, kreativen Erstellung und Weiterbearbeitung von Hyperlinks.

9. Medien über Medien: Medienkritik

> »Die Kritik wird gebraucht, weil die Kritik gebraucht wird. Anders als tautologisch ist sie nicht begründbar.«
> S. Löffler

9.1 »Die Furien des Verschwindens«

»Die Furien des Verschwindens. Der Kritiker als aussterbende Spezies: Wie läßt sich sein Prestigeverfall aufhalten?« Mit dieser dramatischen Überschrift beginnt die jüngste Bestandsaufnahme der Medienkritik von Sigrid Löffler, immerhin seit ihren Auftritten beim Literarischen Quartett eine der Top-Kritikerinnen im deutschsprachigen Raum, und veröffentlicht in der *Zeit* vom 30.12.1998. Was ist geschehen? Sieht eine Zunft ihre Felle wegschwimmen? Oder hat der Medienmarkt tatsächlich einen Zustand erreicht, in dem Kritik obsolet geworden ist? Der Tenor der Löfflerschen Klage läßt sich rasch zusammenfassen:

> »In den neueren Infotainment-Medien komme der klassische Rezensionsjournalismus gar nicht mehr vor – er gelte als zu anstrengend, zu zeitraubend, zu umständlich, der Charts- und Hitlisten-Journalismus habe ihn abgelöst, heißt es da. In einigen Kunstsparten, namentlich dem Film, der bildenden Kunst, dem Fernsehen, seien der souveräne Kritiker, die autonome Kritik bereits am Verschwinden; in anderen Kunstbereichen – Theater, Musiktheater, Literatur – drohe deren Marginalisierung auf einem globalisierten Kulturmarkt und damit auch der Autoritätsverfall der je zuständigen Kritik. Wenn schon der Kunstkram selber immer weniger interessiere, um wieviel geringer sei dann erst das Interesse an den Kunstmeinungen der Kritiker, so wird argumentiert« (ebd., S. 37).

Löffler bezieht sich bei dieser Darstellung auf die Beiträge angesehener amerikanischer Kritiker aus Journalismus und Academia in dem 1998 von Maurice Berger edierten Sammelband *The Crisis of Criticism*. Die Experten beklagen einen dramatischen Verlust an Einfluß und Prestige. Der traditionelle Klassifizierungsexperte wird abgelöst von Marketing-Journalisten mit gefälligem Serviceangebot. Hollywood setzt seine globale Marktmacht auch ohne Kritik durch, unterstützt von einem anspruchslos gewordenen Publikum, das sich an ebendieses Hollywood-Niveau gewöhnt hat. Dieses Publikum wünscht sich von der Filmkritik keine komplexen Analysen und Bewertungen mehr, sondern Kurz-Infos über das Was und Wer.[78]

Längst haben, so David Denby, die Hollywood-Studios den Filmkritikern die Unabhängigkeit geraubt. Mit gigantischem Werbeaufwand werden die eigenen Produkte kritikresistent (*critic-proof*) gemacht: »Goretex-Kino«, wie Löffler bissig kommentiert. Und Denby spricht gar vom Kritiker als der zum Werbetexter und Cheerleader verkommenen »Schmeißfliege auf dem großen Hintern der Filmindustrie«.[79] Auch im Fernsehen ist, wie G. Schulze argumentiert, die Kritik zum Genre der »sozialpädagogischen Gefährdungs- und Warnungsliteratur« verkommen, die weder die Macher noch das Publikum erreicht. Beide haben anderes zu tun, als Kritiken zu lesen.

Und auch im Bereich der bildenden Kunst, den weltweit agierende Galerien, Sammlungen und Ausstellungsimpresarios beherrschen, stört der Kritiker nur noch; zumal, wie Boris Groys giftig anmerkt, die Preisgestaltung am Markt »das eigentlich Künstlerische« geworden ist.[80] Kommerz und Globalisierung lassen den wertenden Kritiker alt aussehen. Im Internet bildet sich die Meinung über Kulturwaren schon gänzlich ohne Profi-Kritiker – durch Netzgekrabbel, durch *buzz*.

Nach Meinung der amerikanischen Kritiker besteht ein

78 Ganz ähnlich heißt es bei Kraft: »Die Kritik an und in den Medien ist schlaff geworden. Es tut sich eine Menge in dieser Branche, aber kaum noch jemand hat Lust, es zu gewichten und zu werten. Seit so gut wie alles dort dem Markt überlassen ist, interessieren die Medien vorwiegend als Geschäftsfeld [...]« (1997, S. 63).

79 Daß dies auch für die Musikkritik gilt, die weithin nur noch Pressetexte der Produktionsfirmen reproduziert, sei hier nur angemerkt.

80 Vgl. dagegen die differenziertere Analyse in Kapitel II, 8.5.

Hauptgrund für diese Entwicklung in der Auslöschung des kulturellen Gedächtnisses, die dazu führt, daß sich Sozialprestige und journalistische Wertigkeit allein nach dem ökonomischen Erfolg bemessen. An die Stelle des autoritativen Kritikers ist der Konsument getreten. Seine Wahl entscheidet, was sich im Poker der Aufmerksamkeitsökonomie durchsetzt. »Schon das Festhalten an anderen als Massenerfolgsstandards mag in der Nach-Warhol-Epoche prätentiös wirken.« Löfflers Fazit lautet:

»Je mehr sich die Grenzen zwischen Hoch- und Pop-Kultur auflösen, je mehr die kulturellen Milieus zersplittern und in diverse gleichwertige Nischenkulturen auseinanderdriften, je mehr eine egalisierende Kulturindustrie alle Lebens- und Kunstbereiche durchdringt, desto weniger ist die Dominanz einer kritischen Stimme gefragt, desto weniger gilt die Urteilsrede des Kritikers, der wie von alters her klassifizieren, hierarchisieren und zentralisieren möchte, der Definitionsmacht ausüben, Rangordnungen aufstellen und Platzverweise aus der Arena der Kunstwerte aussprechen will« (Löffler 1998).[81]

J. Kraft (1997) sieht in der gegenwärtigen Situation eine dreifache Hemmung der Medienkritiker, den Medien ins Gewissen zu reden:

- Die *soziale Hemmung* wird dadurch ausgelöst, daß Medienkritiker jede Verurteilung eines Mediums oder Medienangebots als Diskriminierung der Rezipienten ebendieses Angebots empfinden und deshalb ihre Kritik subjektivieren – womit sie wirkungslos wird.
- Die *ökonomische Hemmung* entsteht angesichts der Einsicht, daß es wenig Sinn hat, in Frage zu stellen, was auf dem Markt Erfolg hat, vor allem dann, wenn Erfolg zum letzten Maßstab geworden ist.
- Die *kulturelle Hemmung* schließlich resultiert aus einer Überdehnung des Kulturbegriffs, der an die Stelle von Wertungen, Setzungen und Stufungen das Amüsement setzt, um Bildungshochmut mit normativen Ansprüchen demonstrativ auszuschließen.

Was bleibt? Medienkritik als Verbraucherberatung? Wie ist es zu dieser Situation gekommen? Hat die Medienkritik die Zei-

81 Gegen diese Argumentation könnte man meines Erachtens mit gleichem Anspruch auf Geltung die Argumentation setzen, daß gerade in Zeiten der Auflösung und Entdifferenzierung der Bedarf nach Orientierung und festen Kriterien steigen wird/muß.

chen der Zeit verpaßt und verkannt, oder ist sie in der medienkulturellen Entwicklung an ihre unübersteigbaren Systemgrenzen gekommen, also an das kultürliche Ende ihrer gut 250jährigen Geschichte? Um diese Frage entscheiden zu können, soll im folgenden ein Blick auf die Geschichte der Medienkritik geworfen werden. Dabei konzentriere ich mich auf die Literaturkritik, die im 18. Jahrhundert die führende Rolle gespielt hat und an deren Entwicklung man exemplarisch die Möglichkeiten und Grenzen von Medienkritik studieren kann.

9.2 Stichworte zur historischen Entwicklung der Medienkritik

Entstanden ist die Medienkritik als *institutionalisierte* Praxis nach meiner Einschätzung in beziehungsweise mit der Literaturkritik seit den ersten Jahrzehnten des 18. Jahrhunderts (Protagonisten: Gottsched, Bodmer, Breitinger, Lessing). In ihrer ersten Phase versuchten rationalistisch ausgerichtete Literaturkritiker wie Gottsched, die Literatur allgemeinen ästhetischen Gesetzen zu unterwerfen (normative Kritik), wobei als Modell Montesquieus Idee der Gewaltenteilung diente. Bald einsetzende Zweifel an der überzeitlichen und interkulturellen Geltung solcher ästhetischer Gesetze und Normen führten dann zu einer intensiv und international geführten Geschmacksdebatte, in der zum erstenmal die Literaturrezipienten und deren Rezeptionsprozesse für die Sicherung kritischer Urteile ernsthaft berücksichtigt wurden. Die allgemeine Zielsetzung blieb aber auch in dieser Phase der Literaturkritik vergleichbar. Gesucht wurden überindividuell gültige Vergleichs- und Beurteilungsmaßstäbe für literarische Werke. Während im 17. Jahrhundert der Geschmack der Herrschenden der herrschende Geschmack war, konzipierte Gottsched »Geschmack« als Übereinstimmung des Gefühls mit allgemeinen ästhetischen Regeln (die sogenannte neoklassische Lösung). David Hume dagegen kehrte gewissermaßen die Argumentationsrichtung um und behauptete, die gleichförmige menschliche Natur normiere den subjektiven Geschmack des Urteilenden, weshalb Geschmacksurteile keineswegs als relativistisch abgetan werden dürften. Zudem mußte sich nach Hume das subjektive Geschmacksurteil vor einer sogenannten literarischen Öffentlichkeit legitimieren, was zu seiner Objektivierung beitrug.

Mit und im Anschluß an Lessing wandelte sich die Literaturkritik der Aufklärer von einer normativ orientierten zu einer diskursiv ausgerichteten Veranstaltung im Rahmen der sich etablierenden sogenannten bürgerlichen Öffentlichkeit. Literaturkritiker sahen sich nun als gewichtige Stimmen im öffentlichen Räsonnement, als Teil des öffentlichen Meinungsaustauschs und der Meinungsbildung.[82] Sie verstanden sich als kompetente, weil besser unterrichtete und immer häufiger professionell arbeitende Sprecher der Laien-Leser, und sie legitimierten ihre Urteilskriterien als Konsens der öffentlichen Meinung.

Das aufklärerische Modell der Literaturkritik als Teil des öffentlichen Meinungsaustausches ist also untrennbar gebunden an die Entstehung einer liberalen bürgerlichen Öffentlichkeit und deren literarisch-öffentliche Institutionen wie Lesegesellschaften und Leihbibliotheken, aber auch Kaffeehäuser und (später) Salons. Damit setzte sich – idealiter – das Gespräch der gebildeten mündigen Laien an die Stelle des höfisch-autoritären Kunsturteils. Dieses Modell der »liberalen Öffentlichkeit« besteht im Prinzip und dem Anspruch nach bis heute in den demokratischen Gesellschaften.[83]

Aber nicht nur die Trennung zwischen professionellen und nicht-professionellen Kritikern, auch die zunehmend scharfe Trennung zwischen Hochliteratur und Trivialliteratur, zwischen Elite- und Massenkultur entwickelte sich in der zweiten Hälfte des 18. Jahrhunderts (vgl. etwa Thalmann 1970). Dabei konzentrierte sich die professionelle Literaturkritik fast völlig auf Werke der Hochliteratur und verlor alle anderen, viel mehr rezipierten Literaturangebote (die sogenannte Trivialliteratur) aus dem Blick – und das bis in die sechziger Jahre des 20. Jahrhunderts, als endlich H. Kreuzer (1975) die sogenannte Trivial-

82 »Der Begriff der Kritik ist mithin in der Epoche der Aufklärung nicht von der Institution der Öffentlichkeit zu trennen. [...] Denn durch die Beziehung auf das Publikum verliert das kritische Räsonnement seinen privaten Charakter« (Hohendahl 1974, S. 17).

83 »Der Idee nach hat der Kritiker nur eben einen gewissen Vorsprung von Expertentum und Informiertheit, er ist ein privilegierter Leser, aber noch immer nicht grundsätzlich verschieden vom Leser«, konstatiert etwa Jörg Drews (1978, S. 223).

literatur als legitimen Gegenstand der Literaturwissenschaft und Literaturkritik wiederentdeckte.

Vor allem selbst literarisch ambitionierte Kritiker wie die Brüder Schlegel trieben gegen Ende des 18. Jahrhunderts den Anspruch der Literaturkritik und die Selbsteinschätzung der Literaturkritiker in zuvor ungekannte Dimensionen. Der Kritiker verstand sich nicht länger primär als Sachwalter und Sprecher der Laienleser, der zwischen Autoren und Lesern zu vermitteln sucht, sondern er setzte sich selbst kongenial neben den Dichter als das Originalgenie. Seine Kritik erst vollendete das literarische Kunstwerk, da sie in die Tiefen des Textsinns und der Autorintention hinabreicht, die selbst dem Autor in seiner Werkbefangenheit verborgen bleiben müssen. »Ihr Ziel ist Ergänzung und Vollendung des in seiner individuellen Endlichkeit gegenüber der Idee der Kunstnotwendig unvollkommenen Kunstwerks« (Hohendahl 1974, S. 24).

Hinter dieser Hybris steht nach meiner Einschätzung die theologische Tradition der literaturkritischen Hermeneutik, die die Lehre vom vierfachen Schriftsinn und von seiner Entschlüsselung durch den professionellen Theologen auf die Literatur und die Literaturkritik übertrug. Wie die Literatur im 18. Jahrhundert schrittweise die Religion als Institution der Sinngebung für das individuelle Leben beerbte, so trat die Literaturkritik das Erbe der Theologie an. Was ein literarisches Werk der Hochkultur wirklich bedeutete, das konnte nur noch der professionelle und begnadete Literaturkritiker erkennen – der Text sprach nicht für sich selbst.

Bereits in den siebziger Jahren des 18. Jahrhunderts schätzte Heinrich Christian Boie die Situation so ein, daß »der größte Teil des Deutschen [...] nur noch mit der Rezension in der Hand oder im Kopf las«.[84] Fichte vermutete (in den *Grundzügen des gegenwärtigen Zeitalters*), daß die Flut an Rezensionen das Publikum vom Lesen der Originalwerke abhält. »In diesem Systeme [werden] die Bücher lediglich gedruckt, damit sie rezensiert werden können und es [würde] überhaupt keiner Bücher bedürfen, wenn sich nur Rezensionen ohne Bücher machen ließen.«[85] Gegen diesen hybriden Anspruch der Schlegels

84 Zitiert nach Haferkorn 1974, S. 198.
85 Zitiert nach Bürger 1980, S. 198.

und ihrer Parteigänger setzten dann die Literaturkritiker des Jungen Deutschland (Heine, Börne, Wienbarg und andere) auf eine Wiederherstellung der literarischen Öffentlichkeit, um zum einen die Kluft zwischen Autoren und Lesepublikum zu überbrücken und um zum anderen die literarische Öffentlichkeit als Instrument der politischen Befreiung zurückzugewinnen. Das Modell der liberalen Öffentlichkeit der Aufklärung wurde erneut propagiert, der kritische Schriftsteller als Sprachrohr der Öffentlichkeit gegen staatliche Gewalt und Willkür aufgeboten.

Notwendigerweise mußte dabei die Idee des autonomen, geschlossenen Kunstwerks, das nur nach rein ästhetischen Kriterien beurteilt werden darf und kann, aufgegeben werden. Heinrich Heine vollzog bewußt den Schritt, die Subjektivität des Kritikers und der Kritik gegen den Anschein kritischer Objektivität ins Recht zu setzen, um dem Leser wieder Mut zum eigenen Urteil zu machen.

Dieses Modell der liberalen Öffentlichkeit haben dann Marx und Engels grundsätzlich kritisiert, indem sie den Vertretern dieses Modells eine völlige Verkennung der realen Machtverhältnisse bescheinigten und von den Kritikern ein explizites politisches Engagement forderten.

In diesem extrem verkürzten historischen Szenario sind, wie man unschwer erkennen kann, quasi idealtypisch die Positionen skizziert, die man – in wechselnden Ausprägungen und Koalitionen – bis heute in den unterschiedlichen medienkritischen Positionen erkennen kann.[86]

Mit Blick auf die heutige Situation der Literaturkritik wird man – stellvertretend für andere Kritikbereiche – dreierlei feststellen können:

- Das liberale Kritikmodell mit dem Kritiker als gut unterrichtetem Sprecher mündiger Laien ist im System literarischer Massenkommunikation mit einem rein kapitalistisch ausgerichteten Buchmarkt nur noch eine Illusion;
- Kritik muß eingestehen, daß sie über keine objektiven Kriterien der Analyse und Bewertung von Medienangeboten verfügt, tut sich andererseits aber immer noch schwer, die Subjektivität ihrer Urteile offen einzugestehen;

86 Zur Fernsehkritik vgl. etwa die Arbeit von Hickethier 1994.

– Kritik hat im Machtapparat der modernen Kulturindustrie keine echte Chance mehr, ihre Selbständigkeit sowie ihre kritische Potenz gegenüber allen Bereichen und Aktanten des Mediensystems zu wahren und akzeptiert zu bekommen.

Schließlich kann man darüber hinaus noch beobachten, daß die Situation der Kritik und der Kritiker in den verschiedenen Mediensystemen ganz unterschiedlich ist. Höchst unterschiedlich sind die Interessenlagen der verschiedenen Medienanbieter, aber auch der jeweiligen Publika sowie der jeweiligen Medienkritiker. Einheitlich sind bestenfalls die negativen Befunde. So haben die verschiedenen Sparten der Medienkritik bis heute keine einheitliche oder gar eindeutige disziplinäre Konzeption entwickelt. Die verwendeten Begrifflichkeiten sind unscharf geblieben, grundlagentheoretische Probleme weitgehend ungeklärt, Zielsetzungen und Legitimationen von Medienkritik noch immer kontrovers. Ja, selbst die Frage, was genau als Medienkritik bezeichnet werden kann, ist bis heute unbeantwortet. Daher versuche ich in den folgenden Abschnitten, zunächst einmal Ort und Format der Medienkritik in einer konstruktivistischen Medientheorie zu skizzieren.

9.3 Die Stelle der Medienkritik in einer konstruktivistischen Medientheorie

Der Hinweis auf die Entstehung der Literaturkritik als professionelle Handlungsdimension mit unterschiedlichen Handlungsrollen verweist zugleich auch darauf, daß Literaturkritik im Unterschied zu Produktion und Rezeption von literarischen Medienangeboten und ähnlich wie Vermittlung/Distribution nicht zu den obligatorischen, sondern zu den fakultativen Handlungsrollen im Literatursystem gehört. Autoren und Leser hat es lange vor dem 18. Jahrhundert gegeben, wobei in vielen Gesellschaften – vor allem in oralen Gesellschaften – Autoren zugleich die Funktion der Vermittlung übernommen haben. Erst nach dem Ende der Geltung normativer Poetiken sowie unter den Bedingungen einer kapitalistisch organisierten massenhaften Produktion, Verbreitung und Rezeption literarischer Texte entsteht überhaupt erst ein Bedarf für Literaturkritik als »Interface« zwischen Produzenten und Rezipienten sowie zwischen Distributoren und Produzenten wie Rezipienten. Der neu entstehenden Literaturkritik kommen dabei Aufgaben zu, die einen wesentlichen Beitrag zur anlaufenden Selbstorganisation des neu entstehenden Sozialsystems Literatur leisten.[87] Zu diesen Aufgaben gehören, wie geschildert, sowohl Servicefunktionen hinsichtlich der Orientierung der Produzenten wie der Rezipienten auf dem unübersichtlich werdenden Buchmarkt als auch öffentlich geführte Analyse- und Bewertungsdebatten, die Selektions- und Hierarchisierungserwartungen der Produzenten wie Rezipienten vororientieren beziehungsweise durch Bestätigung verfestigen.

Geht man aus von der in diesem Buch vertretenen Beobachtertheorie, dann kann Medienkritik im Zuge der bisher vorgelegten Argumentation ganz allgemein bestimmt werden als Gesamtheit der wiederum in Medienangeboten materialisierten selektiven Fremd- und Selbstbeobachtung von Mediensystemen mit dem Ziel einer bewertenden Einschätzung der jeweils beobachteten Mediensysteme und ihrer Angebote in beziehungsweise durch andere Medien.

Legt man die bisher vertretene Hypothese zugrunde, daß sich in Mediensystemen die vier Handlungsdimensionen Produktion, Distribution, Rezeption und Verarbeitung voneinander unterscheiden lassen, in denen sich im Laufe der Geschichte ganz unterschiedliche Handlungsrollen entwickelt haben[88], dann ist Medienkritik der *Handlungsdimension Verarbeitung* zuzurechnen.

Verarbeiten bezeichnet das (als Medienangebot materialisierte) Herstellen einer erkennbaren Relation zwischen einem beobachteten Medienangebot (kurz: Ausgangstext) und einem im Anschluß beziehungsweise aufgrund der Beobachtung erstellten Medienangebot (kurz: Resultattext).

Diese Relation kann sechs unterschiedliche Ausprägungen annehmen: Kommunikat protokollieren; kondensieren; metatextuell beschreiben; bewerten; erklären[89]; transformieren.
Bei der Erstellung eines *Kommunikatprotokolls* liefert ein Verarbeiter eines Medienangebots einen Bericht darüber, welche

87 Vgl. dazu die Details in Schmidt 1989.
88 Zur Terminologie vgl. Schmidt 1994.
89 Vgl. dazu ausführlich Schmidt 1991, Kapitel 5.

Lesart(en) er dem Medienangebot im Verlauf der Rezeption beziehungsweise im Anschluß an den Rezeptionsprozeß zugeordnet hat.

Beim *Kondensieren* faßt ein Verarbeiter den Inhalt eines Medienangebots in unterschiedlicher Verknappung beziehungsweise Verkürzung zusammen, mit der er bestimmte Zielsetzungen verfolgen kann.

Metatextuelle Beschreibungen sind metasprachliche beziehungsweise metamediale Operationen, die einem Element oder dem Ganzen eines Kommunikatprotokolls Aussagen zuordnen, die metasprachlichen beziehungsweise metamedialen Charakter haben (etwa grammatikalische Beschreibungen).

Beim *Bewerten* werden einem Medienangebot Aussagen zugeordnet, die mittels evaluierender Ausdrücke normative Stellungnahmen des Verarbeiters ausdrücken. Bewertungen können implizit oder explizit sein.

Erklären ist diejenige Operation, in der mit Hilfe von Aussagen oder Hypothesen Erklärungsbedarf im Hinblick auf Medienangebote beziehungsweise deren Komponenten befriedigt wird.

Transformieren benennt die Umsetzung eines Medienangebots in ein Medienangebot eines anderen Medien(teil)systems beziehungsweise in einen anderen Typ von Medienangebot. Beispiele hierfür sind Verfilmungen von Romanen, Aufführungen von musikalischen Partituren, Erstellen eines Hörspiels zu einem Manuskript und so weiter. Transformationen sind keine Eins-zu-eins-Umsetzungen, sondern erfordern immer Selektionen und Interpretationen.

Die Handlungsdimension *Verarbeitung* hat im Laufe der Geschichte ganz unterschiedliche Handlungsrollen entwickelt, die unter verschiedenen Gesichtspunkten systematisiert werden können:

- ökonomisch abhängig vs. unabhängig;
- professionell vs. nicht-professionell;
- wissenschaftlich vs. nicht-wissenschaftlich;
- medienspezifisch vs. medienübergreifend.

9.4 *Funktionen von Medienkritik*

Wie schon im vorigen Abschnitt wird auch im folgenden ein vergleichsweise abstraktes und grobes Beobachtungsraster gewählt, um Funktionen von Medienkritik insgesamt bestimmen zu können. Die Differenzierungen im Blick auf einzelne Medien bleiben hier also bewußt außer Betracht.

1. Die einfachste Funktion von Medienkritik kann als informierende Servicefunktion bezeichnet werden. Hier wird über Neuerscheinungen, Autoren und Ereignisse im Mediensystem lediglich informiert.

2. Medienkritik liefert eine (in aller Regel als exemplarisch intendierte) Rückmeldung des Rezeptionsbereichs an Produzenten und nimmt dadurch eine Vermittlungsfunktion zwischen Autor und Publikum wahr. (Darum gilt die aufmerksamkeitsökonomische Grundregel: Besser eine schlechte Kritik als gar keine.)

3. Medienkritiker stellen einen öffentlichen Diskurs über bestimmte Medienangebote her und konzentrieren damit Aufmerksamkeit auf dieses Angebot und sein Umfeld wie auch auf den Kritiker und seine Einschätzung des Medienangebotes.

4. Medienkritiker bieten verbindliche bzw. zumindest für interessant gehaltene Lesarten und Einordnungen von Medienangeboten an.

5. Kritiker bewerten Medienangebote unter thematischen und ästhetischen Gesichtspunkten.

6. Kritiker bewerten die Bedeutsamkeit und den Rang bestimmter Medienangebote im Rahmen ästhetischer und/oder gesellschaftlicher Wertsysteme bis hin zu Kanonisierungsversuchen.

7. Kritiker nehmen die Auseinandersetzung mit Medienangeboten zum Anlaß für Bewußtseins-, Gesellschafts- oder Ideologiekritik.

8. Kritiker engagieren sich im Rahmen ihrer Kritik für Veränderungen des Mediensystems insgesamt beziehungsweise für Veränderungen bestimmter Phänomene in diesem System beziehungsweise im Mediensystem insgesamt.

Medienkritik ist notwendigerweise an ein Medium gebunden, sei dies nun Print, AV oder Internet. Und Medienkritik konzentriert sich auf bestimmte Medien(angebote) als Untersuchungsbereiche, wobei verschiedene Konstellationen denkbar sind, also etwa die Kritik von Printmedienangeboten in Printmedien oder im Hörfunk, im Fernsehen oder im Internet und so weiter.

Medienkritiker können ihren Beobachtungsbereich ganz unterschiedlich dimensionieren. Das heißt, sie können sowohl einzelne Medienangebote als auch bestimmte Angebotsgattungen, einzelne Medien(teil)systeme als auch das Mediensystem einer Gesellschaft oder verschiedener Gesellschaften zum Gegenstand kritischer Analysen machen. Hinsichtlich von TV-Medienangeboten zum Beispiel können Kritiker ihre Kritik sowohl als Einzelsendungskritik wie als Sammelkritik (»die besten Talkshows des letzten Jahres«), als Werk- oder als Œuvrekritik, als Formatkritik, als Programmkritik oder auch als Senderkritik anlegen.

Medienkritik erscheint als Kritik an Stars und Bildschirmpersönlichkeiten, als Kritik der Produktions- und Distributionsverhältnisse, der Medienpolitik und der Medieninstitutionen; und sie ist eng verbunden mit Grundfragen der Medienethik und Medienpädagogik.[90]

Medienkritiker können ihrer Kritik Stellvertretungscharakter verleihen, indem sie Medienkritik als exemplarische Kultur- oder Gesellschaftskritik anlegen. Beispiele solcher nicht selten groß angelegter Medienkritiken etwa bei Benjamin, Kracauer, Adorno, McLuhan, Postman oder Enzensberger geben aber doch Anlaß zu der Frage, ob man hier nicht besser von Medien(gesellschafts)theorien als von Medienkritiken sprechen sollte. Solche Medien(gesellschafts)theorien lassen sich dann generell in kulturpessimistische (Verfalls- oder Verlusttheorien) und kulturoptimistische (Fortschrittstheorien) einteilen, wobei unterschiedliche Schwerpunktsetzungen beobachtbar sind (etwa technophile versus technophobe Theorien).[91]

Die Erscheinungsformen wie die Möglichkeiten von Medienkritik sind stark geprägt von den Bedingungen des beobachteten

90 Vgl. dazu Hickethier 1994, 1997.
91 Vgl. dazu etwa Ludes 1998, Faßler und Halbach 1998.

Mediums wie von denen des »Gastmediums«, in dem sie distribuiert werden. So stellte etwa die Flüchtigkeit der AV-Medien Film und Fernsehen bis zur Durchsetzung der Videotechnologie ein Haupthindernis für Detailanalysen und die Wiederholung von Analysen zu jeder Zeit dar – eine Schwierigkeit, mit der etwa Literaturkritiker nicht zu kämpfen haben. Andererseits liefern die Programmschemata des Fernsehens und die Spartenverteilung der Tageszeitungen schwer veränderbare Vorgaben für Medienkritiker, die in Zeitschriften oder gar in wissenschaftlichen Artikeln keine gravierende Rolle spielen. Darüber hinaus stecken die Erwartungen an Interessen und Kapazitäten der Nutzer(-gruppen) bestimmter Medien den Möglichkeiten der Medienkritiker ziemlich genau definierte Grenzen.

An guten Vorschlägen zur Verbesserung der Medienkritik hat es nie gefehlt und fehlt es bis heute nicht. Vor allem bei der Einführung und Durchsetzung neuer Medientechnologien (wie etwa gegenwärtig beim Internet) wird wieder die Debatte über Formen und Funktionen der Medienkritik neu aufgerollt. Aber meistens kommt diese Debatte nicht über Allgemeinheiten vom Typ »man sollte« hinaus. So schätze ich etwa auch die sechs Thesen zur Weiterentwicklung der Medienkritik ein, die H. Weßler formuliert hat:

1. Medienkritik sollte offen sein für alle Medien, alle Gattungen und alle kulturellen Niveaus.

2. Medienkritik sollte die spezifischen Eigenschaften der unterschiedlichen Medien ernst nehmen.

3. Medienkritik sollte größeres Augenmerk auf den Mediennutzungsmix der Rezipienten legen.

4. Medienkritik sollte die Stimme des Publikums stärken.

5. Medienkritik sollte die alltägliche, die professionelle und die wissenschaftliche Sichtweise auf die Medien stärker miteinander verschränken.

6. Medienkritik sollte medienkritische Interventionen durch abgestimmtes Timing zwischen verschiedenen Akteuren koordinieren (1997, S. 22-25).

Auffällig an solchen Empfehlungen ist der Versuch, Standards aus der Geschichte der Medienkritik abzugleichen mit der neuen Situation, die durch die Einführung neuer Medien entsteht. Daneben machen solche Forderungen aber auch deutlich, daß sie wohl kaum von schlecht ausgebildeten und bezahlten Mitgliedern der »Bruderschaft der entzündeten Augen« (so Chr. Ferber 1964 über die Fernsehkritiker) erfüllt werden können.

9.6 Verfahren der Medienkritik

Hinsichtlich der Verfahren von Medienkritik unterscheide ich idealtypisch zwischen journalistischer, essayistischer und wissenschaftlicher Medienkritik.

Journalistische Medienkritik liefert Vorder- oder Hintergrundinformationen über Medienangebote, Autoren und Medieninstitutionen, sie berichtet und kommentiert Rezeptionseindrücke und Einschätzungen von Medienangeboten und Medienereignissen und äußert sich zu prominenten Aktanten in der Szene.

Essayistische Medienkritik setzt sich argumentativ, kommentierend und bewertend mit dem jeweils gewählten Beobachtungsbereich auseinander. Dabei wird dem Kritiker durchaus zugestanden, ja meistens sogar von ihm erwartet, daß er seine Subjektivität als Gewicht in die Waagschale legt.

Von einer *wissenschaftlichen Medienkritik* – falls man eine solche überhaupt aus medien- oder wissenschaftstheoretischen Gründen für möglich hält – wird intersubjektive Plausibilität der Analyse, Bewertung und Einordnung von Medienangeboten beziehungsweise anderen Medienphänomenen erwartet, die durch den Einsatz expliziter Theorien und nachvollziehbarer Methoden erreicht werden soll. Dabei wird in der Regel vorausgesetzt, daß die bisherigen Ergebnisse der einschlägigen Mediengeschichtsschreibung(en) berücksichtigt werden.

9.7 Medienkritik im System der Handlungsdimensionen des Mediensystems

Medienkritik als Verarbeitungshandeln ist koevolutiv eingebunden in das sich zunehmend in Richtung auf Selbstorganisation entwickelnde Mediensystem aller modernen (funktional differenzierten) Gesellschaften. Ihre Möglichkeiten und Grenzen werden mitbestimmt durch die Entwicklung der drei anderen Handlungsdimensionen (Produktion, Distribution und Rezeption), wobei hier allerdings sehr deutlich nach den verschiedenen Mediensystemen unterschieden werden muß. So haben etwa Verleger und Autoren im Literatursystem schon bei seiner Emergenz im 18. Jahrhundert versucht, die Kritiker für ihre Zwecke, nämlich im Poker um kommerziellen Gewinn beziehungsweise um folgenreiche Aufmerksamkeit, zu funktionalisieren. Auch die Filmindustrie hatte und hat ein großes Interesse an Filmkritik, während – wie schon oben erwähnt – Hörfunk oder Fernsehen erheblich weniger Interesse an Medienkritik erkennen lassen.

Angesichts vielfacher Funktionalisierungsversuche gehört der Kampf vieler Medienkritiker um Unabhängigkeit unlösbar zur Geschichte der Medienkritik. Und dieser Kampf ist – wohl nicht zuletzt wegen der stets prekären Position (im ökonomischen wie im ästhetischen Bereich) der Medienkritiker – in der Regel mit ideologischer Überhöhung geführt worden. Entsprechend kämpften die Kritiker im Streit um ihre Unabhängigkeit für Meinungsfreiheit in der Gesellschaft ganz allgemein, für die Existenz einer freien Öffentlichkeit, ja für Demokratie insgesamt, und sie kämpften immer wieder für das Subjekt als freien Souverän seiner Überzeugungen und Meinungen im Diskurs der liberalen Öffentlichkeit.

Eine besonders prägnante Frontlinie der Kritik verläuft – ebenfalls seit dem 18. Jahrhundert – zwischen Kunst und Ökonomie. Schon Friedrich Nicolai geißelte die serielle massenhafte Produktion von Manuskripten der Trivialliteratur.[92] Stets wurden in Deutschland seither Kunst und Geld als feindliche Brüder gesehen, wurde das Geschäft mit der Kunst oder, in Adornos und Horkheimers Worten, die »Kulturindustrie« als Totengräber der Kultur gesehen, dem sich der kulturverantwortliche Kritiker als letzte Instanz entgegenzustemmen hatte. Wie die einleitende Analyse von Sigrid Löffler belegt, hat sich diese Argumentation zum Jahrtausendende eher verschärft als entspannt.

Es kann nicht überraschen, daß vor allem die *Ausdifferenzierung* des Mediensystems seit dem 18. Jahrhundert sowie die

92 So schreibt er in seinem Roman *Sebaldus Nothanker* (1773): »Ich kenne einen, der in seinem Hause an einem langen Tische zehn bis zwölf Autoren sitzen hat und jedem sein Pensum fürs Tageslohn abzuarbeiten gibt.«

Ausdifferenzierung von Handlungsrollen in den vier genannten Handlungsdimensionen das Geschäft der Medienkritik tiefgreifend beeinflußt haben. Dazu einige Beispiele.

1. Während im Printsystem die Zuordnung von Medienangeboten zu Autoren und Distributoren in der Regel problemlos ist, wird es im Fernsehsystem vor allem aber im Internet schon erheblich schwieriger, Autorschaften zuzuschreiben.[93]

2. Die schiere quantitative Zunahme von Medienangeboten in allen Mediensystemen erhöht den Selektionsdruck und damit auch die Beliebigkeit der Selektion, und zwar in allen Medien. Immer mehr Instanzen produzieren in immer mehr Medieninstitutionen immer mehr Medienangebote, die niemand mehr übersehen geschweige denn nutzen kann. Daher ist es folgerichtig, daß es in allen Mediensystemen nur noch eine Orientierungsfrage zu geben scheint: Aufmerksamkeitsökonomie.

3. Die extreme Ausdifferenzierung des Kulturprogramms komplexer Mediengesellschaften schwächt den Verbindlichkeitsgrad der Kultur erheblich ab. Subkulturen, Nischen, Szenen und so weiter entwickeln ihre oft sehr kurzfristigen Kulturprogramme mit ideosynkratischen Bedürfnissen und Werten. Da gleichzeitig das kulturelle Gedächtnis trotz oder gerade wegen ständig steigenden Speicherleistungen der Medien bei den Individuen immer schwächer wird, bleiben aus dem kulturellen Erbe der Gesellschaften nur noch samplefähige Versatzstücke übrig, die in den Medien – vom Spielfilm bis zur Werbung – als attraktive Aufmerksamkeitswecker eingesetzt werden. Medienkritiker haben in dieser Situation immer weniger die Möglichkeit, ihre Argumentationen und Bewertungen auf ein als kollektiv unterstellbares kulturelles Wissen zu stützen.

4. Die Ausdifferenzierung des Publikums in ein Massenpublikum einerseits und in eine ständig steigende Zahl von *special interest groups* modifiziert in bezeichnender Weise die Position der Medienkritik; denn beide Nutzertypen brauchen ganz verschiedene Formen von Medienkritik. Die Verantwortlichen in den Mediensystemen läßt diese Entwicklung unbeeindruckt, da sie genug zu tun haben mit dem »Gott Einschaltquote«, der sie immer sensibler gegen TEDs und immer unempfindlicher gegen Medienkritik werden läßt – womit sich die Frage stellt, ob Me-

93 Vgl. dazu die Beiträge in Faulstich (Hg.) 1994.

dienkritik überhaupt noch eine relevante Aufgabe besitzt oder ob sie nicht ihre Schuldigkeit getan hat, weil Marketing, Werbung und Public Relations in Einheit mit dem ökonomischen Erfolg als objektivem Wertmaßstab die Interface-Funktion zwischen Medienanbietern und Mediennutzern übernommen haben, die einst die Medienkritik erfüllt hat.

9.8 Medienkritik: Pro und Contra

Beginnen wir diese abschließenden Überlegungen zum Thema Medienkritik mit den Gegenargumenten beziehungsweise mit den eher skeptischen Überlegungen der letzten Jahre.[94]

Medienkritik, sei es die Kritik audiovisueller oder akustischer Medienangebote, so wurde und wird häufig argumentiert, ist eine Kritik im nachhinein. Sie kommt zu spät, um sich selektiv und orientierend auf die Entscheidung der Nutzer, eventuell sogar auch der Produzenten und Distributoren auswirken zu können. Auch Versuche, Kritiken vor der Ausstrahlung von Sendungen und dem Stattfinden von Konzerten als Vorabkritik zu placieren, sind zum Scheitern verurteilt, da sie in dieser Vorabposition eher als Werbung oder PR verschlissen denn als kritische Sinnorientierung genutzt werden.

Gegen diese beiden Einwände wird man erst dann kompetent argumentieren können, wenn man einschlägige empirische Untersuchungen zur Hand hat. Denn auch die Literaturkritik kam immer zu früh oder zu spät, ohne daß diese Tatsache ihre Wirkung unmöglich gemacht hätte. Gewichtiger ist da schon der Einwand, Medienkritiken stellten ein Arsenal von Flüchtigkeiten dar, hastige Reaktionen auf den ununterbrochenen Programmfluß in allen Medien, dem die Kritiker nur äußerst selektiv folgen können. Überdies seien viele Medienkritiker schlecht ausgebildet, ihre Kritiken qualitativ sehr unterschiedlich und nicht selten inkompetent und unprofessionell.

Auch diese Einwände sind aus der Geschichte der Literaturkritik bis heute bekannt, und jeder Kritiker der Medienkritik kann heute wissen, wie schwierig das Geschäft der Medienkriti-

94 Vgl. dazu unter anderem die Beiträge in Weßler u.a. (Hg.) 1997 oder Hickethier 1994.

ker aus den oben skizzierten Gründen ist. Außerdem stellt sich die Frage, ob solche Einwände nicht eher dahin gewendet werden sollten, die Ausbildung der künftigen Medienkritiker zu verbessern, um ihre Arbeit professioneller und kompetenter zu machen, statt die Handlungsrolle des Verarbeiters aus dem Mediensystem zu eliminieren.

Medienkritik, so lautet ein weiterer Einwand, ist elitär und wirkungslos; denn sie erreicht keineswegs das »breite Publikum«. Auch hier erinnert der Einwand sehr an die Geschichte der Literaturkritik. Und auch hier muß man sich fragen, welche Prämissen eigentlich hinter einer solchen Kritik stehen. Wie die Geschichte der Literatur-, Musik-, Kunst- und Theaterkritik verdeutlichen kann, zielten deren kritische Beiträge zwar im Prinzip auf jedermann, realistischerweise aber auf die *Entscheidungsträger* in den jeweiligen Mediensystemen. Deren Entscheidungen, ästhetische Kriterien, gesellschafts- und medienpolitische sowie medienökonomische Prämissen und Ziele sollten zum Gegenstand der Diskussion unter den Meinungsführern sowie unter dem Fachpublikum gemacht werden. Entsprechend hoch mußte dann aber auch das stilistische und argumentative Niveau solcher Kritiken sein, was wieder ihre Lesbarkeit beim breiten Publikum einschränkte, das aber gleichwohl indirekt von den Auswirkungen erfolgreicher Kritiken profitierte: Autoren verschwanden aus dem Programm oder tauchten neu auf, neue Themen wurden entwickelt, ästhetische Gestaltungsmittel verstärkt genutzt oder gemieden und so weiter. Außerdem müssen Medienkritiker, die ihre Ziele erreichen wollen, sich auch selbst dem Imperativ der von ihnen kritisierten Medien(angebote) beugen, nämlich dem Imperativ der Aufmerksamkeitsökonomie.

Mit Blick auf diese Zusammenhänge kann man vermuten, daß die Hierarchisierung der Medienkritiken, der gemäß Literatur-, Kunst-, Musik- und Theaterkritik immer noch vor Film-, Hörfunk- und Fernsehkritik rangieren, eher historische als normative Gründe hat.

Die *positiven Argumente* für Medienkritik haben es im Vergleich zu den negativen viel schwerer, unmittelbare Plausibilität zu erzielen. Als allgemeinstes Argument kann man meines Erachtens anführen, daß jedes Mediensystem, das seine Nutzer nicht direkt steuern kann (und das ist bei allen modernen Mediensystemen seit dem Buchdruck der Fall), kritische Beobachtung und Analyse im Sinne der Nutzer braucht. Verläßt man sich nicht in einem absoluten und hinsichtlich aller relevanten Aspekte verbindlichen Maße auf die Selbstregelungskräfte des Marktes, dann wird man mit Blick auf vielfältige historische Erfahrungen verlangen, daß Mediensysteme mit möglichst präzisen Fremdbeobachtungen konfrontiert werden müssen, um ihre Routinen wie ihre egoistischen Interessen aufdecken und eventuell unterbrechen zu können. Medienkritik muß Einmischung in fremde Verhältnisse sein; aber sie erfolgt im Interesse der Klientel, auf die sich zugleich das Hauptinteresse der Produzenten und Distributoren in den Mediensystemen richtet: die Nutzer. Wenn das ökonomische System schon den Kunden zum König proklamiert, muß der König auch seine Wächter bestimmen und arbeiten lassen können – falls er selbst dieses noch wünschen sollte.

Einmischung aber verlangt Engagement ebenso wie deutliche Beobachtungs- und Bewertungskriterien, um für medienkritische Angebote in der öffentlichen Kommunikation zu Recht Aufmerksamkeit erregen zu können. Darum muß jede Medienkritik nicht nur mit dem Anspruch auf bessere Mediensysteme und Medienangebote auftreten, sondern auch mit dem Anspruch auf bessere Medienkritik, und das heißt weitgehend auf eine Verbesserung der Ausbildung wie der Arbeits- und Publikationsbedingungen von Medienkritikern.

Nicht die Erfahrung von Inkompetenz, Relativismus und Pluralismus vieler Medienkritiken dürfe Medienkritiker also zur Aufgabe zwingen. Solche Inkompetenzen sollten vielmehr zur kritischen Selbstbeobachtung der Medienkritiker Anlaß geben, die dann ein wesentlicher Bestandteil des Diskurscharakters von Medienkritik werden könnte.

Wer, so lautet meine Überzeugung, den Anspruch auf die Diskussionsfähigkeit und -würdigkeit des Medienhandlungsgeschehens in unserer Gesellschaft aufgibt, gibt zuviel auf – nämlich, pathetisch gesprochen, die Forderung nach einer kritischen Veränderung derjenigen gesellschaftlichen Instrumente, die heute diese Gesellschaft als sinnorientiertes Kommunikationssystem konstituieren. Zwar läßt sich über die Qualität von Medienangeboten nicht objektiv und dauerhaft entscheiden – aber streiten läßt sich darüber mit Erkenntnisgewinn, weil dieser Streit zur Selbstbeobachtung und zur Erkenntnis der eigenen blinden Flecken der Beobachtungen führen kann. Deshalb fordert auch R. Weiß (1997) Qualitätsdebatten als Debatten über die Geltung gesellschaftlich konsensfähiger Werte und befürchtet – wie ich meine, zu Recht – Nachteile für die Gesellschaft, wenn solche Debatten unterbleiben.[95] Wenn Medienkritik verstanden wird als argumentative Selbstverständigung des Gesamtmediensystems über sich selbst beziehungsweise als Modus der Selbstbeobachtung der Medienteilsysteme und über diese Selbstbeobachtung auch als ein Modus der Selbstbeobachtung der Gesellschaft über den Umgang mit ihren Medien als ihren potentesten Instrumenten der Wirklichkeitskonstruktionen, dann müssen die Macher und Distributoren ein ebenso großes Interesse an Medienkritik haben wie die Rezipienten und Nutzer.

Auch Sigrid Löffler – und damit soll der Kreis der Überlegungen geschlossen werden – kommt nach ihrem Abgesang auf die Kritiker als aussterbende Spezies doch noch zu versöhnlichen Tönen (nur aus Eigennutz?), und zwar mit einem rhetorisch gut bekannten Strategem: Dialektik.

»Statt die eigene Entmachtung hinzunehmen, statt sich ausspielen zu lassen gegen interaktive, meinetwegen demokratischere Kommunikationsformen, kann er [der Kritiker, sjs] ebensogut seine neue Stärke erkennen und behaupten, Kulturbrüche sind vor allem herrliche Spielwiesen für Kulturkritiker. Und die Event-Kultur bedarf nicht nur ihrer Marktschreier, sie bedarf auch derer, die sie so mies machen, wie sie manchmal ist. Die Kritik wird gebraucht, weil die Kritik gebraucht wird. Anders als tautologisch ist sie nicht begründbar« (Löffler 1999).

Das mag wie Singen im dunklen Keller klingen. Aber einiges spricht auch dagegen. Und zwar einmal ein so arrogantes wie zutreffendes Argument, das schon immer darauf bestanden hat, daß Kunstqualität nichts mit Demokratie zu tun gehabt hat und hat. Zum anderen das medienphänomenologische Argument, daß Geburts- wie Totenscheine für die Medienkritik immer von ihren Vertretern ausgestellt worden sind und ausgestellt werden müssen – wer sonst könnte das tun? Solange also Medienkritiker noch in den Medien über Wohl und Wehe der Medienkritik streiten oder auch lamentieren, lebt die Totgesagte noch.

95 Vgl. auch die Argumente von Kammann (1997) zur Medienkritik als Instrument der Qualitätssicherung.

Und auch das letzte Argument von Sigrid Löffler für die Kritik ist schwer zu widerlegen: »Je weiter der Kritiker ins Abseits gedrängt wird, desto mehr ist er auch gefordert: Einen schließlich muß es geben, der aufsässig, streitbar und wachsam ist und der die Kunst von ihren kommerziellen Simulationen noch unterscheiden kann« (ebd.).

An solchen Unterscheidungen aber kann schließlich niemand mehr interessiert sein als die Kulturindustrie selbst; denn wie soll Aufmerksamkeitsökonomie denn funktionieren, wenn es keinen Unterschied mehr gibt, der einen Unterschied macht – und keinen Beobachter, der dies sieht und sagt? (Und dafür hat er seinen Lohn verdient.)

10. Medium um Medium: Medienhistoriographie

> »Die Geschichte der Medien deckt sich nicht im mindesten mit der Verwirklichung eines Planes, eines Projektes oder gar eines Traumes ...«
> P. Lévy

10.1 Auf dem Wege zur Mediengesellschaft

Verfolgt man komplementär medientheoretische wie konstruktivistische Medienforschungsinteressen, dann läßt sich Mediengeschichte parallel als Gesellschaftsgeschichte wie als Kognitions- und Kommunikationsgeschichte schreiben. Die Komplementarität liegt darin begründet, daß Medien als Instrumente der Wirklichkeitskonstruktion einerseits die Bedingungen und Möglichkeiten von Vergesellschaftung, Institutionalisierung und Beobachtung konstituieren, daß andererseits irreduzibel gewordene technisch-mediale Dispositive in sozialsystemischer Institutionalisierung die kognitiven und kommunikativen Möglichkeiten von Aktanten einer Gesellschaft substantiell prägen, weil sie der Verfügung von Aktanten vorausliegen und über ihre individuellen Beeinflussungsmöglichkeiten hinausreichen. Sozial durchgesetzte Mediendispositive sind – wie gesagt – historisch unumkehrbar, wohl aber differenzierbar. Sie neigen offensichtlich durch Hypertrophierung zur Komplexitätssteigerung

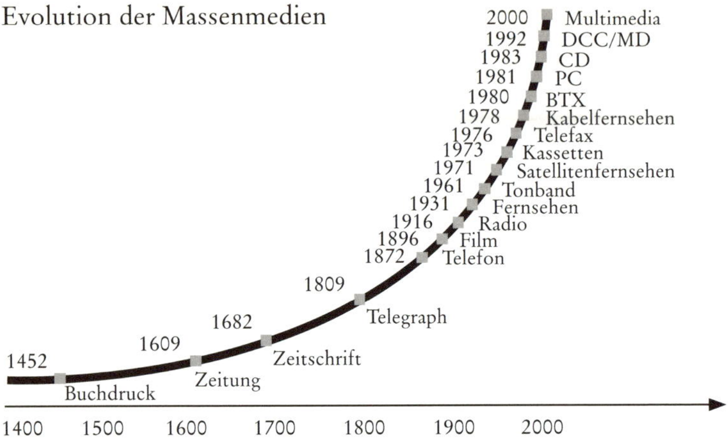

Abbildung 5

(das drastischste Beispiel ist bis heute das Internet), wodurch neue gesellschaftliche Verhältnisse, neue Kognitions- und Kommunikationsumwelten entstehen, die über die Individuen hinausreichen und sich ihrer Verfügbarkeit entziehen, zumal wenn die technischen Bedingungen immer undurchschaubarer werden.

Im Lichte dieser Überlegungen läßt sich Mediengeschichte in der Tat sinnvoll als Geschichte der Gesellschaft auf dem Wege zu einer *Mediengesellschaft* schreiben, wobei die ökonomischen, politischen, sozialen und kulturellen Veränderungen[96] durch die Etablierung neuer Medien stets in direkter Wechselwirkung mit den dadurch ausgelösten kognitiven und kommunikativen Veränderungsprozessen gesehen werden müssen. Kommunikationshistoriker wie Merten oder Giesecke haben deshalb zu Recht die Auffassung vertreten, daß die Entfaltung von militärischen wie zivilen Kommunikationsprozessen in immer kürzer werdenden Abständen (vgl. Abb. 5) zur Entwicklung und Durchsetzung neuer Medien geführt hat, die wiederum Kommunikation auszudifferenzieren erlaubten – bis hin zur Dysfunktionalität, die wiederum neue Medientechnologien auf den Plan ruft.

96 Vgl. dazu etwa Dröge und Kopper 1991 oder Hiebel u. a. 1999.

Die Schwierigkeit einer historiographischen Darstellung dieser verschiedenen Entwicklungen besteht darin, daß man sich angesichts der Komplexität der beobachtbaren Prozesse davor hüten muß, lineare Kausalitäten zu unterstellen. Meines Erachtens kann bestenfalls von *Ko-Evolutionen* im Sinne heterarchisch geordneter Kreiskausalitäten gesprochen werden, wobei als Beobachtungskonstante der hier angedachten Mediengeschichte solche Veränderungen dominieren, die durch Medien und Kommunikation (als Instrumenten der Ausdifferenzierung kulturellen Wissens) in Kognition und Kommunikation als Bestimmungsgrößen sozialer Interaktion in Gang gesetzt und in Form gebracht worden sind. Dahinter steht folgende Überlegung:

Einerseits hängt die Akzeptanz eines Mediums ab von gesellschaftlichen Strukturen und organisatorischen Voraussetzungen.[97] Andererseits sind markante kognitive wie soziale Entwicklungen offenbar stets mit Umarrangements im Mediensystem einer Gesellschaft eng verbunden, die durch die Durchsetzung einer neuen allgemein nutzbaren Medientechnologie ausgelöst werden. Über die Annahme eines komplexen Wechselspiels von gesellschaftlichen Bedingungen für die Entstehung und Durchsetzung neuer Medientechnologien und den sozialen Auswirkungen der Nutzung dieser Technologien auf der Grundlage der damit transformierten kognitiven, kommunikativen und kulturellen Kompetenzen der Nutzer gibt es in der Mediengeschichtsschreibung wohl keine Kontroversen. Ebensowenig wohl darüber, daß dieses Wechselspiel keinen einfachen Kausalitätsmustern gehorcht. Will man also nicht einen teleologischen Verlaufsplan der geschichtlichen Entwicklung unterstellen, dann bleibt medienhistoriographischer Forschung die Möglichkeit, das Zusammenwirken der in Kapitel II,7-8 markierten Dimensionen im Verlauf historischer Prozesse zu beobachten, wobei Phasen neu eingeführter Medientechnologien von besonderem Interesse sein dürften. Dabei können dann die oben skizzierten Theorien von »Kognition«, »Kom-

97 Das zeigt sehr deutlich die Geschichte von BTX in Deutschland. BTX bot ab den frühen achtziger Jahren fast alle Möglichkeiten, die später das Internet bot, konnte sich aber aus sozialstrukturellen und organisatorischen Gründen nicht durchsetzen.

munikation«, »Medien« und »Kultur« als beobachtungsleitende Theorien herangezogen werden.

Eine solche Medienhistoriographie konzentriert sich aus rein arbeitsökonomischen Gründen auf die Verbindungslinie Medien – Kommunikation – Kognition, ohne die gesellschaftliche »Einbettung« in soziale Entwicklungen aus dem Blick zu verlieren, wobei diese sozialen Entwicklungen wiederum – wie erwähnt – in ihrer koevolutiven Verbindung mit der Medienevolution gesehen werden. Eine solche Medienhistoriographie kann sich auf reiche Vorarbeiten stützen, die allerdings systematisch aufgearbeitet werden müßten.[98]

W. J. Ong (1987) und J. Goody (1990) haben sehr deutlich gemacht, wie erst die Verräumlichung der Sprache durch die *Schrift* logisch-analytisches Arbeiten ermöglicht hat. Schrift insinuiert bei den Nutzern ein Konzept von Wissen, was unabhängig vom Körper und außerhalb des Körpers und der jeweiligen Problemlösungssituation zu existieren scheint. Schreiben fördert Sehen als zergliedernden Sinn auf Kosten des Hörens als des vereinenden Sinnes. Die Durchsetzung der Schrift ermöglicht langfristig die Konstruktion einer neuen Lebenswelt durch Loslösen des Menschen aus kontextuell-konkreten oralen Zusammenhängen und das Abstraktwerden schriftlich vermittelter Kommunikation, in der Mitteilen, Verstehen und Akzeptanz auseinanderfallen und durch Zusatzvorkehrungen (wie zum

98 So ist für die Entwicklung und Durchsetzung der Schrift zu verweisen auf die bekannten Arbeiten von Eisenstein 1979, Goody 1990 und Ong 1987; für den Buchdruck auf die Darstellung von Giesecke 1991; für die Fotografie etwa auf die Studien von Sontag 1978, von Amelunxen 1988, Barthes 1995 oder Crary. 1996; für das Telefon auf die Arbeiten von Becker (Hg.) 1974, Frank 1995, Winter und Eckert 1990. Einschlägige Untersuchungen zum Film liegen mit Benjamin 1963, Virilio 1987 oder Monaco 1980 vor. Für das Radio kann verwiesen werden auf Dahl 1983 und Lenk 1997, für das Fernsehen auf Meyrowitz 1987, Doelker 1989 oder Spangenberg 1997. Dazu kommen die zahlreichen Arbeiten zu Medien wie Video, BTX, Walkman oder Telefax, die hier nicht einzeln aufgeführt werden. Und für die sogenannten neuen Medien können Bolz 1990 oder die von Stefan Bollmann herausgegebenen Kursbücher (*Neue Medien* 1995 und *Internet* 1996) genannt werden. Hinzu kommen Beobachtungen und Spekulationen aus dem Umkreis der internationalen Medienphilosophie von H. A. Innis, M. McLuhan, J. Baudrillard und V. Flusser bis F. Kittler, R. Maresch oder H. U. Reck.

Beispiel Makroschemata der Diskursorientierung) wieder notdürftig aufeinander bezogen werden müssen.

Der Körper verliert seine Bedeutung als Ort unmittelbarer Wahrnehmung von Sinn und Kultur, er wird im Verlaufe des Vordringens der Buchkultur zunehmend ersetzt durch das Buch. Schrift suggeriert eine (ontologisch interpretierbare) Differenz von Denken und Sein bei gleichzeitiger Übereinstimmung beider im Sein. Schrift steigert die Möglichkeiten sozialer Kontrolle, von Öffentlichkeit und Universalisierung (etwa religiöser Ansprüche). Sie ermöglicht sogenannte Informationsspeicherung und macht dadurch Erinnern wie Vergessen zu einem persönlichen wie gesellschaftlichen Problem erster Ordnung, eröffnet aber auch den Aufbau formalisierter Verwaltung, Rechtsprechung und Kriegsführung.

Historische Darstellungen der Durchsetzung des *Buchdrucks* in Europa und seiner Folgen wie etwa die von Eisenstein (1979) und Giesecke (1991) zeigen anhand reicher Belege die dadurch verstärkte Bevorzugung des Gesichtssinnes vor allen anderen Sinnen und die weitreichenden Konsequenzen dieser Entwicklung für die Hierarchisierung von Wahrnehmungen und Erfahrungen ebenso wie für die europäischen Konzeptualisierungen von »Wirklichkeit«, »Wahrheit« und »Objektivität«. So hat die Durchsetzung der dreidimensionalen zentralperspektivischen Darstellungsweise in der Malerei und vor allem auch in den Buchillustrationen zu einer Disziplinierung des Sehens wie des Darstellens geführt, die bis heute anhält und die bis heute als die »natürliche« Weise nicht nur des Darstellens, sondern auch des visuellen Wahrnehmens empfunden wird.

»Die Zentralperspektive ermöglicht es, einen einheitlichen und unabhängigen fiktionalen Raum zu erzeugen – also die Wahrnehmungswelt des Beobachters deutlich vom Koordinatenraum der Repräsentation zu trennen. Der Entwicklung der Linearperspektive im modernen Sinne korrespondiert die Entstehung eines Darstellungsbegriffs, der darauf abzielt, die Dinge nicht so wiederzugeben, wie sie aussehen, sondern ›as we know they are‹. Optik und Perspektive treten auseinander, so wie der Bezug auf die reale Welt und der Bezug auf die Perspektive des Beobachters auseinandertritt: Die Realität trennt sich von der Fiktion« (Esposito 1998, S. 272).

Mit Blick auf gesellschaftliche Veränderungen im Zusammenhang mit solchen kognitiven und kommunikativen Wandlungsprozessen werden heute verstärkt die Zusammenhänge zwischen der Durchsetzung des Buchdrucks und der Reformation, dem Nationalismus, der Demokratie und dem Kapitalismus intensiv diskutiert.

Mit dem Buchdruck und dem dadurch ermöglichten Zeitschriftenwesen ab dem späten 17. Jahrhundert wandelt sich das personal überschaubare Kommunizieren zur sozialen Kommunikation, entsteht also der Kommunikationszusammenhang, der über Publikumsbildung Öffentlichkeit und überregionale Kultur entstehen läßt. Die Vervielfachung der Medienangebote vervielfacht potentiell auch die Anlässe und Modi der Mediennutzung wie der Beobachtung und Kommunikation dieser Nutzung, womit endgültig die Selbstorganisation gesellschaftlicher Kommunikation anläuft.[99]

Mit der Durchsetzung der *Fotografie* endet strenggenommen die dominante Geltung der Gutenberg-Galaxie: Das Zeitalter der Visualität bricht an. Der Siegeszug der Fotografie (etwa auf Kosten der Stereoskopie) hat endgültig die vom Buchdruck simulierte Authentizität der dreidimensionalen Abbildung des Auges wie der Kamera scheinbar unwiderleglich bestätigt. Wie nachhaltig diese Disziplinierung des Sehens, die auch als eine Industrialisierung des Sehens durch das Massenmedium Foto dargestellt worden ist (vgl. Crary 1996), sich bis heute auswirkt, zeigen die gesteigerten Irritationen unserer Wahrnehmung durch digitale Bilderzeugungen, die das traditionelle Verhältnis zwischen Bild und Abbild ins Paradox der Bilder ohne Vorbilder verkehren und angesichts der technischen Möglichkeiten spurenloser Bildbearbeitung erstmals unser naives Vertrauen in die Repräsentationsleistung der technisch hergestellten Bilder von Grund auf erschüttern – so sehr, daß das traditionelle europäische Wirklichkeitsmodell Risse zu zeigen scheint und die lebensweltlich scheinbar unerschütterliche Opposition von Wirklichkeit und Schein sukzessive ersetzt wird durch eine nur noch temporär und lokal beglaubigte offene Skala von Virtualitäten, die sich lediglich nach ihrem Konstruktions- und Nutzermodus voneinander unterscheiden.

Das Zusammenwirken der erfolgreichen physiologischen Entdeckung der Mechanismen des Sehens seit J. E. Müller in den

99 Zur historischen Darstellung dieser Prozesse vgl. etwa H. E. Bödecker 1988.

dreißiger Jahren des 19. Jahrhunderts, der dadurch ermöglichten Mechanisierung beobachtungsabhängiger Routinehandlungen in der Industrie und beim Militär sowie der industriellen Durchsetzung des Abbildungsverfahrens hat die Fotografie in der entstehenden Massenkultur des ausgehenden 19. Jahrhunderts zum Instrument einer gesellschaftlichen Normierung »des richtigen Sehens«, mithin zur Reduktion von Varianten und damit zur Disziplinierung visueller Wahrnehmung durch Standardisierung werden lassen, was wiederum – via Differenzmanagement – die Herausbildung der Kunstfotografie ermöglicht hat.

Im und mit dem *Film* haben die Mediennutzer lernen müssen, mit mehr-medialen Präsentationen so umzugehen, als handle es sich um »normale« Wahrnehmungssituationen. Das Zeitmanagement der bewegten Bilder, der Geräusche und Sprachen; Inszenierungsstile, Rahmungen, Einstellungen, »unnatürliche« Präsentationsmodi wie Montage, Zoom, Rückblende und so weiter wurden schnell erlernt und unterstützten einen Mediennutzungsmodus, der mehr auf Identifikation und Emotion als auf Referentialisierung und Kritik gerichtet war. Im Dispositiv Kino dominierten Faszination und Unterhaltung, Kommerz und nicht Kritik, wie noch Walter Benjamin zu hoffen gewagt hatte.

Die Referenzfrage, die schon das Foto aufgeworfen hatte, wurde durch den Film drastisch verschärft, der Ton und Bewegung zum Bild hinzufügte und damit die Differenz zwischen Fiktion und Wirklichkeit zum Resultat intellektueller Anstrengungen machte.[100] Daher erklärt sich auch hier – wie beim

100 »Eine Film- und besonders eine Tonfilmaufnahme bietet einen Anblick, wie er vorher nie und nirgends denkbar gewesen ist. Sie stellt einen Vorgang dar, dem kein einziger Standpunkt mehr zuzuordnen ist, von dem aus die zu dem Spielvorgang als solchen nicht zugehörige Aufnahmeapparatur, die Beleuchtungsmaschinerie, der Assistentenstab und so weiter nicht in das Blickfeld des Beschauers fiel. Das Theater kennt prinzipiell die Stelle, von der aus das Geschehen nicht ohne weiteres als illusionär zu durchschauen ist. Der Aufnahmeszene im Film gegenüber gibt es diese Stelle nicht. Dessen illusionäre Natur ist eine Natur zweiten Grades; sie ist ein Ergebnis des Schnitts. Das heißt: *Im Filmatelier ist die Apparatur derart tief in die Wirklichkeit eingedrungen, daß deren reiner, vom Fremdkörper der Apparatur freier Aspekt das Ergebnis einer besonderen Prozedur, nämlich der Aufnahme durch den eigens eingestellten photographischen Apparat und ihrer Montierung mit anderen Aufnah-*

Foto – die Irritation und Faszination, die digitale Bilderzeugung und Hybridisierungsprodukte spätestens seit *Forrest Gump* hervorrufen. (Stichwort: Von den Bildern der Wirklichkeit zur Wirklichkeit der Bilder).

Von besonderer Bedeutung waren und sind beim Dispositiv Kino bis heute die Wahrnehmungsbedingungen (kollektiv individuelle Rezeption in dunklen Räumen), die Unterstellung gesamtgesellschaftlicher zeitgleicher Rezeption derselben filmischen Botschaften, die für ideologische (im Dritten Reich) wie sozialpolitische Zwecke (Hollywood-Film-Syndrom) benutzt werden konnte. Und nicht zuletzt beginnt mit dem Film die grundsätzliche Wandlung unserer Raum- und Zeiterfahrung, die dann mit dem Fernsehen zur Selbstverständlichkeit geworden ist.

Der *Rundfunk* als technische Innovation ließ seit Mitte der zwanziger Jahre zum ersten Mal das Bedürfnis entstehen, von morgens bis abends unterhalten und informiert zu werden. Dabei stand die Informationserwartung unter der Aktualitätsforderung. Das Radio sollte Raum und Zeit überwinden und den Hörer zum Mittelpunkt der Welt machen. Der Live-Bericht schien Aktualität und Authentizität ohne Widerspruchsmöglichkeit zu integrieren. Die Unbestechlichkeit des Mikrofons wurde mit der Objektivität des fotografischen Apparats verglichen. Das Programm begann den Tagesablauf zu strukturieren. Und die regelmäßigen Zeitdurchsagen waren der Anlaß für eine in Deutschland in dieser Form vorher unbekannte normative Zeitsynchronisation. Das immer komplexer und umfangreicher werdende Programmangebot führte bald zu einer für die Zeitgenossen völlig neuen Beschreibung der Welt in Form eines seriellen Puzzles von »Informationen«, die in der Proliferation des Angebots in immer mehr Sendern zum Verbrauchsgut wurden. Das demokratisierende Potential des Rundfunks, von den Pionieren ebenso gefeiert wie seine Fähigkeit, das traditionelle Kulturverständnis aufbrechen zu können, beförderte in erster Linie eine nivellierte Massenkultur sowie – in der rasch einset-

men von der gleichen Art ist. Der apparatfreie Aspekt der Realität ist hier zu ihrem künstlichsten geworden und der Anblick der unmittelbaren Wirklichkeit zur blauen Blume im Land der Technik« (Benjamin 1963, S. 31. Hervorhebung im Original).

zenden Verbindung mit der Werbung – eine Kommerzialisierung der Kommunikation.[101]

Über die Veränderung von Raum- und Zeitwahrnehmung durch das Medium *Fernsehen* ist so viel geschrieben worden, daß ich an dieser Stelle nicht noch einmal darauf eingehen muß. Peter Michael Spangenberg (1997) hat mit seiner Kategorie »Kommunikationsqualität« darauf aufmerksam gemacht, daß sehr rasch nach seiner Durchsetzung das Medium Fernsehen viel stärker als Unterhaltungs- denn als Informationsmedium genutzt wurde und wird. Die Inszenierung von Kommunikation steht heute im Zentrum der Aufmerksamkeit. Wie schon die Fotografie fördert auch das Fernsehen die medientechnische Gestaltung von Objektivität und Unmittelbarkeit und die Ausschaltung von Vermittlungs- und Interpretationsinstanzen (Faszinationstyp Medientechnik). Medial vermittelte Wahrnehmung, so hat Spangenberg immer wieder argumentiert, operiert auf einer nicht bewußtseinsfähigen Ebene. Was immer wir kognitionstheoretisch wissen mögen: Die Wahrnehmung produziert automatisch die gestalthafte Präsenz bewegter Bilder, wobei die TV-Medienangebote gerade auf solche Akte des Realisierens, auf die Herstellung von Gestalthaftigkeit und somit auf Aufmerksamkeitsbindung angelegt sind. Nicht erst nach Einführung des dualen Systems ist das Fernsehen im Verein mit den anderen Medien zu einem vorrangigen Wirtschaftsfaktor geworden. Die Kommerzialisierung der Kommunikation ist ein Signet aller modernen Mediengesellschaften (vgl. Schmidt und Spieß 1996).

Die *Video*-Technologie, seit Mitte der siebziger Jahre in der BRD durchgesetzt, hob zum ersten Mal die Einmaligkeit und Flüchtigkeit des Fernsehens auf. Die Fernsehangebote wurden speicherbar, beliebig von ihrem Sendeort und der Sendezeit ablösbar und wie Bücher lesbar und analysierbar (Video als Zeitmaschine). Auch mit dem Video, das zunächst vorwiegend von Künstlern und Technikern genutzt wurde, ging von Anfang an eine Demokratisierungs- beziehungsweise Emanzipationsideologie einher. Video sollte jeden zum Filmschöpfer machen (so wie die Fotografie jeden zum Bildproduzenten gemacht zu haben schien), sollte das TV-Monopol der Anstalten brechen,

101 Vgl. dazu mit zahlreichen historischen Belegen Maatje 1999.

Kritikpotential entbinden, Subversionskräfte von Minderheiten und Randgruppen freisetzen, der Erforschung des eigenen Körpers dienlich sein und so fort.

Wenig davon ist realisiert worden. Umfangreich verwirklicht wurde dagegen, was heute jede MTV-Stunde verkörpert[102]: Die Auflösung des Narrativitätsprinzips, die Dissemination und Kombination kultureller Einzelbestände einer telematisch gewordenen Kulturanschauung.

Schließlich ist auch die Literatur zum Internet beziehungsweise zu Cyberspaces im allgemeinen voll von Beiträgen dazu, wie diese neuen technischen Möglichkeiten Wahrnehmung und Kommunikation, Identität und Sozialstrukturen, Politik und Wirtschaft beeinflussen (werden). Dabei geht es um Erfahrungen der Präsenz und Beschleunigung im Umgang mit Hypertexten und Hyperlinks, um die Ablösung der Hermeneutik durch eine neue Rhetorik, um die Transformabilität und Verknüpfbarkeit digitalisierter Medien, um Interaktivität als neue Strategie der Mediennutzung oder um die Entkopplung von Raum und Zeit (vgl. Faßler 1998, Ludes und Werner 1997, Sandbothe 1996, Bollmann und Heibach 1996 und andere).

Neben dem Aspekt der Wahrnehmungsveränderungen läßt sich seit Jahren eine intensive Debatte über die Anarchisierung beziehungsweise Kontrolle und Kommerzialisierung des Internet, seine Auswirkungen auf ökonomische, politische und kommunikative Internationalisierungs- oder gar Globalisierungstendenzen (Stichworte: Global Village und Weltgesellschaft), seine sozialen und politischen Möglichkeiten und Gefahren (zwischen neuer demokratischer Agora, virtuellen Gemeinschaften und der These vom Verschwinden der Macht in den Tiefen des immer unbeobachtbarer werdenden medientechnologischen Raumes) beobachten.[103]

102 Vgl. dazu die Beiträge in Neumann und Braun (Hg.) 1999.

103 Vgl. etwa die zusammenfassende Diskussion bei Faßler 1998 und Jones (Hg.) 1995, die Beiträge in Maresch (Hg.) 1996, Steinmüller (Hg.) 1993, Mast (Hg.) 1996, Rötzer (Hg.) 1988-89, Kaiser u. a. (Hg.) 1993, oder Arbeiten von Stöckler 1992, Negroponte 1995, Turkle 1984, 1995, Rheingold 1994, Schmidt 1999a und viele andere.

Läßt man solche medienhistorischen Entwicklungen noch einmal unter dem Aspekt ihrer möglichen Systematisierbarkeit Revue passieren, dann ergeben sich Parallelen, die meines Erachtens eine weitgehende Hypothese bezüglich der Medienentwicklung zu formulieren erlauben. Diese Hypothese besagt, daß sich bei der gesellschaftlichen Durchsetzung jeder neuen Medientechnologie (Buchdruck, Foto, Film und so weiter) bestimmte Entwicklungskonstanten koevolutiv durchsetzen. Unter »Entwickungskonstanten« verstehe ich Prototypen im Sinne von E. Rosch, also wiederkehrende Invarianzen im Sinne typisierbarer Einheiten in der Vielfalt von Detailentwicklungen. Jede dieser Konstanten wird sich bei den verschiedenen Medien und unter den jeweils spezifischen soziohistorischen Bedingungen inhaltlich anders realisieren, wobei aber der vom Konstanten-Namen fixierte Entwickungs*typ* als identisch postuliert wird. Obgleich diese Hypothese erst in Ansätzen überprüft werden konnte, möchte ich sie hier kurz zur Diskussion stellen.[104]

Disziplinierung der Wahrnehmung

Mit jedem neuen medien-technologischen Dispositiv, das sozial erfolgreich durchgesetzt worden ist (und wird), so lautet meine erste Hypothese, wird die Wahrnehmung der Individuen in spezifischer Weise verändert, nämlich auf die medien- und kommunikationsspezifischen Bedürfnisse und Bedingungen der Nutzung des jeweiligen Mediums hin norm(alis)iert, wodurch sich die Mediensozialisation mit entsprechenden Folgen insgesamt verändert. Dabei spielen nicht zuletzt die in die Technologie eingegangenen sozialen, politischen und ökonomischen Strukturen[105] eine entscheidende Rolle.

104 Aus Gründen der Prägnanz der Darstellung formuliere ich die Hypothesen plakativ, ohne auf zeitliche Verläufe, Brüche und Alternativen einzugehen.

105 Vgl. dazu etwa die Arbeiten von Kittler (1986, 1993, 1998). – Eine frühe Formulierung der Disziplinierungshypothese findet man bei Walter Benjamin: »Innerhalb großer geschichtlicher Zeiträume verändert sich

Mit der erfolgreichen Durchsetzung spezifischer Medien bilden sich weiterhin ganz bestimmte Formen der Selbst- und Fremdwahrnehmung im Verhältnis zum eigenen Körper und damit spezifische Formen der Wirklichkeitserfahrung heraus. So hat, wie oben bereits angesprochen, etwa die Verräumlichung der Sprache durch die *Schrift* erst abstrakt-analytisches Arbeiten ermöglicht und eine Auffassung von Wissen entstehen lassen, das unabhängig vom Körper und der jeweiligen Problemlösungssituation existiert. So wurde mit der Erfindung der Zentralperspektive in der Renaissance der Sehakt kulturell standardisiert, so daß heute die visuelle Wahrnehmung eines Bildes dann als »richtig« und als »natürlich« gilt, wenn die Darstellung aus der Perspektive eines gedachten Beobachters heraus konstruiert ist.

Medieninduzierte Wahrnehmungsänderungen sind von vielen Medienforschern in den letzten Jahren als *Disziplinierungen* beschrieben worden (vgl. zuletzt Ludes 1998 oder Viehoff 1998). Trotz möglicher negativer Konnotationen greife ich ebenfalls auf diesen Ausdruck zurück, um folgenden Themenkomplex aufzurufen: Wie alle natürlichen Sprachen in drastischer Weise verdeutlichen, sind Sozialität und Kommunikation evolutionär nur möglich, wenn kognitive Sinnbildungsmöglichkeiten und Ausdrucksverfahren der Individuen rigide soziokulturell geformt, sozialisatorisch implementiert und kommunikativ durch An- und Ausschlußverfahren reguliert werden. Da Kognitionen wie Kommunikationen nie voraussetzungslos beginnen oder ablaufen, sondern nur auf bereits vorhandenem Wissen und auf verfügbaren Ordnungen operieren können, muß Sprache – ebenso wie die historisch nachfolgenden Medien – Kognition und Kommunikation disziplinieren, um Sinnbildungsfähigkeit zu ermöglichen, wobei die gesellschaftliche Organisation solcher Disziplinierungen ganz unterschiedlich angelegt sein kann. Gegenbegriffe zu »Disziplinierung« sind also keineswegs »Freiheit« oder »Authentizität«, sondern eher »Differenzmanagement«, womit die durch gezielte Latenzbe-

mit der gesamten Daseinsweise der menschlichen Kollektiva auch die Art und Weise ihrer Sinneswahrnehmung. Die Art und Weise, in der die menschliche Sinneswahrnehmung sich organisiert – das Medium, in dem sie erfolgt –, ist nicht nur natürlich, sondern auch geschichtlich bedingt« (1963, S. 14).

obachtung eröffnete Nutzung abgeblendeter Sinnbildungsoptionen bezeichnet wird. Der mit »Disziplinierung« angesprochene Erwerb medialer Kompetenzen kann – wie stets – als Gewinn- wie als Verlustgeschichte beschrieben werden. Das hängt davon ab, ob man historisch früher erworbene Kompetenzen, die nun weniger genutzt und geachtet werden, normativ stilisiert (sie zum Beispiel als »wilde Wahrnehmung« oder »Lob der Langsamkeit« heroisiert).

Im einzelnen geht es bei solchen Disziplinierungsprozessen darum, spezifische Medienkompetenzen zu erwerben, die günstige Bedingungen für die Nutzung einer Medientechnologie bilden. So mußten sich die Nutzer des Buchdrucks der Einschränkung der Wahrnehmung auf das perspektivische Prinzip beugen und die Normierung von sprachlichen Codes in Wörterbüchern übernehmen; so müssen sich etwa die Nutzer von Radio und Fernsehen den Zeitschienen des Programms anpassen; Internet-User müssen die Regel für spezielle Kommunikationsformen im Netz erlernen und befolgen und so weiter. Insofern sind auch alle Regelungen für die Koordination medienbezogenen Handelns in einer Gesellschaft als Teil des angesprochenen Disziplinierungsprozesses zu betrachten (vgl. dazu Kubicek und Schmid 1996).

Solche Disziplinierungsprozesse (die aus kognitionstheoretischen Gründen genauer als Selbstdisziplinierungsprozesse zu beschreiben sind) werden dann wahrscheinlich, wenn die Nutzung der jeweiligen Medientechnologie Gewinn an kulturellem Kapital (im Sinne von Pierre Bourdieu) verspricht. Und dieses Versprechen scheint nicht zuletzt deshalb wahrscheinlich, da – wie auch Michael Giesecke betont – neue Medien von ihren Protagonisten gesellschaftlich prämiert und den überkommenen Medien vorgezogen werden, was wiederum Medien(gesellschafts)theoretiker mit immer gleichen Argumenten auf den Plan ruft.

Die von einem neuen Medium in Gang gesetzten Wahrnehmungsänderungen müssen als dynamische historische Prozesse gesehen werden, die mit zum Teil großen Variationsbreiten beginnen und von jeder neuen Medieneinführung modifiziert werden (können). Insgesamt aber verweisen sie auf den engen und schwer veränderbaren Zusammenhang von Medium, Normativität, Identität und Kultur, auf den Halbach und Faßler aufmerksam gemacht haben (1998, S. 33). Der Analyse der Autoren schließe ich mich an dieser Stelle voll an:

»Neben den engen Verflechtungen von Gerät und Medium und denen von Sinnlichkeit und Sinn ist zu betonen, daß Medien [...] ihre eigenen Wirkungsformen entwickeln. Man kann auch sagen, daß sie einen eigenen ›Lehrplan‹ aufweisen, den jeder Benutzer bedienen muß, um etwas durch das jeweilige Medium zu erfahren. [...] jede Medialität belegt den menschlichen Körper mit anderen Anforderungen« (ebd.).

Demokratisierungsversprechen

Bei der Durchsetzung jedes neuen Mediums erhoffen sich (beziehungsweise verheißen) die Befürworter einen neuen Demokratisierungsschub im Sinne einer gerechteren Teilhabe an den neuen kognitiven und kommunikativen (weniger an den neuen ökonomischen) Möglichkeiten des jeweiligen Mediums.

So stellte die Nutzung des Mediums *Buch* Zugang zu allen verfügbaren Sorten von Wissen in Aussicht, verhieß Bildung durch Selbstbildung und ungehinderten Kompetenzerwerb in den verschiedensten Bereichen durch einschlägige Fachliteratur. Alle Geheimnisse sollten offenbar gemacht, soziale Barrieren abgebaut und Macht durch Beobachtung und öffentliche Diskussion eingegrenzt werden.

Die *Fototechnologie* eröffnet in den Erfolgsprognosen ihrer Befürworter die Möglichkeit, daß nicht mehr nur wenige Privilegierte, sondern im Prinzip jedermann aktiv und passiv über Bilder verfügen können sollte. Über Bilder verfügen hieß, über Zeit, Erinnerung, Personen und Dinge ebenso wie über gesteigerte Möglichkeiten der Selbsterfahrung zu verfügen. »Tagtäglich«, so formulierte Walter Benjamin, »macht sich unabweisbarer das Bedürfnis geltend, des Gegenstands aus nächster Nähe im Bild, vielmehr im Abbild, in der Reproduktion, habhaft zu werden« (1963, S. 15). Der besondere Reiz bestand darüber hinaus darin, daß im Prinzip jedermann diese Bilder auch selbst herstellen konnte, daß also der besondere Typ von Bilderstellungskreativität, der zuvor auf wenige Künstler begrenzt war, demokratisiert werden konnte: Jeder (s)ein Maler.[106]

106 Von einer Demokratisierung des Bildes durch George Eastmans Kodak-Billigkameras sprechen auch Kleinsteuber und Hagen (1998, S. 72).

Der *Film* stellte in den Argumenten der Förderer eine Demokratisierung von Spektakeln jeder Art in Aussicht, die zuvor nur wenige Privilegierte im Theater genießen konnten. Dazu verhieß man eine zuvor unmögliche Intensität der Beobachtung persönlichster Dinge, das Ausleben aller Arten von Phantasien und Wünschen, Träumen und Obsessionen »im Bauch des Kinos«.

Der *Rundfunk* wurde gefeiert als Transmissionsinstrument für Informationen, Bildung und Kultur, als zeitgleiche und authentische Teilhabe am Weltgeschehen sowie als Artikulationsmöglichkeit für alle möglichen Interessengruppen in der Gesellschaft (Stichworte: Arbeiterrundfunk, Brechts Radiotheorie).

Das *Fernsehen* wurde *expressis verbis* als Fenster zur Welt mit uneingeschränktem Bildungs-, Informations- und Unterhaltungsauftrag für alle Gesellschaftsmitglieder eingeführt. Die Teilhabe am Weltgeschehen für jedermann wurde durch die Audiovisualität sowie die ständige Verfügbarkeit dieser Möglichkeiten gegenüber dem Rundfunk und dem Film optimiert.

Die *Videotechnologie*, anfangs besonders intensiv genutzt von politisch engagierten Künstlern und Künstlerinnen, wurde begrüßt als Demokratisierung der Verfügung über Audiovisualität wie als kreative Individualisierung ihrer Nutzung. Video machte die bislang flüchtigen Medien Film und Fernsehen zeitlich beherrschbar; jeder konnte bestimmen, was er zu welchem Zeitpunkt Bild für Bild oder als Bildsequenz nutzen wollte. Jeder wurde auch in den Stand versetzt, selbst Filme zu produzieren und in Filmen selbst seine Ausdrucksmöglichkeiten zu erproben: Jeder sein Filmproduzent, Regisseur und Star.

Das *Internet* schließlich wurde von einflußreichen Politikern wie Al Gore gar als Wiederbelebung der athenischen Agora gefeiert. Weltweite und zeitgleiche Kommunikation aller mit allen, kostenloser Zugang zu allen verfügbaren Informationsbeständen, Kreativität durch Interaktivität, freie Wahl von temporär begrenzbaren Sozialbindungen waren die verlockenden Perspektiven für Net-User weltweit.

Ebenso evident wie das spezifische Demokratisierungsversprechen jedes neuen Mediums scheint aber auch zu sein, daß sich keines dieser Versprechen in der erhofften Art und Weise erfüllt hat, wofür in erster Linie die stets rasch einsetzende Kommerzialisierung und die damit verbundene Institutionalisierung jedes neuen Mediums verantwortlich gewesen sein dürften. Darüber hinaus reißt jedes neue Medium – wie schon oben erwähnt – neue Wissensklüfte auf und fördert die Ausdifferenzierung der Gesellschaft.

Kommerzialisierung

Ein Medium setzt sich erst dann durch, wenn es eine gewinnbringende Vermarktung in Aussicht beziehungsweise bereits unter Beweis stellt. So war zum Beispiel die Technologie des Buchdrucks bereits im 12. Jahrhundert in Korea entwickelt, wurde aber lediglich am Hof und in Klöstern genutzt. Erst als in Europa die neu entwickelte Drucktechnologie gleichzeitig von Regierungen und Kirchen, Wirtschaft und Verwaltung, Wissenschaft und Literatur aufgegriffen und breit genutzt wurde, sich also ökonomisch lohnte, setzte sich der Buchdruck auf breiter Front durch.

Ähnliches, so die Hypothese, hat sich bei der Fotografie, dem Film, dem Hörfunk und Fernsehen sowie den sogenannten neuen Medien wiederholt. Die Entstehung von Märkten, auf denen Leistungen medienvermittelter Kommunikation geldlich bewertet und anderen sozialen Systemen angeboten werden, ist eine entscheidende Entwicklungsbedingung für den Prozeß der gesellschaftlichen Durchsetzung einer Medientechnologie. An der Kommerzialisierung medienvermittelter Kommunikation ist dabei seit dem 19. Jahrhundert in erheblichem Maße die Werbung beteiligt. Offenkundig verläuft die Entwicklung der Werbung und die der Medien seit dem 18. Jahrhundert in einem engen Wechselverhältnis. Als Indikator für die gesellschaftliche Durchsetzung einer Medientechnologie dient daher nicht zuletzt die quantitative und qualitative Nutzung eines Mediums durch die Werbewirtschaft.

Kommerzialisierung setzt voraus, daß Blockaden der Zugänglichkeit zu einem Medium möglichst rasch aufgehoben werden und der Grad der Instrumentalisierbarkeit des jeweiligen Mediums erhöht wird. Das zeigt sich deutlich bei Medientechnologien, die zunächst für militärische Nutzungen entwickelt worden sind und dann nach der Öffnung für zivile Anwendungen durch Kommerzialisierung universalisiert wurden.

Die (ökonomische) Instrumentalisierbarkeit eines Mediums, so meine These, erhöht sich mit der voranschreitenden Konturierung von Angebots- und Nachfragemärkten, das heißt mit der Ausdifferenzierung von Medien- und Programmschemata auf der einen Seite und mit der Ausdifferenzierung von Rezipienten- und Zielgruppentypologien auf der anderen Seite.

Individualisierung

Sobald sich ein neues Medium durchgesetzt hat, beginnt eine allmähliche Individualisierung der Angebote wie der Nutzung. Diese Entwicklung dürfte bedingt sein durch das Zusammenspiel von Kommerzialisierung und Wahrnehmungsdisziplinierung. Auf der einen Seite verlangen die Nutzer eine aufmerksamkeitsweckende Gegenstrategie gegen Gewöhnungs- und damit Abnutzungseffekte, auf der anderen Seite kann der Konsum von Medienangeboten nur durch Ausdifferenzierung der Angebotspalette stimuliert werden: Nicht immer mehr vom Gleichen, sondern immer mehr anderes. In diesem Prozeß spielen technische Innovationen eine große Rolle, da sie beide Tendenzen allererst ermöglichen.

Die Einführung des Buchdrucks führte in einem langwierigen Prozeß zur Individualisierung des Lesens und Schreibens, die erst im 18. Jahrhundert auf breiterer Front vollzogen war. Die intensive gemeinsame Lektüre *eines* (klassischen) Textes, wie sie noch in der Manuskriptkultur üblich war, wurde mit dem Buchdruck allmählich durch die extensive und einsame Lektüre vieler verschiedener Texte ersetzt, ebenso wie erst der Buchdruck die Idee der Urheberschaft und die Figur des Autors in der Literatur entstehen ließ. Im Bereich der klassischen Printmedien ebenso wie im Hörfunk und Fernsehen setzt sich dieser Differenzierungs- und Individualisierungsprozeß bis heute fort (Stichwörter: Zielgruppenspezifik, Special Interest). Stark gestiegene Wahlmöglichkeiten und die Verfügbarkeit unterschiedlichster Programme führten zu neuen Nutzungsformen (wie etwa dem *Zapping*) und stellten auf seiten der kommunikationswissenschaftlichen Reflexion die Unterscheidung zwischen Individual- und Massenkommunikation in immer stärkerem Maße in Frage. Die neue digitale Technik, die Pay TV und Pay-per-view, individuelle Abrufdienste und interaktive Kommunikation im Internet ermöglicht, leistet einerseits einer Individualisierung der Kommunikation heute erneuten Vorschub, bleibt dabei aber gleichwohl massenmediales Angebot.

Entkopplung

Die Verfügbarkeit über ein neues Medium verändert das Verhältnis der Nutzer zum eigenen Körper (technisch gesprochen: zu Selbst- und Fremdwahrnehmung). Die Hypothese lautet, daß im Verlauf der Mediengeschichte Erleben, Handeln und Kommunizieren an räumlicher und zeitlicher Bindung verlieren. Jede erfolgreich durchgesetzte Medieninnovation zielt ab auf eine Überwindung raum-zeitlicher Restriktionen von der Wahrnehmung über die Kommunikation bis zur Interaktion. Mitglieder oraler Kulturen handeln und erleben gleichzeitig, während sich in Kulturen, die über Schrift verfügen, die neue Option ergibt, Handeln und Erleben zeitlich und räumlich voneinander zu trennen. Während sich das Kommunikationsinstrument Sprache dadurch auszeichnet, daß es in der gemeinsamen Interaktion physisch Anwesender zur kognitiven und kommunikativen Sinnproduktion genutzt wird, also gesprochene (Handeln) *und* wahrgenommene (Erleben) Sprache ist, befreit das Medium Schrift die Kommunikation von der Notwendigkeit der gegenseitigen Anwesenheit der Beteiligten und setzt so direkte Interaktion nicht mehr unbedingt voraus. Die bewegten und mit Ton unterlegten Bilder des Fernsehens simulieren in ihrem Anspruch auf Authentizität direkte Interaktion. Die Diskussion um das Medium Computer zeigt deutlich, wie die Vision von der telematischen Wiederbelebung persönlicher Interaktion fortbesteht. Auf der Ebene der Begriffe scheint diese Zielvorstellung immer wieder in der Figur des *Nutzers* durch. Darüber hinaus läßt sich beobachten, daß Erfolg und Mißerfolg der *Nutzung* von Computersystemen davon abhängig gemacht werden, inwieweit es gelingt, in die Konstruktion dieser Systeme am Vorbild persönlicher Interaktion orientierte Kommunikationsmodi zu implementieren. Eine in dieser Weise an den beiden Begriffen »Erleben« und »Handeln« orientierte Mediengeschichte könnte entlang der folgenden Entwicklungslinie geschrieben werden: *Präsenz* (körper- und situationsgebundene Medien) – *Telemedialität* (Schrift, Rundfunk) – *Teleinteraktion* (Telefon, Internet) – *Telepräsenz und Teleeffektivität* (Cybertechnologien), wobei diese Entwicklungen als miteinander verwobene Entwicklungsstränge gesehen werden müssen, die immer neue Pools von Optionen für Mediennutzungen haben entstehen lassen.

Latenzbeobachtung und progressive Kontingenzerfahrung

Prozesse der Wahrnehmungsdisziplinierung im Gefolge der Durchsetzung neuer Medien geraten durch soziokulturelle Habitualisierung rasch zum blinden Fleck von Kognition und Kommunikation. Auf die Beobachtung solcher blinder Flecken (sogenannte Latenzbeobachtung) spezialisieren sich im Laufe der Medienevolution zunächst die Kunst und subkulturelle Bewegungen, danach in zunehmendem Maße die Medien selbst, und zwar nicht zuletzt aus ökonomischen Gründen (Programmbeschaffung durch Selbstreferenz).

Je komplexer aber Mediensysteme werden, desto größer wird für die Nutzer einerseits der Selektionsdruck angesichts des Pools von Optionen, andererseits eine generalisierte Kontingenzerfahrung angesichts der Beobachtung, daß »alles auch anders sein könnte« (Virtualisierung von Medienwirklichkeiten). Selektionsdruck und Kontingenzerfahrung aber können wiederum vielfältig bearbeitet werden, wobei die Möglichkeiten von Resignation (etwa in Form von Kanaltreue beim Fernsehen) bis Switchen und Zappen beziehungsweise bis zu völliger Indifferenz und der Verweigerung von Mediennutzung reichen.[107] Kontingenzerfahrung, die wiederum in den Medien beobachtet und kommentiert wird, kann einerseits zu einer Vermehrung von Erfahrungswirklichkeiten, andererseits zu fundamentalistischen Tendenzen führen, die risikoreiche Kontingenz und Pluralität gewaltsam zu reduzieren bereit sind.

107 Zur gezielten Verweigerung von Fernsehnutzung vgl. Sicking 1998.

Intermedialität, Reflexivität des Mediensystems und Autologie der Medienforschung

Wie bekannt, funktioniert Medienkonkurrenz nicht als Verdrängungswettbewerb, sondern als fortlaufende Respezifikation der Funktionsmöglichkeiten aller Medien(teilsysteme) in einem Mediengesamtsystem. Gemäß der bereits häufig angestellten Beobachtung, daß neue Medien sich in der Anfangsphase thematisch und formal bei bereits durchgesetzten Medien bedienen und daß der Inhalt eines Mediums ein anderes Medium beziehungsweise andere Medien sind, erhöht sich – so meine Hypothese – mit zunehmender Komplexität eines Mediengesamtsystems der Grad beziehungsweise die Intensität an Intermedialität. Dabei bezeichnet »Intermedialität« nicht nur die Tatsache, daß Medieninhalte sich auf andere Medieninhalte beziehen, sondern daß Medien sich zunehmend gegenseitig beobachten, kommentieren und kontrollieren. Auf diese Kontrolle verlassen sich die Nutzer in komplexen Massenmedien-Systemen, die den größten Teil ihrer »Weltkenntnisse« über Mediennutzung produzieren. Unter »Intermedialität« fasse ich weiterhin die beobachtbare Entwicklung, daß jedes neu eingeführte Medium die vorhergehenden zur Hybridisierung und zur Multifunktionalität zwingt.

Mit jedem neuen Medium ergeben sich – wechselt man noch einmal die Beobachtungsebene – neue Möglichkeiten der Beobachtung und Selbstbeobachtung (in) einer Gesellschaft. Da auch Medien selbst zum Gegenstand dieser Beobachtungen werden können, Informationen etwa zu Nachrichten gemacht werden, die ihrerseits Kommentar, Kritik und Replik herausfordern, Meta-Medien wie etwa Programmzeitschriften, Kataloge, Datenbanksysteme und so weiter rigide Selektionsprozesse ermöglichen oder medienvermittelte und informelle Kommunikationen immer stärker miteinander vernetzt werden, führt jede erfolgreich durchgesetzte Medientechnologie zu einer funktionalen Umbewertung des bereits bestehenden Mediensystems. So läßt sich etwa in der E-mail-Praxis eine elektronische Simulation des traditionellen Briefes erkennen. Dadurch, daß sich der Aufwand des Schreibens und Versendens einer Nachricht stark reduziert, wird der traditionelle Brief von der Mitteilung des Alltäglichen entlastet und in Richtung auf das Besondere (etwa die Einladung zur Hochzeit, Taufe etc.) erneut gebunden, während die E-mail zum Medium spontaner Mitteilungen wird, was sich in zunehmendem Maße in Kommunikationsstreß äußert, der nun seinerseits nach neuen Lösungen verlangt und so fort.

Auch jede Mediengeschichtsschreibung erfolgt notwendigerweise in einem Medium, ist immer eine Form von Beobachtung von Medien mit Hilfe von Medien und wird daher früher oder später mit dem Paradoxon konfrontiert, ihre eigenen Erklärungen erklären zu müssen. So verbindet etwa McLuhan Argument und Argumentation in der mosaikartigen Darstellungsweise seiner Essays miteinander, indem er eine Collage von Slogans, Tatsachen und Zitaten erstellt. Auf diese Weise versucht er, dem »Diktat der Logik«, der linearen Verfaßtheit des gedruckten Wortes, zu entkommen. Jedoch begibt er sich damit in die paradoxale Situation, daß seine These vom Diktat der Logik falsch ist, wenn seine Strategie Erfolg hat, wohingegen seine These richtig ist, wenn seine Argumentationsstrategie erfolglos bleibt.

11. Medien als Medienjenseits: Fernsehreligion?

> »Daß allenthalben Ersatz für verlorengegangene Religion wie mit der Wünschelrute gesucht wird und daß der Religionsbegriff ungeahnte Ausweitung erfährt, weil jeder auf Sinnsuche ist [...] kann jeder miterleben.«
> R. Augstein

11.1 Ein Gerücht geht um: Fernsehreligion

Populäre wie fachwissenschaftliche Diskussionen der letzten Jahre postulieren eine neue kulturelle Entwicklung der Postmoderne: Medienreligion, speziell Fernsehreligion. Immer mehr Themen, Strukturen und Strategien, die bislang exklusiv in religiösen Zusammenhängen virulent waren, werden nun in den Medien geortet[108], und entsprechend divergieren die Diagno-

108 Thomas spricht von einem »rituell präsentierten und angeeigneten Symbolsystem mit deutlich religiösen Konnotationen« (1998, S. 21).

sen von »Parallelen« und »Erbschaft« bis »Funktionsübernahme«.[109]

Was ist geschehen? Verfügen wir in unserer Mediengesellschaft zur Jahrtausendwende über zwei Systeme, die (dieselben oder unterschiedliche) religiöse Funktionen erfüllen? Oder können wir, sozusagen im Schatten der verschwindenden traditionellen Religionen, nun eine Zweitcodierung vornehmen, der gemäß alles entweder »alteuropäisch« religiös oder medienreligiös verortet werden kann?

Daß solche Fragestellungen gerade heute Konjunktur haben, erklären viele Beobachter mit einer bei jedem Jahrhundertende beobachtbaren Wiederkehr der Fragen nach Sinn und Zukunft, nach Erlösung und Transzendenz, die geschürt wird von Deutungsmustern aktueller Katastrophen und Zukunftsszenarien nach dem bewährten Muster von Weltenende und Apokalypse.

Offenbar entsteht hier ein schwer durchschaubares Szenario, in dem Spezialisten wie Scharlatane gleichermaßen ihre Rezepte anbieten. Entsprechend schwer ist es, hier kühlen Kopf zu bewahren. Ebendies aber wird im folgenden versucht; das heißt, ich verheiße keine Antwort auf diese Fragen, sondern versuche, die Diskussion mit möglichst plausiblen, wenn auch nicht unbedingt spektakulären Argumenten ein wenig zu strukturieren, wobei Details der Schärfe des Arguments geopfert werden (müssen). Aber beginnen wir mit einer kurzen Bestandsaufnahme.

11.2 Zwischen Apokalypsegeilheit und Endzeitschauern

Am Ende des zweiten Jahrtausends christlicher Zeitrechnung ist wieder einmal Apokalypse angesagt, wird von der kaum noch christlich zu nennenden weltlichen Zivilisation »der Mensch« wieder einmal (wie schon von den Poststrukturalisten und den Medienphilosophen der Kittler-Schule) pressewirksam verabschiedet. *Die Zeit* wartet auf mit einer »Millenniums-Sonderausgabe: Die nächsten 1000 Jahre. Was wird? Was bleibt?«, und den Leitartikel titeln die Autoren Uwe Jens Heuser und Gero

109 Statt einer Literaturübersicht vgl. die prägnante Zusammenfassung von Schilson, die er aktuell im *www* anbietet (Anlage 3, S. 230ff.).

von Randow tröstlich-untröstlich mit »Mach's gut, Mensch. Das letzte Jahrtausend des Homo sapiens geht zu Ende. Wer kommt nach uns?«[110]

Die Zeit richtet darüber hinaus auch noch eine komplette Website zum Millennium im Internet ein *(www.jahr2000.zeit.de)*, in dem Interessenten bereits eine Fülle von Artikeln zum Thema »Apokalypse und Jahrtausendwende: Fernsehen«[111] vorfinden sowie natürlich eine Menge von Links zu einschlägigen Endzeitthemen. »Das Geschäft mit der Endzeit blüht – das apokalyptische Grauen ist auch im Fernsehen mehrheitsfähig geworden. Ob schick gruselig wie in *Akte X*, gelackt düster wie in *Millennium* oder aberwitzig satirisch wie in *Ridget*. Das Ende der Zeiten ist in Serie gegangen ...«[112]

Apokalyptische Visionen im Film mehren sich in der immer länger werdenden Reihe von Filmen, die sich seit Stanley Kubriks *2001* über *Alien*, *Apocalypse Now* oder *Blade Runner* bis zu *Twister* oder *Terminator 2* mit Ende-Visionen beschäftigen. Im Fernsehen widmet sich gegenwärtig (1999) eine ganze Riege von sechs Serien dem Okkulten wie dem Ende: *Millennium* (SAT 1), *Akte X* (Pro 7), *PSI-Factor* (RTL 2), *Nowhere Man* (RTL), *Outer Limits* (Pro 7) und *Sliders* (RTL).

Auch die Zahl der Filme und Fernsehserien, die vom Titel her biblische Assoziationen wecken (von *Excelsis Deo* bis *Memento Mori*), wird immer größer (siehe Anlage 4). Was wird hier gespielt? Geht es um eine künstlerische Auseinandersetzung mit einem Thema, das seit Beginn der Christenheit immer wieder Konjunktur gehabt hat, besonders in Deutschland, wie uns K. Vondung schon 1988 belehrt hat? Ist die Apokalypse kommerziell gewinnfähig geworden, weil die Medien immer schrillere Spektakel brauchen, um im Aufmerksamkeitspoker erfolgreich bestehen zu können? Deutet der Katastrophen- und Endzeitboom auf eine »gesteigerte Sensibilität gegenüber möglichen Krisen mit kosmischem Ausmaß, die von Menschen mitverschuldet sind«?[113] Oder geht – wie nicht nur der dänische Regisseur der Serie *Riget* Lars von Trier meint – das Zeitalter

110 *Die Zeit*, 53. Jahrgang, Nr. 1, 30. Dezember 1998.

111 *http://www.kath.ch/dossiers/apokalypse/fernsehen.ht*. – Dort heißt es: »Das Internet scheint ein besonders beliebtes Feld für Apokalyptiker und Endzeitler jeglicher Couleur zu sein« (Anlage 4, S. 232 ff.).

112 So beginnt das Internet-Dossier »Fernsehen: Endzeit ohne Ende«.

des Rationalismus zu Ende, kehren Spiritualität wie Mystik in übersteigerter und furchterregender Form als Mystizismus, Okkultismus und Apokalyptik aus der Verbannung zurück und finden in den Medien (vor allem in den AV-Medien) eine angemessene Heimstätte?

Auch ohne sich auf eine Antwort festlegen zu wollen, die ohnehin keinen Anspruch auf Gültigkeit erheben könnte, läßt sich eines behaupten: Zeit-Enden, und vor allem Jahrhundert- oder gar Jahrtausendenden, befördern offenbar allemal die Faszination für Untergangs- wie für Anfangsillusionen. Sie simulieren Zäsuren, drängen sich auf als Stopsignale für das bloße Weiter-so von Geschichte wie von Lebensläufen. Und die Massenmedien als Verbündete des »Zeitgeistes« (dazu unten mehr) greifen solche Bedürfnisse, Ängste und Visionen natürlich begierig auf und tragen sie in die öffentliche Diskussion, was ihre Prominenz erhöht und oft maßlos übersteigert.

Aber Enden werden notwendigerweise an Anfängen postuliert, zum Beispiel am Anfang (beziehungsweise am Wiederanfang) von Ende-Diskursen[114], was darauf verweist, daß Anfänge und Enden nur als Differenzphänomene denkbar sind, also als Konstrukte von Beobachtern, die ein Interesse daran haben, daß zu Ende geht, woran sie kein Interesse mehr haben oder wovor sie sich fürchten.

Anfangs- wie Endegeschichten fordern und fördern (schon aus darstellungstechnischen Gründen) Polarisierungen, Übertreibungen, extreme Szenarien, sonst fallen sie nicht auf und machen schlicht und einfach keinen Spaß – und den verlangen, wie makaber auch immer, alle, die sich an solchen Grenzdiskursen beteiligen bzw. sich ihnen willentlich aussetzen.[115]

113 So Ch. Martig in seinem Beitrag »Wie gehen wir mit der Apokalypse um?« in dem in Anmerkung 112 genannten Internet-Dossier.

114 Vgl. dazu die umfangreiche Sammlung einschlägiger Beiträge in Maresch (Hg.) 1993.

115 So versichert in dem Film *Die letzte Nacht* (von Don McKellar) der Leiter der Gaswerke noch wenige Stunden vor dem Weltuntergang, daß die Versorgung der Bevölkerung natürlich bis zuletzt gesichert sei.

Biblische Themen und Deutungsmuster, Symbole und Zitate haben seit Jahren als Versatzstücke unbestreitbar Konjunktur in allen Medien[116] und in allen Medienangebotsgattungen, von den Nachrichten bis zur Werbung, wie sich an einer Überfülle von Beispielen belegen läßt. Dieser Befund führt in der Tat und auch ganz unabhängig von Apokalypse-Affinitäten zu der Frage, wie sich denn Religion und Medien heute zueinander verhalten. Aber neben dieser eher direkten Frage wird – wie oben schon angemerkt – seit geraumer Zeit auch sehr ernsthaft die schwierigere Frage nach der religiösen Funktion etwa des Fernsehens insgesamt gestellt oder gar danach gefragt, ob das Fernsehen selbst – bewußt oder unbewußt – zur neuen Religion geworden sei (Stichwort: Fernsehen als Säkularreligion).

Günter Thomas hat in einer äußerst umfangreichen und detaillierten Studie zur religiösen Funktion des Fernsehens (1998) den Diskussionsstand zu diesem Thema so differenziert aufgearbeitet, daß eine Wiederholung hier überflüssig ist. Nicht überflüssig ist allerdings ein kurzer Hinweis auf seine spezifische Beobachtungsperspektive, da nur in Differenz zu dieser Perspektive mein eigener Ansatz verständlich wird.

Meines Erachtens empfiehlt es sich, in der Debatte folgende Aspekte voneinander zu unterscheiden:

- die Darstellung religiöser Phänomene als Versatzstücke von Medienangeboten;
- die Funktionalisierung religiöser Phänomene als Versatzstükke von Medienangeboten;
- die Möglichkeit, in einer Multioptionsgesellschaft neben anderen Wahrnehmungsangeboten auch Medienangebote im Sinne religiöser Phänomene zu nutzen;
- die Deutung von Medienangeboten (hinsichtlich Form, Gehalt, Inszenierung und so weiter) als religiöse Phänomene; und
- die Zuschreibung religiöser Funktion an (die) Medien beziehungsweise die Deutung von Medien als Religion.

116 Selbst in Designerkreisen nimmt man sich des Themas an, wie etwa die Diplomarbeit von H. Kraus im Wintersemester 1997/98 an der FH Münster zeigt. Titel: »Das Konzept einer modernen Apokalyptik« – sozusagen eine Imagekampagne für den spröden Stoff.

Thomas liefert in seiner Studie eine anthropologisch inspirierte »ritual- und religionstheoretische Betrachtung des Fernsehens«, die ihn zu folgender These und Zielsetzung führt: »Das Fernsehen ist das zentrale Ritual der vermeintlich ritenlosen und zunehmend säkularisierten modernen Gesellschaft. Das im Durchschnitt drei Stunden täglich genutzte Leitmedium der Industriegesellschaften begleitet als unendliche Liturgie den Alltag der Menschen.« Er vertritt die These, daß das seines Erachtens noch dominierende Leitmedium der modernen, nachliteralen westlichen Industriegesellschaft weithin als Form eines *kollektiven Kultes* zu interpretieren ist. Dabei konzipiert Thomas Fernsehen als eine »emergente Einheit« bestimmter Aspekte, wobei ihn vor allem die Programmförmigkeit und die Symbolwelten des Fernsehens sowie dessen Erfahrungsform interessieren (ebd., S. 20).

Insgesamt vertritt Thomas also nicht einfach die These, das Fernsehen löse die christliche Religion völlig ab oder bilde ein valides funktionales Äquivalent der christlichen Religion. Andererseits aber zählt er das Fernsehen durchaus zu der Erbengemeinschaft der Hinterlassenschaft der Christenheit. Deshalb finden Theologie und Kirche »im Fernsehen nicht ›die Welt‹ oder ›die säkulare Gesellschaft‹, sondern ein eigentümliches Spiegelbild, ja ein Vexierbild, das heißt ein rituell präsentiertes und angeeignetes Symbolsystem mit deutlich religiösen Konnotationen« (ebd., S. 21).

Sieht man dann im einzelnen nach, auf welche Aspekte der Religion sich die Erbschaft des Fernsehens beziehen soll, so ergibt sich bei Thomas folgender Befund:

- Die Programmförmigkeit des Fernsehens wird als Liturgieförmigkeit interpretiert; Fernsehprogramme, so Thomas, *sind* liturgische Ordnungen (ebd., S. 516).
- Das Fernsehen mit seiner liturgischen Programmförmigkeit hat in funktional ausdifferenzierten Gesellschaften die Funktion, eine umgreifende Kosmologie anzubieten, die nur als religiöse Nachfolgeeinrichtung traditioneller religiöser Kosmologien gelesen werden kann (ebd., S. 519). Thomas vertritt die Ansicht, daß die Unterschiede zwischen den Programmkonzepten differente »medienreligiöse Akzentsetzungen« widerspiegeln, »vergleichbar mit den partiellen Unterschieden zwischen den Konfessionen einer Religion« (ebd., S. 465).

Fernsehen als Instrument gesellschaftlicher Selbstbeschreibung (im Sinne von Luhmann) konstruiert eine »wirkliche Wirklichkeit« durch Strategien wie die Aktualität und Evidenz des Gegenwärtigen, durch Personalisierung und Visualisierung, durch Nähe zum Common sense sowie durch eine geschickte Invisibilisierung und Mystifikation der eigenen Blindheiten und Kontingenzen (ebd., S. 574ff.).

- Das Fernsehen ist zu einer der wichtigsten Institutionen für die individuelle und kulturelle Selbstdeutung geworden und bietet Angebote zur Abdeckung eines gesamtgesellschaftlichen Integrationsbedarfs. Indem das Fernsehen eine eigene Wirklichkeit bereitstellt, erlaubt es ein Überschreiten des Alltags und einen Eintritt in (s)einen rituell vorgeformten Erlebnisraum (ebd., S. 329f.).
- Das Fernsehen versorgt große Menschengruppen mit öffentlichen, frei zugänglichen und sozial verobjektivierten Symbolen in vertrauten genretypischen Formen, die als Elemente kulturell-symbolischer Kommunikation dienen. »Traditionelle Religion und Film/Fernsehen teilen das Merkmal der Kommunikation durch öffentlich geteilte, vornehmlich präsentative Symbolismen« (ebd., S. 49).
- Das Fernsehen ist eine implizite, das heißt sich nicht als solche verstehende »Religion«.[117] Es vollzieht eine freiwillige Rückkehr zum Ritual (ebd., S. 17f.).

Im Unterschied zu diesem Ansatz, der Fernsehen als Religion beziehungsweise als implizite Religion konzipiert, versuche ich im folgenden einen Ansatz, der vom systemtheoretischen Modell der Interaktion zwischen autonomen Sozialsystemen ausgeht.[118] Dabei werde ich versuchen, zwei Hypothesen zu plausibilisieren:

1. In unserer Gesellschaft bestehen Religion und Massenmedien nach wie vor als eigenständige Sozial- wie Symbolsysteme mit spezifischen gesellschaftlichen Funktionen. Daraus folgt,

117 Diese These ist weit genug, um Thomas ein Changieren zwischen der Position »Fernsehen ist Religion« und der Position »Fernsehen kann als Religion genutzt werden« zu erlauben.

118 Auch Thomas konstatiert eine Eigenständigkeit des Mediensystems, argumentiert aber – für mich nicht nachvollziehbar –, daß es gerade auf der Basis dieser Eigenständigkeit rituelle und religiöse Formen und Funktionen übernimmt (1998, S. 21).

daß von einer Systemfusion beziehungsweise von einer gravierend relevanten Funktionsübernahme des Religionssystems durch das Mediensystem in einem strengen (also nicht-metaphorischen) Sinne nicht die Rede sein kann.

2. Die Massenmedien, allen voran immer noch das Fernsehen, instrumentalisieren religionssystemspezifische Items im weiteren Sinne ausschließlich zum Zwecke *mediensystem*spezifischer Funktionserfüllung[119], nicht als Nachfolgeeinrichtung religiöser Kosmologien.

Der Vorteil dieses Ansatzes, der sicher weniger spektakulär ist als die tiefgreifende Umdeutung eines ganzen Sozialsystems, liegt meines Erachtens darin, daß man nicht *nolens volens* sofort auf die Suche nach Analogien, funktionalen Äquivalenten, Erbstücken oder ambivalent deutbaren Tiefenstrukturen geschickt wird, sondern (zumindest zunächst) erst einmal aus der Perspektive des Mediensystems untersucht, wie es mit dem Sozial- und Symbolsystem Religion unter seinen eigenen Systembedingungen umgeht. Parallelen, Äquivalenzen oder Analogien können dann zunächst daraufhin befragt werden, ob sie sich nicht gemeinsamen Grundlagen und Bedingungen aller systemspezifischen Kommunikationen verdanken (zum Beispiel anthropologischen, psychologischen oder semiotischen Handlungs- und Kommunikationsbedingungen) und nicht gleich als Indikatoren von Systemfusion interpretiert werden müssen.

Dieser Ansatz scheint mir auch deshalb plausibel, weil sich in der letzten Zeit die Kandidaten mehren, die die christliche Religion beerben wollen beziehungsweise angeblich schon beerbt haben. So konstatieren etwa H. Heuermann und M. Kuzina, daß in die *Musikkultur* der Gegenwart bedrohlich und massiv zurückkehrt, was längst überwunden oder vergessen schien: das Orgiastisch-Sakrale, das Rituell-Religiöse, das Archaisch-Dämonische. Musik wird zur *Pop-Religion* erklärt (1995, S. 49). Damit drängen wieder einmal dionysische Elemente in den Vordergrund, nämlich Rausch und Ekstase, Triebhaftigkeit und Besinnungslosigkeit sowie die Verneinung des Realitätsprinzips.[120]

119 Eine Diskussion vergleichbarer Hypothesen zum intersystemischen Verhältnis von Kunst und Werbung findet man in Schmidt u.a. 1991.

120 Vgl. dazu etwa die Schilderung der Raver-Szene bei Hatzenbichler 1999.

Die Autoren sehen drei Entwicklungen, die es gerechtfertigt erscheinen lassen, der häufig anzutreffenden Interpretation von Pop/Rock-Stars als Heiligen oder Göttern, ihren Fans als Gläubigen und Konzerthallen als Tempeln und Kathedralen Berechtigung zuzusprechen:

1. In den Band-Namen, in Song-Titeln und Texten finden sich massenhaft direkte religiöse Anspielungen und Bezüge. Rock-Messen (wie *Ceremony* von Spooky Tooth) oder Rock-Musicals mit religiösen Themen (wie *Jesus Christ Superstar* von Andrew Lloyd Webber) gehören zum Repertoire eines »elektronisch popularisierten Christentums«.

2. Auftritte wie die von Prince oder Michael Jackson ähneln stark bekannten Kult- und Liturgieformen. Die Superstars zelebrieren heilige (Pop- und Rock-)Messen, in denen sie als Priester oder gar als Götter auftreten und auch so verehrt und gefeiert werden.

3. Diese Pop-Religion trägt deutliche Züge des Kultischen. Motive von Verehrung, Erlösung, ja Transzendenz werden den wie Göttern verehrten Idolen zugesprochen, zu deren Auftritten die Fans wie zu heiligen Stätten pilgern. Und mit den neuen Göttern ist auch der alte Teufel als Antipode pünktlich zur Stelle, der vielen Bands den Namen gegeben hat und dem unter anderem in Black Sabbath-Konzerten und Death-Metal-Veranstaltungen gehuldigt wird. Satanskulte haben Konjunktur.

Nicht nur das Fernsehen und die Rock-Musik, auch die *Werbung* wird inzwischen als Religion eingeschätzt. So bezeichnete zum Beispiel Norbert Bolz (1994, S. 81ff.) die Werbung ganz umstandslos als Religion: »*Die postmoderne Werbung übernimmt die Funktion der Religion. Sie entfaltet die Spiritualität des Konsums*« (ebd., S. 83; Hervorhebung im Original). Für Bolz ist etwa der Akt des Einkaufens eine Form des Gebets, das Marketing Gottesdienst am Kunden, das Warenhaus ein Tempel des religiösen Rausches.

Die Liste der Aspiranten auf den angeblich vakanten Thron der Religion ist sicher länger. Das Problem der Erbansprüche aber dürfte deutlich geworden sein, und es ist wie üblich zunächst einmal ein konzeptionelles Problem der theoretischen Modellierung zentraler Konzepte wie »Religion«, »Ritual«, »Kult«, »Liturgie« und so weiter. Da solche Konzepte erfahrungsgemäß nur sehr schwer eindeutig zu definieren sind (was auch Thomas deutlich sieht und diskutiert), neigen die einschlägigen Diskurse oft zu einem metaphorischen oder assoziativen Begriffsgebrauch.[121] Produktiver scheint mir deshalb das Verfahren zu sein, von einer relativ abstrakten Bestimmung des Religionssystems und des Mediensystems auszugehen und zunächst die scheinbar analogen oder gar identischen Erscheinungen in beiden Systemen getrennt voneinander zu beobachten und zu beschreiben. Dabei wird bei der theoretischen Modellierung der beiden Systeme auf Differenzierungen weitgehend verzichtet, um deutlich zu machen, was man beobachten kann, wenn man mit der Hypothese von Sozialsystemen als autonomen Funktionssystemen operiert.

11.4 Religion[122] und Medien als soziale Systeme

An dieser Stelle und für die Zwecke der folgenden Überlegungen geht es nicht darum, in dem seit langem geführten Streit über eine konsensfähige theoretische Modellierung von Religion und »Massenmedien« als sozialen Systemen ausführlich oder gar endgültig Stellung zu beziehen. Daher belasse ich es an dieser Stelle bei einigen informierenden Hinweisen und konzentriere mich auf einen (theoriebautechnischen) Vorschlag von Niklas Luhmann, der zumindest auf den ersten Blick den Vorteil großer Stringenz (durch mangelnde Differenzierung?) aufweist.

Im Anschluß an Luhmann (1972, 1996) konzipiere ich *Religion* als ein autonomes Sozial- und Symbolsystem, das mit Hilfe des Codes Immanenz/Transzendenz operiert. »Gott« bezeichnet die Einheit dieser Differenz. Die Funktion der Religion besteht nach Luhmann in der Transformation unbestimmbarer in bestimmbare Komplexität. Sie erlaubt eine befriedigende Deutung von Kontingenz, indem sie die Offenheit von Sinnhorizonten schließt und damit vor allem den Umgang mit Leid und

121 Als Beispiel vgl. die Übertragung des Ritualbegriffs auf das Fernsehen bei Thomas (1998, S. 441 f.), der mediale Gegenwart in Phänomenen sekundärer Ritualisierung als die entscheidende Differenz zu traditionellen Ritualen ansieht.

122 Die folgenden Bemerkungen beziehen sich ausschließlich auf *christliche* Religion in ausdifferenzierten Gesellschaften seit dem 18. Jahrhundert.

Tod und mit den Grenzen menschlicher Weltdeutung erträglich macht. Vor allem aber sorgt sie für ethische Sicherheit. »Religion hat die einzigartige Funktion, den Umgang mit diesem Problem einer selbsterzeugten Unbestimmtheit zu regulieren, für den die normalen Operationen der Systeme nicht ausreichen. Das kann durch Gebrauch paradoxer Formen der Kommunikation geschehen oder durch Annahme des Todes trotz einer unbekannten anderen Seite dieser Form, sowie nicht zuletzt auch durch die Unterscheidung von Glaubenden und Nichtglaubenden mit Bezug auf bestimmte dogmatisch fixierte Formen« (1996, S. 3). Als generalisiertes Kommunikationsmedium fungiert der Glaube. Der Programmierung des Religionssystems dienen Offenbarung, die Lebensführungsregeln der Bibel und die Dogmatik. Die Leistungen des religiösen Systems für andere Sozialsysteme bestehen in Diakonie, und die Selbstreflexion des Systems schließlich wird durch Theologie geleistet.

Gegen diesen Versuch einer systemtheoretischen Konzeption des Religionssystems ist von theologischer Seite viel Kritik geübt worden. So ist der Code Transzendenz/Immanenz als historisch wenig belegt und bestenfalls auf die Tradition des Katholizismus anwendbar kritisiert worden. Kritisiert wurden die Funktionszuschreibung wie die fehlende Berücksichtigung subsystemspezifischer Codes, die unzureichende Leistungsbestimmung und so weiter.[123] Andere Theologen sehen dagegen Luhmanns Versuch sehr viel positiver und bauen ihn zum Beispiel in Konzepte einer relationalen (dialogorientierten) Theologie ein (Wallich 1999). Mir (als Nicht-Theologen) geht es nicht darum, hier eine Klärung innertheologischer Probleme anzubieten. Mein Interesse liegt allein darin, eine bestimmte Theorieentscheidung anzubieten, nämlich Religion als autonomes Sozialsystem zu modellieren und dann die Kosten-Nutzen-Rechnung aufzumachen.

Wenn man Religion noch als eigenständigen Bereich der kommunikativen Bearbeitung gesellschaftlicher Probleme ansieht, dann muß man eine Leitunterscheidung ansetzen, die die Systemspezifik eindeutig zum Ausdruck bringt und eine eindeutige Programmierung der systemspezifischen Kommunikation

123 Ich beziehe mich hier auf eine (briefliche) Kritik an der ersten Fassung dieses Kapitels von Günter Thomas (19. April 1999).

erlaubt. Diese Unterscheidung kann (und muß aus Gründen der Systemdynamik) immer wieder neu und auch kontrovers semantisch interpretiert werden; ihre Funktionsfähigkeit behält sie nur, solange sie eindeutig diskriminiert (Gott/Welt, Immanenz/Transzendenz) und nicht *fuzzy* in anthropologischen, sozialpsychologischen, esoterischen oder anderen Begriffsfeldern verschwindet. Und diese Unterscheidung trennt in den christlichen Religionen bis heute den mundanen Bereich des Erfahrungmachens von einem nichtmundanen Bereich, wie immer dieser auch benannt (Transzendenz, Jenseits, Ewigkeit und so weiter) beziehungsweise semantisch verkörpert wird (etwa als Gott). Mit dieser Leitunterscheidung müssen alle Programme, subsystemischen Codes oder Zweitcodierungen kompatibel bleiben, will das System bestehen bleiben.[124] Über dieser Leitunterscheidung operieren mithin alle Prozesse der Herstellung und Nutzung von »Religion«. Ohne Gott und Transzendenz, die (für einen Konstruktivisten notwendigerweise) kultürliche menschliche Konstruktionen zum Zwecke von Problemlösungen sind und keine Weltformel mit Anspruch auf ewige Wahrheit, enthaupten sich Theologie und Religion selbst und verschwinden in funktionalen Äquivalenten.

Uneinheitlich und kontrovers wie die systemtheoretische Modellierung der Religion als Sozialsystem ist (auch bei Luhmann) die Debatte über den Status der *Massenmedien*. Das beginnt mit der grundsätzlichen Frage, ob die Massenmedien überhaupt sinnvoll als soziales System konzeptualisiert werden können, und setzt sich bei einer positiven Antwort auf diese Frage fort in der Problematisierung des Codes, der Programme, der Funktion und Leistungen eines solchen Systems.[125]

124 Darum kommen auch fundamentaltheologische Analysen des Verhältnisses von Religion und Medien zu dem Befund, daß die Frage nach dem Sinn des Menschen und des Lebens heute fast überall gestellt und bearbeitet wird, daß aber ein Antwortversuch ohne transzendente Annahmen nicht auskommt. »Da aber die Produkte der Unterhaltungsindustrie [...] Transzendenz auf Immanenz reduzieren, können sie diese Fragen letztlich auch nicht beantworten, sondern höchstens umformulieren, so daß sie ›immanent‹ beantwortet werden können« (Wesseley 1997, S. 125).

125 Thomas selbst hat diese Debatte ausführlich dokumentiert. Vgl. auch die zusammenfassende Darstellung in Scholl und Weischenberg 1998.

Für den Zweck der folgenden Überlegungen reicht es meines Erachtens, sich unter Umgehung dieses Streits auf folgende systemtheoretische Minimal-Annahmen zu verständigen:

Mit Luhmann gehe ich aus von folgender Annahme: »Ein soziales System ist ein Zusammenhang sinnhaft aufeinander bezogener Handlungen, der gegenüber einer Umwelt abgegrenzt werden kann. Die Grenzziehung ist nicht nur eine Leistung der Theorie, sondern eine Leistung der Teilnehmer selbst« (1972, S. 11). Um jedes sozial durchgesetzte neue Medium haben sich im Laufe der Geschichte solche sozialen (Teil-)Systeme gebildet, und zwar durch den zunehmend selbstorganisierten Bezug sinnhaft aufeinander bezogener Handlungen in den Dimensionen Produktion, Distribution, Rezeption/Nutzung und Verarbeitung der jeweils systemspezifischen Medienangebote. Die einzelnen Medienteilsysteme bilden das Gesamtmediensystem einer Gesellschaft, in dem sich die Teilsysteme durch differenzsetzenden Bezug aufeinander gegenseitig ihre Funktions- und Leistungsmöglichkeiten bestimmen und in dem sich strukturbildende Organisationssysteme herausbilden. Als System wird hier also ein Wirkungszusammenhang bestimmt, dessen Kohärenz und Grenzziehung durch empirisch beobachtbare Prozesse der Sollwertsetzung, Selbst- und Rückbezüglichkeit, durch operationale Schließung in Form von Kreiskausalität, durch zyklische Vernetzung von Operationen und so weiter erzeugt wird. Dieses allgemeine Systemkonzept reicht zunächst aus, um den hier interessierenden Aspekt zu modellieren.

Danach konzipiere ich exemplarisch das *Fernsehsystem* der Bundesrepublik Deutschland als die Gesamtheit der sozialen Handlungen, die auf fernsehspezifische Kommunikationsmittel, Medienangebote, Technologien sowie sozialsystemische Organisationen dieser Komponenten bezogen sind. Die Sozialität fernsehorientierter Handlungen wird durch Bezug auf fernsehspezifisches kollektives Wissen konstituiert und bestätigt. Dieses Wissen umfaßt unter anderem die Kenntnis von Fernsehmedienangeboten, von Fernsehgattungen, Programmstrukturen, Erwartungen an Folgehandlungen und Wirkungen, Normen und Affekten, Aktanten, Techniken und Verhaltensweisen im Umgang mit Medienangeboten und Medien-Organisationen. Durch individuellen und sozial erwartbaren Bezug auf solche Wissensbestände, der sich durch Mediensozialisation und tägliche Medienpraxis habitualisiert, erhalten soziale Handlungen ihre Fernsehsystem-Spezifik. In dieser Perspektive wird das Konzept »Fernsehsystem« also nicht auf Organisationen wie Funkhäuser und Rundfunkanstalten begrenzt, sondern umfaßt alle vier in Kapitel II,6 genannten Dimensionen des Mediums Fernsehen.

Innerhalb der Mediensysteme läßt sich seit dem 18. Jahrhundert eine Differenzierung in den Medienangeboten beziehungsweise in dem Gebrauch beobachten, der von den Möglichkeiten des jeweiligen Mediums gemacht wird. Diese Differenzierung läßt sich etwa für das Printmediensystem des 18. Jahrhunderts im Gegensatzpaar journalistisch/fiktional fassen. Das heißt, mit Hilfe der inzwischen durchgesetzten[126] Differenz wahr/fiktiv (beziehungsweise authentisch/erfunden) wurde der Gebrauch des Printmediums auf zwei Subsysteme ausdifferenziert, die als Journalismus- und Literatursystem bezeichnet werden können.

Diese grobe Zweiteilung des Nutzungstyps von Medien hat sich meines Erachtens auch bei den in der Folgezeit eingeführten AV-Medien fortgesetzt, die entweder zur Konstruktion von Nachrichten und Berichten im weiteren Sinne, zur Konstruktion von Werbemedienangeboten oder zur Konstruktion von Unterhaltung (mit welchem künstlerischen Anspruch auch immer) eingesetzt wurden und werden. Bei dieser Hypothese stütze ich mich auf systemtheoretische Modellierungen des Literatursystems von Gerhard Plumpe und Niels Werber: »Literarische Kommunikation liegt nur dort vor, wo ein ›Werk‹ primär eine Unterhaltungsfunktion erfüllt *und* von dem Code interessant/langweilig, strukturiert *und* auch dementsprechend rezipiert wird« (Werber 1992, S. 65).

Während Nachrichten und Berichte in erster Linie den Kriterien Aktualität und Interessantheit folgen müssen, orientiert sich Werbung[127] am Kriterium der folgenreichen Aufmerksamkeit und Unterhaltung am Leitwert der Akzeptanz (ohne daß hier diese Kriterien als Codes im dogmatischen Luhmannschen Sinne interpretiert werden).

Was die Funktion moderner Mediensysteme angeht, gehe ich davon aus, daß im komplexen Beziehungsgeflecht zwischen

126 Zur Schwierigkeit dieser Durchsetzung vgl. Schmidt 1989.
127 Zum Thema Werbung als soziales System vgl. Schmidt und Spieß 1996.

Kommunikationsinstrumenten, Technologien, Organisationen und Medienangeboten, die ein Medium beziehungsweise ein Mediensystem konstituieren, bestimmte Beobachtungen der Umwelt des Systems angefertigt werden, die den anderen Systemen durch Veröffentlichung von Medienangeboten zur Beobachtung angeboten werden. Dabei muß jedes Mediensystem aus ökonomischen Selbsterhaltungsgründen danach streben, möglichst solche Beobachtungen anzubieten, von denen es unterstellt, daß möglichst viele andere Systeme sich dafür interessieren. Die Konstruktion und Präsentation solcher Medienangebote aber passiert notwendig unter den Bedingungen des Mediensystems beziehungsweise des jeweiligen Medienteilsystems, das auch nicht prognostizieren kann, wie seine Angebote tatsächlich genutzt werden, wie groß also die hergestellte Öffentlichkeit tatsächlich ist.

Hinsichtlich der Funktion des Gesamtmediensystems, der Gesellschaft Beobachtungen ihrer selbst zu liefern (vgl. Luhmann 1996), wird eine grundlegende Differenz des Mediensystems zum Religionssystem erkennbar. Auch das Religionssystem liefert der Gesellschaft Selbstbeobachtungen und Selbstbeschreibungen. Aber im Religionssystem kann die Akzeptanz dieser Beobachtungen, die für ethische Stabilität sorgt, systemintern sanktioniert werden – schlimmstenfalls bis hin zum Kirchenausschluß oder zur Exkommunikation, während Sanktionsmechanismen in bezug auf medienvermittelte Kommunikation nur systemextern, also in anderen Sozialsystemen stattfinden.

Kommen wir nach diesem kurzen Exkurs zurück zu der Frage, ob und wie die beiden oben formulierten Hypothesen plausibilisiert werden können.

11.5 Religion und Medien: Varianten von Systeminteraktionen

Wie schon im ersten Abschnitt vermerkt, verwenden alle Medien heute eine Fülle von Zitaten, Bildern, Symbolen und Themen aus dem kulturellen Bestand vor allem der christlichen Religion(en) (Abb. 6 und 7). Dabei lassen sich ganz unterschiedliche Selektionen beobachten.

Abbildung 6: Werbung der Microsoft Corporation (1995).

(a) Zentrale religiöse Begriffe wie ›Himmel‹, ›Hölle‹ und ›Paradies‹[128], Inkorporierungen prominenter Protagonisten wie Gott, der Teufel und die Engel sowie Repräsentanten ihres irdischen Personals wie Priester und Nonnen fokussieren die Rezeption einschlägiger Medienangebote – vor allem in der Werbung, aber nicht nur dort – auf kulturelles Wissen (hier: Wertesysteme), das in unserer Gesellschaft immer noch als kollektiv gültig unterstellt wird. Diese Art des intersystemischen Austausches von Symbolen oder Stereotypen zwischen sozialen Systemen findet sich ganz analog auch zwischen Werbung und Kunst oder Werbung und Wissenschaft. Insofern könnte man etwas salopp formulieren: Gott und der Teufel, Goethe und Einstein, $e=mc^2$, der Petersdom und der Eiffelturm, Mona Lisa und Dürers Kaninchen, Marylin Monroe und John Wayne: Was immer als Ikone kulturellen Wissens unterstellt wird, ist zu verläßlich kalkulierbaren Initialzündern im Poker um die Aufmerksamkeit der Mediennutzer prädestiniert. Sie stechen unmittelbar ins Auge und wecken sofort die Neugier, zu erfahren, in welcher Weise hier mit dem Altvertrauten neu umgegangen wird; denn daß solche Ikonen nicht selbst als neue Information verwendet werden können, ist jedem klar. Ebendadurch aber werden solche kollektiven kulturellen Wissensbestände den Bedingungen der massenmedialen Wirklichkeitskonstruktion unterworfen, die heute in *erster Linie* durch die Aufmerksamkeits*ökonomie* (Franck 1998) determiniert ist.

D. Manthey hat des Verhältnis von Werbung und Religion deutlich auf den Punkt gebracht. Bezug nehmend auf den Streit um die Otto-Kern-Kampagne mit biblischen Themen zitiert er den verantwortlichen Fotografen Wackerbarth wie folgt:

»Wenn wir religiöse Gefühle verletzen, tut uns dies aufrichtig leid. Es ist nicht beabsichtigt. Alle Beteiligten glauben selbst an Gott. Immer haben sich Menschen mit biblischen Themen auseinandergesetzt. [...] Unsere kunstvoll in Szene gesetzten Bilder verstehen wir als moderne Ikonen

128 Daneben müssen auch berühmte Zitate herhalten. Christi Wort »Fürchtet euch nicht!« erscheint im Werbespot des Media Marktes (mit entsprechender pseudosakraler Aufmachung) als »Fürchtet euch nicht. Ich komme!« und im Spot der A-Card: »Brüder und Schwestern, fürchtet euch nicht.« Und unvergessen ist die gottesdienstliche Formel »Dominus vobiscum« in der Variante der *Star-Wars*-Trilogie »Möge die Macht mit dir sein!« (»May the force be with you.«)

des zeitgemäßen Glaubens. [...] Aber natürlich wollen wir auch Mode verkaufen« (Manthey 1994, S. 117).

Nun mag man die damit belegte Hypothese, die Massenmedien instrumentalisierten Elemente des Religionssystems zur Herstellung attraktiver Medienangebote, für das Werbesystem als plausibel ansehen. Wie aber steht es mit der eingangs erwähnten Auseinandersetzung mit apokalyptischen Themen, Bildern und Visionen? Ist die Apokalypse als *Deutungsmuster* (im Sinne des Untergangs der alten Welt und der gleichzeitigen Schaffung einer neuen Welt) und nicht nur als Bildspender oder Assoziationsspeicher säkularisierbar?[129] Ist die Endzeitthematik mehr als das Modethema der Jahrhundertwende-Saison? Spiegeln die Medien das Bewußtsein der Ende-Gesellschaft oder lancieren sie nur gewinnträchtige Themen?

Wie die Werbung sind auch Spielfilme im Kino und Fernsehen untrennbar mit dem sogenannten Zeitgeist[130] verbunden. Wie bei der Werbung kann man auch hier die Frage stellen, ob die Produzenten in diesen Medien den Zeitgeist nur effizient verarbeiten können oder ob sie auch in der Lage sind, neue Zeitgeistphänomene zu »setten«. Und wie bei der Werbung kann auch hier die Antwort nur lauten, daß linear kausale Verhältnisse in diesen komplexen kulturellen Bereichen und angesichts der Freiheitsgrade der Mediennutzer höchst unwahrscheinlich sind. Vielleicht hilft hier die Metapher des Resonanzkörpers ein Stück weiter (aber eben wie jede Metapher nur ein Stück): Medien greifen Phänomene in der Gesellschaft auf, insofern und solange sie diese für allgemein relevant halten. Und weil Medien diese Phänomene aufgreifen und medienspezi-

129 »Genau wie die Zukunft ist auch der Weltuntergang nicht mehr, was er einmal war. Im gleichen Maß, wie sich das Gefühl ausbreitet, wir seien fürs erste dem *Big bang* entronnen, ist die Denkfigur der Apokalypse zu einer bloßen Metapher geworden. Es bedarf schon einiger Anstrengung, sich klarzumachen, daß die Naherwartung eines drohenden Endes eine zentrale Kraftquelle für den politischen Protest war, von der Kampagne gegen den Atomtod über die Ökobewegung bis zur Nachrüstungsdebatte. Im Golfkrieg wurde der Realitätsverlust dieser Mentalität auch für den letzten Wohlmeinenden erkennbar. Sie läßt sich seitdem kaum noch aktivieren. Die pragmatische Ausnüchterung ist so sang- und klanglos vor sich gegangen, daß man sich fragen muß, ob ihr wirklich zu trauen ist« (J. Lau, in: *Die Zeit*, Nr. 3, 14. Januar 1999, S. 43).

130 Vgl. dazu ausführlich Schmidt und Spieß 1996.

Abbildung 7: Werbung für Malteserkreuz Aquavit (1998).

fisch inszenieren, können sie von Mediennutzern als relevant eingeschätzt, aufgegriffen und kognitiv wie kommunikativ weiterverarbeitet werden. Insofern machen Medien wie große Resonanzkörper gesellschaftliche Phänomene überdeutlich »hörbar« und verhelfen ebenso den Reaktionen auf diese neue Hörbarkeit durch Publizität zu allgemeiner Hörbarkeit. (Das Ei legt die Henne.)

Wenn also seit einigen Jahren apokalyptische Visionen einen wahren Boom erleben, dann muß man zur Erklärung dieses Phänomens von schlichten Ursache-Wirkungs-Schemata zu heterarchischen Koevolutionsschemata übergehen. In einer Weise, die wohl niemand genau durchschaut, wirken viele Faktoren zusammen:

- die diffuse Erwartung, daß mit dem (an sich völlig abstrakten) Datum 2000 etwas Wichtiges zu Ende gehen und etwas Unbekanntes (und deshalb Bedrohliches) heraufziehen muß/wird[131];
- die diffuse Angst, daß die Menschheit sich selbst vernichten wird, weil sie die Auswirkungen ihrer technischen Weltbeherrschung nicht beherrscht[132];
- eine wie so oft zu Jahrhundert- und Jahrtausendwenden zu beobachtende intensive Auseinandersetzung mit spirituellen Fragen im weitesten Sinne, wobei man sich allerdings davor hüten muß, dieses wiedererwachte Interesse umstandslos mit einer neuen Gläubigkeit gleichzusetzen. Hier mahnt uns Umberto Eco: »Ich wage nun die Behauptung, daß der Gedanke an ein Ende der Zeiten heute typischer für die Welt der Nichtgläubigen als für die der Christen ist«[133];
- die intensive und exklusive Thematisierung von Tragödien, Unglücken, Umweltkatastrophen und technischen Risiken in allen Medien, die bei unkritischen Rezipienten diffuse Zukunftsängste erzeugen;
- die ökonomische Verfaßtheit aller Medien (Stichwort: Kommerzialisierung der Kommunikation), die das »Gottesgericht der Einschaltquote« (Bourdieu 1998) zum Damoklesschwert macht und dazu zwingt, im Aufmerksamkeitspoker der Medien wie der Medienangebote mit besonders attraktiven (trendigen) Inszenierungen zu punkten, wobei vor allem semiotische Arsenale des Schreckens starke Wirkungen verheißen;
- das kulturelle Wissen der Medienmacher, daß kollektiv gewußte Schemata der Sinngebung und Deutung, wie sie die

131 Für viele reicht schon so etwas Profanes wie der Euro oder der Y2K-Bug, um Daseinsängste auszulösen.

132 Neben dieser Angst steht aber gleichermaßen ein ungebremstes Vertrauen in die Perfektionierung von technisch-wissenschaftlicher Weltbeherrschung.

133 In: *Die Zeit*, Nr. 51, 10. Dezember 1998, S. 61.

Religion (in welchen Verdünnungen auch immer) noch anbietet, zur Weckung wie zur Bändigung von Angst und Untergangsszenarien eingesetzt werden können.[134]

Durch das sich selbst organisierende Zusammenwirken solcher Faktoren entstehen die Szenarien, über die etwa *Die Zeit* berichtet, wobei wiederum die alte Vorsichtsregel berücksichtigt werden muß, daß es sich hier um veröffentlichte Meinung handelt, für die Repräsentativität nur behauptet werden kann; anders gesagt: auch diese Wirklichkeit ist eine Medienwirklichkeit, nicht mehr und nicht weniger.

(b) Neben den im vorigen Abschnitt genannten relativ schematischen inhaltlichen Selektionen religiöser Items und deren Instrumentalisierung für Zwecke des Mediensystems läßt sich nun auch eine sophistiziertere Form der Systeminteraktion beobachten: Medien verwenden religionsspezifische Schemata und strategische Muster als Instrumentarien ihrer eigenen systemrationalen *Wirklichkeitskonstruktion*.

In diesen Bereich ordne ich das Operieren mit globalen Deutungsmustern in Form basaler Dichotomien – wie Gott/Teufel, Himmel/Hölle, Belohnung/Bestrafung, Schuld/Sühne oder Glück/Unglück –, die zur Komplexitätsreduktion eingesetzt werden. Unbegreifliche Unglücke und Naturkatastrophen verlieren von ihrer Unbegreiflichkeit, wenn sie wie apokalyptische Reiter über die Menschen hereinbrechen. Nachrichten werden *wie* Rituale oder gar Riten zelebriert, in denen der Einbruch von Naturgewalten, das Böse und Unfaßbare im ritualisierten Format der Kurzmeldungen und der immer gleichen Bilder sozusagen sozialverträglich entschärft werden.

Aber schon an dieser Stelle müssen meines Erachtens die ersten *kritischen Einwände* ansetzen. Die Tatsache, daß sich gleiche oder ähnliche Muster der Sinngebung und Komplexitätsreduktion in der Religion und den Medien beobachten lassen, kann als Übernahme beziehungsweise Beerbung interpretiert werden, vor allem wenn man sich am Alter religiöser Muster

134 So wird etwa in der Programmzeitschrift *Gong* für den 25. Dezember 1998 der TV-Film *Buch des Lebens* wie folgt angekündigt: »31. Dezember 1999. Mit Assistentin Magdalena (P. J. Harvey) landet Jesus in New York, um dort das Jüngste Gericht abzuhalten. Doch auch Satan, sein Widersacher, ist vor Ort.«

orientiert. Ebenso läßt sich jedoch argumentieren, daß solche basalen Dichotomien die Grundlage *aller* Wirklichkeitsmodelle und Kulturprogramme bilden[135], die das System dieser Dichotomie historisch variant semantisch interpretieren und damit kommunikativ entfalten. Als Instanz einer eigenen (und eigenständigen) Wirklichkeitskonstruktion *muß* nach dieser Argumentation also auch das Fernsehen mit solchen Dichotomien arbeiten, die einer ständig veränderten kulturellen Programmierung unterworfen werden. Da die Zahl basaler Dichotomien in einer Kultur notwendigerweise beschränkt sein muß, darf man sich über Parallelnutzungen in mehreren Sozialsystemen nicht wundern, ohne daß man Übernahmen postulieren muß. Vielmehr greifen verschiedene Sozial- und Symbolsysteme auf einen als bekannt unterstellten gemeinsamen Vorrat von Symbolen und Deutungsmustern zurück – allerdings in je systemspezifischer Weise –, die Systeminteraktion aber bleibt unidirektional. Medien, so könnte man verkürzt sage, können »Religion« nach *ihrer* Systemspezifik zwar *darstellen*, aber sie können sie nicht *herstellen*. Allerdings können sie auch nicht ausschließen, daß Medienangebote und deren Spezifika (quasi-) religiös *genutzt* werden – man kann bekanntlich auch das Telefonbuch von New York als Jahrhundertroman rezipieren.

Überzeugender als Thomas' Argumentation scheint mir eine Untersuchung von E. Fürsich (1994) zum Thema Fernsehnachrichten als Ritual. Nach einem intensiven Versuch, Licht in das »terminologische Dickicht der Ritualbegriffe« zu bringen, unterscheidet sie vier Funktionen von Ritualen:

– stabilisierende Funktionen: Rituale sichern und steuern Verhalten durch die Bestätigung gesellschaftlicher Verhältnisse, die Kanalisierung von Konflikten und die Reduktion von Umweltkomplexität;
– restriktive Funktionen: Rituale inszenieren Wertvorstellungen, deren Infragestellung verhindert werden soll;
– dynamische Funktionen: Rituale konstruieren Wirklichkeit, zeigen Wandel an und traditionalisieren neue Werte. Sie synchronisieren Kommunikation;
– kollektive Funktionen: Rituale bestätigen die kollektive Realität des Gruppenlebens.

135 Zu Einzelheiten vgl. Schmidt 1994, 1996, 1998.

Danach verweist sie – meines Erachtens völlig zu Recht – darauf, daß es unabdingbar ist, Medienrituale auf mehreren Ebenen zu untersuchen:
- Ereignisrituale auf der Ebene der Ereignisse, die Medienaufmerksamkeit auf sich ziehen;
- Nutzungsrituale auf seiten der Rezipienten;
- Darstellungsrituale, die einzelne Medien ausbilden.

Nach einer eingehenden empirischen Untersuchung dieser verschiedenen Aspekte kommt Fürsich zu folgendem Resümee:

»Fernsehnachrichten sind der virtuelle Versuch, bestimmten Bereichen des Lebens politische, soziale und ökonomische Stabilität zu verleihen und sie kognitiv verarbeitbar zu machen. Durch ihre Darstellung verleihen Fernsehnachrichten Ereignissen, Institutionen und Personen sowie der Sendung selbst Legitimität und Autorität. Diese rituellen Elemente werden eingesetzt, um bestimmte Interpretationen der sozialen Welt anzubieten und dieser Interpretation rechtmäßigen Status zu verleihen. [...] Fernsehnachrichten leisten parallel direkte Konfliktvermittlung im öffentlichen Bereich und eine direkte Konfliktvermittlung im persönlichen Bereich« (ebd., S. 51 f.).

Da aber nicht nur das Fernsehen, sondern viele andere Medien und Institutionen solche Interpretationsvorgaben liefern und nicht-mediale Einflußgrößen (wie kognitive Schemata oder soziale Kontexte) den zwingenden Charakter des Rituals Fernsehen einschränken, muß der Einfluß der Nachrichtenrituale erheblich relativiert werden. Fernsehnachrichten, so schließt Fürsich, haben zwar rituellen Charakter,

»sind aber nicht mit dem sonntäglichen Gottesdienst zu vergleichen. Fernsehen ist keine Ersatzreligion, es wird auch keine versteckte Ideologie bewußt durch ein mystisches Ritual verschleiert. Als Ritual stellen Fernsehnachrichten zunächst vor allem die vorherrschende (politisch-soziale) Kultur dar und werden gleichzeitig von ihr beeinflußt« (ebd., S. 55).

Eine andere Art der Argumentation ist meines Erachtens anzusetzen gegen die These von der Liturgieförmigkeit des Fernsehprogramms. Diese These rekurriert vor allem auf die Sequentialität des Programms und auf seine Spezifik als eine mehrschichtige, komplexe Ordnungsform, die – kurz gesagt – die Welt für die Zuschauer in Form von Zeitschemata und Wiederholungen sowie durch das Angebot stabiler Mediengattungen permanent ordnet.[136] Sicher wird man Thomas zustimmen, daß diese Beschreibung auf liturgische Handlungen ebenso wie auf das Fernsehen zutrifft. Aber auch für Nichttheologen stellt sich doch die Frage, ob die Gründe für diese Strategien der Wirklichkeitskonstruktion in den beiden sozialen Systemen so direkt miteinander vergleichbar sind und ob der Liturgiebegriff sinnvollerweise so extrem ausgeweitet werden sollte.[137] Alle Zeitmedien brauchen zeitliche Schematisierungen, um Nutzern eine Orientierung im Programm zu ermöglichen und ihr Zeitbudget für die Nutzung eines bestimmten Mediums einteilen zu können. Und in jedem Mediensystem entwickeln sich notwendigerweise Mediengattungsschemata[138] im kognitiven wie im kommunikativen Bereich, da ohne sie weder die Produktion noch die Rezeption oder Verarbeitung von Medienangeboten möglich ist.

An der Geschichte des Rundfunks in Deutschland läßt sich bereits gut beobachten, wie eng die Programmförmigkeit des Hörfunks sowie später des Fernsehens mit der sofort einsetzenden Kommerzialisierung beider Medientechnologien zusammenhängt. Gerade die Entwicklung des Radioprogramms zu einem 24stündigen Vollprogramm hatte aber nichts zu tun mit dem Versuch, die unüberschaubare »Welt« »in Form zu bringen«. Ganz im Gegenteil entstand durch den ununterbrochenen Strom der Hörfunksendungen zu scheinbar allem und jedem für die Hörfunknutzer zum ersten Mal in der Geschichte kosmologisch der *interpretierbare* Eindruck, »die Welt« *bestehe* aus einem unendlichen Kaleidoskop von gleichermaßen kontingenten Ereignissen, während deren mediale Inszenierung doch

136 Liturgie: » [...] in der röm.-kath. und orthodoxen Kirche streng geregelte Abfolge der von bestimmten Amtspersonen vorgenommenen Handlungen: Gebete, Messen, Sakramente, Prozessionen, Exorzismen und Horen, niedergelegt in den liturgischen Büchern: Brevier und Missale, ev. Agende [...]« (*Sachwörterbuch der Literatur*, hg. von G. von Wilpert, ³1961, S. 342).

137 »Der ständige Bedarf nach permanenter Unterhaltung und Information führt auf der Programmebene zur Einrichtung wiederkehrender Programmplätze, die in ähnlicher und dann auch in gleicher Weise gefüllt werden wollen. Daraus entsteht relativ rasch eine regelmäßige und kontinuierliche – und damit auch serielle – Produktion des Programms« (Hickethier 1991, S. 12).

138 Vgl. dazu Schmidt (Hg.) 1987.

allein den ökonomisch bedingten Zeitvorgaben des Senders sowie den historisch kontingenten Gattungsformen der jeweiligen Sendung folgt(e) und nicht etwa »der Wirklichkeit«. Gerade der Zwang zur Serialität des Programms wie zur Akzeptanz von Serien im Fernsehen führte dazu, daß gerade in den Serien besonders gezielt (über Pretests und Einschaltquoten) das vorherrschende Welt- und Gesellschaftsverständnis narrativ bedient wurde, da es sich gut dazu eignete, von den Zuschauern wiederum zur Bestätigung ihrer Weltanschauungsstereotypen genutzt zu werden.

Die Zeiten, wo sich die Bundesdeutschen als virtuelle Gemeinschaft um »den Fernseher« versammelten, um den Sendungen der ARD zu folgen, sind spätestens seit der Durchsetzung der Videotechnologie und der Einführung des dualen Systems vorüber. Damit endet meines Erachtens auch die behauptete Liturgieförmigkeit des Fernsehens – falls sie denn je mehr gewesen sein sollte als *Litaneiförmigkeit.*

Im Lichte dieser Überlegungen wird auch die These von Günter Thomas problematisch, das Fernsehen biete eine *Kosmologie*[139] und fördere die Integration und Selbstdeutung der Gesellschaft. Diese These muß zunächst zeitlich differenziert werden; denn ihre Plausibilität basiert entscheidend auf der Richtigkeit der Annahme, das Fernsehen sei heute noch das Leitmedium der Gesellschaft.

S. Zielinski (1989) und H. Winkler (1992) haben diese These schon vor Jahren in Frage gestellt. Und zu Beginn unseres Jahrhunderts muß man diese Zweifel wohl eher noch verstärken. Für wen ist das Fernsehen denn heute noch Leitmedium?[140] Und welche Sendeanstalten mit welchen Programmen erfüllen für welche Nutzergruppe diese Funktion? Sind nicht gerade die Nutzer mit höherer Bildung schon mehrheitlich dominant Internet-User geworden, die Fernsehkonsum oft demonstrativ verweigern? Läßt sich in Zeiten des dualen Rundfunksystems,

139 Thomas liefert keine Begriffsbestimmung von »Kosmologie«, sondern verwendet für seine weitreichende These einen relativ vagen Begriff von »Kosmologie« als »Integration der Pluralität von Weltaspekten« (1998, S. 518 ff.).

140 Der Berliner Künstler Petrus Wandrey hat in vier Arbeiten 1993 unter dem Titel »Fear not – I am the first and the last programme« Engel dargestellt, die Kinder in der Wiege mit einem Fernseher trösten.

von Pay TV und Video-on-Demand noch eine zahlenmäßig signifikante Sinnbildungskraft »des Fernsehens« unterstellen? Es gibt viele Gründe, das Argument vom Fernsehen als Leitmedium auszudifferenzieren. Alle Mediennutzungsdaten belegen zwar, daß die Fernsehrezeption nicht abgenommen hat. Aber der Stil der Fernsehnutzung hat sich durch das duale System und Modi des Switchens und Zappens gewandelt, die die Programmgestaltung aller TV-Anbieter bis hin zu den Nachrichtensendungen eindeutig in Richtung Kommerzialisierung getrieben haben. Insofern ist Fernsehen insgesamt ein massenhaft genutztes Mediensystem geblieben; aber seine Funktion als Leitmedium, als Primus unter den Mediensystemen durch Authentizität und Repräsentativität seiner »Welt-Ansichten« (*reality on demand*), hat es weithin verloren und wird es durch die Verschmelzung mit dem Internet noch weiter verlieren.

Einwände gegen Thomas' Kosmologiethese erheben sich zweitens auf der konzeptuellen Ebene. Wie immer man »Kosmologie« auch philosophisch oder theologisch konzeptualisiert, man wird solchen Konzepten einer Gesamtdeutung der Evolution und Struktur »der Welt« meines Erachtens drei Eigenschaften zusprechen müssen: Kohärenz, Zeitresistenz und hohen gesamtgesellschaftlichen Verpflichtungsgrad. Ebendiese Bestimmungsstücke aber lassen sich meines Erachtens Fernsehprogrammen und TV-Medienangeboten nicht zuschreiben. Auch wenn man Luhmanns Auffassung zustimmt, daß sich Gesellschaften mit Hilfe ihrer Mediensysteme beobachten, folgt daraus noch keineswegs, welche Funktion diese Selbstbeobachtung erfüllt. Thomas postuliert im Anschluß an Luhmann als Funktion eine Integration der Pluralität von Weltaspekten, eine »Beschreibung der Welt als Einheit von einem Standpunkt, der vorgibt, selbst nicht Welt zu sein. Das Mediensystem wird so zum Garanten gesamtgesellschaftlicher Rationalität und der Ort der Festschreibung der ›wirklichen Wirklichkeit‹ (Geertz)« (Thomas 1996, S. 591). Selbst wenn man einmal annimmt, daß es dem Fernsehen früher gelungen ist, seine Konstruktivität zu verschleiern und realitätsgerechte Weltrepräsentation zu simulieren, so ist diese Simulation durch die zunehmende Selbstreflexion des Gesamtmediensystems (ein Medium beobachtet das andere und beobachtet auch noch das Beobachten) und durch Selbstentlarvungen anläßlich des Golfkriegs und der Balkankriege unglaubwürdig geworden. Die Tatsache, daß wir in aller Regel keine andere Wahl haben, als uns nur aus den Medien hinsichtlich von »Wirklichkeitskenntnissen« zu bedienen, bedeutet nicht automatisch, daß die Nutzer diese medialen Wirklichkeitskonstruktionen für die »wirkliche Wirklichkeit« halten, sondern nur, daß sie diese Versatzstücke für ihre eigenen Wirklichkeitskonstruktionen (samplend) nutzen.[141] In diesem Zusammenhang darf nicht übersehen werden, daß Mediensozialisierte ihre an Mediennutzung geschulten Formen der Wahrnehmung, Sinnkonstruktion und Kommunikation notwendigerweise in alle Aktivitäten in sozialen Systemen, so auch in das Religionssystem, einbringen. Dies scheint mir die stärkste Auswirkung des Mediensystems auf das Religionssystem zu sein.

Spricht man von Sinnstiftungsansprüchen der audiovisuellen Medien, dann muß genauer zwischen Film und Fernsehen unterschieden werden. Zwar wird man im Filmbereich mehr Beispiele dafür finden, daß sinnhafte Lebensordnungen (Ordnungsentwürfe) versucht werden (vor allem in künstlerisch ambitionierten Filmen) als im Fernsehen. Aber wenn solche Filme dann im Fernsehen auftauchen, verschwinden sie in aller Regel im Programmfluß der dualen Systeme, und die Werbung zerlegt sie endgültig in vorbeiflutende Oberflächen. Gerade im Hinblick auf Komplexitätsreduktion sind die Unterschiede zwischen dem Medien- und dem Religionssystem nicht zu übersehen.

Religionssysteme reduzieren Weltkomplexität auf eine Konstanz, die in aller Regel ein hohes Maß an Veränderungsresistenz aufweist – wie »fortschrittlich« ihre Theologen auch sein mögen. Mediensysteme dagegen müssen die Komplexität massenmedialer Beobachtungen notwendigerweise auf Kontingenz abstellen, und zwar einmal wegen der schon erwähnten unterschiedlichen Leitcodes der Teilsysteme, zum anderen aus Grün-

141 Schon 1972 berichtete E. Carpenter von interessanten Beobachtungen am Medienverhalten US-amerikanischer Jugendlicher: »They regard media as self-contained environments, having little correspondence with other realities or environments. TV is its own reality, radio its reality, film still another reality. Each creates its own space, its own time. [...] They regard the press und TV, in fact all media, the way they regard LP records: as separate worlds. They don't relate recorded music back to performance« (1972, S. 45 f.).

den der spezifischen Konstruktionsstrategien, die im folgenden kurz behandelt werden. Dabei beziehe ich mich auf die Beispielbereiche *Werbung* und *Nachrichten*.

In der neueren Medienwissenschaft herrscht Einigkeit darüber, daß die Medien nicht über Ereignisse berichten, sondern daß sie diese schaffen.[142] Zu jedem Nachrichtentermin im Fernsehen etwa wird »die Welt« in die immer gleichen wenigen Sendeminuten gepreßt, wobei die Selektion der Ereignisse medieninternen Nachrichtenwerten und aufmerksamkeitsökonomischen Kriterien folgt und deren mediale Inszenierung sich in Form von Medienhandlungsschemata (Gattungen) vollzieht, also wiederum *medienspezifisch* und nicht etwa »realitätsgerecht«. Diese Mischung von fiktiven Fakten und faktengestützten Fiktionen (Norbert Bolz) macht die Spezifik der Gattung Nachrichten in allen Mediensystemen aus.

Fernsehnachrichten sind dabei in besonderem Maße auf Aktualität und damit auf Gegenwart hin orientiert – nichts ist älter als die Nachricht von gestern. Und Fernsehnachrichten bedienen sich aller geeigneten kulturellen Schemata, um Erkennens- und Verstehensprozesse zu erleichtern und zu beschleunigen. Darum werden Rituale und Inszenierungsstile aus allen Sozialsystemen vom Sport bis zur Religion instrumentalisiert, um das *Geschäft der Medien* zu befördern; was andere Sozialsysteme und was kognitive Systeme mit den Medienangeboten anfangen, ist deren Sache.

Aus aufmerksamkeitsökonomischen Gründen ist vor allem das Fernsehen daran interessiert, solche Ereignisse zu inszenieren, für die man sich in möglichst vielen Sozialsystemen Interesse erwartet, also Mehrsystemereignisse. Und weil die Einschätzung dieses Interesses nach medieninternen Selektionskriterien erfolgt, ergibt sich die beobachtbare hohe Übereinstimmung der Topnachrichten in den verschiedenen Medien, die daher mehr über die Systemrationalität des Mediensystems aussagt als über »die Wirklichkeit«.

Interesse aber kommt nach den gegenwärtigen Nachrichtenwertvorstellungen vor allem aktuellen Katastrophen zu, was McLuhan zu der drastischen Phrase »Hell in the headlines« veranlaßte, die er durch die zweite Phrase »Heaven in the ads«

142 Vgl. dazu Weber 1996.

ergänzte, womit die Verschiedenartigkeit der Konstruktionsprinzipien in Nachrichten und Werbung, aber auch ihre Identität als interessengesteuerte Konstruktionen auf den Punkt gebracht werden.

Während die Nachrichten noch die Fiktion realitätsgerechter und neutraler Berichterstattung pflegen, gilt für alle an der Werbekommunikation Beteiligten die Regel, daß *Werbung* einseitig, parteiisch und hemmungslos optimistisch ist und zu sein hat. Werbung verspricht die Lösung aller Probleme vom Fleck im Tischtuch bis hin zur Vermeidung von Aids und Fremdenfeindlichkeit. Werbung verheißt Wärme und Wunscherfüllung, funktioniert – wie Jean Baudrillard einmal behauptet hat – wie die Mutter und der Weihnachtsmann zugleich (vgl. Kapitel 11, 12). In Zeiten der Produktparität, wo über den Gebrauchswert der beworbenen Waren und Dienstleistungen nicht mehr gesprochen werden muß, lockt Werbung mit emotionalem Zusatznutzen, mit Prestigegewinn und identitätssteigernder Distinktion durch Konsum als relevanten Kaufmotiven. Ja, die Werbung probiert sogar die anspruchsvolle Strategie der Selbstreflexivität aus, um auch das Konsumieren des Konsums zum Erlebnis zu machen.

Werbung nivelliert Kontingenzen und Konflikte. Ihre affirmative Ästhetik operiert mit einer doppelten Ausblendungsregel: Aussagen, die die positive Ausstrahlung eines Produkts, einer Person oder einer Leistung beeinträchtigen können, werden ebenso ausgeblendet wie Zielgruppen, die für den Konsum keine Rolle spielen, weil sie kein Geld oder keine Entscheidungsalternativen besitzen.

Wie Neil Postman betont, nehmen Werbespots die Form von Gleichnissen an: »Wie alle religiösen Gleichnisse entfalten sie eine Vorstellung von Sünde, geben Hinweise auf den Weg der Erlösung und eröffnen eine Vision des Himmelreichs. Außerdem deuten sie an, wo die Wurzeln allen Übels liegen und worin die Pflichten der Tugendhaften bestehen« (1983, S. 125). – Aber Spots *sind* eben (aus Gründen der Systemautonomie) keine Gleichnisse, sondern spielen nur mit deren Form.

Gerade in den letzten Jahren haben sich die Kreativen in der Werbebranche vermehrt um eine Instrumentalisierung religiöser Items bemüht, wobei zum einen die Strategie erkennbar ist, Zustimmungsbereitschaft der Nutzer von Werbebotschaften

Abbildung 8: Werbung für die Wäschekollektion »Viva-Maria« (1999).

durch Rekurs auf die Verheißung des Himmels auf Erden zu erzeugen, zum anderen aber die Strategie, durch Provokation Aufmerksamkeit im hart umkämpften Aufmerksamkeitsmarkt zu erzielen: Benetton wirbt mit dem Kuß von Priester und Nonne, Otto Kern bestückt die berühmte Abendmahlsszene Leonardo da Vincis mit barbusigen Mädchen, die »Viva-Maria«-Wäschekollektion wirbt für Unterwäsche mit Modellen, die zu Höschen und Bustier Nonnenschleier tragen, Benetton wirbt gar mit Nonnen und Behinderten, und im »Katalog der Modetrends« für den Herbst und Winter 1999 (herausgegeben von der berühmten Agentur Peclers) finden sich im Angebot: Hemden für Chorknaben, Rosenkranz-Colliers und Taufkleidung sowie Priester-Stolen. Daß die Provokation immer noch ankommt, zeigt die Reaktion des Sprechers der französischen Bischofskonferenz, Olivier de la Brosse, der die Modemacher eindringlich vor Blasphemie warnte[143] (Abb. 8 und 9).

Auch hier ist meines Erachtens das Argument einschlägig, daß beide Sozialsysteme, Werbung und Religion, ganz offensichtlich noch als distinkte Systeme bestehen, weshalb von einer Funktionsübernahme nicht die Rede sein kann – da ändern auch die flotten Behauptungen über Gebet und Gottesdienst nichts (und Warenhäuser sind schon immer metaphorisch als Konsumtempel bezeichnet worden). Mit solchen oberflächlichen Metaphorisierungen kommen wir im Diskurs über intersystemische Beziehungen nicht weiter, so interessant sie im einzelnen auch sein mögen.

Das gilt in gewissem Umfang auch für die These von Günter Thomas, traditionelle Religion und Fernsehen teilten das Merkmal der Kommunikation durch öffentlich geteilte, vornehmlich präsentative Symbolismen. Dieser These könnte ich zustimmen, wenn sie nicht als Argument für die implizite Religionsförmigkeit des Fernsehens, sondern für die Mehrfachnutzung von Symbolen und semiotischen Strategien vorgebracht würde. Allerdings bin ich auch hier wieder der Ansicht, daß alle Medien in der Geschichte zur Mythenproduktion genutzt worden sind – ganz abgesehen davon, daß auch ihre meist emphatischen Nutzwertverheißungen immer nur Mythen waren. Um die Nutzung bestimmter Medien herum (seit dem Buchdruck) haben sich immer Nutzergemeinschaften als virtuelle Gemeinschaften gebildet, bis hin zu den pseudosozialen Vergemeinschaftungen, die sich gegenwärtig im Internet bilden.

Mediennutzung hat auch immer schon den Übergang in andere Welten eröffnet (beziehungsweise erleichtert), wie seit den Klagen über die Folgen des Bücherlesens im 18. Jahrhundert be-

143 *Der Spiegel*, Nr. 1, 1999, S. 172.

Abbildung 9: Werbung für Otto-Kern-Wäsche (1993).

kannt ist, und das auch ohne Transsubstantiation etwa von Literatur in Religion.

Alle diese Leistungen mögen durch die AV-Medien wegen der Überzeugungskraft der Bilder und der Verbindung von Bild, Sprache und Ton besonders effizient erbracht worden sein. Im Gegensatz zu den Thesen von Thomas (der hier stellvertretend genannt wird), wonach die genannten Faktoren auf eine zumindest implizite Religionsförmigkeit des Fernsehens hindeuten, möchte ich zum Abschluß meiner Überlegungen einige Thesen zur Diskussion stellen, wobei ich mir durchaus im klaren bin, daß ich von einer »zu stark vereinfachenden Sichtweise der Religion« (so Thomas brieflich) ausgehe. Ich gehe im folgenden bewußt dieses Risiko ein, um die Beobachtungsleistung dieses Ansatzes zu demonstrieren und eine Folie für Differenzbeobachtungen anzubieten.

1. Die Spezifika der Wirklichkeitskonstruktion in den Sozialsystemen Religion und Massenmedien unterscheiden sich wesentlich voneinander. Das Mediensystem ist ökonomisch orientiert und liefert mundane statt transzendenter Modi von Komplexitätsreduktionen. Unterstellt man (oder fordert man gar), daß das Religionssystem seine Kommunikation nicht länger am Code Immanenz/Transzendenz ausrichtet, dann entfällt damit eine intersystemische Vergleichsgrundlage für die beiden Systeme.

2. Durch Ritualisierung der Präsentation von Nachrichten trägt das Mediensystem zu einer gewissen Homogenisierung des Wissensstands in der Gesellschaft bei. Allerdings ist dieser Wissensstand beschränkt auf die »vermischten Nachrichten« (Pierre Bourdieu) und kann nicht ernsthaft gleichgesetzt werden mit dem Wissensbestand, den eine gesellschaftlich verbindliche Kosmologie umfaßt, oder der zeitlichen und weltanschaulichen Ordnungsstiftung, die religiöse Liturgie anzubieten beansprucht. Dieses Argument relativiert auch die Thomassche These der Gemeinschaftserfahrung durch Fernsehen, die sich bestenfalls noch auf Übertragungen von Mondlandungen und Fußballweltmeisterschaften beziehen läßt; ansonsten sprengen Fernbedienung, Videotechnologie und duales System den Schein einer TV-Gemeinschaft mit ko-orientierender Funktion.

3. Aus ökonomischen Effizienzgründen übernimmt das Mediensystem je systemspezifisch Erzählformen, Gattungen, Me-

taphoriken, Symbole oder Inszenierungsstile aus anderen Sozialsystemen, wobei als Selektions- und Verwertungskriterien Gesichtspunkte wie Prägnanz, hoher Wiedererkennungswert, Emotionsweckung, Auffälligkeit und Zustimmungsbereitschaft (in wechselnden Mischungsverhältnissen) im Vordergrund stehen und nicht etwa die semantischen Kontexte und die ideologischen Funktionen, die solchen Items in den Herkunftssystemen zukommen. Dabei spielen offenbar medial verwertbare Bestände aus Gesellschaftsphasen *vor* der funktionalen Differenzierung eine besondere Rolle, da ihnen zumindest die Erinnerung an gesamtgesellschaftliche Verbindlichkeit wie eine quasi-mythische Potenz zugemutet wird.

4. Im Wettkampf der Wirklichkeitskonstruktionen auf den verschiedenen Bühnen gesellschaftlicher Diskurse setzt das Mediensystem seine systemspezifischen Angebote im Aufmerksamkeitspoker ein; nicht, wie ich behaupte, um der Gesellschaft eine Kosmologie, also eine kohärente und gesamtgesellschaftlich verbindliche Weltdeutung und Selbstbeschreibung zu liefern, sondern um durch interessante und konsensfähige Geschichten und Identifikationsangebote das Rahmenprogramm für Werbung attraktiv zu machen. Wenn dies als Angebot einer neuen Kosmologie der Fragmentierung, der Serialität und des Samplings interpretiert wird, muß meines Erachtens ein erheblicher Umdeutungsakt mediensystemischer Rationalität geleistet werden. Diese These wird nach meiner Kenntnis durch eine Analyse der verschiedenen Programmangebote der Medienteilsysteme gestützt. Danach sind solche Angebote geprägt durch Kontingenz statt durch Kosmologie, durch Rhetorik statt Hermeneutik, durch Aktualität statt Dauer, durch Kaleidoskopartigkeit und nicht durch Kohärenz von Sinnangeboten und Weltentwürfen, durch Fiktionalisierung statt durch Realitätsprinzipien. Dies als Repräsentation oder auch nur als verbindliche Deutung der »wirklichen Wirklichkeit« zu deuten ist meines Erachtens inakzeptabel. Verkürzt könnte man sagen: Während das System der Massenmedien von der ständigen Transformation des Neuen ins Alte lebt (so Hörisch 1998, S. 31), lebte und lebt das Religionssystem von der beständigen Transformation des Alten ins Neue: Glaube ist endlos modernisierbar.

5. Die These vom Fernsehen als Lieferanten einer neuen Kosmologie setzt die Geltung der Integrationsthese voraus (TV

schafft virtuelle Sinngemeinschaften). Spätestens in ausdifferenzierten Medienkulturgesellschaften und spätestens im Lichte einer konstruktivistischen Kognitionstheorie (vgl. Kapitel 1) stellt sich aber die Frage, ob Mediennutzung gleichgesetzt werden kann mit der *Übernahme* dargestellter Inhalte durch die Nutzer. Plausibler erscheint vielmehr die schon seit den siebziger Jahren diskutierte Hypothese, daß jedes Medium seine eigene Medienkultur entwickelt, die nur via Intermedialität auf die anderen Medienkulturen – und nur noch rudimentär auf die sogenannte Lebenswelt – bezogen ist (die ohnehin längst eine Medienlebenswelt geworden ist). Meines Erachtens kann es gar nicht im Interesse der Medien liegen, ihren Rezipienten eine medienspezifische Kosmologie anzubieten. Wohl beobachten und veröffentlichen sie den Umgang mit Sinn- und Deutungsproblemen in den verschiedenen Sozialsystemen unter mediensystemischen Bedingungen, das heißt, sie machen daraus Programm. Weitergehende Interpretationen, die allein die Medienangebote ins Zentrum der Überlegungen stellen und daran »Religionhaftes« feststellen, übersehen, daß »Medium« (wie mehrfach betont) als Kompaktbegriff vier Dimensionen umgreift, deren Komponenten selbstorganisierend systemisch ineinandergreifen, und daß entsprechend auch Nutzungen wie Wirkungen auf allen vier Ebenen untersucht werden müssen; eine reine Medienangebots-Hermeneutik führt hier in die Irre.

Wenn, so lautet daher mein Fazit, im Zusammenhang mit dem Fernsehen von Religion gesprochen wird, dann handelt es sich wie bei (fast) allem, was die Mediensysteme als moderner Midas berühren, um *soap religion*, das heißt um eine *Medienveranstaltung*, die von Nutzern religionsähnlich genutzt wird/werden kann. *Soaps* liefern bekanntlich in breiten Bevölkerungsschichten akzeptable Fiktionen auf der Basis alltäglichen Wissens, die durch Konzentration auf sogenannte ewig menschliche Themen Nutzungsmöglichkeiten für die Beobachtung der eigenen Bewältigung solcher Probleme eröffnen. Aber solche Angebote sind genau kalkuliert, sozusagen am TED getunt. Sie liefern Komplexitäts- und Kontingenzreduktion durch Kontingenz, nämlich durch von Serie zu Serie wechselnde Medienangebote mit hoher Verfallsgeschwindigkeit und geringen Erwartungen an Erinnerung. Insofern kommt die nächste Serie so sicher wie die nächste Messe – aber zu beiden geht man aus unterschiedlichen Gründen hin!

Fazit: Unter den gegenwärtig noch anzutreffenden gesellschaftlichen Bedingungen von Medien und Religion kann ich daher nur feststellen: *Religion im Fernsehen bleibt Religion. Und Fernsehen als Religion bleibt Fernsehen!*

Anlage 3

http://www.uni-mainz.de/FB/Geschichte/Religion/welcome.htm
Univ.-Prof. Dr. theol. Arno Schilson

Medienreligion
Realität, Gestalten und Probleme einer »Medienreligion« werden in Deutschland – anders als in Amerika – erst in den letzten Jahren deutlicher wahrgenommen und eingehender diskutiert. Dabei geht es weniger um die Nutzung der elektronischen Medien für die Belange und Zwecke der formierten und institutionalisierten Religionen, wie dies zum Beispiel in Sendungen des Kirchenfunks und entsprechender Sendeabteilungen geschieht. Das Besondere der Medienreligion liegt vielmehr darin, daß sie sich als herausragende Gestalt einer spezifisch postmodernen, diffusen und »vagierenden« Religiosität in der Vielfalt der Fernsehprogramme implizit und indirekt darstellt und deshalb eher unterbewußt bleibt, als daß sie unmittelbar und reflex wahrgenommen wird. Weder den Fernsehmachern und Programmgestaltern noch den Zuschauerinnen und Zuschauern dürfte diese religiöse Prägung einer scheinbar rein säkularen Fernsehwirklichkeit heute klar erkennbar sein. Ihre Gestalten zu beschreiben, das hier einschlägige Verständnis von Religion genauer zu charakterisieren und die damit verbundenen vielfältigen, auch ethischen Probleme eindringlich zu diskutieren bleibt einer eingehenden wissenschaftlichen Untersuchung aufgetragen. Maßgeblich für die Entdeckung und Beschreibung der in den Medien, vor allem im Fernsehen sich darstellenden Religion ist ein funktionales Religionsverständnis. Dieses besagt, daß übergreifende Sinngebungen im Leben des einzelnen wie der Gemeinschaft seit alters her durch Religion geprägt und getragen wurden. Überall, wo Menschen über das unmittelbar Zuhandene und Alltägliche hinausdenken und -handeln, wo es um Gewinnung und Bewahrung unverwechselbarer Identität geht, um Bewältigung der vielfältigen Kontingenz der Wirklichkeit, um die Integration des Individuums in ein übergreifendes soziales Gefüge oder aber um die Begründung und Stabilisierung eines umgreifenden Deutungshorizontes für die Vielfalt und Zerrissenheit der Wirklichkeit, also um die Her-

stellung der Einheit in täglich erfahrener Zerrissenheit, ist demnach Religion mit im Spiel – bewußt oder unbewußt. Ein funktionales Religionsverständnis vermag daher Religion mitten im Säkularen zu erkennen und zu beschreiben. Ihr wird nicht unbedingt ein formiertes Glaubensbekenntnis zugeordnet oder eine mehr oder weniger institutionalisierte Gemeinschaftsform und auch kein eigener, als Religionsausübung klar erkennbarer Kult. Nur ein solcher Ansatz macht es möglich, das religiöse Moment in der medialen Wirklichkeit des Fernsehens zu erfassen und präzise zu beleuchten.

Tatsächlich sind die Gestalten des Medienreligiösen so vielfältig wie die verschiedenen Programmgestalten und Sendungen des Fernsehens. Angefangen von religiösen Implikaten in der Werbung und von der anschaulichen Vermittlung ansprechender Sinngestalten des menschlichen Lebens in Spielfilmen über die Zusage letzter Ordnung und Gerechtigkeit in Kriminalfilmen und die vitale Erfahrung eines »anderen Lebens« in den unzähligen Spielshows bis hin zu den ganz auf existentiell-biographisch geartete Problembewältigung zielenden Talkshows vermitteln sich in diesem Medium grundlegende Momente und Elemente von Religion. Auf diese Weise »übernehmen die Medien vielfach die Funktion von Beheimatung und Stabilisierung, von Sinnstiftung und Integration in einen Lebenszusammenhang, wie das in früheren Zeiten vom Symbolhandeln und vom Ritual geleistet wurde. [...] Das Fernsehen produziert gesellschaftlich eine neue, symbolische Ordnung der Welt und des Lebens. Die Eckpunkte dieser Ordnung werden überall verstanden. Sie basieren auf einer weltweit austauschbaren Sprache, die für jede Kulturtradition übersetzungsfähige Archetypen entwickelt. Das Medium wird dabei als Vergewisserung in einer labyrinthischen Lebenswelt genutzt, wobei es in der Medienwahrnehmung zunächst weniger um Wissen und Inhalte geht, sondern um stabilisierende Erfahrungen, Gefühle des Dabeiseins und der Bestätigung. [...] Insgesamt werden die Medien in der medienreligiösen Deutung als ein Stück neuer religiöser Vergewisserung betrachtet« (Wolf-Rüdiger Schmidt; siehe unten).

Weitgehend noch unbewältigte Probleme ergeben sich nicht nur hinsichtlich einer gesicherten Wahrnehmung und Deutung einzelner Gestalten und Realisierungsweisen dieses Medienreligiösen in den verschiedenen Sparten des Fernsehens. Bedeutsam bleibt zugleich – sowohl theologisch-kirchlich als auch religionswissenschaftlich gesehen – die Frage, wie formierte Religionen wie etwa das Christentum mit diesen Gestalten des Säkularreligiösen umzugehen gedenken. Sie signalisieren offenbar eine weithin verbliebene, wenn auch verborgene religiöse Sensibilität, die der raschen Behauptung einer umfassenden Säkularisierung zu widersprechen scheint, obwohl sie mit einer kaum zu leugnenden Entkirchlichung sowie einem gesamtgesellschaftlichen Schwund christlichen Bewußtseins in Deutschland einhergeht. Noch weitgehend ungelöst sind auch jene Fragen ethischer Natur, die sich aus der besonderen Struktur und der Verborgenheit des Medienreligiösen ergeben. Wo das Medium selbst und die für das Fernsehprogramm Verantwortlichen nachweislich eine religiös gefärbte, den Grundfunktionen der Religion entsprechende ›Botschaft‹ vermitteln, übernehmen sie – selbst wenn dies wohl meist unbewußt und ohne irgendwelche religiöse Ambitionen geschieht – besondere Verantwortung, deren Gestalt und Umfang noch kaum bedacht, geschweige denn einläßlicher diskutiert wurde.

Literaturhinweise

Albrecht, Horst, *Die Religion der Massenmedien*, Stuttgart/Berlin/Köln 1993.

Bieger, Eckhard, u.a. (Hg.), *Zeitgeistlich. Religion und Fernsehen in den neunziger Jahren*, Köln/Bonn 1993.

Kortzfleisch, Siegfried von, und Peter Cornehl (Hg.), *Medienkult – Medienkultur*, Berlin/Hamburg 1993.

Schilson, Arno, »Eine neue Dimension. Das Medienreligiöse und der christliche Glaube«, in: *Herder-Korrespondenz* 50 (1996), S. 623-629.

–, *Medienreligion. Zur religiösen Signatur der Gegenwart*, Tübingen/Basel 1997.

Schmidt, Wolf-Rüdiger, Art. »Religion 5. Religion in den Medien«, in: *Theologische Realenzyklopädie* 22 (1992), S. 323-326.

Thomas, Günter, »Die Wiederverzauberung der Welt? Zu den religiösen Funktionen des Fernsehens«, in: Peter Bubmann und Petra Müller (Hg.), *Die Zukunft des Fernsehens. Beiträge zur Ethik der Fernsehkultur*, Stuttgart/Berlin/Köln 1996, S. 113-139.

Schilson, Arno, »Jenseits aller Kommunikation. Ersatzreligion Medien«, in: Kochanek, Hermann (Hg.), *»Ich habe meine eigene Religion!«. Ersatzreligionen in der Postmoderne*, Zürich: Benziger (im Druck).

HTML von Holger Lamm lamm@mzdmza.zdv.uni-mainz.de (letzte Änderung 24.7.1997)

Anlage 4

http://www.kath.ch/dossiers/apokalypse/internet.htm

Für Leser und andere

The End Times – Das Leibblatt für Endzeitler:
http://www.sirinet.net/~cloefke/index.html

Let's Talk 2000 – E-Zine, die dazu einlädt, alles rund um die Jahrtausendwende zu diskutieren:
http://humnet.humberc.on.ca/talk2000.htm
Selbsternannte Propheten gibt es im Netz zuhauf – und damit auch E-Zines dieser Art:
http://www.prophezine.com/index.shtml
Für Süchtige: der Armaggeddon-Bookshop:
http://www.armageddonbooks.com/
Für Forscher: Der Bibliotheksverband:
http://www.unizh.ch/opac/index.htm
»Die Apokalypse« von Albrecht Dürer in einer hochauflösenden Wiedergabe:
http://camel.conncoll.edu/visual/durer.html

Esoterisches, Seltsames, Suspektes

Esoteriker fiebern ebenfalls der Jahrtausendwende entgegen. »*The Millennium Matters*« mit Unterrubriken wie »Ufos«, »Gaia«, »Sphinx« und »Vision«:
http://newciv.org/millennium_matters/
Natürlich beschäftigen sich auch die *Gnostiker* mit apokalyptischen Fragen, beispielsweise die AG Gnosis, die Arbeitsgemeinschaft Gnosis in Berlin:
http://www.aggnosis.de/
New Age-Seite, die verschieden Wege anbietet, das nächste Jahrtausend zu erreichen – »Reinkarnation, Transformation oder den Weg zu den Planeten« – und damit gerne Geld machen würde:
http://www.sun2001.com/
Druiden auf dem Weg in nächste Jahrtausend:
http://www.grove.org/
Der Erzengel Michael taucht im Netz auf und bringt gleiche eine neue Philosophie für das dritte Jahrtausend mit:
http://www.archangelmichael.org/
Die Calvary Baptist Church aus Flint, Michigan, verkündet über Internet ihre apokalyptischen Visionen:
http://www.calvaryprophecy.com/
Die berühmt-berüchtigte Internetseite von »Heaven's Gate« wurde vom Internet-Magazin Yahoo gespiegelt:
http://www.zdnet.com/yil/higher/heavensgate/index.html

Dies und das

Die 60 bekanntesten *Verschwörungstheorien* – jede Menge Apokalyptisches für Schwarzseher:

http://www.conspire.com/
Noch eine Website mit zahllosen Links für *Verschwörungsspezialisten:*
http://www.MT.net/~watcher/april30.html
Es gibt auch unzählige Rollenspiele zur Jahrtausendwende, beispielsweise »Silent Death: The Next Millennium«:
http://www.wizard.net/~john/sdtnm.html
Was meinen Sie zum Ende der Zeiten? Chat gefällig? – »The End« macht's möglich – auf niedrigem Niveau:
http://www.geocities.com/Area51/Cavern/1423/index.html

12. Medienangebote als Mediendiesseits: Werbung[144]

»Gender, not religion, is the opiate of the masses.«
E. Goffman

12.1 Werbung als soziales System

In der medien- und kommunikationswissenschaftlichen Debatte der letzten Jahre mehren sich die Vorschläge, Werbung nach systemtheoretischen Konzepten zu modellieren. Dabei lassen sich zwei Ansätze beobachten. Weil Werbung in entscheidender Weise an die Ausdifferenzierung des Wirtschaftssystems gekoppelt ist und wie die Wirtschaft »die Sprache des Geldes« spricht, wird sie zum einen als eigenständiges Subsystem des Wirtschaftssystems modelliert (so bei Schmidt und Spieß 1996). Legt man dagegen den Hauptakzent der Beobachtung auf die Funktion ausdifferenzierter Sozialsysteme, der modernen Gesellschaft Informationen über sich selbst zu erlauben, dann bietet sich als Theorieentscheidung an, die Werbung als ein eigenständiges und autonomes gesellschaftliches Funktionssystem zu konzipieren (so bei Zurstiege 1998). Wie immer die theoretische Entscheidung ausfällt: Unbestritten ist in beiden Ansätzen, daß Werbung – ob als Produktwerbung oder als Sozialwerbung – nach ökonomischen Gesichtspunkten operiert. Werbung, für

144 Dieses Kapitel ist zum Teil zusammen mit Guido Zurstiege geschrieben worden. – Eine erste Fassung ist publiziert worden als Schmidt und Zurstiege 1999.

die nicht bezahlt wird, verfehlt die Systembedingungen des Werbesystems.[145] Diese ökonomische Orientierung sagt aber nichts darüber aus, wofür Werbung eingesetzt wird beziehungsweise eingesetzt werden kann.

Ungeachtet des jeweils vertretenen theoretischen Konzepts läßt sich heute Konsens hinsichtlich der wichtigsten Charakteristika von Werbung feststellen[146]: Werbetreibende verfolgen allgemein das Ziel, durch die Produktion und Distribution von Medienangeboten unterschiedlichster Art bei bestimmten Zielgruppen zwangfrei *folgenreiche Aufmerksamkeit* für Produkte, Leistungen, Personen und Botschaften zu erzeugen. Die jeweiligen Medienangebote werden danach ausgesucht beziehungsweise daraufhin angefertigt, über Aufmerksamkeitsweckung intendierte (weil vom Kunden erwartete) Folgen zu bewirken, so zum Beispiel Zahlungsbereitschaft in bezug auf Produkte und Leistungen, Zustimmungsbereitschaft in bezug auf Personen und Unterstützungsbereitschaft beziehungsweise Wertpräferenzbildung in bezug auf Botschaften.

Um Aufmerksamkeit erzeugen zu können, müssen Werbetreibende versuchen, Werbebotschaften mit solchen Ideen, Überzeugungen, Werten und kulturellen Mustern (kurz: Mentalitäten) beziehungsweise mit solchen soziokulturellen Entwicklungstendenzen zu koppeln, von denen sie annehmen, daß sie von Auftraggebern wie Zielpublika akzeptiert oder gar gewünscht und auf jeden Fall emotional positiv konnotiert werden. Deshalb ist die Aktivität von Werbetreibenden – bewußt oder unbewußt – geprägt von einer *Ausblendungsregel*: Werbung produziert und präsentiert ausschließlich positive Botschaften[147], wobei von allen Teilnehmern an der Werbekommu-

145 Dieser Aspekt bleibt auch in solchen Fällen relevant, in denen Werbeagenturen kostenlos für gesellschaftliche Anliegen tätig werden – etwa bei Kampagnen gegen Ausländerhaß. In solchen Fällen findet zwar kein *cash flow* zwischen einem Auftraggeber und einer Agentur statt; aber die Agentur macht faktisch damit auf eigene Kosten Werbung für sich selbst (nämlich für ihr hohes politisches Engagement).

146 Wenn im folgenden abkürzend von »Werbung« gesprochen wird, so ist damit stets der systemisch vernetzte Zusammenhang von Interaktionen und Kommunikationen gemeint, der die Produktion und Distribution von Werbemedienangeboten ausmacht.

147 Diese Regel wird auch von Benetton-Kampagnen nicht außer Kraft gesetzt, sondern eher bestätigt. Denn das von Benetton präferierte Elend,

nikation die faktische Geltung der Ausblendungsregel als Erwartungserwartung (im Sinne kollektiv geteilten Wissens) unterstellt wird. Werbung ist prinzipiell und offensichtlich (sozusagen: offensiv) *parteilich* und kann ebendaraus Kapital schlagen, weil das Wissen um diese Parteilichkeit zum kollektiven Wissen der Mediennutzer gehört. Werbung zielt weder darauf ab, sozial verbindliche Wirklichkeitsentwürfe zu schaffen (wie der Journalismus) oder solche verbindlichen Entwürfe in ihrer Fragilität zu entlarven und durch Alternativen herauszufordern (wie Literatur und Kunst). Werbung will Zustimmung, und zwar *affektiv besetzte* Zustimmung zu Versprechen, die »arglos« als schöner Schein daherkommen. Sie will Zustimmungs- und Handlungsbereitschaft, nicht Kritik und Analyse. Selbst wo sie treuherzig informiert, zielt sie nicht ab auf Bildung, sondern auf Weckung von Bedürfnissen, die möglichst ad hoc befriedigt werden sollen. Werbung schafft nicht etwa kommunikative Sollbruchstellen (wie die Kunst), sondern ganz im Gegenteil privilegierte Anschlußstellen für Kommunikationen und Handlungen. Darum hat zum Beispiel die Behauptung Sinn, Werbefotos beziehungsweise -bilder seien *imperative Bilder*. Sie sagen nicht, wie die Dinge sind, sondern wie sie sein sollen – und eben auch unverzüglich sein können, wenn man nur das Angepriesene tut, kauft, fühlt und so weiter. Dabei muß Werbung aus Bestandserhaltungsgründen daran interessiert sein, daß Bedürfnisse nie endgültig befriedigt und Teilnahmebereitschaft immer wieder neu – sozusagen als erneuerbare Energie – hergestellt werden kann.

Beobachtet man die vielfältig ausdifferenzierten *Erscheinungsformen* heutiger Werbung, kommt man schnell zu einigen nicht unwichtigen Einsichten. Werbung, so läßt sich kurz sagen, ist unendlich *gefräßig*, indem sie schier alle kulturellen Darstellungsformen vereinzeln, entkontextualisieren und für ihre Zwecke funktionalisieren kann. Arcimboldi und Delacroix müssen ebenso herhalten wie der Eiffelturm und der Petersdom; keine Hautfarbe, kein Naturspektakel und keine menschliche Beauté werden verschont, wenn es um prägnante Werbebilder und -erzählungen geht, die das von allen so hart um-

Leid und Böse macht als Werbestrategie nur Sinn im Sinne einer Differenz, die eine Differenz zu Erwartungen an Werbung macht.

kämpfte Gut Aufmerksamkeit produzieren sollen. Je mehr sich die Werbung in ihr hausgemachtes Paradox verstrickt, daß immer mehr und immer bessere Kommunikationsangebote das knappe Aufmerksamkeitsgut dramatisch immer noch weiter verknappen und daher Aufmerksamkeitsproduktion immer unwahrscheinlicher werden lassen, desto mehr muß Werbung sich immer noch dichter, schneller und erfolgreicher mit soziokulturellem Wandel synchronisieren. Werbung muß den vielberufenen Zeitgeist punktgenau und ohne jede Zeitverzögerung treffen.[148] Sie muß die Wünsche, Sehnsüchte, Gefühle, Erwartungen und Befürchtungen der Zeitgenossen möglichst prägnant zum Ausdruck bringen und damit Handlungs- und Zustimmungsbereitschaft gezielt und von den Rezipienten möglichst unbemerkt auf das Beworbene umlenken.[149] Andererseits muß das Werbesystem aber bewußt Beobachterdistanz zum »Zeitgeist« halten, um ihn pragmatisch für die Erstellung wirksamer Werbeerzählungen funktionalisieren zu können.

Insgesamt transportiert Werbung eine Mainstream-»Philosophie«, keine subversive subkulturelle Philosophie. Obwohl sie hektisch agiert, läuft sie der gesellschaftlichen Veränderung eher hinterher, als sie zu »setten«.

Ein entscheidender Parameter werblicher Kommunikation ist *Zeit,* und das in einem doppelten Sinne. Werbemaßnahmen müssen ihre Effizienz sehr rasch erweisen, sonst entfällt die Geschäftsgrundlage zwischen Auftraggeber und Agentur. Und Werbung okkupiert vor allem solche Themen, die einen Tempovorteil bieten, das heißt Themen, zu denen man schnell etwas beitragen kann und die schnell verstanden werden können. Schnelligkeit und Neuheit regulieren also die Themenselektion, wobei Werbung – wie vor allem Zurstiege (1998) herausgearbei-

148 Viele Werbetreibende jagen sogar dem Ziel nach, neue Facetten dieses Zeitgeistes zu stimulieren oder gar zu lancieren, und bedienen sich dabei der meist dubiosen Dienste sogenannter Trendforscher, deren Trendscouts wie Trüffelschweine durch die Szenen rüsseln.

149 Deshalb werden in den Werbemedienangeboten so häufig Potentiale der Körpersprache genutzt, die kaum kontrollierbar sind und deshalb Authentizität verheißen. Deshalb wird mit Personalisierung und Vermenschlichung, mit Fakten schaffenden Formulierungen und im Imperativ formulierten Handlungsempfehlungen und unterschwelligen Ängsten operiert.

tet hat – insbesondere im Markenartikelbereich vor der paradoxalen Aufgabe steht, *Varietät* (Neuheit) und *Redundanz* (Markentreue) miteinander zu versöhnen. Werbung löst dieses Paradox auf durch die Strategie, Veränderung und Wandel in Neuheit und Neuheit in Fortschritt zu übersetzen. Das Neue ist das Alte – nur eben unvergleichlich besser, billiger, umweltverträglicher und so weiter: *Miele. Seit 100 Jahren immer besser.*

12.2 Werbung als Indikator soziokulturellen Wandels

In der wissenschaftlichen Diskussion über das Verhältnis von Werbung und Gesellschaft rivalisieren bis heute zwei Typen von Metaphern, die zwei unterschiedliche Modellvorstellungen zum Ausdruck bringen. Und zwar einmal Werbung als Spiegel, Barometer oder Resonanzkörper der Gesellschaft, zum anderen Werbung als aktiver Interaktionszusammenhang, der – Abbild und Vorbild zugleich – kollektives Lebensgefühl und Mentalitäten in einer Gesellschaft aktiv mitgestaltet.

Exkurs: Werbung, Mütter und Weihnachtsmänner

1968 erschien Jean Baudrillards Buch *Le système des objets*, in dem er eine interessante Beobachtung der Werbung anbot, die auch dreißig Jahre später ihren Reiz noch nicht verloren hat. Auf einige seiner Thesen will ich kurz verweisen.

Für Baudrillard stellt die Werbung »eine überflüssige und unwesentliche Welt« dar, sie ist »reine Konnotation«[150], ein Gespräch über den Gegenstand und selbst Gegenstand. »Als überflüssiges und unwesentliches Gespräch wird sie zu einem kulturellen Objekt und in dieser Form konsumiert« (ebd., S. 203). Die Logik der Werbung ist eine Logik der Fabel und des Mitspielens und nicht etwa der Thesen und Beweise. Sie stützt sich auf die kindlichen Erfahrungen des Umsorgtwerdens durch die Mutter und des Beschenktwerdens durch den Weihnachtsmann. Und darum, so Baudrillard, beruht ihre Wirksamkeit auch nicht auf der Rhetorik der Reklame und der Information über die Ware, sondern auf der suggestiven Botschaft der Wer-

150 Die Zitate stammen aus der deutschen Ausgabe: Baudrillard 1991.

bung, sie betreue und beschenke, sie verdeutliche Wünsche, sie umsorge und überzeuge. Was in und mit der Werbung wirkt, ist die seit Kindertagen wirksame »Logik des Glaubens und der Repression« (ebd., S. 207). Damit, so Baudrillard, wird ein rein kommerzielles Verhältnis in eine persönliche Beziehung umgestaltet. Sie nimmt sich der Wünsche der Konsumenten an, formuliert sie einprägsam und stellt sie ihm vor (die) Augen.

Aber aus dieser »sanften Litanei der Gegenstände« hört Baudrillard auch den imperativen Ton der Werbung heraus: Wenn euch die ganze Gesellschaft entgegenkommt und eure Wünsche erfüllt, dann müßt auch ihr Bereitschaft zum Entgegenkommen und zur Anpassung zeigen. Damit aber läßt Werbung erkennen, daß sie letztlich weniger am Kauf interessiert ist als daran, »den Anschluß der Individuen an die Gesellschaft [zu] fördern«, indem sie den Gegenstand zur Dienstleistung, zum persönlichen Verhältnis zwischen dem einzelnen und der Gesellschaft stilisiert. Diese Aufforderung zur Anpassung aber bleibt abstrakt; denn die Werbung sieht nicht nur stillschweigend über die tatsächlichen Prozesse der Erzeugung und des Marktes hinweg, sondern läßt auch die wirkliche Gesellschaft und ihre Widersprüche außer acht. Alles, was die Werbung als erstrebenswert inszeniert, wird »in ein Bild der Kollektivität gestellt«, da es mit der stillschweigenden Annahme verbunden wird, daß alle es gleichermaßen begehren. Diese Begründung der Wünsche durch ein mutmaßliches Urteil der Gruppe entspricht einem Grundbedürfnis menschlicher Mitteilsamkeit und wirkt eben auf der Grundlage dieser Soziodynamik. Damit geraten auch intimste Wünsche über bewußte Vermittlung einer Kollektivität unter die Kontrolle der Werbung. Jeder einzelne fühlt sich durch das Produkt vor allen anderen ausgezeichnet und kauft doch das gleiche wie alle anderen. In den Zeichen der Werbung, so Baudrillard, rekonstruiert sich die Massengesellschaft als Kollektivität. »Die Massen- und Konsumgesellschaft stimmt durch die Werbung Tag für Tag über sich selbst ab« (ebd., S. 224).

Nach dem Verblassen traditioneller Einordnungscodes wie Stand, Klasse oder Schichtzugehörigkeit bietet Werbung mit dem Code des Lebensstandards ein neues universelles System für das Erkennen und Feststellen des sozialen Status an: Wir distinguieren uns durch Konsum. Aber diese Sicht der sozialen

Verhältnisse ist trügerisch; denn dieser Code der Werbung ist parteiisch und schillernd. Er stabilisiert die reibungslose Zirkulation, aber an einer Transparenz der gesellschaftlichen Verhältnisse kann er nicht interessiert sein. – Soweit Baudrillard.

Hinsichtlich der Beziehung zwischen Werbung und Gesellschaft sind sich heute die meisten Beobachter darin einig, daß Werbung aufgrund ihres Zwangs zur engen Synchronisation mit soziokulturellen Entwicklungen notwendigerweise eine selektive Indikatorfunktion für solche Wandlungsprozesse übernimmt und deshalb eine interessante (aber natürlich hochselektive) Beobachtungsplattform für zeitgleiche Entwicklungen in anderen gesellschaftlichen Bereichen abgibt. Dabei muß allerdings beachtet werden, daß Werbung ihre gesellschaftliche Umwelt unter einer werbesystemspezifischen Selektionsperspektive und Sinngebungsmaxime (Stichworte: Ausblendungsregel und affirmative Parteilichkeit) beobachtet, die dann in Medienangeboten nach den Zielsetzungen und Wertvorstellungen der Aktanten im Werbesystem verkörpert werden. Um ihre systemspezifischen Ziele erreichen zu können, muß die Werbung einen von den Zielgruppen als positiv und wünschenswert empfundenen und bewerteten Zusammenhang zwischen Waren, Leistungen, Personen und Botschaften einerseits und den Erwartungen, Bedürfnissen, Lebensgefühlen und Mentalitäten der Zielgruppe(n) andererseits herstellen. Dabei dürfte der Interessenschwerpunkt der Werbung auf den Bereichen Warenkonsum, Dienstleistungen, Geschmackskultur und Lebensstilgestaltung liegen und sich auf bereits erkennbar ausgeprägte Mentalitäten von Zielgruppen konzentrieren, was dann zugleich die Grenzen des Beobachtungsbereichs wie der Beobachtungsinteressen markiert.[151]

Akzeptiert man diese Einschätzung des allgemeinen Verhältnisses zwischen Werbung und Gesellschaft, dann läßt sich folgende Hypothese aufstellen: Kommerzielle Werbung muß sich wandelnde gesellschaftliche Zustände in Kommunikationsin-

151 Zur Frage, ob Werbung auf erkennbare Trends rasch reagiert oder selber Trends setzt, bemerkt der bekannte Werbefachmann Chr. Fechler in einem Interview: »Werbung kann von ihrer ganzen Anlage her keine Trends setzen, weil sie dem harten Zwang zur totalen Verbrauchernähe und Akzeptanz ausgesetzt ist.«

halte und Kommunikationsformen, in Bildwelten und Semantiken übersetzen, um für Auftraggeber erwünschte Folgen vorzubereiten beziehungsweise herbeizuführen. Werbung ist also notwendig stets auf drei Dimensionen bezogen: auf Ökonomie, auf die Kognition von Rezipienten sowie auf gesellschaftliche Kommunikation. Sie manifestiert sich in gesellschaftlicher Kommunikation als eine spezifische, sogar gesetzlich geregelte Kommunikationsform, die die gesamtgesellschaftliche Kommunikation seit den fünfziger Jahren zunehmend beeinflußt hat, und zwar wesentlich stärker durch ihre rasch wachsende ökonomische Bedeutung als durch ihre spezifische Semantik und Ästhetik, die eher imitiert als präformiert haben.

Auch in bezug auf Werbekommunikation als eine spezifische Kommunikationsart empfiehlt es sich also (wie in Kapitel II,6 vorgeschlagen), Wirkung unter einer doppelten und sehr unterschiedlichen Perspektive zu beobachten, und zwar zum einen unter der Perspektive der Wirkung von Medienangeboten, zum anderen der strukturellen Wirkung, die Werbekommunikation durch die verwendeten Medientechnologien und deren sozialsystemischen Ordnungen – meist für die einzelnen Aktanten unbewußt – ausübt, sei es durch Themenselektionen, sei es durch die Kommerzialisierung der Medienkommunikation insgesamt. Die seit den fünfziger Jahren unter ökonomischen Interessen erfolgte Ausdifferenzierung von Medien und Kommunikation hat zu einer Proliferation von Medieninstitutionen und Kommunikationsangeboten, von Themen, Beiträgen und Kommunikationsformen geführt, die eine repräsentative Öffentlichkeitsbildung durch Medien durch eine Ausdifferenzierung des Publikums in Publika ersetzt hat. Diese Entwicklung hat sich durch die Einführung des dualen Rundfunksystems erheblich beschleunigt und dazu geführt, daß heute Formen und Inhalte medienvermittelter Kommunikation bei den privaten Sendern primär oder ausschließlich ökonomischen Interessen folgen.[152]

Werbung als eine wichtige Komponente von Medienkulturgesellschaften ist heute nach allen Erfahrungen ein in seiner Wirksamkeit kaum zu überschätzender Faktor der Sozialisation

152 Dies gilt in erheblichem Maße auch für die öffentlich-rechtlichen Sendeanstalten (Stichwort: Konvergenzthese), auch wenn diese noch plakativ an ihrem Programmauftrag festhalten.

und Lebensstilgestaltung. In diesem Prozeß spielen die Bereiche Erotik und Sexualität eine zentrale Rolle, und ebendiese Bereiche rangieren auch in den Werbemedienangeboten an so exponierter Stelle, daß viele Kritiker und vor allem Kritikerinnen seit den sechziger Jahren die schamlose Vermarktung (vor allem) des weiblichen Körpers in der Werbung zum Zwecke der Aufmerksamkeitsproduktion anprangern.

Abgesehen von Entrüstung und Kritik ist in der Tat unübersehbar und vielfach beschrieben worden, daß der menschliche Körper als Garant für Authentizität – und daß Geschlecht und Geschlechtsunterschiede als feste Bezugsgrößen individueller Identitätskonstruktion – einen Kernbereich der Ästhetik und Thematik von Werbemaßnahmen unterschiedlichster Art ausmachen. Wie stellt sich dieser Themenbereich im Lichte der neueren Gender-Forschung dar?

12.3 Zur Konstruktion von Geschlechtsunterschieden

Das Geschlecht einer Person ist jene identitätsstiftende Kategorie, die von den meisten Menschen in ganz besonderer Weise als Kern des eigenen Selbst empfunden wird. Stärker als andere gesellschaftliche Basisdichotomien ist die Unterscheidung zwischen Männern und Frauen ein elementarer Bestandteil *jeder* Selbstwahrnehmung und bildet damit eine der entscheidendsten Variablen menschlicher Identität und Differenz. Ein jeder weiß, daß er ein Mann ist *oder* eine Frau, und auch bei der Beurteilung anderer besteht darüber in aller Regel kein Zweifel. Dieses Wissen ist biologisch abgesichert, und jeder, der sich nicht in Übereinstimmung mit dem Urteil seiner Umwelt dem einen oder dem anderen Geschlecht zuordnen kann, bedarf professioneller Betreuung. Gerade in diesen Grenzbereichen jedoch, so hat die konstruktivistische Geschlechterforschung gezeigt, werden die Konstruktionsprinzipien der Geschlechtsdifferenzierung deutlich.[153] Gerade hier zeigt sich, daß es keineswegs so einfach und selbstverständlich ist, ein Mann oder eine Frau zu *werden* wie ein Mann oder eine Frau zu *sein*. Männlichkeit und Weiblichkeit werden im Laufe des Lebensprozesses immer wieder unter Be-

153 Vgl. dazu etwa Hirschauer 1993.

weis gestellt und immer wieder neu begründet. Die Sicherheit, mit der sich in der alltäglichen Interaktion das Geschlecht einer Person bestimmen läßt, ist zunächst *Anspruch* und erst dann *Tat*-Sache.

Genau in diesem Dualismus liegt die große Bedeutung der Geschlechtsdifferenzierung für die ständig um einen Ausgleich zwischen Varietät und Redundanz bemühte Werbung. Werbliche Darstellungen von Männern und Frauen setzen das intersubjektiv geteilte Wissen voraus, was als männlich und was als weiblich gilt. Mit diesem Bezug auf etwas, dessen wir uns wirklich gewiß sein können (Redundanz), sichert sich Werbung a priori gegen Wahrnehmungsstörungen ab. Werbung bedient sich in besonderer Weise einer Symbolik, die selbst immer wieder befestigt werden muß, eben der Unterscheidung zwischen Männern und Frauen. Sie begründet mit jeder Darstellung eines Mannes oder einer Frau von neuem den Geschlechterdualismus und fügt dabei der allgemeinen Geschlechtsdifferenzierung immer wieder neue Unterscheidungen hinzu (Varietät). Denn vor allem Neues kann die Aufmerksamkeit der Rezipienten wekken. Der *neue Mann*, die *neue Frau* (in) der Werbung sind dabei vor allem dies: besser als ihre Vorgänger.

Der thematische Bezug auf die Unterscheidung zwischen Männern und Frauen ist hochgradig anschlußfähig und bietet beträchtliche Tempovorteile (vgl. dazu Zurstiege 1998). Hinzu kommt, daß die Differenz Frau/Mann in einem bildlastigen Medienbereich wie der Werbung ständig neue und hyperprägnante Gestaltungsformen finden muß, um ihre Zwecke der Aufmerksamkeitsproduktion und emotional positiv getönten Teilnahmebereitschaft der Zielgruppen zu erreichen.

Die folgenden Überlegungen und Beobachtungen basieren auf diesen Hypothesen, die im Kern besagen, daß gerade der Bereich der Darstellung von Frauen und Männern in Werbemedienangeboten eine besonders ergiebige Beobachtungsplattform abgibt für die Entwicklung der Gender-Thematik in der Gesellschaft.

12.4 Zwischen Differenz und Ambivalenz. Zur Gender-Dynamik in der BRD der fünfziger, siebziger und neunziger Jahre[154]

Im Zuge der industriellen Revolution des 19. Jahrhunderts bildeten sich durch die Trennung zwischen dem Ort der Erwerbsarbeit und dem Ort des Familienlebens immer deutlichere Definitionen männlichen und weiblichen Verhaltens heraus. Denn die männlichen und die weiblichen Lebenswelten fielen immer weiter auseinander, während sie vorher nicht nur räumlich, sondern auch inhaltlich eng aufeinander bezogen waren. Die Zuständigkeiten für die Arbeit außer Haus auf der einen Seite und für die Familie und den Haushalt auf der anderen Seite waren nun klar voneinander abgegrenzt und geschlechtsspezifisch definiert.[155] Wie Elisabeth Beck-Gernsheim mit Bezug auf Riehl feststellt, läßt sich in diesem Arrangement eine geschlechtsspezifische Aufgabenteilung zwischen Männern und Frauen beobachten:

»Je mehr der Mann hinaus muß in die feindliche Welt, desto mehr soll die Frau ›voll und rein und schön‹ bleiben, um ›im stillen, in sich befriedeten Sein[156] die versöhnte Innerlichkeit des Gemütslebens‹ zu erhalten. Inmitten einer immer stärker durchrationalisierten Welt soll sie für den Mann einen Ausgleich schaffen, eine ›Oase des Friedens‹« (Beck-Gernsheim 1986, S. 219).

Die fünfziger Jahre bilden in den westlichen Industrieländern den Höhepunkt und den Abschluß dieses bürgerlichen Ge-

154 Aus darstellungstechnischen Gründen wird der folgenden Betrachtung ein vergleichsweise grobes Zeitraster zugrunde gelegt. Die folgenden Ausführungen können daher nur die Trends eines veränderten Geschlechterarrangements beschreiben. Den Anfangspunkt der Betrachtung bilden die fünfziger Jahre, da sie den Anfang einer Entwicklung markieren, deren Auswirkungen bis heute reichen.

155 Vgl. etwa Schissler 1992, S. 208 f., oder Segal 1990, S. 7 f.

156 In ähnlicher Weise argumentierte bereits Georg Simmel. Die beiden Geschlechter, so Simmel, verhalten sich ungleich zu der Differenz zwischen ihnen. Während Männlichkeit für den Mann gewissermaßen ein *Tun* ist, ist Weiblichkeit für die Frau ein *Sein* (vgl. Simmel 1923, S. 70). Unklar ist dabei, inwieweit Simmels Darstellungen auf eine starre und ahistorische Geschlechterontologie oder auf die Beschreibung einer spezifischen gesellschaftlich-historischen Situation hinauslaufen. Simmels Werk scheint beide Lesarten offenzulassen (vgl. Ulmi 1989, S. 61 ff.).

schlechterarrangements des 19. und frühen 20. Jahrhunderts (vgl. Schissler 1992, S. 213)[157], das nicht zuletzt in der soziologischen Familientheorie dieser Zeit zum Ausdruck kommt.[158] Vor allem die Arbeiten von T. Parsons und R. F. Bales (1960) spiegeln in ihrer normativen Botschaft der geschlechtsspezifischen Differenzierung in expressive (weibliche) und instrumentelle (männliche) Tätigkeiten, die zumindest tendenziell als universelle Form der gesellschaftlichen Differenzierung betrachtet wurde, den klassischen Fall dieses Geschlechterarrangements wider.[159] Schissler nimmt an, daß Situationen des gesellschaftlichen Umbruchs und der Verunsicherung wie zu Zeiten der industriellen Revolution des 19. Jahrhunderts oder im Nachkriegsdeutschland der fünfziger Jahre zu einer stärkeren Betonung der Kategorie Geschlecht führen, weil die Menschen verunsichert sind und nach klaren Orientierungen suchen. »Was ist ein Mann? Was ist eine Frau? Wenn uns alle Felle wegschwimmen, sollten wir wenigstens *das* noch wissen« (Schissler 1992, S. 209).

Wie L. Segal gezeigt hat, äußerte sich eine erste *zornige* Kritik von seiten der Männer gegen die bestehenden Verhältnisse im Protest der *angry young men*, jener jugendlichen Romanfiguren der fünfziger und sechziger Jahre, deren Zorn auf das Establishment sich in erster Linie gegen Mütter und Ehefrauen richtete (vgl. Segal 1990, S. 80ff.). Der Wandel im Arrangement der Geschlechter, der in den fünfziger Jahren gewissermaßen unterhalb der Wahrnehmungsschwelle erfolgte, gelangte in den siebziger Jahren durch den Einfluß der Frauenbewegung wie mit einem Paukenschlag an die Oberfläche (vgl. Schissler 1992, S. 213f.). Der Protest – wiewohl von einer zahlenmäßigen Minderheit von Frauen getragen – war sowohl ein Reflex auf die vorange-

157 Zu den Geschlechterverhältnissen im Bürgertum der Jahrhundertwende vgl. Metzmacher 1990. Zur historischen Veränderung der Geschlechterverhältnisse vgl. Schissler (Hg.) 1993.

158 Zur theoriegeschichtlichen Entwicklung der Familiensoziologie vgl. einführend statt anderer Hill und Kopp 1995 oder Nave-Herz und Markefka (Hg.) 1989.

159 »We will argue that the differentiation of sex role in the family is, in its sociological character and significance, primarily an example of a basic qualitative mode of differentiation which tends to appear in *all* systems of social interaction regardless of their composition« (Parsons und Bales 1960, S. 22).

gangenen gesellschaftlichen Veränderungen als auch ein wesentlicher Einflußfaktor für die gesellschaftlichen Entwicklungen der folgenden Zeit.

Eine wesentliche Veränderung im Vergleich zu den fünfziger Jahren stellte in den siebziger Jahren die positive Neubewertung der weiblichen Erwerbstätigkeit dar. Ganz offensichtlich war das weibliche Engagement im Beruf inzwischen zur Selbstverständlichkeit geworden. 1975 stand immerhin jede zweite Frau im Alter zwischen 15 und 60 Jahren im Berufsleben. Noch deutlicher wurde diese Entwicklung im deutlichen Wachstum der Erwerbsquote bei verheirateten Frauen und Müttern (vgl. von Schweitzer und Pross 1976). Trotz dieser Entwicklungen zeigt sich jedoch bei genauerer Betrachtung ein ambivalentes Bild. Denn nach wie vor wurden das weibliche und das männliche Engagement im Beruf unterschiedlich bewertet. Wie die Ergebnisse der ersten repräsentativen Befragung bundesdeutscher Männer von Helge Pross (1978) belegen, wurden die weibliche und die männliche Erwerbstätigkeit im Urteil der meisten Männer in ein hierarchisches Verhältnis zueinander gesetzt. Diese niedrigere Bewertung der weiblichen Erwerbstätigkeit spiegelte sich in den statistisch nachweisbar geringeren Löhnen für gleichwertige Leistungen sowie in den schlechteren Aufstiegschancen von Frauen in den siebziger Jahren wider.[160] Darüber hinaus wurde das berufliche Engagement der Frau von den meisten befragten Männern den Familienaufgaben untergeordnet. Während sich die Familie den Arbeitserfordernissen des Mannes anpaßte, wurde die Berufsbiographie von Frauen in den siebziger Jahren weiterhin normalerweise durch den Familienstand und die Familienentwicklung bestimmt. Auch für die Bewertung der männlichen Geschlechtsrolle zeichnen die Ergebnisse der Pross-Untersuchung ein ambivalentes Bild. Auf der einen Seite betonte die überwiegende Mehrheit der befragten Männer die große Bedeutung von Ehe und Partnerschaft, auf der anderen Seite wurden jedoch gerade diese Formen des Zusammenlebens seit Beginn der siebziger Jahre in immer stärke-

160 So belief sich 1970 etwa der durchschnittliche Bruttomonatsverdienst von angestellten Frauen in Handel und Industrie auf rund 60% des durchschnittlichen Bruttomonatsverdienstes von Männern (vgl. Röser 1992, S. 44).

rem Maße in Frage gestellt.[161] Auf der einen Seite wurde nach wie vor der Beruf untrennbar mit der männlichen Geschlechtsrolle in Verbindung gebracht, auf der anderen Seite zeigte sich jedoch ein Großteil der befragten Männer unzufrieden mit ihrem Beruf und hätte sich bei einer erneuten Wahlmöglichkeit anders entschieden (vgl. Pross 1978, S. 63f.).

Anfang der neunziger Jahre führte der Berliner Soziologe und führende Vertreter der deutschen Männerforschung, W. Hollstein, eine empirische Studie durch, deren Ziel es war, die gesellschaftliche Situation und das Selbstbewußtsein der Männer in der Schweiz, in Österreich und in der Bundesrepublik Deutschland zu erforschen. Ließen sich Männlichkeit und männliches Selbstbewußtsein in der Bundesrepublik der siebziger Jahre noch vorsichtig als ambivalent und zwischen den Linien gesellschaftlicher Entwicklung stehend beschreiben, so ändert sich in Hollsteins Untersuchung die Tonlage drastisch. Männlichkeit in der Bundesrepublik Deutschland der neunziger Jahre steht im Widerspruch zu der Ideologie traditioneller Männlichkeit und den veränderten gesellschaftlichen Strukturen. Daraus ergibt sich in der heutigen Gesellschaft die Schizophrenie der Männlichkeit (Hollstein 1990, S. 27-39). Traditionelle männliche Werte werden in immer stärkerem Maße in Frage gestellt, ohne daß neue Orientierungspunkte bereitstünden. Anders, so Hollstein, stellt sich die gesellschaftliche Entwicklung für die Frauen dar: »Es gibt heute ein kohärentes, begründetes, vorwärtsgewandtes und damit auch offensives Frauenbild, während umgekehrt nur noch Versatzstücke eines Männerbildes vorhanden sind – inkohärent, torsohaft, fragmentarisch, entwertet, nicht mehr überzeugend und vor allem: defensiv« (ebd., S. 14).

Hollsteins Einschätzung männlicher und weiblicher Lebenszusammenhänge bedarf freilich einer Relativierung; denn beide Geschlechter werden heute mit zum Teil gegensätzlichen Er-

161 Die Scheidungsquote nimmt insbesondere seit den siebziger Jahren beständig zu. Ferner ist nicht nur die Zahl an Eheschließungen rückläufig, sondern auch der Wunsch nach einer solchen Verbindung. Eine empirische Analyse von Kontaktanzeigen ergab, daß auch der Ehe*wunsch* im Laufe der Zeit rapide abgenommen hat. Waren es in den fünfziger Jahren noch über 50% aller Inserenten, die einen Heiratswunsch äußerten, tun dies in den siebziger Jahren nur noch 12% der weiblichen und rund 25% aller männlichen Inserenten (vgl. Gern 1992, S. 84ff.).

wartungen konfrontiert. »Das Stadium zwischen ›Nicht mehr‹ und ›Noch nicht‹ ist eine widersprüchliche Mischung [...] für Frauen wie Männer« (Beck-Gernsheim 1986, S. 224). Frauen, die sich heute für eine berufliche Karriere entscheiden, stehen nicht selten zwischen den Erfordernissen einer nach wie vor von Männern dominierten Berufswelt und den Anforderungen des Haushalts, für dessen reibungslosen Ablauf sie auch heute noch meistens alleine verantwortlich sind (vgl. Meyer und Schulze 1993, S. 167f.).[162] Der Zuwachs neuer Handlungsspielräume für Frauen wird von mindestens ebenso vielen neuen Hürden und Konflikten begleitet.[163] Der maßgebliche Unterschied zwischen der gesellschaftlichen Ausgangslage von Männern und Frauen in den Neunzigern scheint vielmehr darin zu bestehen, daß Frauen, anders als Männer, *offensiv* der veränderten gesellschaftlichen Situation begegnen. »Während die Männer sich diesem Problem bisher höchstens reagierend stellen, sind viele Frauen heute zumindest auf der Suche« (Röser 1992, S. 73f.).

Wie bereits dieser kurze Überblick nahelegt, sind im Rahmen der Veränderungen des Geschlechterarrangements ebenso wie im Rahmen gesamtgesellschaftlicher Wandlungsprozesse Ungleichzeitigkeiten, Widersprüche und Inhomogenitäten erwartbar (vgl. Schmidt und Spieß 1996, S. 93f.). Bei der Beschreibung dieser Veränderungen erweist sich die Werbung in besonderer Weise als geeignet, auch widersprüchliche Erwartungszusammenhänge, konfligierende Anforderungen an Männer und Frauen positiv zu bewerten und in ihren Darstellungsritualen einer scheinhaften Lösung zuzuführen. Werbung schafft ihre spezifische interessenorientierte Ordnung, die Ware selbst ist eine ordnungsstiftende Form (vgl. Seeßlen 1992, S. 13).[164]

162 Zu den veränderten Anforderungen des Berufslebens an Männer und Frauen vgl. zum Beispiel Manthey 1991 und Rustemeyer und Thrien 1989.

163 67% der ostdeutschen und 80% der westdeutschen Bevölkerung vertreten die Meinung, daß Familie und Beruf für Frauen konkurrierende Lebensbereiche darstellen, weil insbesondere Kleinkinder unter der Berufstätigkeit der Mutter leiden müßten (vgl. Institut für Demoskopie Allensbach 1992).

164 In dieser Hinsicht ähneln sich Werbung und Fernsehnachrichten in der im vorigen Kapitel beschriebenen Art und Weise.

12.5 Werbung und Geschlecht. Theoretische Probleme und empirische Befunde

Unter dem zunehmenden Einfluß der Frauenbewegung wurden Anfang der siebziger Jahre in der Bundesrepublik die ersten empirischen Untersuchungen zur Rolle der Frau in den Medien durchgeführt. Dabei wurde zunächst das Frauenbild in Frauenzeitschriften untersucht, da man davon ausging, daß dies die Frauen besonders wirksam beeinflussen könne (vgl. Schmerl 1984, S. 9).[165] 1975, im internationalen Jahr der Frau, legte eine Forschungsgruppe um den Münsteraner Juristen E. Küchenhoff die erste für Deutschland umfassende Studie zur Darstellung der Frau im Fernsehen vor (vgl. Küchenhoff u.a. 1975).[166] Inzwischen werden fast alle publizistischen Medien regelmäßig auf die Darstellung der Geschlechter hin untersucht.[167] Es überwiegen jedoch heute, anders als in den Anfängen, Untersuchungen von Darstellungen der Geschlechter im Medium Fernsehen. Inhaltlich konzentriert sich die Forschung weiterhin auf die Untersuchung des Frauen- und Mädchenbildes; die Rolle des Mannes wird überwiegend nur am Rande analysiert (vgl. etwa Durkin 1985, S. 110, oder Fejes 1992, S. 10). Winter weist auf einen negativen Nebeneffekt dieser Vorgehensweise hin: »Wieder werden Mädchen und Frauen als ›Sondergruppe‹ behandelt, während Jungen und Männer als das ›Allgemeine‹ (oder gar nicht) gesehen werden« (Winter 1994, S. 43). Männlichkeit wird damit stillschweigend vorausgesetzt und bleibt unreflektiert. Die Kritik am Patriarchat führt so zu der Verdopplung jener Strukturen, deren Enttarnung eigentlich beabsichtigt war.[168]

165 Zum Forschungsstand vgl. etwa Röser 1992, S. 16-29.

166 In ähnlich umfassender Weise wurde diese Arbeit jedoch erst von Weiderer 1993 aktualisiert. Als Einführung in die aktuelle Diskussion siehe Unabhängige Landesanstalt für das Rundfunkwesen (Hg.) 1996.

167 Vgl. zu einer ausführlichen Darstellung des Forschungsstandes Fröhlich und Holtz-Bacha 1995 und 1993; Holtz-Bacha 1994; Lent 1991; Röser 1993, 1992 oder Velte 1995.

168 Zur Diskussion dieser Frage im Rahmen der Frauenforschung siehe beispielsweise Hagemann-White: »Beteiligt sich am Ende die Frauenforschung an der kulturellen Fortschreibung einer einengenden, ideologisch durchtränkten Entgegensetzung der Geschlechter qua Geschlecht und bindet uns gerade an das Geschlechterverhältnis zurück, das wir verändern wollten?« (1993, S. 70).

Wie Brigitte Spieß (1994) in ihrem Resümee des Forschungsstandes zu Weiblichkeitsdarstellungen in der Fernsehwerbung ausführt, zeigen die inhaltsanalytischen Studien, daß bei der Darstellung von Frauen in der Werbung im wesentlichen zwei Rollenmodelle favorisiert werden: die Rolle der Hausfrau und die Rolle der jungen, verführerischen Frau. Im Rahmen der Darstellung weiblicher Berufstätigkeit überwiegen sogenannte Frauenberufe, die die Frauen für das Wohlergehen ihrer Familie in die Pflicht nehmen. Im allgemeinen weisen die inhaltsanalytischen Forschungsbefunde eine Vielzahl subtiler Methoden der Diskrimierung von Frauen aus. Sexuelle Anzüglichkeiten und eine rigide Schönheitsnorm stellen dabei zwei wesentliche Eckpfeiler werblicher Frauendarstellungen dar (vgl. Spieß 1994).

Bei den wenigen vorliegenden Untersuchungen, die sich explizit mit der Darstellung von Männern in der Werbung beschäftigen, überwiegen vor allem Arbeiten des nicht etablierten akademischen Nachwuchses, die sogenannte *graue Literatur*. In der Regel handelt es sich bei diesen Arbeiten um phänomenologische Inhaltsanalysen, deren Ergebnisse nur bedingt verallgemeinerbar sind, jedoch erste wichtige Anhaltspunkte für das wissenschaftliche Problembewußtsein liefern.[169] Neben diesen Arbeiten findet sich eine geringe Anzahl methodisch und theoretisch anspruchsvollerer Inhaltsanalysen, die sich explizit mit der Darstellung von Männern in der Werbung beschäftigen.[170]

Die bisherigen Ergebnisse der deutschen Forschung deuten darauf hin, daß die werblichen Darstellungen von Männern vornehmlich traditionellen Mustern folgen. St. Krohne weist darauf hin, daß in der bundesdeutschen Fernsehwerbung im wesentlichen Darstellungen des berufstätigen Mannes überwiegen, der Macht ausübt und respektiert wird (vgl. Krohne 1995, S. 151, oder auch Brosius und Staab 1990, S. 297). Männer werden vornehmlich im Zusammenhang mit Produkten dargestellt, die im weitesten Sinne auf traditionelle Männlichkeit verweisen (vgl. Fischer 1992, S. 52), sie sind in der Mehrheit älter als die dargestellten Frauen und werden seltener als diese nackt oder

169 Vgl. etwa Drost u. a. 1989; Fischer 1992; Forster 1995; Hermsen 1992; Knegendorf 1989; Krohne 1995; Malzacher 1988; Schmiedke-Rindt 1992; Watz 1995.

170 Vgl. beispielsweise Brosius und Staab 1990; Mayer, Schuhmann und Huber 1981; Merten 1994.

nur spärlich bekleidet gezeigt (vgl. Brosius und Staab 1990, S. 297; Watz 1995, S. 105). Sie lächeln seltener als Frauen, wirken emotional kontrolliert, unabhängig und stark (vgl. Watz 1995, S. 104). Allgemein zeigt sich das Spektrum möglicher Darstellungsformen von Männlichkeit stärker ausdifferenziert als die Darstellungsbreite von Weiblichkeit (vgl. Krohne 1995, S. 151). Die mögliche Darstellungsbreite variiert dabei, wie verschiedene Untersuchungen zeigen, mit dem Werbemedium und dem beworbenen Produkt. So zeigt K. Merten für die Anzeigenwerbung in verschiedenen Zeitschriften[171], daß das Spektrum an Männerdarstellungen am stärksten im *Stern* und im *Spiegel* variiert, anders als etwa in *Capital*, die als Special-interest-Magazin ihrer klarumrissenen und homogenen Zielgruppe ein akzentuierteres Männlichkeitsprofil präsentiert (vgl. Merten 1994, S. 44 ff.).[172]

Allgemein weisen seit Beginn der achtziger Jahre verschiedene Untersuchungen eine Tendenz zu veränderten werblichen Geschlechterdarstellungen aus. In einer Wiederholung der Untersuchung von L. Z. McAthur und B. G. Resko (1975) kommen D. J. Bretl und J. Cantor (1988) zu dem Ergebnis, daß sich Geschlechterdarstellungen in der Werbung tendenziell in Richtung auf mehr Gleichheit und Gleichberechtigung verschoben haben. Andere Untersuchungen belegen, daß seit Beginn der achtziger Jahre Frauen häufiger als noch in den siebziger Jahren außerhalb des Haushaltes, zum Beispiel im Beruf oder in der Freizeit, und Männer seltener im Beruf, dafür aber häufiger als früher im Kontext von Familie und Haushalt dargestellt werden (vgl. Lysonski 1985; Skelly und Lundstrom 1981).

Einen wichtigen Beitrag zur Einschätzung der Frage, inwieweit die werblichen Darstellungen von Männern und Frauen im

171 Untersucht wurden Darstellungen von Männern in den Zeitschriften *stern, Spiegel, Capital, Brigitte, Cosmopolitan, Max, Hörzu* und *Auto Motor und Sport.*

172 Zu einem ähnlichen Ergebnis wie Merten (1994) kommt Fischer: »Die Werbung des *stern* löst [...] ein einheitliches, einseitiges Bild von Männlichkeit auf« (Fischer 1992, S. 73). Viele Autoren, so Hanke, deuten die *synchrone* Vielfalt von Männerbildern als *diachronen* Wandel. Dabei wird übersehen, daß es zu jeder Zeit Männer gegeben hat, die nicht in das klassische Bild vom Mann paßten, und daß diese Ausnahmen im Rahmen eines relativ stabilen Systems der Geschlechtsdifferenzierung ganz spezifische Funktionen erfüllen (vgl. Hanke 1992).

Zeitverlauf Veränderungen unterliegen, haben H.-B. Brosius und Staab (1990) geleistet. Sie zeigen anhand der Anzeigenwerbung des *Stern* zwischen 1969 und 1988, daß sich der vermutete Wandel werblicher Geschlechterdarstellungen auf zwei verschiedenen Ebenen beobachten läßt. Auf der Ebene der *expliziten* Präsentation zeigt sich die moderne Auslegung von Männlichkeit und Weiblichkeit in der zunehmenden Darstellung von dynamisch-jungen Singles, der vermehrten Darstellung von Vätern sowie in dem Anfang der achtziger Jahre einsetzenden starken Anstieg in der Darstellung von *Karrierefrauen* (vgl. Brosius und Staab 1990, S. 299; Klassen, Jasper und Schwartz 1993).[173] Auf der Ebene der *impliziten* Präsentation, die die Autoren in Anlehnung an Erving Goffmans (1981) Analyse nonverbaler Geschlechterdarstellungen untersuchen, zeigen sich jedoch nur geringfügige Veränderungen. Der expliziten Veränderung des Frauenbildes und des Männerbildes entspricht also keine Veränderung auch der impliziten, nonverbalen Zuschreibungen; denn nach wie vor werden überwiegend Männer in dominanten Körperhaltungen abgebildet (vgl. Brosius und Staab 1990, S. 300).

Die meisten der hier vorgestellten inhaltsanalytischen Untersuchungen vernachlässigen die eingehende theoretische Betrachtung von Prozessen der Aussagenentstehung zugunsten einer rein deskriptiven und phänomenologischen Analyse medialer Aussagen. Diese fehlende theoretische Reflexion werblicher Kommunikationsprozesse findet ihren Niederschlag in der impliziten Bewertung der Geschlechterbilder als *gute* (weil *wahre*) beziehungsweise als *schlechte* (weil *nicht-wahre*) Repräsentationen *echter* Männer und Frauen. Aus der Perspektive einer konstruktivistischen Betrachtung erweisen sich jedoch werbliche Darstellungen der Geschlechter als ebenso *wahr* oder *falsch*, als ebenso *gut* oder *schlecht* wie etwa wissenschaftliche, journalistische, philosophische oder künstlerische Darstellungen der Geschlechter. In gleicher Weise wie diese Systeme verfügt auch die Werbung über eine ausgesprochen selektive Perspektive. Wie alle anderen Sozialsysteme liefert auch Werbung

173 Seit Anfang der achtziger Jahre liegt der Anteil der *Karrierefrauen* sogar über dem Anteil an Karrieremännern (vgl. Brosius und Staab 1990, S. 299).

keine abbildenden Darstellungen, sondern eine systemspezifisch selektive und prägnante Konstruktion von Frauen- und Männerbildern. Nicht Objektivität, sondern *Funktionalität* ist der Leitwert solcher Konstruktionen, die Veränderungen in der Konzeption und Implementierung von Geschlechterrollen in relevanten Sozialsystemen zum Ausgangspunkt und gewissermaßen zum Material werbesystemspezifischer Kommunikationen machen.

12.6 Mannsbilder. Zur Konstruktion von Männlichkeit in der Anzeigenwerbung

Die Veränderungen im gesellschaftlichen Arrangement der Geschlechter, wie sie für die fünfziger, siebziger und neunziger Jahre skizziert worden sind, haben auch in der deutschen Anzeigenwerbung deutliche Spuren hinterlassen. Wie eine inhaltsanalytische Untersuchung von Werbeanzeigen in den drei Zeitschriften *Brigitte*, *Stern* und *Auto Motor und Sport* gezeigt hat, erweisen sich im Zeitverlauf immer häufiger neben der Darstellung von Frauen auch Darstellungen von Männern als Elemente der Inszenierung werblicher Kommunikationsangebote (vgl. Zurstiege 1998).[174]

Der Blick auf den männlichen Körper wird dabei im Zuge der gesellschaftsweiten Mobilisierung von Erwartungszusammenhängen auch in der Werbung zunehmend enttabuisiert. Dies durchbricht das traditionelle Geschlechterarrangement, in dem die Frauen, wie Simone de Beauvoir bereits gegen Ende der vierziger Jahre formulierte, das *andere*, das heißt hier: das der Betrachtung ausgesetzte Geschlecht sind. *Überall nackte Männer* – diese Einschätzung Michael Rutschkys (1994) erweist sich jedoch als weit überzogen. Denn Darstellungen nackter oder nur spärlich bekleideter Männer nehmen zwar zu, bleiben jedoch nach wie vor die Ausnahme. Gratifikationsversprechen auf Schönheit und Attraktivität stellen selbst im Rahmen der

174 Untersucht wurden insgesamt 5265 Werbeanzeigen in den Zeitschriften *Auto Motor und Sport*, *Brigitte* und *Stern* aus den fünfziger, siebziger und neunziger Jahren. 415 dieser Anzeigen enthielten verbale, 1338 enthielten nonverbale Männerdarstellungen.

Kosmetikwerbung, die sich an ein männliches Publikum richtet, Versprechen nachgeordneter Wichtigkeit dar. Die Männer der Werbung achten ebensowenig auf ihr gutes Aussehen wie auf ihre Gesundheit. Sie sehen gut aus und sind gesund und bleiben dabei vor allem leistungs- und erfolgsorientiert.

Der berufliche Erfolg eines Mannes stellt einen zentralen Eckpfeiler der männlichen Geschlechtsrolle dar. In ihr spiegelt sich nicht nur die Außenorientierung des Mannes wider, vielmehr dient sie auch als Indikator dafür, in welchem Maße der Imperativ des Konzepts *echter Männlichkeit*, Versorger von Abhängigen zu sein (vgl. Gilmore 1991, S. 245), erfüllt wird beziehungsweise überhaupt erfüllt werden kann. Arbeit und Beruf, so zeigt die Untersuchung von Zurstiege (1998), bilden auch in der Anzeigenwerbung bevorzugte raum-zeitliche Arrangements für die Darstellung von Männern. Jene wenigen Fälle, in denen Männer bei der Haus-*Arbeit* gezeigt werden, betreffen dabei jedoch ausschließlich die Verrichtung kleinerer Reparaturarbeiten im oder um das eigene Haus, wenn sich die Darstellung, wie in den Werbeanzeigen der *Auto Motor und Sport*, an ein überwiegend männliches Publikum richten. In den Werbeanzeigen in *Brigitte* lassen sich zusätzlich auch einige wenige Darstellungen von Männern finden, die die Wäsche oder den Abwasch erledigen, kochen oder sich um die Kinder kümmern. Die Darstellung dienender Tätigkeiten mit einem vergleichsweise geringen sozialen Status wird im *stern* und in *Auto Motor und Sport* im Vergleich zur Darstellung anderer Berufsgruppen deutlich vernachlässigt, hingegen werden sie in *Brigitte* noch häufiger inszeniert als die Haushaltsarbeit von Männern.

Konnte in Anlehnung an Hollsteins (1990) Überlegungen Männlichkeit in den neunziger Jahren als eher *reagierend* und *inkohärent* beschrieben werden, so ist davon in dem von Zurstiege untersuchten Anzeigensample nur wenig zu erkennen. Denn in den Anzeigen aller drei Zeitschriften ist ein *gemeinsamer* Grundkonsens über die wesentlichen Eigenschaften von Männern zu beobachten. Die Männer der Anzeigenwerbung sind vor allem sportlich, erfolgreich, tüchtig und vernunftbegabt. Lediglich bei den darüber hinaus zu erwartenden Eigenschaften zeigt sich in den Anzeigen in *Brigitte* eine stärkere Bewertung von Charaktermerkmalen, die im wesentlichen die *emotionale Kompetenz* von Männern betreffen.

Verallgemeinerungen und Typologisierungen stellen wichtige Elemente werblicher Kommunikation dar; denn Klarheit, Prägnanz und Verständlichkeit sichern kommunikativen Erfolg. Werbung schafft – wie oben bereits gesagt – fiktive Ordnung, und sie tut dies über die Grenzen spezifischer Zielgruppen hinaus. Während Werbung zwar stets Teilnahmebereitschaft herzustellen versucht, grenzt sie gleichzeitig immer auch aus, ist immer auch exklusive Kommunikation, insofern sie bei den Adressaten ihrer Aussagen die Fähigkeit zur aktiven Teilnahme an Werbekommunikation stets voraussetzen muß. Im Falle der Wirtschaftswerbung bedeutet dies, daß die Fähigkeit zu zahlen und damit ein gebührendes Maß an beruflicher Arriviertheit, Tüchtigkeit, Leistungswille und Leistungsfähigkeit vorausgesetzt werden: *Es lebe die Leistung* (Grundig). Dies ist es, was in dem beobachteten Grundkonsens der Anzeigen aller drei Zeitschriften zum Ausdruck kommt. Immer dann, wenn in erster Linie *über* Männer und nicht *mit* Männern kommuniziert wird, ist es zwar wahrscheinlicher, daß diese Regel toleranter gegenüber Ausnahmen wird – so etwa in *Brigitte* in Form von Darstellungen (be)dienender Männer –, gänzlich verworfen wird sie dabei jedoch nie.

Werbung besetzt Grenzbereiche zwischen Traditionellem und Innovativem. Am Beispiel der Bedeutung des Sports für die Zurschaustellung von Männlichkeit tritt dieses Spannungsverhältnis besonders deutlich zutage. Denn auf der einen Seite bieten sich mit der Darstellung sportlicher Aktivitäten neue Gelegenheiten, den männlichen Körper in Szene zu setzen. Auf der anderen Seite bietet jede sportliche Aktivität ebenso ausreichend Gelegenheit, Leistung und Leistungsfähigkeit – zwei wesentliche Komponenten traditioneller Männlichkeit – zu demonstrieren. Solange keine Gewißheit darüber besteht, ob die Darstellung leicht oder gar nicht bekleideter Männer nur *schockt*, sogar Ablehnung hervorruft (vgl. Nötzel 1981) oder aber positive Aufmerksamkeitseffekte bewirkt, ist davon auszugehen, daß die eigentliche Bühne, auf der sich der männliche Körper den Blicken des Rezipienten zeigt, der Sport sein wird. Männer spielen Tennis und Hockey, Fußball und Polo, sie segeln und angeln, fahren Rennräder oder Rennautos; und immer bieten sich Gelegenheiten, über sich selbst und über andere zu triumphieren. Sportlichkeit ist nie maßlos. Sie ist *souveräne Be-*

herrschung (Recaro), keine Verschwendung, sondern stets für den Gebrauch bestimmt und in diesem Sinne *echt männlich*. Das ist es, was den Leistungssportler, der seit den neunziger Jahren die männliche Berufswelt in den Anzeigen der *Auto Motor und Sport* beherrscht, mit dem in gleicher Weise die Anzeigen in *Brigitte* dominierenden männlichen Freizeitsportler verbindet. Beide beweisen im Wettbewerb mit anderen Männern unter Einsatz und Zurschaustellung ihres durchtrainierten Körpers Leistung und Leistungsfähigkeit. Jener Mechanismus der *Abgrenzung*, der in der Sozialisationsforschung als strukturelles Grundmuster der traditionellen männlichen Geschlechtsrolle beschrieben wird (vgl. etwa Hagemann-White 1984, S. 92), ist damit auch in der Anzeigenwerbung klar zu erkennen. Die im Zeitverlauf veränderten raum-zeitlichen Arrangements, die immer stärkere Orientierung von Männern auf Aktivitäten in der Freizeit, spiegeln daher allenfalls die veränderte gesellschaftliche Bewertung von Arbeit und Beruf wider, nicht jedoch damit auch gleichzeitig die veränderte Bewertung der männlichen Geschlechtsrolle. Werbung ist ordnungsstiftende Kommunikation: *Es gibt für alles eine Lösung* (Mercedes). Wie die Argumentation von Brigitte Spieß (1994), die im folgenden zusammengefaßt wird, nahelegt, bleibt dieses Prinzip der Harmonisierung ambivalenter Aussagen, die Verflechtung von Tradition und Innovation in der Werbung, keinesfalls ausschließlich auf die Darstellung von Männern beschränkt.

12.7 Weibsbilder. Zur Konstruktion von Weiblichkeitsklischees in der Fernsehwerbung der BRD

Im Rahmen einer inhaltsanalytischen Studie zur Veränderung von Weiblichkeitskonstruktionen in der Fernsehwerbung[175] hat Spieß (1994) sich auf vier prominente Klischees konzentriert: auf alte Frauen, auf Ehefrauen und Mütter, auf berufstätige Frauen sowie auf selbstbewußte, sich selbst verwirklichende Frauen.

Die Klischierung alter Frauen kommt mit zwei dichotomen Typisierungen aus. Dominant ist der Typ der pflichtbewußten

175 Die Untersuchung fand statt im Auftrag der Bundeszentrale für politische Bildung.

und bescheidenen Rentnerin und Großmutter, die Gemütlichkeit und Mütterlichkeit ausstrahlt und deren werbespezifische Kompetenz sich auf Haushalt und Familie beschränkt. Erst in den neunziger Jahren erscheint daneben gelegentlich eine Ausstiegsvariante aus dieser traditionellen Rolle, in der alte Frauen mit für sie ungewöhnlichen Produkten und Proklamationen (zum Beispiel Freiheit, Abenteuer, Luxus) in Verbindung gebracht werden (vgl. etwa die Werbespots für *Kärcher* Dampfstrahler 1990 oder *West*-Zigaretten 1991). Offensichtlich tut sich die Werbung bis heute noch schwer, auf die absehbare Bevölkerungsentwicklung und den Wertewandel bei den Senioren angemessen – und das heißt anders als anekdotisch – zu reagieren.

Beobachtet man das Klischee Ehefrau und Mutter in der Fernsehwerbung von den fünfziger Jahren bis heute, dann sind die Veränderungen erstaunlich gering. Die adretten, jungen und sexy gestylten Ehefrauen und Mütter der TV-Werbung der fünfziger und sechziger Jahre waren ausschließlich auf Haushalt und Familie orientiert, vom Ehemann abhängig und schutzbedürftig. Die Frauen und Mütter in der TV-Werbung der neunziger Jahre agieren immer noch in einem nur unwesentlich erweiterten Spielraum. Die Werbepraktiker dieses Jahrzehnts konstruieren in den Spots den Typ der patenten Hausfrau und Mutter, die nach wie vor primär für das physische und psychische Wohl ihrer Lieben verantwortlich ist. Allerdings werden ihr nun mehr Kompetenzen eingeräumt (etwa in Sachen Umwelt) und begrenzte Chancen der Selbstverwirklichung eröffnet. Das Erscheinungsbild aber bleibt konservativ und »typisch weiblich« (zum Beispiel langes gelocktes Haar).

Eine Ausstiegsvariante aus diesem Klischee hat die Fernsehwerbung mit dem Klischee der berufstätigen Frau erarbeitet. Karrierefrauen in offenbar leitenden Positionen agieren statusbewußt, aber zugleich genußfreudig; sie sind stets modisch, in allen Lebenslagen perfekt gepflegt, sportlich, jung und körperbetont; und sie propagieren Selbstbewußtsein, Erfolg und Unabhängigkeitsstreben gepaart mit Charme und Erotik.

Gerade an diesem durchaus normativ propagierten Klischee wird die funktionale Konstruktivität werblicher Botschaften besonders deutlich. Kein einschlägiger Spot läßt erkennen, in welchem Beruf oder Bereich die präsentierten Karrierefrauen tatsächlich agieren, welche männlichen Kollegen beziehungsweise Konkurrenten sie ausstechen, auf welcher Dienstreise sie auch nach dem dritten Termin noch taufrisch aussehen, und so weiter.

Diese Beobachtung gilt ebenso für das Klischee der selbstbewußten, sich selbst verwirklichenden Frau, die ebenso als junge Individualistin auftreten kann wie als aggressive, androgyne oder coole Gestalt. Mit diesem Klischee überschreitet die Fernsehwerbung substantiell die traditionellen Frauendarstellungen. Diesen Frauen werden auch Wut und Aggression zugestanden; sie verführen, ohne sich selbst verführen zu lassen; und ihr Individualismus steht in deutlichem Kontrast zu den traditionellen weiblichen Tugenden des Verzichtens und aufopfernden Dienens.

Wie immer sich die Frauenkonstruktionen im Fernsehwerbespot auch gewandelt haben, eines ist geblieben: *der Zwang zur Schönheit*. Während aber in den fünfziger und sechziger Jahren die Frauen in erster Linie als erotisches Objekt für den männlichen Blick inszeniert wurden, zeigen Frauen in der Werbung heute allmählich einen deutlicheren Selbstbezug der Betonung des eigenen Körpers, des Schmückens, Schminkens und Kleidens. Figurbetonte Kleidung, feminine Frisuren und Schminken erscheinen nun als bewußte Inszenierung seiner selbst und für sich als Geschlechtswesen, wobei diese Inszenierung durchaus kompatibel ist mit körperlichem Wohlbefinden, mit Fitneß und Selbstbewußtsein. In der Mehrheit der Werbespots allerdings dominiert noch immer eine normative Attraktivitätsforderung: schlank, schön, fit und jung, die von vielen Frauen seit langem als unhintergehbarer Zwang zu lebenslanger Selbstdisziplinierung empfunden wird.

Insgesamt zeigt sich bei der Analyse von Frauenklischees in der Fernsehwerbung, daß man eine Reihe von Differenzierungen berücksichtigen muß, will man nicht zu groben Fehleinschätzungen kommen.

Zunächst ist zu differenzieren zwischen der Fernsehwerbung, die auf ein Massenpublikum ausgerichtet ist, und der Fernsehwerbung für Spezialpublika; es ist zu unterscheiden zwischen Werbung in öffentlich-rechtlichen Anstalten und in privaten Sendeanstalten. Differenziert werden muß weiter nach den Produktsparten (etwa Waschmittel vs. Luxusparfums), den Kampagnenbereichen (Produktwerbung vs. *social spot*) und so weiter. Während in der TV-Werbung der Öffentlich-Rechtlichen für Putz- und Waschmittel durchaus noch sehr traditionelle Rollenklischees und eindeutiges *social pressure* perpetuiert werden, finden sich in der Autowerbung (Citroën 1986), der Parfumwerbung (Egoiste 1990) oder der Werbung für High-Tech (Blaupunkt 1990/91) durchaus Ausstiegsvarianten bis hin zur Akzeptanz von Aggressivität und Androgynität. Werbung reagiert also mit ihren Mitteln in spezifischer Weise auf gesellschaftliche und wiederum in den Medien präsentierte und thematisierte Wandlungen der Einstellung zu Gewalt, Aggression, Sexualität oder Androgynität. Aber ihre zögerlichen und partiellen Reaktionen verraten auch die Einschätzung der Breite und Effizienz solcher Entwicklungen und lassen hier eine durchaus realistische Einstellung zur Inhomogenität und Ungleichzeitigkeit gesellschaftlicher Entwicklungen in modernen Gesellschaften erkennen.[176]

12.8 Seit 50 Jahren werden wir immer jünger

Die in der Forschungsliteratur weit verbreitete Frage, ob sich im Zeitverlauf Veränderungen in der werblichen Darstellung von Männern und Frauen nachweisen lassen, kann vor dem Hintergrund der vorangegangenen Betrachtungen zustimmend beantwortet werden. Als Ergebnis der theoretischen Diskussion muß den empirischen Befunden jedoch ein einschränkender Hinweis zur Seite gestellt werden. Werbung, so wurde wiederholt betont, instrumentalisiert in besonderer Weise all jene Themen, die *Neuheit* implizieren. Dadurch produziert Werbung gewissermaßen von vornherein Veränderungen. Im Rahmen werblicher Kommunikation erscheint aus diesem Grunde eine fortlaufende

176 Auch Brigitte Spieß ist der Ansicht, daß geschlechtsspezifische Traditionen und Rollenbilder sich allgemein nur äußerst langsam wandeln, und verweist auf I. Neverla, die betont, daß eine »Modernisierung« des Frauenbildes in den Medien, das heißt eine Anpassung dieses Frauenbildes an den faktisch sich vollziehenden Wandel der Rollen und Funktionen der Geschlechter in unserer Gesellschaft, aus strukturellen Gründen der gesellschaftlichen Entwicklung hinterherhinken muß (Spieß 1994, S. 412, unter Bezug auf Neverla 1991, S. 18).

Variation von Männer- und Frauenbildern wahrscheinlicher als deren Stagnation. Entscheidender als die Frage, *ob* sich Veränderungen beobachten lassen, scheint daher die Frage zu sein, *wie* sich diese Veränderungen beschreiben lassen. Hier schlage ich vor, das Augenmerk verstärkt auf jene Merkmale zu richten, die den Wechsel zwischen den beiden Seiten der Unterscheidung Innovation/Tradition erleichtern. Werbung verbindet wie kaum ein anderer Kommunikationstyp Gegensätzliches, kann zugleich verschiedene Alternativen verfolgen. Tradition und Innovation stellen in der Werbung keine exklusiven Perspektiven dar. *Seit 50 Jahren werden wir immer jünger* (Grundig) – will sagen: alles wird besser und bleibt dabei das gute Alte.

Eine Antwort dieses Typs kann man schließlich auch auf die beliebte Frage geben, ob Werbung neue Geschlechtsrollen propagiert und durchzusetzen hilft oder ob sie nur gesellschaftliche Veränderungen widerspiegelnd aufgreift. Diese als Alternative gestellte Frage ist wenig hilfreich; denn sie übersieht das in diesem Buch immer wieder betonte und belegte systemische Interaktions- und Koevolutionsverhältnis von Medien, Gesellschaft und Kultur. Werbung, so könnte man kurz sagen, macht Altes wie Neues öffentlich beobachtbar und versieht das Beobachtbare mit positiven Werten. Damit werden die Werbebilder und Werbesprüche zum festen Bestandteil unserer Alltagskommunikation, zu dem man sich zustimmend, ablehnend oder indifferent verhält, ja verhalten muß, ob man will oder nicht. So gesehen beobachten wir die Gesellschaft in der Werbung notwendig unter dem Aspekt unserer Position in diesem Gesellschaftsszenario und testen so fortlaufend den Grad unserer sozialen Integriertheit – *nicht immer, aber immer öfter.*

13. Medienparadoxien. Ein neuer Fall für die Aufmerksamkeit[177]

»Publizität, sie ist nicht annähernd so kompliziert, wie es scheint. Immer hat es eine große Leidenschaft für Publizität in der Welt gegeben, die allergrößte Leidenschaft für Publizität, und die am erfolgreichsten sind, die den besten Instinkt für Publizität haben, die neigen auch dazu verfolgt zu werden, das ist nur natürlich.«
G. Stein

13.1 Geld ist nicht mehr alles

Ein historisch ehrwürdiger Begriff erlebt seit einigen Jahren ein bemerkenswertes Comeback: *Aufmerksamkeit*. Aber nun geht es nicht mehr wie in den verschiedenen Phasen der Tradition dieses Konzepts um das Aufmerken auf den Willen der Götter und ihre Zeichen in der Natur, um die allein Gott und seiner Offenbarung zu widmende Aufmerksamkeit der Gläubigen oder um Aufmerksamkeit für sich selbst in meditativer Versenkung. Vielmehr geht es um eine neue Variante des seit der funktionalen Differenzierung in allen modernen Gesellschaften virulenten Themas des Aufmerksamkeitsmanagements für die Interessen von Systemen und Subsystemen im gesamtgesellschaftlichen wie systeminternen Kommunikationspoker, um Identität und kulturelles Kapital.

Aufmerksamkeit, so kann man ohne Übertreibung feststellen, ist seit einigen Jahren gleichermaßen zu einem medientheoretischen Modethema wie zu einer medienpraktischen Zentralaufgabe geworden. In einer Fülle von Artikeln, Büchern und Internetbeiträgen[178] entwerfen Autoren wie Michael H. Goldhaber, Georg Franck, Florian Rötzer oder Pierre Bourdieu das Bild einer neuen Gesellschaft mit einer nicht-materialistischen Öko-

177 Das Thema »Aufmerksamkeit« ist in den bisherigen Kapiteln schon mehrfach angesprochen worden. Um die Beschäftigung zu vertiefen, widmet sich das gegenwärtige Kapitel ausschließlich diesem Thema.

178 Zu Einzelheiten siehe das beigefügte Literaturverzeichnis zum Thema »Aufmerksamkeit«.

nomie, deren Grundlage nicht mehr Geld oder Waren bilden, sondern das immaterielle Gut Aufmerksamkeit als neuer Rohstoff der Gesellschaft. Die neue Aufmerksamkeitsökonomie, davon ist Goldhaber überzeugt, wird der Geldökonomie langfristig den Rang ablaufen.

Goldhabers Argumentation ist (zu) einfach und (zu) geradlinig: Bei steigender Informationsproduktion wird der Kampf um Aufmerksamkeit zunehmend härter. Damit wächst das Bedürfnis nach Technologien und Strategien, die den Gewinn der knappen Ressource Aufmerksamkeit verheißen. Damit sinkt zugleich die Bedeutung derjenigen materiellen Dinge, die nicht der Aufmerksamkeitsgewinnung dienen. Sinnfragen, also immaterielle Fragen, treten in den Vordergrund auch des Wirtschaftssystems. Aufmerksamkeit wird zur Produktivkraft, Zeit zur Ressource. In dieser Vision ist derjenige reich, der die knappe Ressource Aufmerksamkeit besitzt. Anders als Geld ist dieses neuartige Kapital aber weder speicherbar oder tauschbar noch exakt meßbar. Das alte Schema von Angebot, Nachfrage und Preis, so die Protagonisten der neuen Ökonomie der Aufmerksamkeit, hat in dieser Wirtschaftsordnung der Zukunft keine Bedeutung mehr. Aufmerksamkeitsökonomie funktioniert ohne die herkömmlichen Märkte. In dieser neuen Ökonomie gibt es nur noch zwei Klassen: *Stars* (sozusagen komprimierte Aufmerksamkeitsaggregate) und *Fans* (sozusagen anonyme Aufmerksamkeitsadressen), solche, denen Aufmerksamkeit geschenkt wird, und solche, die Aufmerksamkeit schenken, zugleich aber auch zu Recht erwarten, daß der Star auch ihnen eine gewisse Aufmerksamkeit zuteil werden läßt.

Prestige, Reputation, Prominenz und Ruhm sind nach Franck keineswegs nur Formen symbolischen Kapitals (im Sinne Bourdieus), sondern Formen genuinen Kapitals – eine bei Ökonomen nicht unumstrittene These. »Symbolisches Kapital ist eine Geltung, die lediglich *kapitalartige* Züge trägt. Der sich rentierende Bekanntheitsgrad der Person stellt hingegen ein Kapital in dem wörtlichen Sinne dar, daß er aus akkumulierter Beachtung besteht, die sich in der Form leistungsfrei bezogener Beachtung verzinst« (1998, S. 120). Das Medium dieser neuen Gesellschaft ist das Internet, das die Herrschaft der gegenwärtigen Massenmedien brechen wird, indem es prinzipiell jedem Aufmerksamkeitsgewinne verspricht. Cyberworlds sind perfekt auf diese Aufmerksamkeitsökonomie »getunt«. Die Zeit der Bilder wird abgelöst von einer Zeit erlebnistriggernder Umwelten.

Soweit dieses Szenario, das die Netzdiskussion offenbar ganz besonders fasziniert, das aber auch heftige Kritik provoziert. So hat Bourdieu (1998) das Fernsehen scharf kritisiert, weil es alles in »vermischte Nachrichten« verwandelt. Fernsehen als »kollektives Aufmerksamkeitsorgan« ist stets auf der Suche nach dem Sensationellen, ist ständig damit beschäftigt, Nachrichten im Kontrast zur Konkurrenz zu schaffen, schneller zu sein als die Konkurrenten, um vor dem »göttlichen Gericht der Einschaltquote« bestehen zu können. Da alles in die Medien drängt, um öffentlich wahrgenommen zu werden, geraten alle Felder der Kulturproduktion unter den strukturellen Druck des »journalistischen Feldes« und verlieren ihre Autonomie, was zur Entpolitisierung der Gesellschaft und zu »struktureller Amnesie« führt. Gegen diese Mechanismen ruft Bourdieu zum entschlossenen Widerstand auf.

Soweit eine kurze Skizze des Diskussionsstands zum Thema Aufmerksamkeitsökonomie. Bevor wir weitergehen, treten wir aber noch einmal einen Schritt zurück und fragen, wie es zu dieser Aufmerksamkeit für die Aufmerksamkeit gekommen ist und was sie bereits heute bedeutet.

13.2 Aufmerksamkeit für Aufmerksamkeit

Schon bevor eine inhaltliche Antwort auf diese Fragen gegeben werden kann, macht meines Erachtens die Form der Fragestellung eine Spezifik des medientheoretischen Diskurses deutlich, nämlich seine Tendenz zur Autologie und zum Paradox.

Autologisch ist dieser Diskurs, weil er klarerweise nur in den Medien selbst geführt werden kann und dort zugleich aufmerksam beobachtet wird, wobei auch diese Beobachtung wiederum beobachtet wird, und so fort.

Paradoxalität hingegen entsteht – wenn der Blick auf die Mediengeschichte nicht völlig trügt – erstens dadurch, daß komplexe Mediensysteme ständig Kommunikation ausdifferenzieren, was wiederum zur Entwicklung neuer Medien führt, die wiederum Kommunikation proliferieren, und so fort. Solche Proliferationen erhöhen aber zugleich Selektionserfahrungen wie Kontingenzerlebnisse. Selektion wird unvermeidlich angesichts eines extremen Überangebots nutzbarer Medienangebote, womit jede Nutzung zugleich ergriffene Chancen wie verpaßte Möglichkeiten bedeutet, was wiederum Enttäuschungsverarbeitung bedingt – allemal ist die Zahl der verpaßten Nutzungsmöglichkeiten größer als die der ergriffenen, denen zudem auch noch die ganze Last der Erwartungserfüllung aufgebürdet wird. Und indem jeder in den verschiedensten Medien pausenlos erfährt, wo und wie andere Menschen mit ihren Lebensmöglichkeiten und Problemen umgehen, erscheinen die eigenen Möglichkeiten und Problemlösungen bestenfalls als Varianten einer unabschließbaren Fülle kontingenter Beobachtungsfälle: Es könnte alles auch anders sein, man könnte immer auch anderes beobachten, anderes tun und lassen, als was man gerade tut – alles eine Frage kontingenter Selektionen. Man muß damit umzugehen lernen in der »Erlebnisgesellschaft« zwischen Frust, Allmachtsphantasien, Indifferenz oder Fundamentalismusanwandlungen.

Medienvermittelte Kommunikation steht zum zweiten vor dem oben schon erwähnten Paradox, daß sie Aufmerksamkeit zugleich schafft und verbraucht, ohne jedoch wesentlich zu ihrer individuellen und sozialen Regeneration beizutragen. Damit stellt sich neben ökonomischen Problemen mit der Aufmerksamkeit auch das Problem einer *Ökologie der Aufmerksamkeit*, worauf erstmals Günter Thomas (1998, S. 632) hingewiesen hat.

Eine Aufmerksamkeitsökologie muß tiefer ansetzen als eine Kommunikationsökologie, da sie auch die anthropologischen Voraussetzungen für Kommunikation zum Gegenstand hat. Nach Thomas sind sowohl die Aufmerksamkeit von Menschen als auch die von Kulturen begrenzt, gefährdet und regenerationsbedürftig, was eine aktive Sorge um die Regenerationsbedingungen erfordert, insbesondere um solche Kommunikationsformen, die zur Regeneration beitragen können.[179]

179 Leider läßt Thomas offen, wie solche Kommunikationsformen aussehen können.

13.3 Werbung: angewandte Aufmerksamkeitstheorie

In diesem Bermudadreieck zwischen Angebotsproliferation, Selektionspolitik und Kontingenzmanagement wird die Annahme von Kommunikationsangeboten immer unwahrscheinlicher. Niklas Luhmann hat verschiedentlich darauf verwiesen, daß Zusatzmaßnahmen wie etwa die Etablierung symbolisch generalisierter Kommunikationsmedien (Liebe, Geld, Wahrheit und so weiter) ergriffen werden müssen, um die Annahmewahrscheinlichkeit zu erhöhen. Peter Michael Spangenberg hat mit Blick auf das Fernsehen zu Recht betont, daß hier die Annahmebereitschaft für Medienangebote mehr durch Kommunikationsqualitäten als durch Wahrheits- und Objektivitätsverheißungen erhöht wird (1997).

Gerade an der *Werbung* der letzten zwanzig Jahre läßt sich sehr gut beobachten, daß und wie man Aufmerksamkeit zu binden versucht hat durch das Versprechen eines Zusatznutzens (etwa Prestige, Emotionsgewinn, Erlebnisqualitäten) beim Gebrauch eines bestimmten Produkts, also gewissermaßen durch Verheißung eines ideellen Mehrwerts. Daneben hat sich in der Gestaltung von Werbespots in allen Medien eine Entwicklung wiederholt, die aus der Geschichte der Kunst seit Ende des 18. Jahrhunderts hinreichend bekannt ist (vgl. unten, Kapitel III), nämlich der sich offenbar selbst steuernde Zusammenhang von Innovation, Beschleunigung und Abnutzung (Normalisierung). Dabei stand der Zwang zum Immer-Neuen und Immer-Auffälligeren in der Werbung im Unterschied zur Kunst aber von Anfang an vor einem doppelten Problem. Der innovative Spot wurde durch die ständige Wiederholung in jedem Werbeblock gleichsam schon aus systemlogischen Gründen trivialisiert; und jede innovative Strategie, einmal präsentiert und damit beobachtbar gemacht, wurde von den Konkurrenten im Werbesystem gnadenlos ausgeschlachtet und damit normalisiert. Das Werbesystem stand und steht damit vor dem Problem, daß jede geglückte Innovation durch Wiederholung und imitative Normalisierung im System immer rascher entschärft und dadurch entfunktionalisiert wird, daß also das Ziel der Aufmerksamkeitsbindung für ein Produkt, eine Dienstleistung oder eine Botschaft verfehlt wird.

In einer Situation, in der die Medien finanziell fast völlig von der Werbung abhängig geworden sind und in der die Medien wie ihre Produkte denselben Aufmerksamkeitspoker betreiben müssen wie alle[180] anderen Produkte auch, kann man wohl ohne Übertreibung behaupten, daß Aufmerksamkeit die Währung des Mediensystems geworden ist beziehungsweise, wie Florian Rötzer formuliert, das »Meta-Medium, das allen anderen Medien erst zu ihrer Wirksamkeit verhilft, das den Austausch zwischen Menschen ermöglicht und in Gang setzt« (1998, S. 63). Aus ebendiesem Grunde *muß* die Mediengesellschaft aus Gründen der Systemrationalität extrem erhöhte Aufmerksamkeit für die Aufmerksamkeit aufbringen. Und aus diesem Grunde ist es auch kein Zufall, daß sich die Aufmerksamkeitshändler ratsuchend an Biologen, Psychologen und Soziologen wenden, um zu erfahren, wie Aufmerksamkeit funktioniert und mit welchen Maßnahmen man sie möglichst zuverlässig binden, ja möglichst fesseln kann.

Die Auskünfte der Experten sind aber bis heute recht allgemein geblieben und taugen noch nicht als Instantrezepte. Aufmerksamkeit[181] wird verbunden mit dem Zusammenspiel von Faktoren wie Erwartungen (Gedächtnis), Fokussierung (Selektion), Faszination und Mobilisierung (Bewußtseinsbildung) sowie Überraschung (Innovation, Routineunterbrechung) und Affekten: *»Affekte bestimmen andauernd den Fokus der Aufmerksamkeit«* (Ciompi 1997, S. 95; Hervorhebung im Original). Hohe Aufmerksamkeit, so Gerhard Roth, gilt solchen Ereignissen, die für bekannt und wichtig gehalten werden. Höhere Aufmerksamkeit gilt dagegen Ereignissen, die als neu, wichtig und interessant erlebt werden, wenn und weil es dafür noch keine eingespielten Verarbeitungsmechanismen im Gehirn gibt

180 Das eigentliche Massengeschäft mit der Aufmerksamkeit ist das der Massenmedien. Mit dem Aufkommen der Massenmedien bricht die industrielle »Ära des mentalen Kapitalismus an« (Franck 1998, S. 147).

181 »Versteht man Aufmerksamkeit als Bereitschaft und Fähigkeit zu einer neugierigen und handlungsbereiten, konzentrierten Zuwendung zur sozialen Umgebung, so wird deutlich, in welchem Ausmaß sie eine kulturnotwendige Humanressource ist. Sie ist schwer aufzubauen und zu regenerieren und dennoch unabdingbare Voraussetzung für gelingende Interaktion, soziales Handeln, kommunikative Verständigung und einen verantwortlich-kreativen Umgang mit den sozialen und natürlichen Umwelten« (Thomas 1998, S. 632).

(1995). Auch D. Linke (1996) sieht als wesentlichen Teil des Aufmerksamkeitssystems Erwartungen an, deren Durchbrechung Aufmerksamkeit zur Folge hat. Wie er geht auch B. Fischer (1997) von der Annahme aus, daß es im Gehirn keine Aufmerksamkeitszentrale gibt, sondern daß mit Aufmerksamkeitssystemen zu rechnen ist, die sich auf verschiedene Sinne und Körpervorgänge beziehen. Solche Aufmerksamkeitssysteme können durchaus geschult werden und sie können untereinander in Konkurrenz treten. Aufmerksamkeit, so Wolf Singer, ist daher ein »kompetitives System« (1998, S. 3). Nach Fischer kann Aufmerksamkeit geradezu als Auswahlverfahren für das beschrieben werden, was ins Bewußtsein gelangt und was nicht. Aufmerksamkeit(en), ob nun willkürliche oder unwillkürliche, schränken also die Wahrnehmung ein, indem sie diese auf begrenzte Phänomene fokussieren. Bei der Orientierung kognitiver Systeme im alltäglichen Angebot der Mediensysteme spielen Gefühle eine wichtige Rolle als Warnsysteme.

»Affekte signalisieren, ›wenn es reicht‹, das heißt, sie setzen nicht nur (An-)Reizsuchen in Gang, sondern ziehen auch Reizflut-Grenzen, indem sie an der Gestaltung von Erfahrungskohärenzen mitwirken oder dem ›Reiz-Inhalieren‹ ein Ende setzen und Verhaltensänderungen oder -abbrüche signalisieren. Das Ende von Aufnahmekapazität wird durch das Aufkommen negativer Gefühle gekennzeichnet« (Alfes 1995, S. 168).

Nach Rötzer (1999) geht Aufmerksamkeit jeder Beobachtung voraus und ist daher Grundlage jeder Kommunikation. Aufmerksamkeit kann in vielerlei transformiert werden, in Geld oder Prominenz, in Achtung oder Macht. Aufmerksamkeit ist gleichsam die »interne Öffentlichkeit« eines Organismus. Wo immer es um *neue* Situationen geht, setzt Aufmerksamkeit ein. »*Was nicht in die Aufmerksamkeit fällt oder gefallen ist, gibt es nicht,* weil es weder wahrgenommen noch erinnert oder bewußt wird« (ebd., S. 52; Hervorhebung im Original).

Rötzer hat darüber hinaus auch darauf verwiesen, daß durch Medien erzeugte und getragene Aufmerksamkeit auch als ein soziales Warn- und Konzentrationssystem bestimmt werden kann, »das das Leben eines Organismus oder einer sozialen Gruppe sichert, indem es auf abweichende, also neue und wichtige Signale von außen oder innen hinweist« (1998, S. 85). Aufmerksamkeit, so Rötzer, arbeitet nicht nur passiv (außeninduziert), sondern kann auch aktiv eingesetzt werden, um erwünschte Reize zu suchen beziehungsweise um sich bei Reizüberflutung durch abblendende Konzentration zu stabilisieren. Und schließlich sieht er zu Recht wechselseitige Aufmerksamkeit als den »sozialen Kitt«, der die Menschen zusammenhält (ebd., S. 69).

William James hatte schon 1890 lapidar festgestellt, »daß jeder weiß, was Aufmerksamkeit ist«. Seine Kollegen heute sind sich als Experten da nicht so sicher, wie etwa folgende Einschätzung von B. Hommel erkennen läßt:

»Wie weiter unten näher erläutert wird, kann Aufmerksamkeit
- innen- oder außengerichtet,
- fokussiert oder verteilt,
- phasisch oder tonisch,
- direkt oder vermittelt,
- willkürlich eingesetzt oder unwillkürlich angezogen sein

und vieles mehr« (1998, S. 30).

Schon diese wenigen Hinweise lassen erkennen, daß Prognosen darüber, was bei wem[182] mit welcher Sicherheit, Stärke und Dauer Aufmerksamkeit erregen wird, deshalb so schwierig sind, weil die Aufmerksamkeitserregung abhängig ist vom jeweiligen Wahrnehmungskontext, von der Biographie der Aktanten, ihren Wert- und Präferenzsystemen, ihren Stimmungen und Erwartungen und anderem mehr.

Überdies hat Nils Werber darauf aufmerksam gemacht, daß Aufmerksamkeit nicht nur – wie seit Leibniz in der Philosophie betont – durch Neuheit erregt werden kann, sondern auch durch ihr kaum beachtetes Gegenteil, nämlich durch *Wiederholung*. Wiederholungen fallen auf, weil sie scheinbar immer absichtlich erfolgen. Etwas absolut Neues würde sich nicht von zufälligen Einmalereignissen abheben und deshalb schwerlich unsere Aufmerksamkeit erregen. Das schafft vielmehr nur Neues qua variierende Abweichung. Werber schließt daraus: »Das Neue und die Wiederholung machen zwei Seiten einer Unterscheidung aus, die erst als Differenz Aufmerksamkeit erzeugt« (1998, S. 5).

182 Hier ist noch zwischen individueller Aufmerksamkeit von Aktanten und der kollektiven Aufmerksamkeit von gesellschaftlichen Gruppen oder Gesamtgesellschaften zu unterscheiden.

Werber bietet auch eine einleuchtende Argumentation an, wie der Unterschied zwischen Aufmerksamkeitsstrategien in den Medien, der Kunst und der Politik gefaßt werden kann.

Die Nachrichten, die ja nach ihrem Selbstverständnis nur Neues, Überraschendes und Interessantes mitteilen, pressen diese Mitteilung jeden Tag wieder in feste Klischees, angefangen von der identischen knappen Sendezeit, in die sich tagtäglich alles Neue fügen muß, bis hin zu den immer gleichen Ritualen der Politik(er)präsentation. Nicht der Neuigkeitswert von Nachrichten (den die Medien erzeugen!) erzeugt also Aufmerksamkeit für die News, sondern das Prinzip der Wiederholung: »Massenmediale Aufmerksamkeit wird also durch eine Kombination von Neuheit und Redundanz erzeugt« (ebd., S. 8). Dabei dominiert in den Massenmedien die Redundanz über die Neuheit; medieninterne Selektoren entscheiden darüber, was als neu gilt. Und die auf ihren Überraschungseffekt hin formatierten News verbrauchen ihren Neuigkeitswert im selben Moment, in dem sie gesendet und rezipiert werden.

Während die Massenmedien die Redundanz ihrer Formen verdecken, ist es in der Kunst gerade die Formbildung, die Überraschung bewirkt und Varietät garantiert: »Moderne Kunst zumindest führt offensiv genau das vor, was die Massenmedien meisterhaft zu verbergen verstehen: das Primat der Form über den Inhalt, der Mitteilungsart über den Informationswert« (ebd., S. 10). Aufmerksamkeit für Kunst muß daher beide Seiten der Differenz beobachten. Neuheit *und* Redundanz. Und diese Beobachtung erfordert Mehrfachrezeption.

Soviel zu den allgemeinen Überlegungen zum Thema Aufmerksamkeit. Im folgenden möchte ich das Werbesystem als privilegiertes Revier der Aufmerksamkeitsjäger (das zweite ist die Kunst, dazu später mehr) noch einmal etwas genauer inspizieren, nicht ohne die Hoffnung, dabei auch etwas Neues über allgemeine Strategien und Entwicklungen von Medien zu erfahren.

13.4 Paradoxien des Werbesystems

Werbung gilt heute als der Prototyp des bezahlten Kampfes um einen bestimmten Typ von Aufmerksamkeit, nämlich von folgenreicher Aufmerksamkeit. Wie im vorigen Kapitel ausgeführt, besteht die Aufgabe der Werbung idealiter darin, für zahlende Auftraggeber bei intendierten Zielgruppen durch die Produktion und Distribution von geeigneten Medienangeboten folgenreiche Aufmerksamkeit zu erzeugen. Diese besteht bei Produkten in Kaufbereitschaft, bei Personen in Zustimmungsbereitschaft und bei Botschaften in aktiver Unterstützung beziehungsweise Entwicklung von Wertpräferenzen.

Nachdem sich die Nachkriegsmärkte in den sechziger Jahren wieder normalisiert und auf Produktparität eingependelt hatten, kam es für die Werbung immer mehr darauf an, die qualitativ ähnlichen Produkte in den Medien symbolisch signifikant zu präsentieren. Der Kampf um die Aufmerksamkeit entbrannte, und je mehr »Kampfmittel« auf den (Medien-)Markt geworfen wurden, desto härter wurde, wie bereits angedeutet, der Kampf um die immer knapper werdende Ressource Aufmerksamkeit, so daß folglich der Kampf mit noch mehr Medienangeboten geführt werden mußte, was die erstrebte Aufmerksamkeitsbindung noch unwahrscheinlicher machte, und so fort. Offenbar aus seiner Systemlogik heraus manövriert sich das Werbesystem also scheinbar unvermeidlich in eine paradoxale Situation:

Paradox 1: Je erfolgreicher das Werbesystem Aufmerksamkeit erzeugt, desto unvermeidlicher erzeugt es Aufmerksamkeitsverknappung. Aufmerksamkeit als Voraussetzung für Vermarktung führt zwangsläufig zur Vermarktung von Aufmerksamkeit.

Spätestens in den achtziger Jahren hatte sich die oben skizzierte Entwicklung des Werbesystems dahingehend zugespitzt, daß aus einem Produktwettbewerb ein Kommunikationswettbewerb geworden war. Printwerbeangebote, Film- und Fernsehspots[183] wurden immer stärker ästhetisiert[184] und entwickelten sich damit immer mehr zu eigenständigen ästhetischen Wahrnehmungsangeboten, die zum Beispiel auf »Cannes-Rollen« gesammelt und wie Kinofilme präsentiert wurden. In den Fällen besonders erfolgreicher Werbefachleute wurden Kreative und Agenturen nicht nur in der Szene bekannt, sondern besetzten – wie etwa M. Schirner – Positionen im öffentlichen Diskurs, die zuvor nur Künstlern vorbehalten gewesen waren. (Entsprechend folgerichtig verkündete Schirner denn auch in

183 Die Hörfunkwerbung hat in dieser Entwicklung immer eine bemerkenswerte Randstellung eingenommen.

184 Vgl. dazu Kloepfer und Landbeck 1991.

den siebziger Jahren, Werbung sei die wahre Kunst unserer Gesellschaft.)

Zu dieser Zeit bemerkten dann nicht nur die Auftraggeber, daß die Umleitung der Aufmerksamkeit von der Ästhetik des Spots auf die zu bewerbende Ware offenbar immer schwieriger wurde, womit aber schlicht die Geschäftsgrundlage zwischen Auftraggeber und Werbeagentur in Frage gestellt wurde. Offensichtlich hatte sich die Werbung in eine neue paradoxale Situation hineinmanövriert, die in der Szene mit einer Mischung von Larmoyanz und Trotz ausgiebig diskutiert wurde:

Paradox 2: Steigt der kommunikative Erfolg von Werbemaßnahmen, dann sinkt die intendierte wirtschaftliche Effizienz von Werbemedienangeboten.

13.5 Einige Mechanismen des Mediensystems

Schon diese wenigen Beobachtungen im beziehungsweise am Werbesystem lassen vermuten, daß mit der Entwicklung dieses Sozialsystems exemplarische Mechanismen des Mediensystems insgesamt ausgebildet und beobachtbar werden.[185] Denn Werbung – dieser »medialisierte Balztanz« (R. Paczesny) – erweist sich gleichsam als Experimentierfeld beziehungsweise als angewandte Theorie der Aufmerksamkeit (oder wie man genauer sagen muß: der Aufmerksamkeit*en).* Werbung inszeniert Kommunikation als Aufmerksamkeitsfalle, wobei diese Inszenierungen möglichst genau abgestimmt sein müssen mit dem, was ebenso vage wie effektiv als »Zeitgeist« apostrophiert wird.[186] Dieser Zeitgeist muß nicht nur in seinen Wunsch- und Leitbilddimensionen erkannt, er muß auch in geeignete symbolische Formen transformiert werden, mit anderen Worten: Er muß in Kommunikationsqualitäten umgesetzt werden, die auch noch im Zwanzig-Sekunden-Spot beziehungsweise auf dem nur noch aus den Augenwinkeln wahrgenommenen Plakat oder Inserat

185 Diese Hoffnung wird gestützt durch die Hypothese Florian Rötzers: »Letztlich sind alle Medien eine kollektive und technisch verwirklichte Form der gesellschaftlichen Aufmerksamkeit, ein Filter, der Neuigkeiten selektiert und sie als Information inszeniert« (1998, S. 63).

186 Zu genaueren Erläuterungen zur Thematik wie zur Begrifflichkeit vgl. Schmidt und Spieß 1996.

Aufmerksamkeit folgenreich binden können. Darum wird alles, was im jeweiligen gesellschaftlichen Zustand Aufmerksamkeit zu binden verspricht, von Stars und Erotik bis zu Emotionalisierung und Provokation, in der Werbung systemspezifisch genutzt.[187]

Durch Aufmerksamkeitsbindung inszeniert Werbung, wie alle anderen massenmedialen Medienangebote auch, Öffentlichkeit; aber nicht etwa im Sinne der Habermasschen (Fiktion einer kritischen) Öffentlichkeit[188], sondern im schlichten Sinne der Fiktion des Anspruchs auf »allgemeine Bekanntheit«. Daß diese Fiktion sich gelegentlich auch einlöst, zeigt der Umstand, daß bestimmte Werbetexte, -figuren oder -szenen zu »Volksgut« werden: *Nichts ist unmöglich*; *Nicht immer, aber immer öfter*; *Nicht nur sauber, sondern rein*; *Otto, find' ich gut!* und so weiter.

Auch noch in einer anderen Hinsicht hat das Werbesystem in den achtziger Jahren eine entscheidende Entwicklung vollzogen. Werbung wurde zunehmend reflexiv, das heißt, sie begann sich in Werbemedienangeboten selbst mit Werbung zu beschäftigen. Und das nicht nur in Form des Zitats anderer Werbemedienangebote, sondern auch hinsichtlich des Anspruchs und der Nutzungsmöglichkeiten von Werbemedienangeboten.[189] Damit schwenkt das Werbesystem auf eine allgemeine Entwicklung des Mediensystems insgesamt ein, die als Autonomisierung durch Selbstorganisation beziehungsweise operationale Schließung bezeichnet werden kann. Mehr und mehr konzentriert sich das komplexe Gesamtmediensystem moderner Mediengesellschaften auf die Selbstbeobachtung, aus der zunehmend Programminhalte gewonnen werden (sozusagen eine Selbstalimentierung in Pelikanmanier). Wie an anderer Stelle genauer beschrieben (Schmidt 1996), koppelt sich das Mediensystem durch Selbstreferenz immer erfolgreicher von seinen Umwelten ab, um ausschließlich systemspezifisch konstruierte Medienwelten zu erzeugen, die aber nicht mehr allgemein konsensfähig sind und die von den Nutzern zunehmend als dominante Informations- und Inspirationsquelle für ihre eigenen Wirklichkeitskonstruktionen genutzt werden.

187 Zum Thema Provokation in der Werbung vgl. Schulze 1998.
188 Vgl. dazu Grant 1999.
189 Beispiele finden sich in Schmidt und Spieß 1996.

Damit wird – wie schon mehrfach in diesem Buch betont – der bis heute von vielen noch fast fanatisch beschworene (und wohlgemerkt ontologisch gedeutete) Dualismus von Lebenswirklichkeit und Medienwirklichkeit obsolet. Die Wirklichkeitskonstruktionen jedes einzelnen als Funktion seiner Mediensozialisation in Medienumwelten und orientiert an Sinngebungsprogrammen einer Medienkultur sind längst Teil und nicht etwa das Andere der Medienwirklichkeiten. Längst sind die schlichten Referenzmechanismen der europäischen Tradition wie wahr/falsch, wirklich/unwirklich überführt beziehungsweise eingebettet in einen (produktiv zu deutenden) Pool von Referenzierungsmodalitäten, die längst auch den Wert »Indifferenz« integrieren, also die »Seinsqualität« eines Ereignisses im weitesten Sinne einfach offenlassen. Referenzprädikate werden im Zusammenspiel von Bedingungen, Verfahren, Erwartungen und Erfüllungen von Konstruktionsprozessen vergeben, als deren *Resultate* allererst die »Sinnhorizonte« entstehen, die dann von ihren Konstrukteuren als »Wirklichkeiten« gedeutet werden – als was auch sonst.

Im Verfolg solcher Überlegungen aber stoßen wir auf ein weiteres Paradox der Entwicklung von Mediengesellschaften:

Paradox 3: Je umfangreicher der Realitätsanspruch der Medien eingelöst wird, desto stärker werden die Inhalte durch Abkopplung von lebensweltlichen Geltungsdeckungen virtualisiert. Die Aufmerksamkeitsökonomie der Medien macht die Inhalte zur Funktion der Aufmerksamkeitsstrategien aller am Medienprozeß Beteiligten. Wirklichkeitskonstruktion wandelt sich zunehmend zum Sampling von Medienbestandteilen.

13.6 Öffentlichkeiten

Bei den Bemerkungen zum Werbesystem hatte ich schon darauf verwiesen, daß Werbung eine spezifische Öffentlichkeit erzeugt. Wie steht es nun mit dem klassischen Anspruch »der Massenmedien«, eine umfassende Öffentlichkeit[190] für öffentlich relevante Themen zu erzeugen?

190 Im folgenden werden die Überlegungen zum Thema Medien und Öffentlichkeit aus Kapitel 11,6 weitergeführt.

Gehen wir noch einmal einen Schritt zurück. Medien, so hatte ich oben gesagt, erzeugen Öffentlichkeit (qua Unterstellung von allgemeinem Bekanntsein) für Themen durch die Verbindung von Beobachtung und Aufmerksamkeitsbindung. Sie ersetzen »Öffentlichkeit« durch »Aufmerksamkeit« beziehungsweise übersetzen jene in diese. Öffentlichkeit basiert also auf der Fiktion einer Generalisierbarkeit von Aufmerksamkeit. Erst im Lichte einer solchen unterstellten oder hergestellten öffentlichen Aufmerksamkeit erhalten Ereignisse, Menschen oder Dinge Kontur, ja Wirklichkeit. Und weil alle in allen Systemen auf diesen Mechanismus angewiesen sind, müssen alle öffentlichkeitserheischenden Ereignisse, Dinge oder Menschen mediengerecht gemacht werden – von der Politik bis zu den Kirchen, weil die Medien durch ihre Selektionen bestimmen, was unsere Aufmerksamkeit überhaupt erregen *kann.* Und auch die Umkehrung gilt. »Medien sind soziale Aufmerksamkeitssysteme und daher Träger einer gebündelten Aufmerksamkeit, weswegen alles, was im Medium vorkommt, Prominenz beansprucht« (Rötzer 1998, S. 89).

Hier zeigt sich nun, daß das Paradox 1 des Werbesystems auf das Gesamt-Mediensystem einer Gesellschaft verallgemeinert werden kann:

Paradox 4: Je erfolgreicher die Medien im Gesamtmediensystem einer Gesellschaft Aufmerksamkeit erzeugen, desto unvermeidlicher erzeugen sie Aufmerksamkeitsverknappung. Aufmerksamkeit als Voraussetzung für Vermarktung führt zwangsläufig zur Vermarktung von Aufmerksamkeit.

Eine zweite Entwicklung kommt hinzu: Durch den medienpolitischen »Urknall«, nämlich die Durchsetzung des dualen Systems, sind die traditionellen Geschäftsgrundlagen des Öffentlichkeitshandels außer Kraft gesetzt worden. Die Ausdifferenzierung des Mediensystems (von Print- über audiovisuelle Medien bis zum Internet) hat unvermeidlich die *Nutzung* von Medienangeboten individualisiert und ebendadurch »die Öffentlichkeit« fragmentiert, also die Proliferation auch der Öffentlichkeit erzwungen. Damit aber ist auch ein weiterer Schritt in Richtung auf eine Pluralisierung von Gemeinschaften wie von Gesellschaften getan. Fernsehfamilien, die sich um Serien oder Kultsendungen bilden, lassen temporalisierte *societies* im Internet entstehen, labile soziale Zusammenschlüsse in Milieus oder Fan-Gemeinschaften lassen neue Formen von Sozialbindungen erkennen, die sich neben den bekannten Lösungen erproben und durchsetzen lassen. Im Lichte dieser Überlegungen läßt sich also ein weiteres Paradox formulieren:

Paradox 5: Die Proliferation der Potentiale zur Erzeugung von Öffentlichkeit fragmentiert notwendigerweise »die« Öffentlichkeit, hebt durch Nutzungsindividualisierung den Massencharakter der Massenmedien auf und differenziert neue Modi der Gemeinschafts- und Gesellschaftsbildung aus.[191]

Zu diesem Paradox sollten vielleicht noch einige Erläuterungen nachgeschoben werden.

Wie die Geschichte der Medien erkennen läßt (siehe oben, Kapitel II, 10), sind die soziale Durchsetzung einer Medientechnik und deren Kommerzialisierung eng miteinander verbunden. Medien, das ist eine ökonomische Trivialität, brauchen möglichst viele Nutzer, um »sich zu rechnen«. Medien ködern, wie gesagt, ihre Nutzer mit Aufmerksamkeit und verheißen ihnen zugleich Aufmerksamkeit, am deutlichsten wohl in den audiovisuellen Medien, die als »kollektive Aufmerksamkeitsorgane« (Goldhaber) Stars und Prominente machen, von deren Aufmerksamkeitswerten die Medien dann wieder profitieren, so daß aus diesem Geschäft beide ihren Vorteil ziehen. – Die nächste Stufe dieses Prozesses im Internet läuft gerade an.

Die ökonomische Instrumentalisierbarkeit eines Mediums nimmt zu mit der Ausweitung des Marktes im Rahmen einer voranschreitenden Konturierung von Angebots- und Nachfragemärkten im Zuge der Ausdifferenzierung von Programmangeboten und Medienhandlungsschemata, von Nutzer- und Zielgruppen, wobei alle technischen Innovationen schnellstmöglich ausgebeutet werden müssen.

Im Sinne dieser Überlegungen läßt sich folgendes Korrolar zu Paradox 5 formulieren:

Korrolar zu Paradox 5: Je erfolgreicher ein Medium durch Kommerzialisierung zum sogenannten Massenmedium wird, desto unvermeidlicher verliert es diesen Massenstatus durch den ökonomischen Zwang zur Ausdifferenzierung und Transforma-

191 In dieser Perspektive sollten auch Globalisierung und Weltgesellschaft als ein möglicher Vergesellschaftungsmodus und nicht als eine ontologische Gegebenheit angesehen werden.

tion der Angebotspalette im Zuge der Individualisierung der Mediennutzung. Zugleich wird damit der Kampf gegen die Verfallsgeschwindigkeit des Neuen beschleunigt, was wiederum diese Verfallsgeschwindigkeit beschleunigt.

13.7 Wahrnehmungsdisziplinierung und Aufmerksamkeitspolitik

In Kapitel II, 10 hatte ich die Hypothese aufgestellt, daß mit jeder Medientechnik, die sozial erfolgreich durchgesetzt wird, die Wahrnehmung und das Nutzungsverhalten in medienspezifischer Weise diszipliniert werden, wobei die in die Technologie des jeweiligen Mediums eingegangenen sozialen, politischen und ökonomischen Strukturen eine entscheidende Rolle spielen. Gefördert wird diese Durchsetzung offenbar (auch) dadurch, daß neue Medien gesellschaftlichen Reputationsgewinn, also den Gewinn »kulturellen Kapitals« (im Sinne Bourdieus), verheißen. Durch die Wahrnehmungsdisziplinierung (die kognitionstheoretisch korrekt als Wahrnehmungs-Selbstdisziplinierung bezeichnet werden müßte), die die Formen der Selbst- und Fremdwahrnehmung im Verhältnis zum eigenen Körper verändert, wandelt sich die Sozialisation immer deutlicher in Richtung Mediensozialisation, womit sich wiederum die Möglichkeiten der Wirklichkeitskonstruktion wandeln. Die vorgeblich adäquate Darstellung »der Wirklichkeit«, die sich aufrechte Journalisten bis heute aufs Panier geschrieben haben, wird in den Medienwirklichkeiten aufgehoben, in denen die angebliche Differenz zwischen Lebenswirklichkeit und Medienwirklichkeit verschwindet.

Mit der Wahrnehmungsdisziplinierung in komplexen Mediensystemen werden die Mediennutzer zu einer neuen *Aufmerksamkeitspolitik*[192] gezwungen. Diese besteht zum Beispiel im aktiven Durchscannen der Umwelt auf bekannte Aufmerksamkeitsmuster (Logos, Markenzeichen, prägnante Oberflächenreize), um die Orientierung nicht zu verlieren. Diese kann aber auch im Switchen und Zappen bestehen, die gleichsam als

192 Vgl. als Pendant dazu den Zusammenhang zwischen Medien und Gedächtnispolitik in Kapitel II, 7.2.

Restsouveränitätsgesten für die eigene Verfügungsgewalt über die Gestaltung von Zeit- und Aufmerksamkeitsbudgets betrachtet werden können. Netzflaneure sind ohnehin, wie Florian Rötzer bemerkt, »flüchtige Zapper nicht nur aus Leidenschaft, sondern auch deswegen, weil unermüdlich die Zeit läuft« (1998, S. 74). Und schließlich ergreifen, wie bereits erwähnt, immer mehr Aktanten die Möglichkeit der prägnanten Verweigerung von Mediennutzung (vgl. dazu Sicking 1998).

Offenbar besteht die Überlebenskompetenz der Aktanten in Zeiten des Internet nicht darin, alle Informationen zu verarbeiten, sondern darin, erfolgreich (also ohne Ressentiment, Inkompetenzqualen oder Gewissensbisse) Informationsangebote zu übersehen, zu vergessen, zu ignorieren, zu verdrängen und sich auch den Aufmerksamkeiten anderer Zeitgenossen erfolgreich zu entziehen. Womit sich auch hier die differenztheoretische Sichtweise bewährt, wonach Aufmerksamkeit nicht ohne ihr Anderes funktioniert, wobei interessanterweise dieses Andere keinen prägnanten Namen hat – weshalb wir eher auf Aufmerksamkeit aufmerken.

Vielleicht lassen sich aufmerksamkeitsverweigernde Strategien und Aktivitäten in die Rubrik ordnen, die oben (im Anschluß an Günter Thomas) als *Regeneration* der Humanressource Aufmerksamkeit bezeichnet worden war. Offenbar zählen dazu – neben dem Schlaf – alle Verfahren der Abblendung von Interesse und der Verweigerung von Kommunikation, aber auch Manöver der Abwertung von Neuem durch (kulturell wie biographisch bedingtes) Festhalten an beziehungsweise bewußte Rückkehr zu Altem. So könnte die zu Beginn dieses Kapitels skizzierte Aufmerksamkeitsökonomie ihre unvermuteten Grenzen finden an der Aufmerksamkeitsökologie, und zwar in Gestalt der Trägheit kultureller Programme wie der Kapazitätsenge kognitiver Systeme, die offenbar nicht nur nicht-trivial (im Sinne von Heinz von Foerster), sondern auch konservativ sind.

Anlage 5
Literatur zum Thema Aufmerksamkeitsökonomie

Online-Texte

Franck, Georg, und Dorothea Franck (1995), Ein Gespräch von Dorothea Franck und Georg Franck zum Thema »Ökonomie der Aufmerksamkeit«, *http://www.to.or.at/franck/franck1.htm* (Stand vom 12.08.1998).

Franck, Georg (1996), »Aufmerksamkeit: die neue Währung«, *http://www.heise.de/tp/deutsch/inhalt/co/2003/1.html* (Stand vom 12. 08. 1998).

Goldhaber, Michael H. (1998), »Die Werbung wird zum Kunstwerk. In der Aufmerksamkeitsökonomie ist Werbung überall«, *http://www.heise.de/tp/deutsch/Kolumnen/gol/2349/1.html* (Stand vom 12.08. 1998).

–, (1998), »Die Aufmerksamkeitsökonomie und das Netz – Teil 1: Prominenz statt Geld«, *http://www01.heise.de/tp/deutsch/special/eco/6195/1html* (Stand vom 12.08.1998).

–, (1998), »Kunst und die Aufmerksamkeitsökonomie im wirklichen Raum und im Cyberspace. Der Zweck der Kunst ist die Herstellung von Aufmerksamkeit«, *http://www.heise.de/tp/deutsch/kolumnen/gol/2240/1.html* (Stand vom 12.08.1998).

–, (1998), »Kunst im Netz ist eine Kunst des Jetzt. Warum jetzt etwas genauer ansehen, wenn es immer verfügbar ist«, *http://www.heise.de/tp/deutsch/kolumnen/gol/2308/1.html* (Stand vom 12.08.1998).

–, (1998), »Sex und Macht in der Aufmerksamkeitsökonomie: Bill Clinton und der Sex-Skandal bieten einen Anschauungsunterricht«, *http://www.heise.de/tp/deutsch/kolumnen/gol/2275 1/1.html* (Stand vom 12.08.1998).

–, (1997), »The Attention Economy: The Natural Economy of the Net«, *http://firstmonday.dk/issues/issue2_4/goldhaber/index.html* (Stand vom 13.08.1998).

Rötzer, Florian (1996), »Aufmerksamkeit. Der Rohstoff der Informationsgesellschaft«, *http://www.heise.de/tp/deutsch/inhalt/co/2001/1.html* (Stand vom 12.08.1998).

–, (1997), »Kritik des Fernsehens. Der Soziologie Pierre Bourdieu sieht im Fernsehen eine große Gefahr«, *http://www01.heise.de/tp/deutsch/inhalt/buch/2309/1.html* (Stand vom 12.08.1998).

Werber, Nils, »Zweierlei Aufmerksamkeit in Medien, Kunst und Politik«, *http://www.heise.de/tp/deutsch/special/auf/6310/1.html* (Stand vom 9.11.1998).

Bücher

Bourdieu, Pierre (1998), *Über das Fernsehen*, Frankfurt am Main: Suhrkamp.

Franck, Georg (1998), *Ökonomie der Aufmerksamkeit. Ein Entwurf*, München: Hanser.

Rötzer, Florian (1998), *Digitale Weltentwürfe. Streifzüge durch die Netzkultur*, München: Hanser, insbesondere S. 101-118.

Literatur zum Thema Aufmerksamkeit, Kognitionswissenschaft und Psychologie

Online-Texte

Fischer, Burkhart (1997), »Aufmerksamkeit ist ein lebenswichtiges Auswahlverfahren. In der Mediengesellschaft ist das Aufmerksamkeitssystem pausenlos überfordert«. Burkhart Fischer im Gespräch mit Florian Rötzer, *http://www.heise.de/tp/deutsch/inhalt/co/2077/1.html* (Stand vom 12.08.1998).

Linke, Detlef (1996), »Der letzte Mensch blinzelt«. Ein Gespräch mit dem Hirnwissenschaftler Detlef Linke, *http://www.heise.de/tp/deutsch/inhalt/co/2000/1.html* (Stand vom 12.08.1998).

Singer, Wolf (1997), »Zur Neurowissenschaft der Aufmerksamkeit«. Florian Rötzer im Gespräch mit Wolf Singer, dem Direktor des Max-Planck-Instituts für Hirnforschung in Frankfurt am Main, *http://www.heise.de/tp/deutsch/inhalt/co/2002/1.html* (Stand vom 12.08. 1998).

Drittes Kapitel
Differenzfolie Fiktion: Bildende Kunst und Literatur
Kunst und/als Kommunikation

1. Wie funktioniert Sprache im Kunstsystem? Exempla von Intermedialität

»Die Aufgabe des Kunstkritikers heute ist es, der Kunst bei ihrem Verschwinden zu helfen. Wir sollten dies mit Liebe und Dankbarkeit tun.«
W. M. Faust

1.1 Die Kommunikationswissenschaften kommen um die Differenzfolie Fiktion nicht herum

Der Duktus der bisherigen Argumentation ging dahin, eine *systemorientierte* Betrachtung von Mediensystemen und Medienangeboten zu empfehlen. Die Begründung lautete, daß in Gesellschaften mit komplexen Mediensystemen sowohl die Mediensozialisation als auch die jeweils aktuelle Mediennutzung differentiell und kontrastiv erfolgen und daß die verschiedenen Medien sich gegenseitig Relief geben, wodurch sie allererst so etwas wie eine eigene Identität gewinnen. Nicht nur auf der Produzenten- und Distributorenseite stehen die verschiedenen Mediensysteme in Dauerkonkurrenz, auch bei den Nutzern stehen ständig Selektionsentscheidungen an: Nutze ich jetzt dieses Medium und während der Zeit keines der anderen, und warum? Intermedialität gehört – wie in Kapitel II dargestellt – zu den Grundgegebenheiten jedes Mediensystems, dessen Teilsysteme sich durch fortgesetzte gegenseitige Beobachtung, Nutzung und Bewertung formal und inhaltlich gegenseitig de-terminieren und fruktifizieren (Abb. 10). Aber nicht nur die Differenz zwischen verschiedenen Medien muß hinreichend berücksichtigt werden, sondern auch die Differenz zwischen den beiden grundverschiedenen Typen von Aussagenzusammenhängen,

Abbildung 10: »Hollywood im Serienfieber«. Die Crew von *High Noon* (Gary Cooper, Grace Kelly u. a.) verfolgt während einer Drehpause ein Baseballspiel im Fernsehen (1951).

die mit Hilfe der verschiedenen Medien erzeugt und genutzt werden können. Seit dem 18. Jahrhundert hat sich bekanntermaßen eine Disjunktion im Medienbereich konstituiert, die bis heute in Kraft ist, nämlich die Disjunktion zwischen aussagenbezogenen expositorischen und fiktionsbezogenen literarischen Medienangeboten, die sozialsystemisch im Journalismus beziehungsweise im Literatursystem organisiert sind. Journalismus und Literatur entwickelten sich, weil beide auf je systemspezifische Weise die Differenz expositorisch/fiktional ausnutzen und sich dadurch Identität »erwirtschaften« konnten.

Die bisherigen Überlegungen dieses Buches haben sich in erster Linie auf aussagenbezogenen Mediengebrauch konzentriert. In diesem Kapitel soll daher kontrastiv die Beschäftigung mit *literarischem* und *künstlerischem Mediengebrauch* im Vordergrund des Interesses stehen.

Daß sich die Publizistik- und Kommunikationswissenschaften bisher mit diesen Themen kaum beschäftigt haben, war sicher in der disziplinären Arbeitsteilung begründet. Nimmt man allerdings eine systemorientierte Betrachtung von Medien sowie die heute unübersehbare Intermedialität ernst, verliert dieses Argument seine Relevanz. Dann nämlich erscheint auch die Publizistik- und Kommunikationswissenschaft als eine Medienwissenschaft mit spezifischer Zielsetzung und mit erprobtem empirischen Methodenangebot, wobei diese Spezifika aber nur kontrastiv, im Vergleich zu anderen Medienforschungsdisziplinen, beobachtet und bewertet werden können. Entsprechend kommen dann auch Theorien, Methoden, Ansätze und Probleme von *Bezugswissenschaften*, also der Kunst- und Literaturwissenschaften als spezifischen Medienforschungsdisziplinen zur Sprache, die heute nicht mehr rein philologisch beziehungsweise disziplinspezifisch behandelt werden können.

Ich beginne dieses Kapitel einiger exemplarischer Überlegungen zur bildenden Kunst und Literatur mit einer Untersuchung der Rolle von Sprache im Kunstsystem, wobei sowohl die künstlerische als auch die hermeneutische Seite dieser besonders schwierigen Variante von Intermedialität angesprochen werden soll.

Die Entscheidung dafür, mich auf bildende Kunst (für die im folgenden der Einfachkeit halber der umgangssprachliche Ausdruck »Kunst« verwandt wird) und Literatur zu konzentrieren, hat systematisch damit zu tun, daß hier die (auch für den Journalismus entscheidende) Referenzfrage eindeutiger modelliert werden kann als in der Musik; die Entscheidung hat biographisch damit zu tun, daß ich mich in den letzten Jahren schwerpunktmäßig mit Literatur und Kunst beschäftigt habe.

1.2 Kunst als System[1]

Die Redeweise von Kunst als System hat in den letzten Jahren zwei Möglichkeiten erprobt: Man spricht zum einen von Kunst

1 Berührungspunkte zwischen meiner Kunstkonzeption und der Konzeption von Luhmann bestehen durchaus. Luhmann konzipiert Kunst als autopoietisches System aus kontingent-selektiven Kunstkommunikationen. Die kommunikativen Letztelemente des Kunstsystems sind Kunstwerke, durch die Kunst kommuniziert. Die Funktion der Kunst besteht nach Luhmann darin, die Einheit der Differenz der Beobachtbarkeit und Unbeobachtbarkeit der Welt in Kunstwerken sichtbar zu machen. Jedes

als einem *System*[2] *von Kunstwerken*, die sich im imaginären Museum, das mehr und mehr Weltmaßstab annimmt, aufeinander beziehen lassen, sich gegenseitig Kontext und Kontur geben. Und man spricht zum anderen von Kunst als einem *Sozialsystem*, das von all den Aktivitäten, Kommunikationen, Handelnden und Objekten gebildet wird, die durch ihre Interrelationen einen systematisch geordneten sozialen Sinnzusammenhang bilden und erhalten. Im folgenden soll vor allem von Kunst als Sozialsystem die Rede sein, weil dieses Konzept dadurch Orientierungsvorteile bietet, daß es Kunstwerke strikt in einen sozialen und kulturellen Kontext stellt, sie also nicht von den Menschen isoliert, die mit ihnen als Kunstwerken umgehen.

Spricht man über Kunst als soziales System, dann sind zum besseren Verständnis einige historische Anmerkungen zur Entstehung dieses Systems erforderlich.

In der umfangreichen soziologischen und geschichtswissenschaftlichen Literatur über das späte 18. Jahrhundert wird der tiefgreifende soziale Wandel, der sich in diesem Zeitraum vollzieht, bekanntermaßen als allmählicher Übergang von einer ständisch geordneten zu einer funktional differenzierten Gesellschaft bestimmt. Bei diesem Übergang differenzieren sich schrittweise gesamtgesellschaftlich wichtige Funktionen aus, die sich in Gestalt eigenständiger sozialer Systeme etablieren. In diesem Prozeß wird die alte Ordnung, die vor allem durch Staat und Kirche abgesichert worden war und sich auf ständisch-korporative Herrschaftsbeziehungen und ritualisierte Lebensformen gründete, abgelöst von funktionsbestimmten Kommunikations- und Interaktionsbereichen, eben von funktional bestimmten sozialen Systemen. Die Konzentration auf die Erfüllung gesamtgesellschaftlich wichtiger Funktionen – wie etwa die Produktion von Gütern, Recht, Wahrheit, Bildung oder Schönheit – spezialisiert die systeminterne Kommunikation, führt zu systeminternen Ausdifferenzierungen und zu einer Erhöhung der Beobachtung systemspezifischer Prozesse. Auto-

Kunstwerk ist sein eigenes Programm und die Kunstdogmatik die Reflexionstheorie des Kunstsystems (Luhmann 1995). – Ich arbeite deshalb nicht mit Luhmanns Kunsttheorie, weil ich einen anderen Kommunikations- und Systembegriff benutze und daher andere Ausgangs- und Zielpunkte der Theoriebildung setze.

2 Vgl. dazu Schmidt 1991, 1989.

nomisierung durch eine deutliche Grenzziehung zwischen System und Umwelt einerseits und hohe Interaktionsdichte mit anderen sozialen Systemen in der Umwelt andererseits kennzeichnen diesen Prozeß funktionaler Differenzierung, der bis heute andauert. Aus diesem Grunde werden soziale Systeme auch als selbstorganisierend bezeichnet, womit ausgedrückt wird, daß sie ihre Zustände nach ihren eigenen Operationsbedingungen realisieren und verändern, ob es sich nun um die interne Interaktion der Komponenten oder um die Interaktion mit anderen Sozialsystemen handelt. Soziale Systeme wandeln sich durch interne Differenzierung oder Entdifferenzierung, durch Interaktion mit anderen Sozialsystemen und durch Reflexion auf Konstitutionsbedingungen, Organisationsformen und Kommunikationen.

Was läßt sich mit diesem hier kurz angerissenen systemtheoretischen Instrumentarium im Hinblick auf Kunst beobachten?

Kunst, so meine Hypothese, emergiert (entsteht ohne Plan) seit dem späten 18. Jahrhundert als ein eigenständiges, sich weitgehend selbst organisierendes soziales System. Dieses Sozialsystem differenziert sich aus in Teilsysteme, die sich auf bestimmte Künste spezialisieren, so das Literatursystem, das Musiksystem, das Theatersystem und so fort. Im folgenden konzentriere ich mich auf das Teilsystem bildende Kunst.

Mit der Hypothese von (bildender) Kunst als eigenständigem Sozialsystem wird selbstverständlich nicht behauptet, es habe vor dem 18. Jahrhundert keine Kunstwerke, keine Künstler oder kein Publikum gegeben. Neu ist vielmehr, daß alle kunstbezogenen Aktivitäten und Objekte aus ihren vorherigen Beziehungsfeldern – Kirche, Hof, Mäzenatentum – gelöst und in ein komplex organisiertes neues soziales Beziehungssystem integriert werden. Kunst wird weitgehend selbstbestimmt, und zwar als Sozialsystem wie als Werksystem, indem sie sich der ökonomischen, ideologischen und sozialen Kontrolle durch Staat und Kirche allmählich entzieht und sich ihre Aufgaben selbst zu stellen beginnt. Dieser Prozeß soll an einigen Stellen kurz beleuchtet werden, wobei vor allem die Veränderung der Handlungsrollen im Blickpunkt steht.

Die Rolle des Kunstproduzenten wird professionalisiert, seine Ausbildung in Akademien institutionalisiert. Viele Künstler spezialisieren sich auf enge Bereiche wie Porträt, Landschaft oder Buchillustration, um dem sich ausdifferenzierenden Geschmack des ständig wachsenden Publikums entgegenzukommen, das als Auftraggeber und Käufer an die Stelle der vormaligen adligen oder klerikalen Gönner und Mäzene tritt. Dieses bürgerliche Publikum weitet sich zahlenmäßig aus und wandelt sich zu einem ästhetisch interessierten Liebhaberpublikum, für das Kunstwerke zum Gegenstand der freien Wahl und wechselnder Neigungen und Moden werden.

Dabei spielt die Entwicklung des Kunstmarkts (Kunstvermittlung) eine entscheidende Rolle. Der Markt organisiert über Ausstellungen und Salons das Interesse der Öffentlichkeit. Im Zuge der Verdinglichung des Kunstwerks zur Ware erlaubt er einerseits den Künstlern wirtschaftliche Unabhängigkeit, bindet sie andererseits aber an seine Vermittlungsdienste und an den aufgrund sorgfältiger Nachfragebeobachtung gesteuerten Publikumsgeschmack.

Als neue Handlungsrolle entsteht im ersten Drittel des 18. Jahrhunderts die des Kunstkritikers, der die Kluft zwischen Theorie und Praxis sowie die zwischen Künstlern und anonym werdenden Rezipienten zu überbrücken und dabei die jeweiligen philosophischen Theorien der Zeit auf die Kunst anzuwenden versucht.[3] Daneben treten andere Vermittlungsinstitutionen zwischen die Handelnden im Kunstsystem, so vor allem Kunstzeitschriften und Museen. Während der kapitalistische Kunstmarkt Kunstwerke in Waren für ein anonymes Publikum verwandelt, ästhetisieren die aus Privatgalerien, höfischen und kirchlichen Sammlungen hervorgehenden Museen Kunstwerke als Schaustücke ohne pragmatischen Kontext. Kurz gesagt: *Kunst bezieht sich nur noch auf Kunst.*[4] Im Prozeß der fortwährenden intertextuellen Umrelationierung von Kunstwerken im System der (Welt-)Kunst führen gerade die Museen den Prozeß der Deutungshermeneutik und Didaktik ein, der bis heute problematisiert wird.

Mit diesem strukturellen Umbau verbunden ist ein drastischer Funktionswandel bildender Kunst, der sich als Übergang

3 Die Filiationen zwischen dem Kunstkritiker und seinem späten Nachfahren, dem Medienkritiker, müßte in einer Geschichte der Medienkritik genauer aufgearbeitet werden. Vgl. dazu oben Kapitel II,9.

4 Korrekt müßte es heißen: Kunstwerknutzer beziehen Kunstwerke allein auf Kunstwerke im Rahmen des Kunstsystems.

von Repräsentation und Unterhaltung zu subjektivem Ausdruck, moralischer Orientierung und formaler Ästhetisierung charakterisieren läßt. Die Tendenz zum Individualismus, zu einer Verlegung aller Maßstäbe ins (sich selbst bestimmende) Subjekt ist unübersehbar. Die Umorientierung des Kunstwerks von Abbild, Wahrheit und moralischer Belehrung auf ästhetische Gestaltung und Werkautonomie löst die Handlungs- und Kommunikationsmöglichkeiten der Aktanten von der Verpflichtung auf gesellschaftlich akzeptierte Wirklichkeitsmodelle und eröffnet damit fast unbegrenzte Spielräume subjektiven Handelns und Erlebens, von Utopie und Experiment, die allerdings durch die Fiktionsklausel sowie durch die Erwartung aufmerksamkeitsbindender formaler Gestaltung (ästhetischer Form) auf das Kunstsystem beschränkt werden. Die religiös und ideologisch verunsicherte bürgerliche Gesellschaft leistet sich seither – stabilisiert durch ein kapitalistisches Wirtschaftssystem, in dem Überlebensfragen im Kontext des wertneutralen Geldsystems ökonomisch entschieden werden – exzessive Produktion von ästhetischer Fiktion im abgeschotteten Raum des Kunstsystems. Diese Situation hat sich meines Erachtens bis heute nicht wesentlich verändert.

1.3 Kunstbegriff und Kommunikation

Die Formierung des Kunstsystems als selbstorganisierendes Sozialsystem seit Ende des 18. Jahrhunderts führte dazu, daß der Kunstbegriff aus seiner (Mit-)Bestimmung durch Politik, Erziehung und Religion gelöst wurde. Das Konzept »Kunst« mußte nun im Kunstsystem selber entwickelt werden, aber eben so, daß das Kunstsystem mit anderen sozialen Systemen gesprächsfähig bleiben mußte, um die bestandswichtige intersystemische Kommunikation aufrechterhalten zu können. Die schrittweise Ausdifferenzierung des Kunstsystems führte nun aber dazu, daß – nach Wegfall normativer Kunstkonzepte – eine Vielzahl divergierender Kunstbegriffe entstand, und zwar einmal differenziert nach den Teilsystemen des Kunstsystems (Literatur, Musik, Architektur und so weiter), zum anderen innerhalb der Teilsysteme nach sozialen Schichtungen (hohe Kunst, Trivialkunst), nach Handlungsrollen und Graden des Expertentums.

Diese historische Entwicklung führte zu einer Situation, die auf die nur scheinbar tautologische Formel gebracht werden kann: *Kunst ist, was im Kunstsystem (von sozial relevanten einzelnen und Gruppen) als Kunst kommuniziert wird* (vgl. Kapitel II, 8.5). Dabei treten unvermeidlich Differenzen auf, und zwar Differenzen zwischen Experten, zwischen Experten und Laien, zwischen Laien und Laien, sodann zwischen dem Kunstsystem und anderen Sozialsystemen wie Recht, Politik, Erziehung oder Wirtschaft. Solche Divergenzen führten und führen dazu, daß innerhalb des Kunstsystems fast ununterbrochen der Kunstbegriff thematisiert wurde und wird. Diese Dauerreflexion und -kommunikation wird zu einem Markenzeichen der Kunst der Neuzeit, bis hin zu dem Versuch etwa der Gruppe *Art & Language* (besonders J. Kosuth), die Kunstkommunikation selbst konsequent zur Kunst zu erklären und sich damit vom Werk als Objekt endgültig zu verabschieden.[5]

Unter dieser Beobachtungsperspektive wird die erste wichtige Funktion von *Sprache* im Kunstsystem erkennbar: Sprache dient als Instrument der kommunikativen Entfaltung der Tautologie: »Kunst ist Kunst«. Man muß sich verdeutlichen, daß in dieser Kommunikation Kunstwerke bestenfalls Zitat- oder Exempelstatus haben. Kein einzelnes Kunstwerk, auch nicht eine Gruppe von Kunstwerken, keine Richtung oder Schule, auch nicht eine sogenannte Epoche kann eine bestimmte Kunstkonzeption identitätsstiftend und normativ dauerhaft absichern. Historisches Denken, die Entdeckung außereuropäischer Kunst sowie die wachsende Zugänglichkeit der Welt-Kunst aller Epochen in Museen und durch technische Reproduktion entwerten seit Beginn dieses Jahrhunderts das einzelne Kunstwerk im umgekehrten Verhältnis zu der bürgerlichen These von der Einzigartigkeit des Kunstwerks. (Aus den hundert Meisterwerken sind im Fernsehen längst die tausend geworden. Und so weiter.) Was schon seit je wohl faktisch so war, aber nicht ins Bewußtsein trat, ist nun unabweisbar geworden: Die Kunst-

5 Vgl. dazu Schmidt 1971, 1974. – Ähnlich argumentiert auch Faust: »Was sie [die Kunstwerke, sjs] an Kommunikation über Kunst in Gang setzen, macht ihre Bedeutung aus. Kunst wird zur Kommunikation über die Möglichkeit von Kunst. Das aber schließt ihr ›Unmöglichwerden‹ ein. Es zeigt sich als die einzige – paradoxe – Innovation, die nach dem Weg durch die Moderne noch offen ist« (1995, S. 160).

werke sprechen nicht (mehr?) für sich selbst. Kunstsystemische Kommunikation selegiert einige von ihnen als Thema oder Exempel, bestenfalls als Partitur für Anschlußkommunikationen. Diese Kommunikation ist durchtränkt vom kollektiven kulturellen Wissen, das aus Anlaß kunstbezogener Kommunikation bestätigt oder modifiziert wird. Kunst, traditionell ein Kernstück von »Kultur« (im umgangssprachlichen Sinne), wird so zum Katalysator kultureller Reflexion der Gesellschaft.

Kunstsystemische Kommunikation hat in funktional differenzierten Gesellschaften, deren Teilsysteme ihre Funktionsgerechtheit ständig unter Beweis stellen müssen, immer auch legitimatorischen und defensiven Charakter. Denn alle anderen sozialen Systeme »beobachten« das Kunstsystem unter ihren je systemspezifischen Codes: Was wirft das Kunstsystem ab für das Wirtschaftssystem (zum Beispiel für das Werbesystem)? Entspricht oder widerstreitet es religiösen Lehren, juristischen Normen, politischen Erwartungen oder postulierten Erziehungszielen? Kann das Kunstsystem einen gewichtigen Platz auch in den elektronischen Massenmedien beanspruchen?

Ebenso wichtig wie die Produktion neuer Kunstwerke sind Antworten auf solche Fragen, und sie können nur in Kunst thematisierenden Kommunikationen gefunden werden. Ein erstes Resümee dieser Überlegungen könnte also lauten: Nur das, was in Kommunikation transformiert und bei Entscheidungsträgern anschlußfähig durchgesetzt werden kann – ob Ideen, Bilder oder Objekte –, »zählt« im Kunstsystem. Und das Kunstsystem selbst »zählt« im Wettstreit der Systeme innerhalb der Gesellschaft nur, soweit es sich in Kommunikationen intermedial behauptet. Darum ist die Frage nach angemessener Repräsentanz in den Massenmedien, die heute Öffentlichkeiten qua Aufmerksamkeiten konstituieren, für Kunst so enorm wichtig.

1.4 Schrift, Sprache, Bild: Hybridbildung vs. Systeminteraktion

Haben sich die bisherigen Überlegungen mit der Funktion von Sprache – genauer: von Kommunikation – im Kunstsystem beschäftigt, soll der Beobachtungsfokus jetzt auf das intermediale Verhältnis von Schrift, Sprache und Bild in den Teilsystemen bildende Kunst und Literatur konzentriert werden. Dabei geht es um folgende Themen:

- Interaktionsmöglichkeiten zwischen den Systemen bildende Kunst und Literatur;
- Verhältnis Bild zu Text;
- Sehen vs. Lesen.

Beginnen wir mit dem letzten Thema. – Im Umgang mit Bildern und Texten haben sich zwei kultur- und sozialisationsabhängige Rezeptionstechniken herausgebildet: Sehen und Lesen. Bei visuellen Oberflächen mit Kunstanspruch ordnen wir das Sehen dem Bereich bildende Kunst zu, das Lesen der Literatur. Entgegen früheren Intuitionen wissen wir heute, daß nicht nur Lesen, sondern auch Sehen gelernt werden muß. Sehen und Lesen sind höchst voraussetzungsreiche Aktivitäten.

Neurophysiologisch betrachtet ist Sehen das Komplizierteste, was in unserer Kognition abläuft. Visuelle Wahrnehmung ist eine Anstrengung unseres neuronalen Apparates, die weit über jene Anstrengung hinausgeht, die uns das sogenannte Denken abverlangt. Sehen ist kein Abbilden der Realität, sondern eine Konstruktion visueller Modelle von (genauer: für) Wirklichkeit. Diese Konstruktion ist nur möglich, wenn unser Körper sich im Raum bewegen und Erfahrungen machen kann; wenn unser Gedächtnis Vergleichsdaten liefert und wenn wir mit anderen interagieren. Visuelle Wahrnehmung ist durch lange stammesgeschichtliche Entwicklung bei allen Menschen weitgehend vergleichbar. Aber das spricht nicht dagegen, daß es sich um eine Konstruktion und nicht um Realitätsabbildung handelt. Unsere visuellen Wirklichkeitsmodelle sind soziale Konstruktionen, die sich im Kopf jedes einzelnen vollziehen.

Mit dem Lesen steht es im Prinzip ähnlich. Wie schon gesagt: Entgegen unserer Alltagsintuition entnehmen wir Texten nicht etwa feste Bedeutungen, sondern wir ordnen ihnen Bedeutungen zu. Wir konstruieren Bedeutungen lesend im Kopf; und in diesem Konstruktionsprozeß spielt der wahrgenommene Text eine auslösende und begrenzende, aber keineswegs eine determinierende Rolle. Erwartungen, Affekte, Dispositionen, empraktische Einschätzungen, Wissen und Werte beeinflussen diesen höchst komplexen und bis heute fast undurchschauten Prozeß der Bedeutungskonstruktion aus Anlaß der Wahrnehmung eines Textes. Auch unsere Bedeutungskonstrukte sind soziale Konstrukte im Kopf jedes einzelnen, die sich jeder identischen kommunikativen Mitteilung sperren. Sehen und Lesen sind also alles andere als selbstverständliche Tätigkeiten. Sie sind höchst voraussetzungsreiche Kulturtechniken, Konstruktionen von Sinn in bezug auf eine Umwelt, die in sich keinen Sinn enthält, den wir lediglich abbilden oder aufnehmen könnten. Sie sind soziale Konstruktionen in biologisch wie kulturell programmierten kognitiven Systemen der Individuen, die als empirische Prozeßorte der Sinnkonstruktion fungieren (vgl. Kapitel 1).

Das Sehen und Verstehen starrer oder bewegter Bilder ist ein konstruktiver, kein passiv rezeptiver Vorgang. Offenbar lassen sich am Vorgang der Bildwahrnehmung drei Aspekte voneinander unterscheiden: Aufmerksamkeitsweckung, Figuren- und Musterinterpretation sowie die Fabrikation der globalen Bedeutung des Bildes. Schon nach einem ersten Blick auf ein stehendes Bild (nach ca. 3/10 Sekunden) besteht in der Regel eine globale inhaltliche Orientierung, die dann die nachfolgende aktive Detailauswertung mit Blicksprüngen und Augenfixationen steuert, die einen begrenzten Ausschnitt des Bildes auf die Fovea als die Stelle des schärfsten Sehens bringt. Die Auswertung inhaltlicher Bilddetails wird gesteuert von Erwartungen, Absichten, Affekten, Alter, Kulturzugehörigkeit und Erfahrung im Umgang mit Bildern, also – wie beim Sprachverstehen auch – von einer Fülle von Wissen. Aufgrund dieses Wissens interpretieren wir Figuren, Schemata und Muster, trennen Figuren von Hintergründen, ziehen Schlüsse aus perspektivischen Darstellungen, aus Schatten oder Konturen. Hinzu kommt der Aspekt, der bei Bildern meist noch stärker wirkt als bei Texten: Bilder lösen spontan Interesse, Motivation, Abwehrreaktionen oder Gefallen aus.

Bildverstehen kann also in Abhängigkeit von ganz verschiedenen Faktoren konzipiert werden, unter anderem in Abhängigkeit von Dispositionsfaktoren der Rezipienten, von Bildmerkmalen oder von Merkmalen der Wahrnehmungs- beziehungsweise Nutzungssituation, in der sich die Bildwahrnehmung ereignet. Wichtig ist dabei, daß der Beobachter eines Bildes je nach Interesse seinen sogenannten Blickpfad selbst wählen kann, während Texte die Reihenfolge der wahrzunehmenden Elemente sequentiell vorgeben.

Wir alle erfahren im Alltag, daß wir nur das sehen, was wir wissen beziehungsweise was wir zu erwarten und zu deuten gelernt haben. Das läßt sich experimentell nachweisen, wenn Versuchspersonen mit unvollständigen Bildern konfrontiert werden. Solche Bilder werden erst »lesbar«, wenn die Versuchspersonen ein Wissen aktivieren können, das die fehlenden Bildelemente zu ergänzen erlaubt.

Spätestens seit Jan Amos Comenius' *Orbis pictus* herrscht Konsens darüber, daß bebilderte Texte Lernleistungen motivieren und die Verständlichkeit von Bildern erhöhen. In der aktiven Auseinandersetzung des Rezipienten mit dem Bild werden bestehende mentale Modelle der Rezipienten aktiviert, Elemente solcher Modelle je nach Wichtigkeit oder Unwichtigkeit akzentuiert und als Anlässe zur Entwicklung neuer mentaler Modelle genutzt. Allerdings bieten bebilderte Texte nur dann Lernvorteile, wenn die Bilder komplementär zum Text wirken, also Informationen aufzubauen erlauben, die ohne Bild nicht erzeugt werden könnten. Redundante oder mehrdeutige Bilder dagegen stören den Prozeß des Informationsaufbaus. Dabei spielt die Vertrautheit des Rezipienten mit dem Medium Bild eine große Rolle. Das zeigt sich deutlich bei der Fernsehrezeption, wo empirische Arbeiten belegt haben, daß auch Fernsehen wie Bilder-Sehen gelernt werden muß. Gestaltungstechniken wie Schnitt, Kameraperspektive, Nah- oder Total- aufnahme oder Zoom bereiten Kleinkindern Rezeptionsprobleme, die erst mit zunehmender Fernseherfahrung abgebaut werden.

Umgekehrt darf auch der Einfluß der Sprache auf die Wahrnehmung nicht übersehen werden. So führt etwa H. D. Zimmer folgende Aspekte auf:

- »Die Sprache kann visueller Information eine andere Bedeutung verleihen und dadurch die Einstellung des Betrachters und über diese seine Wahrnehmung beeinflussen. Dies ist ihr kommentierender Aspekt.
- Sie kann weiter einen Bereich der Umwelt angeben, auf den der Hörer seine Wahrnehmung lenken soll. Dies ist ihr selegierender Aspekt.
- Sie kann auch den Aufbau der kognitiven Repräsentation des Wahrgenommenen lenken. Dies ist ihr strukturierender Aspekt.
- Schließlich stellt sie sprachliche Klassifikationssysteme bereit, die die Klassifizierung in der Wahrnehmung leiten können. Dies ist ihr klassifizierender Aspekt« (Zimmer 1983).

Nach diesen Vorklärungen kann nun versucht werden, die Frage nach Interaktionsmöglichkeiten zwischen den sozialen Systemen bildende Kunst und Literatur wiederaufzunehmen. Dabei wird man wohl von vornherein davon ausgehen können, daß das Verhältnis Bild zu Text im Kunstsystem nicht im Sinne didaktischer Verstehenserleichterungen und Kommentare anzusetzen ist. Auch wird man wohl unterstellen können, daß dieses Verhältnis sich anders darstellt als die Zweikanaltechnik von Text und Bild im Film und Fernsehen beziehungsweise im Comic strip.

Wie man zum Beispiel bei W.M. Faust (1977) nachlesen kann, gibt es eine reichhaltige Geschichte von Interaktionsversuchen zwischen Literatur und bildender Kunst. Dabei müssen jedoch zwei prinzipiell verschiedene Möglichkeiten voneinander unterschieden werden. Die erste Möglichkeit läßt sich beschreiben als das Eindringen von Schrift in das Kunstsystem, wodurch Sehen *und* Lesen als Rezeptionsmodi möglich werden (Schrift in der bildenden Kunst). So tauchen in futuristischen und kubistischen Bildern öfter Textfragmente auf, Material in Collagen, reproduziert in Bildzitaten. In beiden Fällen kann man von Wirklichkeitszitaten sprechen, die in Bildthematiken integriert sind und dort vorwiegend ästhetische Funktionen erfüllen.

Ganz anders liegt der Fall bei der Konkreten und der Visuellen Poesie, die sich nicht mit Zitatrelationen und ästhetischen Funktionen zufriedengibt, sondern eine Interaktion oder gar eine Fusion der Systeme bildende Kunst und Literatur versucht. Bei dieser zweiten Möglichkeit sollen Schrifttexte zu Bildern, Bilder zu Schrifttexten werden, wodurch Sehen *und* Lesen als Rezeptionsmodi gleichberechtigt nebeneinander treten sollen (Schrift als Kunst, Kunst als Schrift, das konkrete Kunstwerk als hybrides semiotisches System) (Abb. 11). Berücksichtigt man, daß Sehen mehrdimensional verläuft, Lesen aber eindimensional, dann erweist sich dieses Vorhaben der Konstruktivisten schon aus physiologischen Gründen als undurchführbar. Aber dies ist nicht der einzige innere Widerspruch des Konkretismusprogramms. Dazu einige wenige Anmerkungen.

Seit den ersten Versuchen zu einer Konkreten Poesie in den zwanziger Jahren bis heute gilt, daß es in unserer Gesellschaft zwei voneinander getrennte soziale Systeme gibt, nämlich Literatur und bildende Kunst. Bildende Kunst hat sich auf das Se-

Abbildung 11: Ito Motoyuki, »Plastic poem 6« (*Oto:* Geräusch, Lärm; *Mu:* Nichts, nichtig)

hen, Literatur auf das Lesen spezialisiert. Genau an dieser Trennung setzt nun das Konkretismusprogramm an. Ich spreche bewußt von Konkretismus*programm*[6], um zu unterscheiden zwischen einer bestimmten Zielsetzung auf der einen Seite und dem, was sich dann als Materialisierung dieser Zielsetzung in Form einzelner konkreter Arbeiten und Aktionen realisiert. Das Konkretismusprogramm, das Sprache auf die Materialität von Schrift zu reduzieren versucht, setzt bewußt auf Paradoxierung, nämlich auf Systemfusion von bildender Kunst und Literatur. Ich vermute, daß die experimentelle Kreativität des Konkretismusprogramms genau darin liegt, daß hier ein bewußt uneinlösbares Paradox durchprobiert wird. Wenn nämlich in der Tat eine Fusion der Systeme Kunst und Literatur erreicht wäre, dann würden beide Systeme ihre spezifischen Funktionsmöglichkeiten verlieren. Das Erreichen des Ziels würde also genau die angestrebte Wirkung verhindern. An der Unmöglich-

6 Vgl. dazu Schmidt 1975.

keit, dieses Ziel zu erreichen, arbeitet sich das Konkretismusprogramm auf Dauer ästhetisch produktiv ab.

Wie sieht diese angestrebte Systemfusion im Konkretismusprogramm aus? Der Theorie nach wird ein Kontinuum von Aktivitäten vom Sehen zum Lesen, vom Bild zum Text, von der Semiose zur Semantik, von der Kunst zur Literatur und zurück angestrebt. Offensichtlich funktioniert das immer nur als Programm, als Versuchsplan, als Experimentieranordnung. Dieser Gedankengang liefert uns eine einfache Erklärung für den oft gehörten Vorwurf, die Konkrete Dichtung sei theorielastig und unsinnlich. Die Erklärung lautet: Konkrete Dichtung wie Konkrete Kunst sind nur denkbar vom Konkretismusprogramm her.[7] Ohne dieses paradoxale Programm könnte niemand auf die Idee kommen, das zu versuchen, was als Konkrete Dichtung versucht wird.

Was aber zeigt nun die Beobachtung der Manifestationen dieses Programms? Im Literatursystem integriert der Text Elemente von Bildlichkeit oder allgemeiner von Visualität. Flächenwerte und Materialwerte, also Seh-Qualitäten, treten neben semantische Qualitäten, also neben Lese-Werte. Wie in einem Gestalt-*switch* können die Rezeptionsmodi geändert werden, so daß Konkrete Poesie sozusagen per Medien-*switch* gesehen oder gelesen werden kann. Dabei gibt es zwischen der leeren weißen und der vollständig schwarzen Seite alle nur denkbaren Formen des Übergangs, der Kombination von Materialien, der Beziehbarkeit von Bild- und Bedeutungswerten. Beispiele konkreter Dichtung spielen mit Rezeptionserwartungen, mit Systemgrenzen, mit Funktionen, wobei dieses Spiel mehr oder weniger geistreich ausfällt[8] (Abb. 12).

Die bekannten Beispiele von Marinetti bis Mon zeigen, daß hier eine Möglichkeit von sozialen Systemen konsequent genutzt wird, nämlich die Möglichkeit der *Selbstreflexion*. Diese Selbstreflexion realisiert sich als die Möglichkeit, Referenzrichtungen umzupolen. Systeme können sich entweder primär auf ihre Umwelt oder primär auf sich selbst und ihre eigenen Operationen beziehen. Genau dieser Gestalt-*switch* von Selbstre-

7 Zum Verhältnis von Werk und Theorie vgl. Kapitel III, 2.3.

8 Vgl. dazu etwa die Arbeiten der Visuellen Poesie der neunziger Jahre in Schmidt (Hg.) 1996.

Abbildung 12: Adriano Spatola, »Sardinenschrift«

ferenz auf Umweltreferenz oder von Systemreferenz auf Themenreferenz wird zur Dauermöglichkeit, die in allen Teilsystemen des Kunstsystems etabliert ist. Konkrete Dichtung kann in dieser Perspektive gesehen werden als ein prominenter (und sicher auch extremer) Fall der Selbstreflexion des Literatursystems auf seine eigenen Konstitutionsbedingungen, auf seine Grenze zu anderen Systemen sowie auf Interaktionsmöglichkeiten mit dem System der bildenden Kunst.[9]

Damit kommen wir zu einer zweiten Funktion von Sprache im Kunstsystem. Dadurch, daß Sprache in Schriftform, also in visueller Materialität, Anschauung und Begrifflichkeit, Bild und Gedanken, Sehen und Lesen aufeinander bezieht, kann sie als *intermediales Integrationsinstrument* zwischen der Seh- und der Lesekunst ausprobiert werden. Einerseits repräsentiert noch das letzte erkennbare Fragment eines Buchstabens auf der Fläche Schrift als semiotische Kulturtechnik; zum anderen spannen

9 Vgl. dazu auch Jäger 1991.

schon zwei Buchstaben auf einem Papier ein kleines Verweissystem von Flächenwerten auf: oben und unten, über und unter, rechts und links, diagonal und parallel und so weiter. Schrift, die Semantik wie Bildlichkeit gleichermaßen evoziert – an fremden Schriftsystemen fällt uns das spontan auf –, überwindet also bei entsprechender Reduktion symbolisch die Grenzen zwischen den Systemen bildende Kunst und Literatur und setzt sozusagen eine sinnlich belehrte Reflexion auf Möglichkeiten und Grenzen dieser Systeme in Gang.

1.5 Kunst, Sprache, Vermittlung

Dem Künstler wird oft geraten, er solle bilden und nicht reden. Wie steht es aber nun mit den Vermittlern, mit Pädagogen und Ausstellungsmachern, mit Museumsleitern und Kulturarbeitern?

Wenn Kunstwerke nicht für sich selber sprechen, so folgt aus den bisherigen Überlegungen, müssen Vermittler für sie sprechen. Auch hier sind Differenzierungen angebracht.

Auf den schon genannten Comenius geht das Prinzip des *learning by doing* zurück, das auch heute noch in der praktischen Ausbildung junger Künstler geübt wird. Aber auch bei dieser Rekrutierungspraxis im Kunstsystem selbst geht es nicht ohne Kommunikation ab, in der kulturelles Wissen vermittelt wird, das die Sinne schärft, Wertmaßstäbe thematisiert, dem Einzelding Relief durch Kontexte verschafft, wobei all dies *by doing* bestätigt, modifiziert oder verworfen werden kann. Das ist sicher in begrenztem Umfang auch in der Schul- und Museumspädagogik praktizierbar, auch wenn hier der Professionalisierungsaspekt als Motivation entfällt. Kunstpädagogik als Schule des Sehens ist ein altes und neues schwer zu erreichendes Ziel.

Wie aber steht es mit Kunstkritik und Kunstwissenschaft?

Zunächst muß man sich darüber klarwerden, daß Kunstkritik im Sozialsystem Kunst zu verorten ist, Kunstwissenschaft dagegen im sozialen System Wissenschaft. Auch wenn sich die Kunstwissenschaft als »weiche«, als Geisteswissenschaft versteht, erhebt sie doch zumindest implizit Anspruch auf wissenschaftliche Dignität und muß deshalb wissenschaftstheoretischen Erwartungen anderer Disziplinen entsprechen – bekanntermaßen ein Dauerdilemma der Geisteswissenschaften nicht nur in Deutschland. Dies ist wohl einer der Gründe dafür, daß die Kunstwissenschaft stets dazu neigt, die Kunstwerke zu ontologisieren und die Rolle des Beobachters zu marginalisieren. Angestiftet von der erkenntnis- wie wissenschaftstheoretischen Illusion werkimmanenter Analyse wird dann ins Werk verlegt, was sich allein der kulturellen Homogenität der Beobachter verdankt; wird als werkgerechte Interpretation deklariert, was geheimer Ausdruck der Lebensbedingungen, Standesinteressen und sozialen Distinktionsbedürfnisse von Kunstwissenschaftlern ist. Statt es offen zu propagieren, wird hier verschleiert, daß jede Interpretation mehr über den Interpreten aussagt als über das Bild. Man sieht nicht »das Bild«, sondern man sieht etwas *als* etwas.

Hier wird überdeutlich, was ich schon einleitend erwähnt hatte, daß nämlich Kommunikation über Kunstwerke und die Kunstwerke selbst nur höchst vermittelt etwas miteinander zu tun haben. Denn jede Kommunikation referiert stets auf Kommunikation, nicht auf »die Wirklichkeit«. Zumal in massenmedial geprägten Gesellschaften fällt unser Blick stets auf Medienwirklichkeiten; und im komplexen Spiel sozialer wie individueller Wirklichkeitsinszenierungen wirkt das Vertrauen vieler Kunstwissenschaftler in die Objektivität des Kunstwerks und die Richtigkeit ihrer Interpretationen biedermeierlich.

Hier wird aber auch das zweite Dilemma deutlich, das ebenfalls einleitend bereits erwähnt worden war: ohne Kunst-Kommunikation keine Kunst, ohne Kunst keine Kunst-Kommunikation. Oder genauer: ohne Kommunikation keine Kunstwerke und kein Kunstsystem, ohne beides keine kunstsystemspezifische Kommunikation. So wie Kognition und Kommunikation getrennte Systeme sind, die nur über kulturspezifisch erstellbare Medienangebote gekoppelt werden können, dienen auch Kunstwerke dank ihrer Materialität der Kopplung von Kognition und Kommunikation, ohne deshalb den kategorialen Unterschied zwischen beiden einebnen zu können. Was Kunstwerke als Medienangebote in kognitiven wie kommunikativen Systemen an Operationen auslösen (können), ist vom isolierten Kunstwerk her nicht vorauszusagen – es muß ja schon qua Objekt, also vor aller wertenden Einordnung, allemal erst *als*

Kunstwerk wahrgenommen werden; und dieser Prozeß ist hochgradig soziokulturell konditioniert.

Wo immer über ein einzelnes Kunstwerk gesprochen wird, redet *man* über das Kunstsystem, und zwar als Sozialsystem wie als System von Kunstwerken (Symbolsystem). Und in diesem *man* sprechen die Prägungen des Sprechers durch kollektives kulturelles Wissen, invisibilisierte Kanonisierungen (Werte und Normen), soziale Distinktionsinteressen und Ansprüche auf »symbolisches Kapital«. Kunstvermittler sollten daher »die Kunst« nicht mißbrauchen, um die komplizierte empirische Konditionierung *jedes* kunstbezogenen Diskurses zu verschleiern. Die oft lächerlich gemachte Frage: »Was sagt uns der Künstler mit seinem Werk heute?« enthält durchaus wichtige Einsichten: Wenn *uns* das Kunstwerk nicht dazu bringt, heute aus Anlaß seiner Wahrnehmung etwas zu sagen, ist es in der Tat stumm – allemal kein Kunstwerk-für-uns.

Beobachten heißt unterscheiden. Unterscheiden ist unlösbar mit Benennen verbunden. Sprache als differentielles System von Unterscheidungen erlaubt – selbstkritisch eingesetzt – eine Entfaltung unserer Unterscheidungskapazität. Wenn wir mehr (differenzierter) sehen wollen, brauchen wir mehr Unterscheidungsangebote. In diesem Sinne brauchen Kunstwerke Vermittlungsangebote als Ausdifferenzierung möglicher Beobachtungsperspektiven, um im Sehen wie im Kommunizieren eine differenziertere Rolle spielen zu können. Aber Sehen und Reden »erreichen« nie »das Kunstwerk«: Sie konstruieren vielmehr eines aus Anlaß und im Prozeß der Wahrnehmung eines Medienangebotes (vgl. die beiden folgenden Abschnitte).

Sosehr Kunstwerke und Kommunikationen also aufeinander angewiesen sind, damit das Sozialsystem Kunst sich aufrechterhalten kann, so getrennt und unerreichbar füreinander sind sie zugleich. Damit ist nichts Mystisches und nichts Tragisches gemeint, sondern vielmehr ein Appell zur Bescheidenheit angesichts großer Sprüche vom »Wesen des Kunstwerks« sowie ein Appell an selbstkritische Einsicht in das, wenn wir tun, wenn wir über Kunst, Vermittlung und Sprache reden. Wir sollten uns darüber klar sein, daß wir dabei über beobachtende Systeme reden, nicht über autonome Kunstwerke. Wir reden über unsere eigenen Unterscheidungen, die wir an dem erproben, was wir in unserer Umwelt als Kunstwerke konstruieren. Wie Liebe ist auch Kunst unkommunikabel, jenseits des weißen Rauschens unserer Kommunikationen. Darin besteht ihre Irritation, die unser kommunikatives Können stets aufs neue erfolgreich blamiert.

2. Kunst konstruiert Kunst?

2.1 Kunst konstruiert Kunst[10]

> »kunst: es fällt nicht schwer, das zu erfahren, was man glaubt; – so wie es auch nicht schwer fällt, das für unerfahrbar zu halten, was man nicht glaubt.«
> F. J. Czernin

Die Antwort auf die Frage im Titel dieses Abschnitts ist ebenso vorder- wie hintergründig: *Kunst konstruiert Kunst.* Was kann eine solche Antwort bedeuten?

Rückt man (differenztheoretisch) ab von der (identitätstheoretischen) Vorstellung, Kunst ließe sich als sie selbst, also essentialistisch bestimmen, dann bleibt nur der Weg, sie über das zu bestimmen, was sie nicht ist, und zwar für jemanden, für den sie das ist, für was er sie hält. Das schaut nur auf den ersten Blick nach Spitzfindigkeit, Willkür oder Relativismus aus. Der zweite Blick zeigt uns, daß man Kunst(-konzeptionen) nur im Rahmen von Kunst(-konzeptionen) bestimmen kann – *order-on-order.* Nur wer schon weiß, was er für Kunst hält, kann Probleme mit »der Kunst« bekommen oder Antworten geben auf Fragen nach »der Kunst«. Also führt gar kein Weg daran vorbei, daß wir nur »bereits in Kunst« über Kunst(-werke) reden können, so wie wir ja zum Beispiel auch nur in der Kommunikation über Kommunikation und in einer Kultur über Kultur reden können. »In Kunst« heißt aber: voreingenommen durch unsere Kunstkonzepte – durch was sonst? Diese Kunstkonzepte bilden sich im Verlauf der je subjektspezifischen Sozialisationen durch prototypische Erfahrungen an/mit Phänomenen, die uns als Kunst

10 Auch hier zwei kurze Bemerkungen: (a) Aus Gründen rhetorischer Zuspitzung lasse ich ausnahmsweise die Kunst handeln und nicht Aktanten im Hinblick auf Kunst. (b) »Kunst« umfaßt im folgenden das Kunstsystem mit allen seinen Teilsystemen, also nicht nur bildende Kunst.

präsentiert worden sind und die wir zum jeweiligen Erfahrungszeitpunkt mit (für uns) guten Gründen für Kunst(-werke) zu halten gelernt haben. Kurzum: Kunst konstruiert Kunst, immer wieder und immer wieder neu. Wie und warum dies geschieht, ist eine empirische Frage.

Soviel zu den kurzen und in ihrer Kürze vielleicht kryptischen Vorbemerkungen. Versuchen wir im folgenden, zunächst die Beobachtungsperspektive festzulegen, die in Hinsicht auf Kunst erprobt werden soll.

2.2 Systementscheidungen und deren Konsequenzen

Wie im vorigen Abschnitt bereits ausgeführt, macht es Sinn, mit der Differenz Sozialsystem vs. Symbolsystem Kunst zu operieren. Das Symbolsystem besteht aus einer kommunikativ beziehungsweise diskursiv geordneten Menge von Medienangeboten, wobei als Ordnungskategorien Zuordnungsrelationen zu Gattungen, Autoren, Schulen, Epochen und so weiter sowie Intertextualitätsrelationen in Frage kommen. Hinsichtlich des Sozialsystems Kunst muß angesichts der systemtheoretisch kontroversen Diskussionslage zunächst geklärt werden, für welchen Systembegriff man sich entscheidet. Von »Entscheidung« spreche ich deshalb, weil Systemkonzepte – wie alle anderen wissenschaftlichen Instrumente auch – Hilfsmittel zur Problemlösung darstellen, die nach ihrer Funktionstüchtigkeit und nicht nach ihrer Wahrheit ausgesucht werden können und müssen.

So scheint es mir im Hinblick auf das Kunstsystem sinnvoll, ein Mehrebenen- und Mehrkomponentenmodell von System anzusetzen, statt – wie Niklas Luhmann – exklusiv mit einem Einkomponentenmodell von System zu arbeiten und als alleinigen Komponententyp Kommunikation zuzulassen. Als Komponenten in einem solchen komplexeren Systemmodell kommen in Frage: Aktanten, Medienangebote, Institutionen/Organisationen, Kommunikationen, Interaktionen und symbolische Ordnungen (im Sinne von »Kultur«). Als Interaktions- und Kommunikationsdimensionen gelten dabei Produktion, Vermittlung, Rezeption/Nutzung und Verarbeitung systemspezifischer Medienangebote, wobei je nach historischem Entwicklungsstand des Systems ganz unterschiedliche Handlungsrollen entstanden sind und berücksichtigt werden müssen (Schmidt 1994a). Als Organisationstyp wird Selbstorganisation im Sinne strikt systemspezifischer Sinn- und Ordnungsproduktion vorgeschlagen. Als Beobachtungseinheiten dienen Ereignisse, die zu Prozessen verkettet werden (können). Systemzugehörigkeit bekommen solche Ereignisse und Prozesse durch die thematische Beziehung auf Medienangebote, die von den Aktanten für Kunst gehalten werden. Das bedeutet, daß die Grenzbestimmung nicht allein über *einen* einheitlichen Code und Programme geleistet wird, sondern über diejenigen Sinnbildungsmechanismen, die auf jeder der jeweiligen Prozeßebenen die Systemzugehörigkeit beziehungsweise Nichtzugehörigkeit temporär regeln. Und auch dies ist eine empirische Frage.

Wenn aber die Grenzbestimmung nicht über Einfach-Codes wie schön/häßlich, interessant/uninteressant oder ähnliches bestimmt wird, dann läßt sich auch die Frage nach den Leistungen und der Funktion des Kunstsystems nicht einfach bestimmen. Andere Sozialsysteme können Komponenten des Kunstsystems für ganz unterschiedliche Zwecke nutzen. So instrumentalisiert das Wirtschaftssystem Kunstwerke als Blickfang in der Werbung; das Erziehungssystem vermittelt über die Interpretation von Kunstwerken spezielles kulturelles Wissen; Politik profiliert sich als kulturfreundlich durch Staatsaufträge an Künstler und so weiter.

Die Funktion des Kunstsystems für die Gesamtgesellschaft kann mit Blick auf dessen historische Genese vielleicht so bestimmt werden: Nachdem das Kunstsystem sich aus der Patronage von Religion, Politik und Erziehung herausentwickelt hatte, konnten der Kunstdiskurs wie die Produktion von Kunstwerken aus den sonst verbindlichen Erwartungen an Wahrheit, Richtigkeit und praktische Nützlichkeit gelöst und auf Fiktionalität und Erwartungsdurchbrechung umgestellt werden. Anspruch auf Kunsthaftigkeit konnte nur erheben, was sich sinnhaft von anderen unterschied und in ungewöhnlicher (also unerwarteter) Weise formalästhetisch gestaltet war, was wiederum einer individuellen und per Systemlogik nicht objektivierbaren Nutzung von Kunstphänomenen im Sinne des neuzeitlichen Individualismus zuarbeitete. Das Kunstsystem erlaubte der Gesellschaft handlungsentlastete Alternativen der

Selbstbeobachtung, die unter Innovations- und Authentizitätsaspekten bewertet wurden, nicht im Hinblick auf Wahrheit und pragmatische Nützlichkeit.

Mit diesen theoretischen Vorentscheidungen sind weitreichende *Konsequenzen* für die weiteren Überlegungen verbunden, auf die ich wenigstens kurz verweisen möchte.

1. *Systemorientierung:* Kunstmedienangebote (»Kunstwerke«) werden ausschließlich in Relation zu systemischen Zusammenhängen beobachtet (Abschied von identitätstheoretischen Kunstkonzepten). Diese Entscheidung hat wichtige Auswirkungen auf alle Konzeptionen solch zentraler Begriffe wie »Werk«, »Bedeutung«, »Wirkung«, »Interpretation«, »Bewertung« und so weiter.

2. *Empirisierung:* Anders als bei Luhmann werden nicht nur Kommunikationen beobachtet (obgleich diese natürlich eine bedeutsame Rolle spielen), sondern wegen des Rückbezugs auf Aktanten und deren Handlungsbedingungen auch andere empirische Ereignisse und deren Verkettung zu Prozessen, wobei sowohl Tätigkeiten als auch Handlungen und Interaktionen in Betracht kommen. Damit wird die Textzentriertheit der Luhmannschen Systemtheorie wie der Geertzschen Kulturhermeneutik vermieden, die beide vor allem für Hermeneutiker so attraktiv gemacht hat und immer noch macht. Auch die »Arbeit am Text« muß jeweils berücksichtigen, welche Aktanten unter welchen konkreten Handlungsbedingungen sich auf welche Weise mit einem Medienangebot beschäftigen. Damit wird zum einen die empirische Gebundenheit aller Sinnprozesse berücksichtigt, die aus konstruktivistischen Kognitionstheorien folgt (vgl. Kapitel 1), zum anderen wird dem Umstand Rechnung getragen, daß solche Sinnbildungsprozesse keinesfalls willkürlich (»subjektiv«) ablaufen, sondern nach Sinnbildungsverfahren und gemäß symbolischen Ordnungen, die im Verlauf der Sozialisationsgeschichte in individuelle kognitive Systeme quasi »implantiert« worden sind (dazu unten mehr).

3. *Pragmatisierung:* Der Kunst(werk)begriff wird nicht zuerst an Werkmerkmalen festgemacht, sondern an sozialisatorisch entstandenen Einstellungen, prototypischen Erwartungen und kommunikativ relevanten Bewertungskategorien. Einstellungen betreffen die (intuitiven oder expliziten) Vorstellungen darüber, was Kunst »ist« und welchen Stellenwert sie für das jewei-

lige Individuum einnimmt. Prototypische Erwartungen richten sich auf den Nutzen, den Ertrag oder die Folgen der Nutzung von Kunstwerken im weitesten Sinne. Und kommunikativ relevante Bewertungskategorien sind die jeweils vertretenen Maßstäbe zur Hierarchisierung von Kunstwerken auf der imaginären Skala des bekannten Systems von Kunstwerken. Diese Faktoren gelten – in unterschiedlicher Form – für alle Aktanten im Kunstsystem. Je nach Sozialordnung sind sie mehr oder weniger uniform beziehungsweise ausdifferenziert und beeinflussen/steuern alle Aktivitäten mit Medienangeboten, die für Kunst(-werke) gehalten werden. Genau deshalb weisen alle für Kunstwerke gehaltenen Produkte auf ihrer sinnlich wahrnehmbaren Oberfläche notwendigerweise Materialisierungen ebendieser Faktoren auf und erleichtern so Nutzern einerseits die (Wieder-)Erkennung, verleiten andererseits aber auch zu der Annahme, die Kunstkonzeption sei eine Folge solcher Werkmaterialitäten. Dieser Zusammenhang zwischen Erwartungserwartungen, Handlungsorientierungen und Wiedererkennungsprozessen ist Moment wie Resultat der Selbstorganisation des Kunstsystems.

4. *Prozessualisierung:* Die Redeweise von »Nutzern« statt von »Rezipienten« von Medienangeboten trägt der neueren Kognitionsforschung Rechnung (Rusch und Schmidt 1996). Diese kommt zu dem Schluß, daß aufgrund der operationalen Geschlossenheit kognitiver Systeme sowie der empirischen Gebundenheit kognitiver Prozesse an die neuronale Hardware Sinn und Bedeutung nicht in den Medienangeboten selbst liegen, sondern in kognitiven Systemen durch systemspezifische Nutzung der semiotischen Materialien/Oberflächen erzeugt werden müssen. Fazit: Bedeutungen sind zeitgebundene kognitive Prozesse, die mit dem Ende des Prozesses »verschwinden« beziehungsweise in andere »Aggregatformen« übergehen.

2.3 Über die Rolle von Medienangeboten in der Kommunikation

Überlegungen dieses Typs führen notorisch zu einer Reihe von Fragen: (1) Wie ist unter Bedingungen kognitiver Autonomie Kommunikation und damit auch Kommunikation über

»Kunst« überhaupt möglich? (2) Welche Rolle spielen Medienangebote (also etwa Kunstwerke), wenn sie nicht Bedeutungen und Werte in sich selbst enthalten? (3) Wie läßt sich bei einer Pragmatisierung des Kunstbegriffs ein haltloser Relativismus vermeiden?

Um auf diese Fragen wenigstens eine einigermaßen plausible Antwort geben zu können, kann man meines Erachtens mit Erkenntnisgewinn zurückgreifen auf die in Kapitel 1 dargelegten evolutions- und sozialisationstheoretischen Einsichten und Hypothesen, die in den letzten Jahren in der Anthropologie, Psychologie und Kognitionstheorie entwickelt worden sind. Die hier einschlägigen Thesen fasse ich kurz zusammen.

In der biologischen wie sozialen Evolution entsteht ein *sich selbst organisierender und stabilisierender Wirkungszusammenhang* von Möglichkeiten und Grenzen des Menschen als Gattungswesen, die über den Aufbau wechselseitig geteilter Wirklichkeitsmodelle Sozialität ermöglichen und vollziehen sowie langfristig sozialstrukturell (institutionell) absichern und dabei Kultur als Programm der semantischen Deutung dieses Modells wie seiner Reproduktion und Kontrolle entfalten. Dabei legitimiert Kultur einerseits Sozialstrukturen und Machtverteilungen durch Sinngebung, reguliert andererseits durch die Entfaltung symbolischer Ordnungen die Entwicklung der Individuen und ihrer sozialen Handlungsmöglichkeiten, wobei diese Regulierung die Rahmenbedingungen markiert, innerhalb deren sich Individualität als – mehr oder weniger kreative – Ausnutzung dieser Rahmenbedingungen entfalten kann.

Bewußtsein, Kommunikation, Medien, Gesellschaft, Kultur und Wirklichkeit werden in diesem Modell als unterschiedlich beobachtete und akzentuierte Aspekte eines komplexen Gesamtprozesses betrachtet. Diese Bereiche sind im Verlauf der Evolution und Geschichte im engsten Zusammenhang miteinander entstanden; sie sind sinnhaft-interpretativ aufeinander bezogen und legitimieren sich in ihren Formen und Inhalten selbst: Bewußtsein bezieht sich auf kollektives Wissen; Kommunikation bezieht sich auf Kommunikation, die nur durch Bezug auf kollektives Wissen in Form symbolischer Ordnungen als Vollzug von Sozialität funktioniert; Gesellschaft entsteht aus Sprache und Kommunikation und vollzieht sich in Form sozialer Handlungen (Interaktionen und Kommunikationen), die ihrerseits von kulturellen Mustern geprägt sind, die sich an Erfolg und Anschließbarkeit stabilisieren.

In diesem Modell ist kein Platz mehr für einfache Zeichenmodelle (Wort A bezeichnet Sache a), schlichte Kausalvorstellungen (Medienangebot B löst überall Reaktion b aus) und realistische Wahrheitstheorien (Aussage C ist wahr, wenn sie der Realitätskonfiguration c entspricht). Vielmehr wird in diesem Modell mit Selbstorganisation, Autonomie und operationaler Geschlossenheit argumentiert, wird eher »dialektisch« als »strukturalistisch« gedacht, um an zwei bekannte (wenn auch vage) Orientierungsbegriffe der philosophischen Tradition zu erinnern.

Aus solchen Überlegungen kann meines Erachtens folgendes Fazit gezogen werden: Die Komponenten und Relationsmuster in/von Medienangeboten jeglicher Art (also auch von Kunst-Medienangeboten) sind über *common sense* beziehungsweise *tacit knowledge* verbunden mit sozialen Praxen beziehungsweise mit gemachten Erfahrungen. Als Wahrnehmungsangebote höchst spezieller Art werden sie von Nutzern quasi-automatisch als Auslöser und Regulative kognitiver Prozesse genutzt, wobei die Nutzungsmodalitäten von Biographie und Nutzungssituation abhängen. In diesem Sinne sind sie »subjektgebunden«, und die Wahrscheinlichkeit identischer Nutzungen durch verschiedene Aktanten ist gering. Anderseits folgt jeder Nutzungsprozeß dem Muster vorangegangener erfolgreicher Nutzungen im Toleranzrahmen sozialisatorisch erworbener Möglichkeiten, das heißt, er ist notwendig eingebunden in soziale Handlungsmuster, die historisch entstanden sind und sich durch Erfolg stabilisiert haben. Erfolg und Stabilisierung wiederum können nur von Nutzern bewirkt und bewertet werden, was aber bedeutet, daß das System semiotischer Handlungen auch im Kunstbereich sich nur selber organisieren und legitimieren kann. Daraus aber folgt für die oben gestellte Frage nach der Rolle von Medienangeboten: Medienangebote, einschließlich aller Kunst-Medienangebote, sind sozial regulierte *prototypische Auslöser und Orientierungsmuster* von kognitiven Sinnbildungsprozessen. Sie machen – je nach Typ und Nutzungssituation – *parallele* (nie identische) Sinnbildungsprozesse in ähnlich sozialisierten autonomen kognitiven Systemen wahrscheinlich, können sie aber nicht erzwingen.

Mit dem Modell des Kompetenzerwerbs zum Gebrauch semiotischer Materialien im weitesten Sinne ist daher meines Erachtens auch das Modell des Erwerbs von Kunstkonzeptionen im Kunstsystem skizziert. Den Umgang mit Kunst lernt man nur im (sozial erfolgreichen) Umgang mit Kunst. Die dabei zu erwerbende Kompetenz betrifft ein spezifisches Unterscheidungsmanagement, nämlich die doppelte Unterscheidung »Kunst/Nichtkunst« sowie »hochwertige Kunst/geringwertige Kunst«. Aufgrund welcher Erwartungen, Kriterien, Werte und Affekte diese Unterscheidungen funktionieren, ist ein empirisches historisches Problem, selbst dann, wenn man in diesem Bereich eine Geltung sogenannter anthropologischer Konstanten unterstellt. Daß diese Regulatorien sich sozialisatorischen Prozessen verdanken, steht meines Erachtens außer Frage. Die als Teil kollektiver Fiktionen (Wissen, Erwartungen) im Individuum enkulturierten Kunstkonzepte sind in aller Regel nicht strikt individuell, sondern werden von unterschiedlich großen und unterschiedlich einflußreichen sozialen Gruppen geteilt, wonach sich ihre Bedeutsamkeit im Sozialsystem Kunst bemißt. Wer also im Kunstsystem erfolgreich handeln will, der tut gut daran, den Erwartungen der für ihn relevanten Bezugsgruppe zu entsprechen beziehungsweise bei Zuwiderhandlungen deutlich erkennen zu lassen, daß er solche Erwartungen durchaus kennt, ihnen aber aus guten Gründen und im Hinblick auf gruppenrelevante Ziele (wie zum Beispiel Innovationsgewinn) zuwiderhandelt. Eben aus diesem Grunde gibt es wenig Probleme mit der Kunst in allen Kunstbereichen/-feldern/-systemen mit normativen Kunstbegriffen, deshalb wird andererseits die Kunst zur Crux in allen funktional ausdifferenzierten Gesellschaften.

Der Selbstorganisationsmechanismus im Sozialsystem Kunst sorgt also dafür, daß sozial prämierte Erfahrungen im Umgang mit dem, was Kindern – unbefragbar bis zum Ende der Sozialisation – als »Kunstwerk« präsentiert wird, zu orientierenden bis normativen Erwartungen an andere und damit selbst zu neuen Kunstkandidaten werden. Erfahrungen, Erwartungen und Legitimationen bilden in diesem Sinne eine sich selbst tragende soziale Konstruktion.

Da man seine prototypischen Erfahrungen mit Kunst nur im Umgang mit Kunstwerken machen kann, »zeugt Kunst sich fort«. Das führt dazu, daß das Symbolsystem Kunst hochgradig intertextuell beziehungsweise intermedial vernetzt ist und sein muß: Kunstwerk bezieht sich auf Kunstwerke durch Differenz, wobei das Maß an tolerierter beziehungsweise an prämierter Differenz entscheidende Auskunft gibt über den (Zu-)Stand des jeweiligen Kunstsystems in der jeweiligen Gesellschaft.

Mein metaphorisch formuliertes Fazit lautet daher: Im Sozialsystem wie im Symbolsystem Kunst konstruiert die Kunst notwendigerweise sich selbst, immer wieder und immer wieder neu. Und die etwas weniger metaphorische Fassung dieses Fazits lautet: Das Kulturprogramm einer Gesellschaft spezifiziert, was Kunst ist, und läßt sich *erst dadurch und danach* durch jedes Kunstwerk in seiner scheinbar selbstverständlichen Geltung bestätigen.

3. Kunst und Komplexität, oder: Zur Dialektik von Aufmerksamkeit und Innovation

> »Die Kunstwerke sind vor allem zu Stimuli in einem Wahrnehmungsprozeß geworden.«
> W. M. Faust

3.1 Kunstwerke als Wahrnehmungsangebote zwischen Langeweile und Überforderung

Was Kunst ist, was Kunstwerke sind, ist bekanntermaßen eine unbeantwortbare Frage. Eines allerdings läßt sich in bezug auf Kunstwerke meines Erachtens mit Sicherheit sagen: Kunstwerke sind *Wahrnehmungsangebote*, noch genauer: Sie sind Anlässe zur Wahrnehmung in der Absicht einer Sinnproduktion.

Diese scheinbar harmlose Ausgangsbehauptung hat allerdings schwerwiegende Konsequenzen. Wahrnehmungsanlässe müssen genützt werden, sonst wird nichts wahrgenommen. Und Wahrnehmungsanlässe können nur von ganz konkreten Rezipienten genutzt werden, und zwar in konkreten Wahrnehmungssituationen und unter Wahrnehmungsbedingungen, die von Rezipient zu Rezipientin unterschiedlich sind. Daraus folgt: Wenn wir über Kunst und Kunstwerke sprechen, müssen wir Nutzer in ihren konkreten Lebens- und Wahrnehmungsbedingungen ernsthaft mit berücksichtigen. Und daraus folgt zweitens: Bestimmte Wahrnehmungsanlässe *sind* nicht schon als solche Kunstwerke. Sie müssen vielmehr *zu* Kunstwerken erklärt beziehungsweise *als* Kunstwerke wahrgenommen, empfunden und beurteilt werden. Kunst läßt sich, in der Logik dieser Überlegungen, nicht essentialistisch, aus sich selbst heraus bestimmen, sondern nur über jemanden, der sie im Rahmen von Sinnbildungsprozessen dafür hält. Das sieht nur auf den ersten Blick nach Willkür und Relativismus aus. Der zweite Blick zeigt uns (wie im vorigen Abschnitt angeführt), daß man Kunst (-konzeptionen) nur im Rahmen von Kunst(-konzeptionen) bestimmen kann. Nur wer schon weiß, was er für Kunst hält (nicht: was Kunst ist!), kann Antworten auf die Frage nach »der Kunst« geben oder Probleme mit »der Kunst« bekommen. Wir reden über Kunst stets voreingenommen durch unsere eigenen beziehungsweise die uns bekannten Kunstkonzepte. Und diese Konzepte von Kunst bilden sich in der Regel unmerklich heraus im Verlauf der jeweils subjektspezifischen Sozialisation, in der wir prototypische Erfahrungen mit Wahrnehmungsangeboten machen, die uns als Kunstwerke präsentiert werden und die wir – mit guten Gründen – zum jeweiligen Erfahrungszeitpunkt für Kunstwerke zu halten gelernt haben. So gesehen kann man die Verhältnisse auf die paradoxe rhetorische Formel des vorigen Abschnitts bringen: Kunst konstruiert Kunst, immer wieder und immer wieder neu. Wie und warum das geschieht, ist eine Frage, die empirisch untersucht werden muß.

Daraus folgt: Der Kunst- und Kunstwerkbegriff kann nicht an zeitlosen Wesensmerkmalen festgemacht werden, sondern muß bezogen werden auf kulturspezifische, in der Sozialisation entstandene Einstellungen, prototypische Erfahrungen, Erwartungen und Bewertungen. Diese Erwartungen und Erfahrungen steuern die Aktivitäten aller Gesellschaftsmitglieder, die am Kunstprozeß beteiligt sind. Je einheitlicher deren Sozialisation verläuft, desto einheitlicher sind auch ihre Erwartungen und Erfahrungen. Und genau deshalb weisen auch die für Kunstwerke gehaltenen Wahrnehmungsanlässe materiale Gestaltungen ebendieser Erwartungen und Erfahrungen auf, so daß die

Beteiligten am Kunstprozeß dann wieder zu der Annahme verführt werden, die Kunstkonzeption sei die Folge solcher Werkeigenschaften. – Soviel an grundsätzlichen Bemerkungen zu unseren Redemöglichkeiten über Kunst. Was folgt aber nun konkret aus der Behauptung, Kunstwerke seien Wahrnehmungsangebote?

3.2 Das Beobachtungsmuster komplex/kompliziert[11]

Wie jedes andere Wahrnehmungsangebot haben auch Kunstwerke zwei Grenzwerte: Langeweile und Überforderung. Aber wie bei jedem Grenzwert, der es mit Menschen zu tun hat, bleiben sie als Werte inhaltlich abstrakt; denn jeder Mensch hat zu verschiedenen Zeitpunkten, in unterschiedlichen Gesellschaften und Kulturen, unterschiedliche Fähigkeiten und Möglichkeiten; das heißt, seine Wahrnehmungsfähigkeiten und die Beurteilung dieser Fähigkeiten sind soziokulturell wie biographisch verschieden.

Aus dieser Ausgangsüberlegung folgt zweierlei: Es ist unwahrscheinlich, objektive Normen für Kunstwerke als Wahrnehmungsangebote aufstellen zu können. Es ist deshalb aber keineswegs sinnlos, solche Grenzwerte als regulative Ideen einzusetzen.

Betrachten wir zwei Beispiele, um den Wert unserer Startüberlegung zu erproben. Das erste Bild gehört zu den Ikonen europäischer Kunst. Es handelt sich um Jheronimus Boschs *Garten der Lüste*. Dieses Bild quillt scheinbar über von Figuren, Gegenständen und Symbolen. Bosch war in der christlichen Theologie und im Aberglauben seiner Zeit ebenso bewandert wie in rabbinischen Legenden und verfügte über eine umfangreiche Kunsterfahrung. All das wird umgesetzt in eine Komposition, die sowohl komplex als auch kompliziert ist.

Komplex, so belehrt uns jedes philosophische Wörterbuch, ist eine Gegebenheit oder ein System, wenn die Zahl der Kompo-

11 Die Unterscheidung *komplex/kompliziert* ist sprachlich nicht gerade ideal. Da aber ähnlich orientierte Unterscheidungen wie formal/inhaltlich, kompositorisch/semantisch und so weiter bereits interpretatorisch besetzt sind, versuche ich, mit dieser Unterscheidung zu argumentieren.

nenten groß ist und die Komponenten auf vielfältige Art miteinander verbunden werden können. Boschs Bild ist also komplex insofern, als eine Fülle von Bildkomponenten formal so arrangiert wird, daß das Auge des Betrachters durch das Bild wandern und sich auf Einzelfiguren oder Figurengruppen konzentrieren muß. Es dürfte wohl niemandem gelingen, dieses Bild auf einen Blick in allen Details zu erfassen.

Kompliziert im Sinne von »komplex in seinen möglichen Bedeutungsdimensionen« ist Boschs Gemälde insofern, als man auf der sofort einsetzenden Suche nach der Bedeutung der einzelnen dargestellten Komponentengruppen im Bild nicht nur durch unterschiedliche Zuordnungen der Komponenten unterschiedliche Lesarten entwickeln kann. Daneben und darüber hinaus lassen sich nahezu alle Bildelemente auch noch durch den Bezug zu anderen Kunstwerken, zu theologischen, philosophischen und literarischen Theorien, Symbolen und Geschichten symbolisch, metaphorisch oder allegorisch deuten. Dieser Aufgabe haben sich Kunsthistoriker bis heute gewidmet, ohne zu einer Einigung oder gar zu einem Ende zu kommen.

Mit dieser kurzen Betrachtung, die wohlgemerkt nur auf die Wahrnehmungsbedingungen des Bosch-Gemäldes abzielte, nicht auf seine kunsthistorische Interpretation, haben wir zwei wichtige Aspekte herausgearbeitet: Kunstwerke können kompositorisch komplex und semantisch kompliziert sein. Während die Komplexität sich jedem erschließt, der das Bild genau betrachtet, ist seine Kompliziertheit nur denjenigen zugänglich, die sich in den Voraussetzungstheorien auskennen.

Das wird besonders deutlich in einem Bild wie Tizians *Allegorie der Klugheit* (1560-70) (Abb. 13), das lange als dunkel und unverständlich galt, bis Erwin Panofsky eine plausible Interpretation vorlegte. Während die kompositorische Komplexität in diesem Bild relativ leicht überschaubar ist, erweist sich die semantische Kompliziertheit als sehr hoch, weil sowohl die drei Männerköpfe als auch die drei Tierköpfe und dazu noch das Verhältnis dieser Köpfe zueinander und zu der mitgemalten Inschrift alles andere als eindeutig ist. Erst im Rückgang auf die ikonographische Tradition der Tierdarstellungen bis zu Serapis, einem der größten Götter des hellenistischen Ägypten, gelang Panofsky eine bis heute akzeptierte Deutung, auf die ich an dieser Stelle aber nicht eingehen kann.

Abbildung 13: Tizian, »Allegorie der Klugheit« (1560-70)

Das Beobachtungsmuster *komplex/kompliziert* hilft uns vielleicht auch weiter auf der anderen Seite der Skala bildkünstlerischer Angebote, nämlich auf der Seite der sogenannten abstrakten (von anderen verwirrenderweise auch ›konkret‹ genannten) Kunst. Betrachten wir beispielsweise Piet Mondrians *Komposition* (1922, Abb. 14) oder, gleichsam optisch noch radikaler, Kasimir Malewitschs *Schwarzes Quadrat auf weißem Grund* (um 1920, Abb. 15). Beide Bilder sind, im zeitgenössischen Kontext wie heute, Beispiele für das, was man als *radikale Reduktion* bezeichnen kann. Reduktionen aber sind bewußt eingesetzte Strategien, die nicht etwa Einfallslosigkeit oder malerisches Unvermögen dokumentieren, sondern auf theoretische Überlegungen verweisen, die solche Reduktionen motivieren und die man als Betrachter des Bildes kennen muß, um nicht zu grotesken Fehldeutungen zu kommen. Dabei handelt es sich im Falle Mondrians[12] um eine Übertragung neuplatonischer Theorien seines Landsmannes Schoenemaeker auf die Malerei. Mondrian will durch Reduktion auf die Grundfarben und auf senkrechte und waagerechte Linien, die für ihn auf den Gegensatz weiblich/männlich verweisen, gleichsam die Grundkomponenten der Wirklichkeitskonstruktion im Bild selbst auftreten lassen und sie nicht dazu benutzen, um etwas außerhalb des Bildes Existierendes darzustellen. Er möchte eine rein intellektuelle,

12 Vgl. dazu H. L. C. Jaffé, *Mondrian und de Stijl*, Köln: DuMont 1967.

Abbildung 14: Piet Mondrian,
»Komposition« (1922)

international verständliche Kunst verwirklichen, in der jedes Bild es selbst ist (und nicht etwas Außerbildliches darstellt) und in diesem Sinne konkret ist. Mondrian strebt nach einer Gestaltung der Gesetze des Sichtbaren als Gestaltung einer universalen und absoluten Harmonie jenseits von Subjektivität, Gefühl und der an Raum- und Zeitbedingungen gebundenen individuellen Gestalten. Er ist überzeugt, daß die Schönheitsempfindung kosmisch und universal ist. Und deshalb wählt er ganz bewußt die Abstraktion der Schönheitsempfindung, da diese nach seiner Auffassung sowohl den immer abstrakter werdenden Ausdrucksformen des modernen Menschen als auch dem Inhalt aller großen Kunst entspricht. Das Schöne als Wahres ist die Gestaltung von reinen ästhetischen Beziehungen, nicht die Darstellung partikularer Gegenstände.

Auch Kasimir Malewitsch[13] geht es um die Materialisierung einer Idee *als* und nicht *im* Bild. Materialisiert wird die suprematistische Idee der Gegenstandslosigkeit beziehungsweise des »befreiten Nichts«. Kunst hat seines Erachtens die Aufgabe, die

13 Kasimir Malewitsch, *Suprematismus – die gegenstandslose Welt*, Köln: DuMont 1962.

Abbildung 15: Kasimir Malewitsch, »Schwarzes Quadrat auf weißem Grund« (um 1920)

vorgegebene Gegenständlichkeit der sinnlichen Erfahrung aufzugeben zugunsten der Gestaltung der Wahrheit des »gegenstandslosen Seins unter der Oberfläche der Erscheinungen«. Aus der reinen weißen Leinwand tritt das reine schwarze Quadrat als Paradigma eines gegenstandslosen Gegenstands, oder es verschwindet in der weißen Undifferenziertheit, wenn man das Figur-Grund-Verhältnis bei der Betrachtung ändert. Das Quadrat auf reiner Fläche ist für Malewitsch das Grundsymbol aller formalen Möglichkeiten; denn im Quadrat ist alle individuelle Gestaltung auf ihren Nullpunkt, auf die reine Möglichkeit zurückgebracht und von allen gegenständlichen und psychologischen Assoziationen befreit. Kunst darf nur sich selbst zum Inhalt haben. In ihr darf man nicht die Idee von irgend etwas finden, sondern nur die Idee von der Kunst selbst. Und die ureigene Idee der Kunst, so Malewitsch, ist die Gegenstandslosigkeit als Freiheit, womit er seinen kunsttheoretischen Überlegungen auch eine politische Deutung zu geben versucht.

Wie immer man solche Bilder auch interpretieren mag (aber hier geht es ja nicht um Interpretation), das Problem wird überdeutlich. Während der Betrachter bei Bosch und Tizian durch ein komplexes Sehangebot wandern kann (auch wenn er die semantische Kompliziertheit möglicher Bedeutungszuweisungen nicht oder nur teilweise vollziehen kann), wird bei Malewitsch und Mondrian das Wahrnehmungsangebot extrem reduziert. Die fehlende Komplexität muß ausschließlich durch Vorwissen über die Strategien, Intentionen und Theorien des jeweiligen Malers kompensiert werden.

Zwar teile ich nicht die Ansicht des Kunstsoziologen Arnold Gehlen, daß die Malerei bis zur abstrakten Moderne für sich selber gesprochen habe, während die abstrakte Kunst durch ihre extreme Kommentarbedürftigkeit höchst problematisch sei; aber es ist in der Tat unübersehbar, daß an das Vorwissen des Betrachters in beiden Fällen ganz unterschiedliche Anforderungen gestellt werden. In der traditionellen Malerei ergänzt der Betrachter durch sein Wissen und seine Kunsterfahrung den semantischen Raum eines Bildes, in der Moderne muß er als gleichermaßen produktiver Teilnehmer am Kunstprozeß wie der Künstler selbst das Bild *allererst als Kunstwerk konstituieren* und dann noch *seinen Rang festlegen*. Anders gesagt: Die Betrachter traditioneller Kunstwerke sahen und sehen unterschiedliche Kunstwerke, die Betrachter moderner Kunstwerke sehen diese Wahrnehmungsangebote entweder als Kunst oder als Nichtkunst.

Berücksichtigt man nun, daß sich nach der Auflösung des noch relativ einheitlichen Wirklichkeits- und Religionsverständnisses in Europa am Ende des 18. Jahrhunderts eine extreme Ausdifferenzierung des Wissens, der Wertvorstellungen und Lebensentwürfe eingestellt hat, dann muß damit gerechnet werden, daß sich ganz unterschiedliche Teilpublika für Kunst(werke) herausgebildet haben, und zwar je nach dem Vorwissen und den Erwartungen, die in den unterschiedlichen Sozialisationen erworben wurden. Spätestens mit dem Ende des 18. Jahrhunderts sind alle gesamtgesellschaftlich verbindlichen oder normativen Kunstbegriffe abgelöst durch miteinander rivalisierende Kunstkonzeptionen, differenziert sich das Kunstsystem nach

Publika, Theorien, Richtungen und Moden. Und spätestens seitdem sich Maler wie Rezipienten auf kein gemeinsames Konzept von Kunst mehr verlassen können, gerät auch die Kunst unter die Bedingungen des im 18. Jahrhundert sich entwickelnden kapitalistischen Kunstmarkts. Bei einem Überangebot von Kunstwerken als Waren entscheidet allein die Nachfrage, und die Nachfrage wird gesteuert von der *Aufmerksamkeit*, die ein Kunstwerk erregen kann. Also sieht sich auch die Kunst dem wirtschaftlich bestimmten Zwang zur Produktinnovation ausgesetzt. Aufmerksamkeit weckende Kunstwerke müssen sich von (allen) anderen unterscheiden. Doch nichts wird in einer Gesellschaft, die ihre Kommunikation durch Medien immer mehr steigert und Aufmerksamkeit immer mehr aufzehrt, so rasch aufgezehrt wie Innovation. Das zeigen Werbung, Musik und bildende Kunst ohne Unterlaß. Also beschleunigt sich die Entwicklung neuer Stile, Richtungen und Moden immer mehr, was ihren Wert vermindert und Zweifel an ihrer Zeitüberlegenheit nährt.[14] Zugleich kann man sich diesem Trend zur Beschleunigung auch medienwirksam widersetzen, also Langsamkeit, Traditionalismus, Eklektizismus oder Sampling zu eigenständigen Formen der Innovation erklären und so fort. Lange vor den Massenmedien und der Werbung also ist die Dialektik von Aufmerksamkeit und Innovation schon einmal exemplarisch durchgespielt worden, eben in der Kunst.

In diesem Prozeß lassen sich zwei Konstanten erkennen: Die Kunstentwicklung schwankt hin und her zwischen den Polen Selbstbezug und Fremdbezug. Auf Phasen einer intensiven Auseinandersetzung mit den eigenen Möglichkeiten, Zielen und Funktionen (Formalismen, *l'art pour l'art*) folgen Phasen, die als Realismus oder als Naturalismus, als sozial oder politisch orientierte Kunst bezeichnet worden sind. Aber innerhalb dieser Phasen gibt es nicht nur alle möglichen Formen der Überlappung, sondern auch alle Formen der Antithesen und Ignoranz – das Kunstsystem differenziert sich aus, die Zeit einheitlicher Beschreibungen dieses Systems ist endgültig vergangen.

14 Zeitüberlegenheit aber gilt bis heute nicht nur als Garant großer Kunstwerke, sondern (damit) auch als Garant ökonomischer Wertbeständigkeit.

Mit dem Beginn der abstrakt oder konkret genannten Kunst zu Beginn des 20. Jahrhunderts zeigt sich ein entscheidend neues Phänomen. Das alte Schema Kunst = Kunstwerk(e) verschiebt sich in der Weise, daß Theorie und Praxis in ein grundsätzlich verändertes Verhältnis zueinander treten. Die Theorie ersetzt, wie der Kunsthistoriker Max Imdahl prägnant formuliert hat, die Ikonographie. Das Werk verliert seine Selbstgenügsamkeit. Es muß in den Rahmen der es fundierenden Theorien gerückt werden, um die semantische wie die ästhetische Botschaft des Kunst-Schaffens zu realisieren. Damit fällt das Werk aus seiner Sonderstellung als autonomes Kunstwerk heraus und wird zum Moment eines umfassenden Reflexionszusammenhangs, mit dessen Veränderung sich auch das Werk ändert. Dieses Werk ist nie vollendet, sondern es bedarf der Rezipienten, die es als Ausgangspunkt reflektierter Wahrnehmung benutzen und aus diesem Ausgangspunkt jeweils ganz unterschiedliche individuelle Werkkonkretisierungen herstellen. Der Charakter solcher Werke besteht in erster Linie darin, einen Produktions- oder Rezeptionsprozeß an einer prägnanten Stelle oder in einem bemerkenswerten Zustand signifikant zu dokumentieren.

Diese Transformation des Kunstwerkbegriffs zu Beginn des 20. Jahrhunderts muß in den Zusammenhang der radikalen gesellschaftlichen und kulturellen Wandlungsprozesse seit Ende des 19. Jahrhunderts gestellt werden. In diesen Prozessen geriet nach der ersten Erschütterung des europäischen Selbstverständnisses im 18. Jahrhundert nun endgültig alles ins Wanken, was für die europäischen Gesellschaften bis dahin Geltung besessen hatte. Alle Modelle von Wirklichkeit, Gesellschaft, Geschichte, Zeit, Rationalität, Ich, Sprache, Sexualität, Sinn und Wert wurden radikal zur Disposition gestellt. Unter der Attacke wissenschaftlicher, technischer, sozialer und ideologischer Umwälzungen verlor die Wirklichkeit gewissermaßen ihre Realität. Nietzsches Perspektivismus (zieht man vom Gegenstand die Perspektive ab, bleibt – nichts), Bohrs und Einsteins Atomphysik und Quantentheorie, die Erfindung neuer sozialer und psychischer Wirklichkeiten in der Soziologie und Psychoanalyse facettierten »die Wirklichkeit« in Serien von Wirklichkeitsmodellen beziehungsweise Wirklichkeitskonstrukten, die nur in der konstitutiven Abhängigkeit von Beobachtern, Apparaturen, theoretischen Perspektiven, Interessen, Bedürfnissen und Machtstrukturen Sinn ergaben, sich aber zu keiner homogenen Wirklichkeit mehr zusammenfügen ließen. Für diese Wirklichkeiten gab (und gibt es seither unwiderruflich) keine einheitliche Zentralperspektive mehr, weder im intellektuellen oder normativen noch im ethnologischen Bereich. Diese Erkenntnisirritation, die bis heute anhält, wurde noch laufend verschärft durch geschichtlich neue Erfahrungsmöglichkeiten für das Individuum und gesellschaftliche Gruppen durch die Ausbreitung von Großstädten, durch die technische Revolution, durch die Entwicklung und Ausbreitung der Medien sowie durch die endgültige Durchsetzung sozialer Mechanismen wie Kapitalismus, Sozialismus und Kommunismus. Die Sprache fiel als Garant von Wirklichkeitserfassung und glückender sozialer Kommunikation unter einen grundsätzlichen Zweifel. Wahrnehmungsdissoziation und Entfremdungserfahrungen führten zu individuellen wie sozialen Identitätskrisen, die durch die Freudschen Thesen und den Prozeß der sogenannten Umwertung aller Werte noch geschürt wurden.

Kaum ein zweiter hat die Auswirkungen dieser Prozesse auf die Kunst so scharfsichtig analysiert wie Carl Einstein.[15] Und er hat diese Entwicklung terminologisch auf den Punkt gebracht: Verlust des Gegenstands im Sinne eines darstellbaren oder erzählbaren Objekts. An die Stelle des Objekts tritt nun das Subjekt, das Gegenstände durch seine Wahrnehmungs- und Darstellungsbemühungen konstruiert. Das Sehen und nicht das Dargestellte; der Präsentationsmodus und nicht das Präsentierte; der Ausdruck und nicht ein objektiver Zusammenhang dominieren fortan über jedes positive Realitätsvertrauen – wenn auch vielleicht nicht im täglichen Leben, so doch in allen öffentlich geführten Diskursen.

Unter diesen Bedingungen werden bildende Kunst wie Literatur notwendig autoreflexiv, subjektivistisch und experimentell. Unwiederruflich endet die Ära von Kunstpraxen, die in irgendeiner Weise das aristotelische Postulat der Mimesis, also einer Darstellung der objektiven Wirklichkeit in individueller

15 Vgl. unter anderem Carl Einstein, *Die Fabrikation der Fiktionen*, Reinbek bei Hamburg: Rowohlt 1973.

Manier, zu verwirklichen versuchten. *Kunst wird zur individuellen Auseinandersetzung mit den Bedingungen der gesellschaftlichen Konstruktion von Wirklichkeiten.*

Diese Auseinandersetzung ist seither auf die unterschiedlichsten Weisen geführt worden, am schärfsten und radikalsten sicher in den wechselnden Avantgarden der Moderne, die in immer neuen Reduktionsformen das Werk immer weiter entmaterialisiert haben, bis hin zu inszenierten Handlungsabläufen in Fluxus und Happening oder gar zu reinen Gedankenspielen wie in der Concept Art und den Arbeiten der Gruppe *Art & Language*. Alle Avantgarden haben dann wiederum zwangsläufig ihre Gegner und Verächter auf den Plan gerufen, immer wieder ist die Entsinnlichung der Kunst konterkariert worden durch Versuche, den Gegenstand für die Kunst neu zu entdecken (zum Beispiel im Neoexpressionismus, bei den Neuen Wilden, im Fotorealismus und so weiter). Aber der Verlust des Vertrauens in »die« Wirklichkeit, ihre Verabschiedung an die Wirklichkeiten ist unumkehrbar, und das – wie in den vorangegangenen Kapiteln oft betont – nicht nur in der Kunst.

3.5 Kognitionstheoretische Perspektiven: Äquilibrierungsprozesse

Was, so mag man an dieser Stelle fragen, haben diese Überlegungen mit dem Thema »Kunst und Komplexität« zu tun?

Ich hatte am Beispiel der beiden Bilder von Mondrian und Malewitsch deutlich zu machen versucht, daß solche und ähnliche Bilder nicht als autonome Kunstwerke für sich selber sprechen, insofern ihre Kompliziertheit ihre Komplexität weit übersteigt. Abgesehen vom ersten Überraschungseffekt bei Rezipienten, die vorher keine gegenstandslosen Bilder gesehen hatten, halten Bilder dieser Art die Wahrnehmung in ihrem Lauf nicht auf. Der beobachtende Blick greift gewissermaßen sofort durch das Wahrnehmungsangebot hindurch auf Wissen und kognitive Verarbeitungsoperationen zu, um mangelnde Komplexität durch konstruierte Kompliziertheit zu ersetzen beziehungsweise zu ergänzen. Dieser Vorgang läuft weitgehend automatisch ab, und er ist eng verbunden mit Struktur und Funktion unseres kognitiven Systems. Dazu möchte ich im folgenden einige Anmerkungen machen, da sie für das Thema »Kunst und Komplexität« meines Erachtens besonders wichtig sind.

Folgt man Kognitionstheoretikern wie etwa Luc Ciompi[16], dann strebt unser gesamtes kognitives System danach, ein möglichst optimales Gesamtaktivitätsniveau aufzubauen und zu erhalten, weil dieses emotional als besonders befriedigend empfunden wird. Dieses Niveau kann entweder durch Außeneinflüsse oder durch innere Aktivitäten induziert werden. Wir alle kennen diesen Mechanismus aus eigener Erfahrung. Langweilen wir uns in einer für uns reizarmen Umgebung, dann lassen wir die Phantasie schweifen und geben uns unseren Gedanken und Gefühlen hin. Stehen wir vor der Aufgabe, uns in einer fremden und verwirrenden Umwelt orientieren zu müssen oder haben wir ein bestimmtes schwieriges Problem zu lösen, dann können wir bis zur Selbstvergessenheit in der Problemlösung aufgehen. Bei Überforderung von außen schaltet das System gewissermaßen ab – bis hin zum Einschlafen, bei Unterforderung kompensiert es automatisch mit erhöhter Eigenaktivität – bis hin zum Tagtraum.

Die Steuerung solcher Äquilibrierungsprozesse erfolgt notwendigerweise ausschließlich durch das kognitive System selbst – wie sollte seine Umwelt auch wissen, welches Erregungsniveau im System herrscht und wie dieses Niveau affektiv, empraktisch und normativ bewertet wird? Bei dieser Steuerung spielen Vorwissen, Gedächtnis, Affekte, Erwartungen und Bedürfnisse eine entscheidende Rolle. Das wird schlagend deutlich, wenn wir uns einen Besucher vorstellen, der ein Museum oder eine Galerie betritt. Dabei leiten ihn bestimmte Bedürfnisse, er hat bestimmte Erwartungen an das, was ihm bevorsteht. Er weiß aus früheren Erfahrungen, was Kunst ist beziehungsweise sein soll (weil sie bisher immer so gewesen ist). Museen und Kunstwerke sind für ihn mit bestimmten Affekten und Wertvorstellungen verbunden. Mit einem solchermaßen vorgeprägten kognitiven System nimmt er nun die Gegenstände wahr, die in einem ausgezeichneten, nämlich Kunst beinhaltenden Ambiente, *als Kunst*, und zwar als *relevante Kunst*, angeboten werden, also schon vom Kontext her einen ganz bestimmten Anspruch stellen. Entsprechen die Wahrnehmungsangebote be-

16 Vgl. etwa Ciompi 1986.

ziehungsweise -anlässe den Erwartungen des Besuchers, dann geht es für ihn nicht um die Frage »Kunst oder Nichtkunst«, sondern um die Frage »wichtiges« (und das heißt: für ihn wichtiges) oder »unwichtiges« Kunstwerk. Entsprechen die Wahrnehmungsangebote dagegen nicht den Kunst-Erwartungen, dann geht es um die Frage: Wahrnehmungsabbruch oder Wahrnehmungsmodifikation. Und diese Wahrnehmungsmodifikation kreist in aller Regel um das Problem, wie das Verhältnis zwischen Komplexität und Kompliziertheit gemanagt wird. Mit anderen Worten, es geht um die Frage, ob und in welchem Ausmaß die mangelnde Umweltbindung durch Wissensabruf kompensiert wird. Eine erfolgreiche Kompensation setzt allerdings voraus, daß der Betrachter bereits gelernt hat, in Differenzen zu denken. Was soll damit gesagt sein?

Auch hier stoßen wir wieder auf die bereits mehrfach angesprochene große geistige Veränderung, die vor allem die zweite Hälfte des 20. Jahrhunderts geprägt hat: nämlich das Umsteigen von Was- auf Wie-Fragen beziehungsweise den Wechsel von identitätstheoretischen zu differenztheoretischen Modellen des Erkennens. Identitätstheoretische Ansätze fragen nach dem Wesen eines Gegenstands (Was ist X ?), während differenztheoretische Ansätze danach fragen, wie man einen Gegenstand wahrnimmt oder beschreibt – nämlich immer im Gegensatz zu all dem, was er nicht ist (Wie konstruiert ein Beobachter X?).

Damit ist die Einsicht Carl Einsteins neu, radikaler und erklärungsstärker formuliert, und für unsere Überlegungen folgende Perspektive eröffnet: Der kompetente Kunstrezipient unseres Jahrhunderts hat lernen müssen, daß die Frage nach dem Kunstwerk an sich unbeantwortbar, weil falsch gestellt ist. Statt dessen muß nach dem Kunstwerk in dem es konstituierenden Kontext gefragt werden. Dieser Kontext enthält alles das, was das Kunstwerk nicht ist und was ebendeshalb seine Konstitutionsmöglichkeiten enthält: alle anderen Kunstwerke, alle Konzepte und Theorien von Kunst, alle möglichen Künstler und Nichtkünstler, alle Präsentationsorte und so weiter. Anders gefaßt: Der kompetente Kunstrezipient weiß, daß alles, was er an einem Kunstwerk wahrnimmt, über das Werk hinausweist auf alles, was zu seiner Konstitution beitragen kann. Im Sinne dieser Logik ist auch das völlig leere Bild oder Buch (zum Beispiel Gappmayrs *raum* von 1977) höchst kompliziert, indem es auf das möglicherweise höchst bedeutungsvolle Fehlen all dessen verweist, was bislang an Erwartungen, Bedürfnissen oder Gefühlen an Kunstwerke herangetragen worden ist. Insofern wird auch die völlige Verweigerung eines wahrnehmbaren Werkes etwa in der Konzeptkunst kunstfähig, sofern und solange dieser kommunizierte Verweigerungsakt einen Platz im Kunstdiskurs bekommt und wahrt; in einem Kunstdiskurs, in dem man – und zwar wiederum seit Carl Einsteins Erkenntnis – weiß, daß in der Moderne die Kommunikation Schritt für Schritt das Material am Kunst-Werk ersetzt.

3.6 Wahrnehmung und Ästhetik

Soviel zur Logik der Kunstentwicklung dieses Jahrhunderts. Wie aber steht es mit der Ästhetik, hier ganz im Baumgartenschen Sinne verstanden als Wahrnehmungslehre?

Nicht wenige Kunsttheoretiker haben grundsätzlich darauf bestanden, daß Kunst es grundsätzlich und im Unterschied zu allen anderen Wahrnehmungsangeboten mit Sinnlichkeit, Wahrnehmbarkeit und sichtbarer Schönheit zu tun hat und daß ein Übermaß an Gedanklichkeit die Kunstproduktion wie ihren Genuß stört. Kants interesseloses Wohlgefallen, nicht das philologische Oberseminar galten und gelten vielen bis heute als angemessene Vorbereitung auf Kunstgenuß. Helmut Heißenbüttel hat diesen Common sense in seinem Roman *D'Alemberts Ende* ironisch im ersten Kunstgespräch karikiert:

> »Dr. Johnson ohne zu überlegen: Ein Bild soll nicht nach etwas aussehen, was es nicht ist, sondern nach etwas, was es ist. – Eduard murmelnd nimmt an, daß Kunst ein Weg ist, auf dem man erfährt, wie Vergnügen und Erkenntnis zusammenfallen. Das ist eher durch Unterschied und Multiplizität der Ebenen zu erreichen als durch Reduktion. – Die Schildkröte murmelnd: Und die heroische Avantgarde, die einmal die Werte einer traditionsgebundenen europäischen Gesellschaft zerstörte, ist dann heute sowieso nur noch eine Sensibilität stilisierende Branche innerhalb einer wohlprogrammierten pluralistischen Kultur« (1970, S. 206f.).

Wer immer zu wissen glaubt, was Kunst eigentlich oder im Grunde oder doch zumindest an sich ist, übersieht, daß er *sein* Postulat aufstellt und nicht etwa der Kunst zum Wort verhilft. Angesichts neuer und neuester Entwicklung im Bereich der Medienkunst muß heute doch ernsthaft die Frage gestellt werden, ob unsere Kunstkonzepte noch verbindlich an Werkvorstellungen gebunden werden können. Zumindest in Cyberspaces gibt es längst die Möglichkeit, das Werk durch Interaktivitäten zu ersetzen, womit sich die Frage nach Komplexität und Kompliziertheit grundlegend anders und neu stellt (vgl. dazu Kapitel II, 8.5).

Angesichts der heute unübersehbaren Vielfalt dessen, was als Kunst produziert, gehandelt, präsentiert und rezipiert wird, kommt man als Beobachter leicht in die Versuchung, sich auf seinen eigenen Erfahrungs- und Bewertungsbereich zurückzuziehen, nach dem Motto: »Für mich ist eben das und das Kunst. Was kümmern mich die Kunstvorstellungen anderer Leute!« Für den Kunsttheoretiker aber ist und bleibt diese Einstellung inakzeptabel, da sie einer Bankrotterklärung der Theorie gleichkommt. Wie verhält man sich dann aber theoretisch zu unserer Frage nach der Komplexität von Kunstwerken?

Eine Antwort auf diese Frage erfordert eine weitere Unterscheidung, nämlich die zwischen wahrnehmungspsychologischen und ästhetischen Aspekten. Wahrnehmungspsychologisch gesehen gibt es gar keine Alternative zu der Hypothese des optimierten Aktivitätsniveaus. Wenn wir in einem Wahrnehmungsangebot, das wir für Kunst halten (wollen), die wahrnehmungsbindende Komplexität vermissen, langweilen wir uns, wenn wir nicht, wie zuvor beschrieben, mangelnde Komplexität mit selbst produzierter Kompliziertheit kompensieren. Eine ganz andere Frage ist, wie wir vorhandene oder fehlende Komplexität im Kunstwerk selbst als Wahrnehmungsangebot unter Kunstwert-Aspekten, also *ästhetisch beurteilen.* Binden wir unser Kunstkonzept mit guten und überzeugenden Gründen an das Vorliegen eines Wahrnehmungsangebots (das nicht etwa nur ein Objekt sein muß), dann hat es Sinn, von diesem Wahrnehmungsangebot auch Wahrnehmungsqualitäten zu erwarten, die unsere Aufmerksamkeit hinreichend binden. Solche Wahrnehmungsqualitäten können entweder als bildinterne Komplexität oder als Kontextbezüge, also als Kompliziertheit realisiert sein, wobei aber das Kunstwerk als Wahrnehmungsangebot hinreichend prägnant auf spezifische Kontextbezüge verweisen muß, soll der Diskurs nicht interpretatorischer Willkür ausgeliefert werden.

Wenn man nun – und damit komme ich an den Anfang meiner Überlegungen zurück – über Kunstwerke nur eines sicher sagen kann, nämlich daß sie spezifisch organisierte Wahrnehmungsanlässe zur Sinnproduktion sind, dann erweist sich rasch, daß die wahrnehmungspsychologischen Hypothesen eben auch ästhetisch relevant sind. Ganz gleich welche Kunsttheorie man auch vertreten mag: Wenn ein als Kunstwerk präsentiertes Wahrnehmungsangebot unsere Aufmerksamkeit nicht durch ein gelungenes Spiel von Komplexität und Kompliziertheit bindet (wobei dieses Spiel immer anders ausfallen wird), dann hat es auch ästhetisch keine Chance, sich im Kunstsystem zu behaupten. Jedes Kunstangebot im weitesten Sinne hat zwar zunächst einmal einen Vorweganspruch auf unsere Aufmerksamkeit. Aber wir sind auch im Kunstsystem weder zur Langeweile noch zur Selbstunterhaltung verpflichtet.

Wenn man, allen Unkenrufen zum Trotz, doch wieder einmal den Versuch wagt, aus der Geschichte zu lernen, dann kann man angesichts der Kunstangebote, die den (wie auch immer motivierten) Selektionsprozeß überstanden haben, meines Erachtens folgendes beobachten: Hoch eingeschätzte Kunstangebote waren und sind bis heute solche, die besonders voraussetzungsreiche, besonders subjektrelevante und besonders integrative Weisen des Erlebens und Erfahrungmachens erlauben. Im Umgang mit solchen Kunstangeboten können Rezipienten offenbar zugleich kognitive, moralische und hedonistische Erfahrungen machen, das heißt, sie können zugleich intellektuell, emotional und wertbezogen agieren und reagieren, ohne daß eine Dimension ausgezeichnet wäre oder die anderen dominiert. Werke (im weitesten Sinne), die diese Komplexität und Kompliziertheit von Erfahrungs- und Erlebnismöglichkeiten verweigern oder auf nur einen möglichen Aspekt verkürzen, haben offenbar bis heute wenig Chancen, auf Dauer als Kunstwerke eingeschätzt zu werden – was immer sie auch »sein« mögen! Soll also die einem Kunstwerk zugewandte Aufmerksamkeit nicht in einer einmaligen Sensation verbraucht werden, muß es genügend formgebundene Wahrnehmungs- und Sinnbildungsanlässe liefern, die eine Mehrfachnutzung erfolgreich machen (vgl. Kapitel II, 3).

Damit komme ich an den Anfang meiner Überlegungen zurück.

Wenn Kunstwerke mit Sicherheit als Wahrnehmungsangebote beziehungsweise -anlässe zur Sinnproduktion bestimmt werden können, dann müssen sie auch den Anforderungen an Wahrnehmung und Kognition entsprechen. Und wenn Kunstwerke Wahrnehmungsanlässe mit Anspruch auf erfolgreiche *Mehrfachnutzung* sein wollen (im Unterschied etwa zu Sportberichten oder Fernsehnachrichten), dann müssen sie den Postulaten der Komplexität wie der Kompliziertheit Genüge tun – die Rezipienten werden in ihrer Nutzung faktisch darüber abstimmen, ob und wie das gelungen ist, wobei die ebenso vagen wie unersetzbaren Orientierungskategorien immer noch »Form« (ästhetische Gestaltung oder dergleichen) und »Inhalt« (Thematik oder dergleichen) heißen.

4. Literaturwissenschaft(en) als empirische Medienkulturwissenschaft(en)[17]

Warum, so wird mancher Leser sich vielleicht fragen, sollen sich Medien- und Kommunikationswissenschaftler mit einer Nationalphilologie wie der Germanistik befassen? Ich denke, es gibt zwei gute Gründe:

1. Die Germanistik hat in den letzten Jahren – aus welchen Motiven auch immer – einen wichtigen Beitrag zur Entwicklung der Medienforschung (im Sinne des in Kapitel II, 6 entwikkelten Konzepts) geleistet und die empirische und synchrone Orientierung der traditionell sozialwissenschaftlichen Medienforschung um hermeneutische und historische Aufgaben und Interessen erweitert.

2. Genau damit ist aber die chronische wissenschaftstheoretische und methodologische Schwäche der Germanistik auch zu einem Thema der Medienforschung geworden (sozusagen eingeschleppt worden), die sich dazu in irgendeiner Weise verhalten muß.

Mein Versuch in diesem abschließenden Kapitel geht in Richtung auf eine Verbindung der beiden genannten Orientierungsvarianten in der Medienforschung. Um diese Verbindung aber

17 Abschließend darf ich noch einmal an die im Vorwort ausgesprochene Bitte erinnern, Existenz- und Tätigkeitsaussagen zu transformieren durch »ich beschreibe A als …«, und so weiter.

nicht bloß deklamatorisch zu postulieren, unternehme ich das Wagnis, eine empirietaugliche Variante von Germanistik zu entwerfen, die von ihren Medienforschungs-Geschwistern vielleicht eher als Familienmitglied akzeptiert wird als ihre spekulativ-hermeneutische Großtante. – Daß dieser abschließende Versuch an einigen Stellen bitter oder scharf schmeckt, möge man einem ehemaligen Germanisten nachsehen, der sich seit 1980 für eine empirische Literaturwissenschaft eingesetzt hat. Daß dieser Versuch (auch) der Medienforschung gut ansteht, hat meines Erachtens den Grund, daß auch die Medienforschung sich intensiv um ihre erkenntnis- und wissenschaftstheoretischen Grundlagen kümmern sollte – selbstverständlich oder gar natürlich ist auch hier nichts! Daher nehme ich an, daß die in diesem Abschnitt vorgetragenen Überlegungen zur Wissenschaftstheorie der Geisteswissenschaften auch auf die Medienforschung angewandt werden können.

4.1 Abschied von den Nationalphilologien?

> »Denn die Vermutung ist, daß die neu erwachte Sensibilität und Aufmerksamkeit der Geisteswissenschaften für das mediale Phänomen der Schriftlichkeit geboren sein könnte aus der Einsicht in ihren drohenden Funktionsverlust.«
> S. Krämer

Wenn sich – woran heute kein Zweifel mehr bestehen sollte – Literatur im Konkurrenzkampf mit (allen) anderen Medien (-angeboten) bewähren muß; wenn Sozialisation seit langem schon Mediensozialisation ist und Kulturen sinnvoll als Medienkulturen bestimmt werden sollten, dann muß auch die wissenschaftliche Beschäftigung mit literarischen Medienangeboten endlich nachziehen. Literaturwissenschaft, so lautet meine seit langem vertretene Forderung, sollte sich zu einer speziellen *Medienkulturwissenschaft*[18] wandeln, und sie sollte sich in die-

18 Zur gegenwärtig geführten Debatte um eine Kulturwissenschaft vgl. die informative Zusammenfassung von Schlesier 1996.

sem Transformationsprozeß zugleich endlich *auch* konsequent als eine *empirische* Wissenschaft konstituieren.

Diese Überlegungen treffen sich durchaus mit Vorschlägen, die J. Schönert (1995, 1995 a) als Fazit einschlägiger Beratungen im Germanistenverband unterbreitet hat. Schönert erklärt darin ohne Wenn und Aber: »Nichts zu deuteln geben sollte es am Abschied [der Germanistik, sjs] vom Status einer Nationalphilologie« (1995, S. 24). Das bedeutet nicht, daß die philologischen Traditionen einfach über Bord geworfen werden. Vielmehr sollen sie problemlösungsorientiert eingebracht werden in eine Literaturwissenschaft, die sich als Teil einer Medienkulturwissenschaft versteht[19], die an Orientierungspunkten wie Interdisziplinarität, Intermedialität, Interkulturalität und Internationalität ausgerichtet ist. Schönert folgert aus einer solchen Orientierung:

»Nicht nur die Philologien, sondern auch andere Geistes- und Sozialwissenschaften, einzelne Natur- und Technikwissenschaften werden zu Partnern in einem Wissenschaftsverbund zur Erforschung von Konstellationen und Geschichte medienbestimmter Kulturzusammenhänge. Germanistik wäre also nicht zu einer Megawissenschaft, zu der *Medienkulturwissenschaft* aufzublähen, sondern als Medienkulturwissenschaft zu betreiben, von ihren philologischen Traditionen her bestimmt. Für die Literaturwissenschaft könnte ein solches Programm zu einem medientheoretisch und mediengeschichtlich begründeten Studium der Literatur führen« (1995 a, S. 196).

4.2 Oder gar: vale(te) Literaturwissenschaft(en)?

Eine kurze Erinnerung an die Geschichte der Philologien seit den sechziger Jahren zeigt, daß mit solchen Überlegungen wieder einmal dem chronischen Legitimationsnotstand der Literaturwissenschaften abgeholfen werden soll, jenem schon von Droysen hellsichtig diagnostizierten »wüsten Schwanken der Geisteswissenschaften« zwischen philologischem Radikalismus (B. Witte), ästhetischem Fundamentalismus (G. Steiner), gesellschaftspolitischem Modernismus (H. P. Hermann), germanistischem Light-Reformismus (W. Voßkamp) und einer eher vagen

19 Schönert greift hier explizit Vorschläge auf, die ich 1992, 1993 und 1994 vorgelegt habe. Eine präzise Zusammenfassung findet sich in Schönert 1999.

Konzeption von Kulturwissenschaft.[20] Was soll man von Literaturwissenschaftlern halten, die schon eine vorsichtige und wohlbegründete Erweiterung des Literaturbegriffs, wie sie H. Kreuzer seit den späten sechziger Jahren vertreten hat, als schamloses »Mäntelchen-in-den-Wind-Hängen« diffamieren (so J. Dyck)?[21]

Nach dreißig Jahren Reformdiskussion etwa in der Germanistik muß man wohl desillusioniert feststellen, daß die überwiegende Mehrzahl der Germanistinnen und Germanisten reformunwillig ist und daß sich das soziale System Germanistik als erstaunlich konservativ erweist. Selbst wo zum Beispiel einer moderaten Erweiterung des Gegenstandsbereichs (zumindest öffentlich) nicht widersprochen wird, erscheint dieses Zugeständnis eher als Ablenkungsmanöver von der Einsicht in die längst fällige theoretische Modernisierung der Literaturwissenschaften, die durch Neohermeneutik, Dekonstruktivismus, die Kulturhermeneutik von Clifford Geertz sowie eine hermeneutische Rezeption der Luhmannschen Systemtheorie wieder einmal erfolgreich verhindert worden ist. Solange die Literaturwissenschaften aber keine interne Anschlußfähigkeit für Kritik von außen entwickelt haben, bleiben alle Veränderungsvorschläge wirkungslos. Das mag man als normative Kraft des Faktischen beklagen oder begrüßen. Man sollte aber nicht übersehen, daß sich die Situation der Literaturwissenschaften am Ende des zweiten Jahrtausends in einer so nie zuvor gekannten Weise verändert hat. Kurz gesagt: Die Abonnements-Abnehmerschaft für literaturwissenschaftliche Produkte schmilzt dahin. Das Heer der Lehrer schwindet, die zwei Jahrhunderte lang jeden, aber auch jeden literaturwissenschaftlichen Ausstoß bis hin zu völkischem Rassismus verkraftet und brav an ihre Schüler weitergegeben haben. Die Literaturwissenschaften haben ihre kulturelle Selbstverständlichkeit, ihr Renommee und ihren automa-

20 Vgl. dazu die Beiträge in den Sammelbänden von Glaser und Luserke (Hg.) 1995, Böhme und Scherpe (Hg.) 1996, Lecke (Hg.) 1999 oder Voßkamp 1999.

21 Dyck (1988) diffamiert solche Überlegungen als einen »Anpassungswillen, der vor nichts zurückschreckt«. Und mir und meinen damaligen Siegener Mitarbeitern attestiert er: »Wer das Röckchen für die Gesellschaft so hoch hebt, wird natürlich auch gut bezahlt ...« – Ignoranz stellt sich halt gerne selber bloß.

tischen (schulischen) Verwertungszusammenhang eingebüßt. Die Fachfunktionäre wissen das durchaus, wie die zahlreichen Legitimationskonferenzen der Einzelphilologien seit den achtziger Jahren belegen. Aber die Basis bleibt immobil. Vale(te) Literaturwissenschaft(en)?

Auch wenn ich nur wenig Hoffnung hege, daß ein erneuter Versuch der Begründung einer Neukonzeption der Literaturwissenschaften mehr bewirken wird als alle meine vorhergehenden Versuche[22], will ich noch einmal einen Überzeugungsversuch unternehmen.

4.3 Ein Argumentationsdesign

Die Grundlage der folgenden Überlegungen bildet die systematische Berücksichtigung der Beobachtergebundenheit aller kognitiven Operationen. Wie in den vorangegangenen Kapiteln ausgeführt, folgt aus einer beobachtungstheoretischen Grundlegung der erkenntnistheoretischen Argumentation zwangsläufig der Übergang von einem identitätstheoretischen zu einem differenztheoretischen Argumentationsstil auf der Basis der System-Umwelt-Differenz. Wissenschaftstheoretisch bedingt diese Folgerung den Übergang *von einer Gegenstands- zu einer Problemorientierung* und damit zu einer Kulturalisierung der Fragestellung im Sinne Peter Janichs. Wie unten noch genauer ausgeführt wird, bestehen Probleme aber nicht »an sich«, sondern nur für jemanden aufgrund bestimmter Bedingungen. Mit anderen Worten: Probleme sind stets soziokulturell wie biographisch konditioniert, das heißt also kontingent und als solche – falls sie in wissenschaftlichen Diskursen behandelt werden (sollen) – begründungspflichtig. Eine Begründung wird dabei immer auch Nutzen und Konsequenzen erfolgreicher Problemlösungen mit bedenken müssen (soweit das eben jeweils möglich ist), also anwendungsorientiert arbeiten. Für Literaturwissenschaften ergibt sich daraus die Konsequenz: Literaturwissenschaftler sprechen nicht über »Literatur«, sondern über soziokulturell determinierte Beobachterprobleme beim Erfahrungmachen mit als literarisch bestimmten Phänomenen in

22 Vgl. unter anderem Schmidt 1980 und 1982, 1991, 1996a, 1997.

bestimmten Situationen, insofern diese Probleme im Diskurs durchsetzbar und anschlußfähig sind.

Für Literaturwissenschaften empfiehlt sich aufgrund dieser Überlegungen als Startoperation die Differenz Literatur/Nichtliteratur, wobei die Einheit dieser Unterscheidung bestimmt werden kann als »Medium M_i im Mediensystem MS_a«.

So gesehen war und ist Literaturwissenschaft immer schon eine spezifische Medienwissenschaft, die ihren Gegenstand (die »belles lettres«) – meist leider nur implizit – über Differenzkriterien bestimmt hat, so etwa in Abgrenzung zu journalistischen Texten oder wissenschaftlichen Traktaten mit Hilfe des Fiktionskriteriums ab Mitte des 18. Jahrhunderts.[23]

Schon dieses Beispiel zeigt deutlich genug, daß alle Konzepte von Literatur und Literaturwissenschaft vollständig kulturell determiniert sind. Mit anderen Worten: Die Medienkultur einer Gesellschaft bildet die unverzichtbare Voraussetzung jeder Konzeption von Literatur und Literaturwissenschaft. Literaturwissenschaft als Medienwissenschaft untersucht den Themenbereich, den sie als ihren »Gegenstand« konstruiert (hat), im Hinblick auf seine Entstehung, Position, Funktion und Entwicklung in der Medienkultur (beziehungsweise als Element einer Medienkultur). Insofern war und ist, wie ebenfalls bereits gesagt, jede Literaturwissenschaft impliziert schon immer eine *spezifische* Medienkulturwissenschaft, die – im Sinne J. Schönerts – Konstellationen und Geschichte medienbestimmter Kulturzusammenhänge untersucht.

Aus diesen Überlegungen läßt sich meines Erachtens zwanglos folgende Konsequenz ziehen: Bei der Forderung nach einer medienkulturwissenschaftlichen Konzeption von Literaturwissenschaft geht es keineswegs um eine Abschaffung oder eine unfruchtbare Überdehnung des Aufgabenbereichs der Literaturwissenschaft, sondern um eine an Latenzbeobachtung interessierte Reformulierung aller ihrer Probleme als *Medienhandlungsprobleme.* Dabei müssen allerdings nicht nur die jeweiligen Medienangebote berücksichtigt werden, sondern alle Komponenten eines Mediensystems, also auch die Kommunikationsinstrumente, die medientechnischen Dispositive sowie die sozial-

23 Vgl. dazu etwa Schmidt 1989. – Zu den Vor- und Nachteilen einer Konzeption von Literatur als Medium vgl. Gumbrecht 1998.

strukturellen Ordnungen des Umgangs mit einer bestimmten Medientechnologie. Anderenfalls bliebe auch eine medienwissenschaftlich orientierte Literaturwissenschaft, was sie bis heute schwerpunktmäßig ist: hermeneutische Textwissenschaft. Literaturwissenschaft als spezielle Medienkulturwissenschaft läßt sich durch folgendes *Generalthema* charakterisieren: Wie wird der als Problembereich beobachtete Teilbereich des Printmediensystems, nämlich das literarische Printsystem, in der kognitiven und kommunikativen Wirklichkeitskonstruktion und der Selbstbeobachtung der Gesellschaft und ihrer Mitglieder genutzt und welche Wirkungen haben die verschiedenen Nutzungstypen? (vgl. Schmidt 1998 a).

Aus dieser Aufgabenstellung[24] wird deutlich, inwiefern die Literaturwissenschaft als spezielle Medienkulturwissenschaft konstituiert wird. Während die Kulturwissenschaft die Entstehung, die Arbeitsweise und die Veränderungen von Kulturprogrammen untersucht, konzentriert sich Literaturwissenschaft auf ein bestimmtes Medium (Print in Differenz zu anderen Medien) sowie auf ein bestimmtes Teilprogramm des Gesamtprogramms Kultur, nämlich auf die Entstehung, die Arbeitsweise und die Veränderungen der Sinnprogrammierung des Sozialsystems wie des Symbolsystems Literatur.

4.4 Literatur – Wissenschaft

Die Debatte über Formen und Grenzen, Sinn und Zweck, Möglichkeiten und Unmöglichkeiten einer wissenschaftlichen Beschäftigung mit Literatur ist so alt wie das Fach – sie scheint mitzuwandern wie einer der Lieblingsbegriffe des Faches: der *Horizont*.

Jeder, der an dieser Debatte teilnimmt, wird früher oder später die Erfahrung gemacht haben, daß diese Teilnahme sehr wenig bewirkt, da sie offenbar zwar im Fach, aber unter Ausschluß der Mehrheit der Fachvertreter geführt wird, die bestenfalls gelegentlich zur Kenntnis nehmen, daß einige Unverbesserliche es mal wieder nicht lassen können zu theoretisieren, wo doch so viel praktische Tagesarbeit ansteht.

24 Welche konkreten Themenstellungen sich daraus für künftige Forschungsprojekte ergeben, bespreche ich in Abschnitt 4.11.

»Das Wort vom Paradigmenwechsel hat in der Literaturwissenschaft seine bedrohliche, zugleich aber auch seine faszinierende Wirkung verloren. Über die Voraussetzungen des Interpretierens wird zunehmend noch aus einem heuristischen oder betont pragmatischen Interesse nachgedacht. Zwischen einer Rationalisierung nach dem Vorbild der empirisch-analytischen Wissenschaften, das nicht mehr angestrebt wird, und einer weitgehend subjektiven ›Kunst der Interpretation‹, die man nicht wollen kann, ist für die alltägliche Interpretationspraxis ein Bereich der mittleren Regelbarkeit von Verfahren entstanden. [...] Anstatt die Uneinheitlichkeit des Faches als Zerfall zu beklagen oder zur entlastenden Legitimation zu zitieren, ist die Heterogenität der Methoden und Positionen als ein Fortschritt zu nehmen, der die Literaturwissenschaft vor neue Probleme stellt, ihr aber auch Chancen eröffnet.«

Diese Alles-und-nichts-Standortbestimmung der Literaturwissenschaft ziert als Klappentext den von L. Danneberg und F. Vollhardt herausgegebenen Sammelband *Vom Umgang mit Literatur und Literaturgeschichte* (1992) – mit dem aufschlußreichen Untertitel »Positionen und Perspektiven nach der ›Theoriedebatte‹«.

Unwillkürlich kommt mir wieder einmal Helmut Heißenbüttels Lieblingsfloskel in den Kopf: »Dem ist nichts mehr hinzuzufügen!« Das Fach hat (mal wieder?) eine Theoriedebatte wie einen Masernanfall überstanden (vorsichtshalber hatte ohnehin nur eine verschwindende Minderheit der Fachvertreter an dieser gefährlichen Debatte teilgenommen) und denkt jetzt nur noch gelegentlich, am Rande der »alltäglichen Interpretationspraxis« (*the show must go on*, schließlich), mit Kopfschütteln an frühere theoretische Aufgeregtheiten zurück.

Das Vorwort der beiden Herausgeber liest sich denn auch wie eine kaum verhüllte (weil vielleicht gar nicht als solche begriffene) Bankrotterklärung: Ansprüche an Theorien und Methoden sind »kaum mehr« Gegenstand der Fachdiskussion; die einst erhobene Forderung nach einer Rechtfertigung des Faches gilt es heute »als abgeschlossenen Teil der eigenen Geschichte zu begreifen. Der Wissenschaftsbetrieb hat inzwischen neue Umgangsformen und Kriterien für die Beurteilung von Leistung und Erfolg hervorgebracht. Vor diesem Hintergrund erscheint es heute als störend [sic!], wenn man auf der Frage nach der theoretischen Legitimität derjenigen Konzeptionen besteht, die gegenwärtig das Erscheinungsbild der Disziplin bestimmen. [...] Man hat gelernt, den Pluralismus, ja auch die Beliebigkeit der Untersuchungsmethoden zu akzeptieren.« – »Exponierte Theoriefeindlichkeit« wird wie eine Selbstverständlichkeit nur noch schlicht konstatiert und statt dessen die Evidenz betont, »mit der eine an traditionell hermeneutischen Vorstellungen orientierte Auslegungspraxis noch immer zu überzeugen vermag«.

Was soll man diesem als Fazit formulierten intellektuellen Ausverkauf der Literaturwissenschaft, bilanziert von zwei ihrer prominenten Vertreter, noch hinzufügen, vor allem wenn man zusätzlich darüber belehrt wird: Eine Rationalisierung der Interpretation nach dem Vorbild der empirisch-analytischen Wissenschaften, »wird nicht mehr angestrebt« (Stilebene: *We are not amused*).

Gleichwohl – ein kurzes letztes Diskussionsangebot zum Nachdenken über Literatur mag noch erlaubt sein, so viel Fairneß muß nach so langer Teilnahme an der nun offenbar glücklicherweise überstandenen Theoriedebatte sein.

4.5 Worüber spricht eine Wissenschaft?

Wie jede andere Wissenschaft sollte(n) sich auch die Literaturwissenschaft(en) (welcher Ausrichtung auch immer) die Frage zur Beantwortung vorlegen: *Worüber spricht eine Wissenschaft?*

Die Antwort auf diese triviale Frage scheint sehr einfach zu sein: Eine Wissenschaft spricht über die sie interessierenden Gegenstände in ihrem Untersuchungsbereich; also die Literaturwissenschaft zum Beispiel spricht über Literatur (literarische Werke), über was sonst? Aber der Schein trügt, so einfach ist die Ausgangssituation eben nicht.

Meine erste Gegenthese lautet denn auch: *Eine Wissenschaft spricht nicht über Gegenstände, sondern über Phänomene* und *Probleme*. Und diese gibt es nicht »an sich«, sondern nur für Wissenschaftler und Wissenschaftlerinnen. Hinter dieser These steht der (von Systemtheoretikern diverser Richtungen wie von verschiedenen Konstruktivisten) mit guten Gründen eingebrachte Vorschlag, eben nicht mit Identitäten, sondern mit Differenzen zu beginnen, da jede Gegenstandskonstitution – ob in der Wahrnehmung oder in der Kommunikation – mittels Unterscheidungen und Benennungen, also via Differenzmanagement, erfolgt. Hinter dieser Argumentation wiederum stehen Beobachtertheorien à la George Spencer Brown, Niklas Luhmann und Heinz von Foerster, die auf die bekannt schlichte, aber bislang unwiderlegte Formel gebracht werden können: Wahrnehmung und Wahrgenommenes, System und Umwelt sind voneinander untrennbar; ihr Wechselverhältnis ist autokonstitutiv. Anders gesagt: Die Differenz zwischen dem Objekt der Beschreibung und der Beschreibung des Objekts ist eine zeitliche Differenz, keine ontologische.

Ohne hier weiter auf die Erkenntnistheorie eines operativen Konstruktivismus einzugehen[25], macht die ernsthafte Berücksichtigung des Beobachterproblems zweierlei deutlich:

1. Objekte und Ereignisse gibt es nur für Beobachter, die diese via Differenzmanagement im Beobachten und Beschreiben als sinnvolle Entitäten konstruieren. Die Redeweise von Objekten und Ereignissen unabhängig von Beobachten oder Beschreiben ist – wie J. Mitterer (1992) plausibel argumentiert hat – irreführend.

2. Die so konstruierten Objekte und Ereignisse sind daher nicht Gegenstände im klassisch ontologischen Sinne, sondern *Phänomene*, das heißt Beobachterfunktionen beziehungsweise zeitgebundene Resultate empirisch hochkonditionierter sensomotorischer, kognitiver und kommunikativer Prozesse (also Fakten im Sinne des lateinischen *factum*, siehe oben, Kapitel 1).

Diese Überlegungen haben meines Erachtens weitreichende Konsequenzen für die Startsituation jeder Wissenschaft. Für die Literaturwissenschaft etwa folgt daraus: Literaturwissenschaftler sprechen nicht über Literatur, sondern über soziokulturell konditionierte Beobachterprobleme beim Erfahrungmachen mit literarischen Phänomenen in literarisch bestimmten sozialen Situationen. Dabei wird nach den Gepflogenheiten in der akademischen Gemeinschaft erwartet, daß solche Probleme den Rang intersubjektiv plausibilisierbarer Anfragen an literarische Phänomene haben – beziehungsweise durch geeignete Kommunikationen erhalten. Wann welche Beobachterprobleme auftauchen und wie sie kommunikativ durchgesetzt werden, das ist nur historisch und empirisch zu beantworten – und es ist auf

25 Vgl. unter anderem: Luhmann 1990, 1990a; von Foerster 1993; Schmidt 1994, 1998; Mitterer 1992, 1999. Siehe oben, Kapitel 1.

jeden Fall kontingent, das heißt, es gibt im Umgang mit literarischen Phänomenen weder »natürliche« noch »selbstverständliche« oder gar »objektive« Probleme.

Wissenschaftlich relevant werden Beobachtungen, Probleme und deren Lösungen erst in Form von Kommunikationen, für die es traditionsbestimmte und meist sehr rigide Erwartungen und Anforderungen in den verschiedenen Wissenschaften gibt. Wer erfolgreich (also anschlußfähig) im Rahmen einer Disziplin kommunizieren will, muß akzeptable Beiträge zu Themen im Rahmen des/eines disziplinspezifischen Diskurses anbieten. Diese Beiträge müssen nicht nur thematisch viabel sein, sondern sie müssen auch den diskursspezifischen Erwartungen an Gattungs-, Stil- und Registererwartungen entsprechen bis hin zur Kompatibilität mit den Leitmetaphern spezifischer Diskurse. Über diskursspezifische Regularien der Kommunikation selegiert eine Disziplin also systemspezifische Beiträge und etabliert die systemspezifische Grenze, die systemintern weitgehende Selbstreferenz und Selbstorganisation, also (relative) Autonomie konstituiert.

Die hiermit skizzierte Konzeption wissenschaftlicher Disziplinen unterscheidet – wie bereits in den vorigen Abschnitten bewährt – zwei systemische Aspekte: den Aspekt des Sozialsystems und den Aspekt des Symbolsystems. Ohne an dieser Stelle den Streit um die (In-)Kompatibilität von Handlungs- und Systemtheorie wiederaufgreifen zu können[26], sei hier nur soviel angemerkt: Die Berücksichtigung der beiden genannten systemischen Aspekte soll den beobachtenden Blick einerseits auf Theorie- und Kommunikationszusammenhänge lenken, andererseits auf die Aktanten, die durch Diskursteilnahme im System agieren, sowie auf sozialstrukturelle Aspekte wie Institutionen, Organisationen, Medien und so weiter.[27]

Aus historischen Gründen wie aus Gründen der Identitätsbricolage müssen wissenschaftliche Disziplinen ein erfolgreiches doppeltes Differenzmanagement betreiben: Sie müssen sich zum einen hinreichend von nichtwissenschaftlichen Problembeschäftigungen unterscheiden (Differenz Wissenschaft/Nichtwissenschaft), indem sie den akzeptablen Zugang zu ihren

26 Vgl. dazu Schmidt 1996a.
27 Vgl. dazu Schmidt 1993.

Diskursen durch strenge Selektionskriterien begrenzen, und sie müssen eine für die Bestandserhaltung hinreichende Differenz zu anderen wissenschaftlichen Disziplinen stabilisieren (zum Beispiel die Differenz Literaturwissenschaft/Ästhetik), also wissenschaftlich wie gesellschaftlich relevante Problemstellungen bearbeiten.

4.6 Worüber spricht eine Wissenschaft wie?

Nachdem bisher die allgemeine Frage im Mittelpunkt stand: »Worüber spricht eine Wissenschaft?«, soll diese Frage nun disziplinär spezifiziert werden: *»Worüber spricht Literaturwissenschaft wie?«* Wie oben schon angedeutet, kann die Frage nach dem Worüber nicht einfach mit »über Literatur« beantwortet werden, sondern mit »über literarische Phänomene«, um der Beobachterproblematik gerecht zu werden. Literarische Phänomene aber lassen sich – wegen ihrer Beobachterbindung – nur historisch und empirisch bestimmen: Sie sind das, was Beobachter für literarisch halten, und zwar gemäß den Unterscheidungsoperationen, die sie zum Zwecke beziehungsweise im Verlauf der Gegenstandskonstitution in Anschlag bringen. Dabei geht es zunächst darum, welche mediale Materialbasis für literaturfähig gehalten wird (in Abgrenzung zu anderem). Dabei geht es zum zweiten darum, in welcher sozialstrukturellen Position Beobachter literarische Phänomene konstituieren: Bildung, Beruf, Einkommen, Zeitbudget, gesellschaftliche Stellung und ähnliches bilden hier ein gewichtiges Bedingungsgefüge dafür, welche poetologischen Kriterien zur Phänomenkonstruktion eingesetzt werden. Diese Kriterien resultieren notwendig aus der je beobachteten spezifischen literarischen Sozialisation, in der anhand prototypischer Erfahrungen und dabei ausgebildeter poetologischer Erwartungen beziehungsweise Kriterien die Differenzen literarisch/nicht-literarisch sowie literarisch wertvoll/literarisch wertlos erlernt und evident gemacht worden sind – eben in der Regel im Umgang mit prototypischen Autoren beziehungsweise Autorinnen und Werken im weitesten Sinne, in der Regel (an)geleitet durch vertrauenswürdige Personen im sozialisatorischen Umkreis von Familie, Freundeskreis und Schule.

Mit diesen Hinweisen ist die soziohistorische Konditionierung und damit die unvermeidbare soziohistorische Kontingenz *jedes* Konzeptes von Literatur konstatiert und die Beobachtung darauf gelenkt, herauszufinden, über welche konstitutiven Differenzen literarische Phänomene jeweils in Kognition und Kommunikation »emergieren«.

Wie aus der Geschichte der Literatur hinlänglich bekannt, sind dabei ganz unterschiedliche Kriterien und Differenzen konstitutiv geworden. So etwa – Ende des 18. Jahrhunderts – die Differenz (kreative) Fiktion vs. Aktualität (Objektivität), mit der literarische Phänomene von journalistischen Medienangeboten unterschieden wurden, beziehungsweise die Differenz Fiktion vs. Wahrheit, mit der – je nach sich ausdifferenzierenden Wahrheitskonzepten – literarische von wissenschaftlichen, philosophischen oder religiösen Texten abgegrenzt wurden. Über die Variation von Referenzmodalitäten per Fiktion und der von Literatur erwarteten prägnanten Komponente »Form« kann Literarität dann sowohl gebunden werden an subjektive Rezeptionsfreiheiten (Polyvalenz) als auch an Genuß, Identifikation oder Erkennen (etwa über die Differenz literarische vs. nichtliterarische Wirklichkeiten) und so weiter.[28]

Ausgehend von und beginnend mit der literarischen Sozialisation machen Beobachter Erfahrungen nicht an isolierten Texten und in isolierten Rezeptionssituationen, sondern an Texttypen und in komplexen sozialen Situationen, die sich gegenseitig determinieren (beziehungsweise zumindest spezifizieren). Diese beiden Gegebenheiten lassen sich, so mein Vorschlag, konzeptuell modellieren über die Kategorien Symbolsystem vs. Sozialsystem Literatur.

Die immer wieder gestellte Frage, ob sich Literaturwissenschaft auf literarische Texte beschränken soll, möchte ich wie folgt beantworten. Versteht sich Literaturwissenschaft als spezielle Medienkulturwissenschaft, dann entspannen sich gewissermaßen disziplinäre Probleme; denn im Rahmen der Medienkulturwissenschaft spielt es nur eine marginale Rolle, wer welches Medium »verwaltet« (um nicht zu sagen: »unter sich hat«). Statt dessen stehen Probleme und deren möglichst plausible Lösungen im Vordergrund, wobei zu erwarten ist, daß sehr oft mediale Grenzen überschritten werden (von Literaturverfil-

28 Vgl. dazu Schmidt 1989.

mungen bis zur Frage Internet-Literatur). Das Organisationsmodell, das hinter einer solchen Konzeption steht, kann vielleicht als *Ko-Disziplinarität*[29] bezeichnet werden, wobei das damit angestrebte Verhältnis zwischen den Forschungs- und Lehrbereichen an gemeinsamen Problemlösungen und nicht an Claim- und Revierverhalten ausgerichtet sein sollte.

4.7 Symbolsystem vs. Sozialsystem Literatur

Als *Symbolsystem Literatur* bezeichne ich den historisch zum Teil sehr variablen Zusammenhang, der zwischen denjenigen Medienangeboten gestiftet wird, die Beobachter aus den oben geschilderten Gründen für literarisch halten. Dieser Zusammenhang wird in der Kommunikation über literarische Phänomene auf unterschiedlichen Ebenen und mittels unterschiedlicher Kriterien hergestellt, so zum Beispiel über Autoren und Œuvres, über Gattungskonzepte oder Epocheneinteilungen, über Interaktionsaspekte, Formen- und Themenkontinua beziehungsweise -differenzen und so weiter. Dabei spielen Kanones für alle an literarischer Kommunikation Beteiligten eine wichtige Rolle bei allen Selektions- und Bewertungsprozessen.[30] Kanonisierte literarische Phänomene werden in literarischer Kommunikation und vor allem in literarischen Sozialisationsprozessen bevorzugt als Prototypen zur Einübung und Bestätigung literaturadäquaten Handelns, Erfahrungmachens und Kommunizierens herangezogen, wodurch sich wiederum Kanonisierungsprozesse und deren Kriterien selbstreferentiell bestätigen.

Neben Intertextualität als Modus der Binnenreferenz im Sozialsystem Literatur ist *Interdiskursivität* ein wichtiger Differenzmechanismus.[31] Welche Themen, Formen und sprachlichen Strategien aus Diskursen anderer Sozialsysteme auch immer im Literatursystem aufgegriffen werden: Sie müssen einer systemspezifischen Transformation unterworfen werden, die ein erfolgreiches Differenzmanagement (literarisch/nicht literarisch) erlaubt und mit Kanonisierungsresultaten kompatibel macht.

29 Vgl. Schmidt 1999b.
30 Vgl. dazu Schmidt und Vorderer 1995.
31 Zum Differenzmechanismus Intermedialität vgl. Kapitel III, 1.

Nimmt man die Beobachterproblematik ernst, dann wird es, wie gesagt, schwer, über literarische Phänomene (beziehungsweise über das Symbolsystem Literatur) ohne Bezug auf Aktanten zu sprechen, will man nicht wieder zu werkimmanenten Interpretationen übergehen. Aus diesem Grunde habe ich Ende der siebziger Jahre vorgeschlagen, statt über isolierte Texte über »Text-Aktant-Kontext-Syndrome« zu sprechen und diese als *Sozialsystem Literatur* zu konzipieren (Schmidt 1980/82), wobei die historische Emergenz dieses Sozialsystems in Deutschland auf die zweite Hälfte des 18. Jahrhunderts datiert werden kann.

Die Frage, wie das Sozialsystem Literatur am überzeugendsten konzeptualisiert werden kann, ist seit 1980 kontrovers diskutiert worden. Ich selber habe 1980 eine handlungstheoretische Variante vorgeschlagen. Danach wird die Systemstruktur gebildet von vier Handlungsrollen (Produktion, Vermittlung, Rezeption, Verarbeitung literarischer Phänomene), wobei die literaturbezogenen Prozesse in diesen Handlungsrollen in handlungslogischen, zeitlichen und kausalen Beziehungen zueinander stehen. Die Grenze des Systems wird gebildet von sozial verpflichtenden Makrokonventionen (Ästhetik- und Polyvalenzkonvention in Differenz zu der in allen anderen Sozialsystemen geltenden Tatsachen- und Monovalenzkonvention). Und als spezifische Leistung wird die Gleichzeitigkeit von kognitiven, normativen und hedonistischen Erfahrungsmöglichkeiten im Umgang mit literarischen Texten bestimmt.[32]

Alternativ zu dieser handlungstheoretischen Systemkonzeption ist von Luhmann und seinen Schülern (Dietrich Schwanitz, Gerhard Plumpe, Nils Werber und anderen) eine systemtheoretische Konzeption entwickelt worden, die als Systemkomponenten ausschließlich Kommunikationen (genauer Texte) ansetzt und das Grenzproblem über Codes beziehungsweise über symbolisch generalisierte Kommunikationsmedien zu lösen versucht – bisher allerdings noch ohne Konsens in den eigenen Reihen. Auch die Funktionsbestimmung des Literatursystems, die Plumpe als Unterhaltung (in Relation zum Code interessant/uninteressant) bestimmt, ist bis heute kontrovers (Plumpe 1995, Plumpe und Werber 1995).

32 Zur Kritik vgl. unter anderem die Beiträge in Barsch u. a. (Hg.) 1990.

Angesichts der Probleme beider Vorschläge plädiere ich daher für eine Verbindung handlungs- und systemtheoretischer Modellierungen unter Rückgriff auf die Allgemeine Systemtheorie. Damit läßt sich ein Mehrebenenmodell für das Literatursystem konzipieren (siehe oben Kapitel III, 2.2), das verschiedene interrelierte Dimensionen enthält, so etwa Aktanten, Kommunikationen, Sozialstrukturen, Institutionen und Organisationen (zur Verstetigung von Interaktionen und Entscheidungen), Medienangebote und symbolische Ordnungen kollektiven Wissens. Grenz- und Funktionsfragen können in einem solchen Modell, wie gesagt, nicht mehr definitorisch durch die Angabe eines einzigen Codes beziehungsweise einer einzigen Funktion beantwortet werden, sondern erfordern eine historische und empirische Untersuchung der konkret ablaufenden Prozesse in den jeweiligen interrelierten Dimensionen.

Wie immer man die Phänomene auch theoretisch modelliert, an denen man als Literaturwissenschaftler interessiert ist: Eine reflektierte literaturwissenschaftliche Arbeit setzt voraus, daß die Frage der Gegenstandskonstitution *explizit* beantwortet wird, wobei damit zu rechnen ist, daß unterschiedliche Antwortvarianten in der akademischen Diskussion konkurrieren. Eine solche Konkurrenz ist ausgesprochen zu begrüßen, solange sich die Konkurrenten im Modus rationaler expliziter Diskussion bewegen. Je nach Gegenstandskonstitution lassen sich erst dann die Themen, Probleme und Perspektiven explizieren, die Literaturwissenschaftler für relevant und für kommunikativ durchsetzungsfähig halten, wobei meines Erachtens die Frage der Relevanz bis heute weitgehend unterschätzt wird. Auch sie erfordert eine ebenso explizite Beantwortung wie die Frage nach der Phänomen- und Problemkonstitution. Denn es dürfte nach den bisherigen Überlegungen einleuchten, daß Phänomen- und Problemkonstitution und Relevanzeinschätzungen unlösbar miteinander verbunden sind. Bis heute neigen viele Literaturwissenschaftler aber dazu, sich in diesen Fragen auf Evidenzen zu verlassen beziehungsweise darauf zurückzuziehen, so als wäre ohnehin klar, daß Literatur an sich relevant ist und daß die bisher an Literatur gestellten Fragen sowohl richtig als auch relevant sind. – Die äußerst unbefriedigenden Antworten, die Literaturwissenschaftler bis heute auf entweder politisch oder ökonomisch motivierte Fragen nach der »Relevanz« von Literatur und Literaturwissenschaft gegeben haben, desavouieren dieses Evidenzvertrauen gründlich.

4.8 Zur Spezifik wissenschaftlichen Handelns

Bisher bin ich vor allem der Frage nachgegangen, wovon Literaturwissenschaft spricht. Im folgenden greife ich die in Abschnitt 4.6 gestellte Frage: »Wie spricht Literaturwissenschaft *qua Wissenschaft* von den von ihr für relevant gehaltenen literarischen Phänomenen?« noch einmal eingehender auf.

Nach den bisherigen Erfahrungen gibt es keine konsensfähige Bestimmung des Wissenschaftsbegriffs der Literaturwissenschaft – wohl nicht zuletzt deshalb, weil es »die Literaturwissenschaft« nicht gibt. Aber gerade wenn Literaturwissenschaftler nicht erwarten können, daß eine Lösung dieses Problems »von außen«, etwa von einer Wissenschaftstheorie, kommt, müssen sie um so mehr Augenmerk darauf richten, »im Inneren« eine Lösung zu finden. Eine solche Lösungsvariante möchte ich im folgenden skizzieren. Dieses Angebot folgt nicht der traditionellen Differenzierung zwischen Natur- und Geisteswissenschaften, *hard* und *soft sciences* oder ähnlichem, sondern beginnt mit der rein deskriptiven Unterscheidung wissenschaftlich/nichtwissenschaftlich, um zu einem (nichtpositivistischen) monistischen Wissenschaftsverständnis zu kommen. Die Ausgangshypothese lautet wie folgt: Im wissenschaftlichen wie im nichtwissenschaftlichen Verhalten und Kommunizieren sind wir schwerpunktmäßig damit beschäftigt, Erfahrungen zu machen und Probleme zu lösen, wobei diese Aktivitäten stets emotional besetzt und normativ evaluiert sind. Die Differenz zwischen den beiden Arten des Erfahrungmachens und Problemlösens besteht primär in der Explizitheit der Operativität und ihrer handlungsleitenden Parameter. Anders ausgedrückt: Die Differenz liegt im strategischen Wechsel der Beobachterposition zwischen Beobachtungen erster, zweiter und (eventuell) dritter Ordnung.

Die Spezifik wissenschaftlichen Handelns im weitesten Sinne läßt sich kurz auf die Formel bringen: *explizites Problemlösen durch methodisch geregelte Verfahren.* Um diese Spezifik zu realisieren, sind gewisse Voraussetzungen zu erfüllen, die nicht etwa als wissenschaftstheoretische Normen zu betrachten sind, sondern als Bedingungen der Möglichkeit expliziten intersubjektiven Problemlösens durch Verfahren, wie sie sich in der bisherigen Praxis bewährt haben. Zu diesen Voraussetzungen zählt zuerst einmal ein systematisch geordneter konzeptioneller Rahmen für die Konstitution von Phänomenen und Problemen, kurz: eine explizite Theorie als konzeptionelle Problemlösungsstrategie. Um die Anforderung der Explizitheit erfüllen zu können, muß zum einen die logische Struktur der Theorie deutlich sein, müssen zum anderen die zentralen Konzepte der Theorie definiert oder exemplarisch eingeführt sein (Fachsprachenpostulat); erst dann ist begründet damit zu rechnen, daß die Theorie intersubjektiv vergleichbar angewendet werden kann.

Für die theoretisch explizierten Probleme, deren Lösung in einer Wissenschaftlergruppe *(community of investigators)* als relevant angesehen wird, muß dann eine Operationalisierung gefunden werden, das heißt, es muß festgelegt werden, wie die Problemlösungsschritte und deren Sequenzierung aussehen sollen (Methodenpostulat) und wann ein Problem als gelöst gilt. Methoden haben das Ziel, eine Entscheidung zwischen wahr und falsch (im Bezug auf entsprechende Entscheidungskriterien) herbeizuführen. Sie erzwingen eine Verlagerung des Beobachtens auf die Ebene der Beobachtung zweiter Ordnung. Erst bei einer solchen expliziten Relationierung von Problemen, Problemlösungsstrategien und Problemlösungen kann das Problemlösungsverfahren intersubjektiv nachvollzogen und überprüft werden; erst dann kann auch die Anwendungsrelevanz gefundener Lösungen für andere Problemlösungszusammenhänge innerhalb und außerhalb der Wissenschaft beurteilt werden (Anwendungspostulat; dazu unten mehr).

Die bisher vorgetragene Argumentation kann gestützt werden durch Peter Janichs methodischen Kulturalismus, der wissenschaftliche Praxen an lebensweltliche Praxen anschließt. Janich betont, daß alle Gegenstände aller wie auch immer entwickelten Wissenschaften auf »außer- und vorwissenschaftlichen Redeweisen, Verständnissen, Praxen und Erkenntnisinteressen aufruhen« (1995, S. 463). Wissenschaften entstehen aus lebensweltlichen Praxen durch eine bestimmte Art von sogenannten Hochstilisierungen, lösen sich aber gleichwohl nie ganz aus diesen Praxen. Unter lebensweltlichen Praxen versteht Janich zweckgerichtete menschliche Handlungsweisen als Mittel zur Lebensbewältigung und Bedürfnisbefriedigung, wie sie etwa in Handwerken und Künsten ausgebildet werden. Solche lebensweltlichen Praxen haben schon eine Bewährungsprobe hinsichtlich ihrer Zweckmäßigkeit für bestimmte Kontexte und Personengruppen hinter sich. Für solche Praxen genügt die Herausbildung eines Know-how im Hinblick auf bestimmte Zweck- und Mittelbereiche. Solche regionalen Lebenspraxen sind im Laufe der Geschichte globalisiert beziehungsweise universalisiert worden, wobei drei Übergänge besonders wichtig geworden sind:

- der Übergang von handwerklichen Regeln zu wissenschaftlichen *Methoden*,
- der Übergang von handwerklichen Fachsprachen zu wissenschaftlichen *Terminologien* und
- der Übergang von Beurteilungskriterien für das Gelingen und Mißlingen handwerklicher Verfahren zu Geltungskriterien für wissenschaftliche *Lehrmeinungen.*

Die Wissenschaftlichkeit der Übergangsresultate liegt darin, daß bei der Hochstilisierung der Praxen methodologische Zwecke der Erkenntnisbildung und transsubjektiven Überprüfbarkeit zur Erzeugung und Beherrschung der Gegenstände hinzukommen. Die Hochstilisierung von Fachsprachen zu Terminologien ist durch Diskursfähigkeit bestimmt, das heißt durch den expliziten Nachweis ihrer Adäquatheit für die weiteren Schritte wissenschaftlicher Erkenntnisbildung. Diskursfähigkeit ist auch das Kriterium für den Übergang zu Lehrmeinungen, wobei metasprachlich zu wissenschaftlichen Meinungen die Kriterien expliziter Zustimmung oder Ablehnung angegeben werden müssen. Neben den Begriffen und Gegenständen, die als stilisierte Konstruktionen aus lebensweltlichen Begriffen und Gegenständen angesehen werden können, entwickeln die Wissenschaften neue Begriffe und Gegenstände durch Reflexion auf ihr eigenes Tun – ohne damit den Bezug zur Lebenswelt zu verlieren. Die Hochstilisierung lebensweltlicher Praxen zu Wissenschaften kennzeichnet Janich durch zwei Merkmale:

- »Theoriefähigkeit« bezeichnet die Kohärenz und Konsistenz einer Terminologie im Sinne ihrer Lehr- und Lernbarkeit wie im Sinne ihrer expliziten, zirkelfreien und vollständigen Bestimmung.

– »Philosophiefähigkeit« bezeichnet den expliziten Nachweis der Tauglichkeit wissenschaftlicher Methoden und Terminologien im Sinne einer Zweck-Mittel-Rationalität. Dabei ist vorausgesetzt, daß eine hinreichend normierte Sprache zur Verfügung steht, die in expliziter Argumentation den Geltungsanspruch wissenschaftlicher Resultate einzulösen erlaubt.

Die bisher vorgetragenen Argumente zur Bestimmung der Differenz zwischen wissenschaftlichem und nichtwissenschaftlichem Erfahrungmachen und Problemlösen lassen sich wie folgt kurz zusammenfassen: Beide Bereiche unterscheiden sich durch unterschiedliche Konditionierungen des Handelns und Kommunizierens. Handeln wird in den Wissenschaften durch Theorieorientierung und methodische Regelung *operationalisiert*, Kommunizieren wird durch eine disziplinspezifische theoretische Koordination von Begriffseinführungen und -verwendungen aus der Alltagskommunikation ausgegrenzt und terminologisch *diszipliniert*. Durch methodische Explizitheit und innerdisziplinär verbindliche Terminologie(n) wird der Erwerb und die Kommunikation gewonnenen Wissens von der Bindung an Einzelpersonen gelöst und die kommunikative Herstellung von Intersubjektivität ermöglicht. Dabei darf Intersubjektivität nicht mit Objektivität verwechselt werden. Die Konditionierung des Handelns und Kommunizierens in den Wissenschaften führt zu einer kulturellen Vereinheitlichung (Standardisierung) der wissenschafttreibenden Aktanten, die sie zur Produktion gleicher oder ähnlicher Handlungs- und Kommunikationsresultate befähigt. Darum spielt auch das Postulat der Wiederholbarkeit unter Ceteris-paribus-Bedingungen eine so große Rolle, weil es Stabilität garantiert. Und solange wir als Beobachter erster Ordnung *kognitiv* einen engen Zusammenhang zwischen Stabilität und Wirklichkeitsgewißheit herstellen, gilt dies auch für die Produktion operationalen Wissens als Beobachter zweiter Ordnung. All dies verbürgt aber keineswegs Objektivität und hebt die grundlegende Selbstreferentialität alles Wissens und Erkennens nicht auf; denn – wie A. K. Treml so einleuchtend formuliert hat: »Erfahrung mißt sich an Erfahrung, Bedeutung an Bedeutung, Erkenntnis an Erkenntnis, Theorie an Theorie und Praxis an Praxis« (1997, S. 99).

4.9 Zur Disziplinierung von Kommunikation in den Wissenschaften

Während in den sogenannten Natur- und weitgehend auch in den sogenannten Sozialwissenschaften seit langem Konsens darüber herrscht, daß eine definitorische Terminologisierung des Sprachgebrauchs sowie eine strategische Normierung der Kommunikationspraxen in den einschlägigen Diskursen unentbehrlich ist, muß dieses Thema in den sogenannten Geisteswissenschaften wohl immer noch als unerledigt angesehen werden. Die Opposition gegen eine Disziplinierung der Kommunikation beruft sich immer noch auf die einzigartige »Natur« ihrer Gegenstände (der »sprachlichen Kunstwerke«, »des Menschen« und so weiter), auf eine unterstellte Allgemeinverständlichkeit geisteswissenschaftlicher Texte und Reden sowie auf einen unvermeidlichen und produktiv zu deutenden Pluralismus von Methoden und Terminologien, von dem man sich gewissermaßen eine progressive Einkreisung der Unerschöpflichkeit der Gegenstände verspricht.[33]

Dagegen stehen beherzigenswerte Ansätze (auch und gerade in der Literaturwissenschaft), sich kritisch und besonnen unvermeidlichen Erfordernissen wissenschaftlichen Arbeitens in anderen Disziplinen beziehungsweise Wissenschaften anzupassen. In diesem Kontext möchte ich besonders auf die Arbeiten verweisen, die G. Pasternack und H. Fricke seit Mitte der siebziger Jahre vorgelegt haben.

Fricke etwa geht eindeutig davon aus, daß die literaturwissenschaftliche Beschreibungssprache wahrheitsfähig sein und eine reflexive Anwendung der literaturwissenschaftlichen Forschungsergebnisse ermöglichen muß (1977, S.253). Dabei akzeptiert er für die literaturwissenschaftliche »Beschreibungssprache« dieselben Kriterien, die er der »Wissenschaftssprache« allgemein zuschreibt:

– Einengung der Freiheiten der Alltagssprache durch Vermeh-

33 Vgl. dazu etwa die ausführliche Diskussion solcher Einwände in Thiel 1973 oder die Einleitung zu Danneberg und Vollhardt (Hg.) 1992 sowie den Überblick über den gegenwärtigen Stand der Fachsprachen- und Verständlichkeitsforschung bei Biere (1996) mit lehrreich haarsträubenden Beispielen aus der Germanistik (S. 219ff.).

rung und explizite Verschärfung der dort implizit geltenden sprachlichen Regeln;
- Normierung des Wortschatzes durch die Definition von *termini technici*;
- Präzisierung und ausdrückliche Festlegung syntaktischer Beziehungen;
- Metaregel der unbedingten Einhaltung aller gültigen Regeln.

Durch solche Maßnahmen, so Fricke, gewinnt das einzelne sprachliche Zeichen an Konventionalität, das heißt, es kann durch jeden beliebigen anderen sprachlichen Ausdruck mit demselben semantischen Gehalt ersetzt werden. Damit wird in der wissenschaftlichen Sprache der Sinn einer Äußerung invariant gegen synonyme Formulierungen im selben Sprachsystem ebenso wie gegen adäquate Übersetzungen in andere Sprachen (ebd., S. 24).

Zweitens weist Fricke darauf hin, daß »Wissenschaftssprache« ein komparativer Begriff ist, der eine intendierte Tendenz und nicht etwa einen unüberbietbar erreichten Zustand beschreibt. Entsprechend hat ein Text genau in dem Umfang Anteil an der wissenschaftlichen Sprache, in dem er wissenschaftliche Sprachelemente enthält.[34]

Hinsichtlich des Verfahrens der Normierung wissenschaftssprachlicher Ausdrücke entscheidet sich Fricke für eine *Explikation standardsprachlicher Begriffe.* Nur durch dieses Verfahren (nämlich das Verfahren einer »unmißverständlichen Klärung des Sinns der Verwendung von Ausdrücken« – wie immer das gehen mag) hält er die Abwehr der Gefahr der »esoterischen Überterminologisierung« beziehungsweise der Gefahr der »Scheinexaktheit durch pseudowissenschaftliche Sprachattrappen« für möglich.

Mit G. Pasternack ist sich Fricke darin einig, daß bloße terminologische Übernahmen aus anderen Disziplinen kein Problem

34 »Eine sprachliche Erscheinung in einem Text ist ein *Element der Wissenschaftssprache* dann und nur dann, wenn sie eine explizite Sprachvereinbarung enthält beziehungsweise eine innerhalb oder außerhalb dieses Textes getroffene explizite Sprachvereinbarung aufnimmt; diese Sprachvereinbarung muß semantische Konventionen einschließen und im weiteren Text gemäß der Metaregel der strikten Einhaltung aller getroffenen Sprachregelungen befolgt werden« (1977, S. 37f.; Hervorhebung im Original).

lösen, sondern eher die Immunisierung der Literaturwissenschaft gegen methodologische und wissenschaftstheoretische Prinzipien fördern.

Diese Überlegungen sind einerseits bedenkenswert, andererseits aber auch spezifisch unvollständig, und zwar in folgenden Hinsichten. Jeder Versuch einer Terminologisierung wissenschaftlicher Kommunikation setzt voraus, daß vorhandene Kommunikationspraxen beziehungsweise einzelne Ausdrücke als ungenau, vage, nicht funktionsgerecht und so weiter angesehen werden, das heißt, sie setzt ein spezifisches Problembewußtsein voraus. Dieses Problembewußtsein entsteht aber nur, wenn die bis dato gültigen disziplinären Routinen und blinden Flecken ihre Evidenz verlieren, was in der Regel nur geschieht, wenn konkurrierende Probleme und Problemlösungserwartungen beziehungsweise Problemangebote in einer Disziplin auftauchen. Die daraufhin angestrebte Präzisierung des wissenschaftlichen Wortschatzes und der Kommunikationsroutinen wird also durch neue beziehungsweise andere Theorien und damit verbundene neue beziehungsweise andere Erwartungen, Intentionen und Differenzschemata zugleich ausgelöst und in ihrer Richtung orientiert. Fricke selbst gibt ungewollt ein gutes Beispiel. Er weist nachdrücklich darauf hin, daß es »nicht damit getan ist«, zum Beispiel »Deutung« durch »semantische Desambiguierung« zu ersetzen (1977, S. 256). Ginge es in der Tat um eine bloße Ersetzung, dann wäre sicher nichts damit getan; aber hier geht es ja – historisch gesehen – um einen in den siebziger Jahren unternommenen Versuch, die vage Semantik von »Deutung« dadurch zu präzisieren, daß eine *Operationalisierung* angeboten wird, die im Rahmen einer (wie auch immer zu beurteilenden) linguistischen Theorie semantischer Merkmale und Strukturen durchgeführt werden sollte.

An diesem Beispiel lassen sich mehrere wichtige Einsichten verdeutlichen:

1. Erst im Rahmen einer explizit formulierten Theorie (also auf der Ebene von Beobachtungen zweiter Ordnung) werden Erwartungen und Ansprüche an die Qualität und Relevanz von Problemen und Problemlösungsverfahren und damit auch Ansprüche und Erwartungen an die damit unlösbar verbundenen Kommunikationsdisziplinierungen explizit erkennbar, formulierbar und argumentativ legitimierbar.

2. Die Normierung umgangs- oder standardsprachlicher Ausdrücke kann in vielen Fällen am besten dadurch bewerkstelligt werden, daß man angibt, welche Operationen auszuführen sind, um den Sinn der Ausdrücke zu explizieren.

3. Jede Normierung setzt eine Klärung der Frage nach der Notwendigkeit und Nützlichkeit von Normierungen voraus. Und auch hier ist wieder zu bedenken, daß sowohl die Formulierung als auch die Beantwortung dieser Frage einen expliziten theoretischen Rahmen erfordert, der die Erwartungen, Anforderungen und Bedürfnisse einer *community of investigators* transparent zu machen erlaubt und ihnen damit die Beobachtungseinstellung zweiter Ordnung ermöglicht. Ebendieser Zusammenhang macht darüber hinaus wieder einmal deutlich, daß auch das Problem der Disziplinierung wissenschaftlicher Kommunikation ein Relationsproblem ist, dessen Implementierung an ganz konkrete Beobachter in ihren soziokulturellen Bedingungen und Begrenzungen gebunden ist. Mit anderen Worten, die hier einschlägigen Fragen sind nicht nach Maßstäben irgendeiner wissenschaftstheoretischen Objektivität zu beurteilen, sondern nach Maßstäben einer Zweck-Mittel-Orientierung kognitiver und kommunikativer Systeme und ihren systemrationalen Wahrheitskriterien.[35]

Solche eher systemorientierten und instrumentalistischen Überlegungen auf der Grundlage einer Beobachtungstheorie von Wahrnehmen und Erkennen sind auch zu berücksichtigen angesichts der reichhaltigen Tradition der analytischen Philosophie, das Problem der Normierung wissenschaftlicher Kommunikation durch *Definitionen* im weiteren Sinne zu lösen.

Wie ein kurzer Blick in einschlägige Einführungen und Handbücher zeigt, arbeiten Definitionstheorien und -lehren mit einer Fülle von Unterscheidungen; angefangen bei der traditionellen Unterscheidung zwischen Nominal- und Realdefinition

35 In der Wahrheitsproblematik schließe ich mich weitgehend der Argumentation von Janich (1996) an. Janich konzipiert wissenschaftliche Wahrheit als Handlungserfolg. Wahrheit sieht er als Mittel für erfolgreiches gemeinschaftliches Handeln, wobei er als Kriterium die generelle Geltung von Begründungen und Widerlegungen als regulative Idee postuliert. »Zugespitzt gesagt: Wissenschaften gewinnen Wahrheiten dadurch, daß sie die Realitäten, von denen sie handeln, selbst erzeugen« (1996, S. 94).

über die Unterscheidung zwischen Definitionen und Explikationen bis hin zur Unterscheidung verschiedener Arten von Definitionen (wie zum Beispiel Explizitdefinitionen, Kontextdefinitionen, synthetische und analytische, semantische und syntaktische, induktive, operationale oder ostensive Definitionen).[36]

Nach gängiger Auffassung regeln Definitionen den Gebrauch sprachlicher Zeichen und halten deren Bedeutungen fest. W. Leinfellner betont, daß »Definitionen nicht dazu da sind, Erkenntnis zu gewinnen; man kann wohl das Ergebnis einer bereits vollzogenen Erkenntnis definieren, aber es gibt keine Definition der Dinge, sondern nur der Erkenntnis derselben« (1965, S. 88). Nach W. K. Essler ist eine Begriffsdefinition ein Satz, »durch den eine Beziehung zwischen verschiedenen Begriffen von der Art hergestellt wird, daß die Intension des einen durch die der übrigen eindeutig bestimmt ist« (1970, S. 56). Bei Explikationen dagegen werden exakte Begriffe unexakten gegenübergestellt (nämlich das Explikandum dem Explikat). Daher sind Explikationen auch in der Lage, empirische Analysen zu präzisieren. Explikate sollen – so Essler – dem Explikandum in gewissen Hinsichten ähnlich sein, sie müssen exakter, fruchtbarer und einfacher sein als das Explikandum. Darüber hinaus verweist Essler auf zwei wichtige Aspekte bei der Definitionsthematik:

- Der gesuchte Grad an Exaktheit hängt ab von der Wichtigkeit des Ergebnisses für praktische Zwecke;
- da Wissenschaftssprachen bei Bedarf geändert werden können, sind sie lebendiger und kreativer als Alltagssprachen, für die Dauer ihrer Geltung aber »lernunwillig«.

Während die wissenschaftstheoretische Tradition von Frege und Carnap bis Kamlah und Lorenzen das Definitionsproblem unter der Prämisse behandelt hat, durch Fundierung und Normierung wissenschaftlicher Kommunikation eine systematische, an Logik und Mathematik orientierte exakte Wissenschaft aufzubauen, konzentrieren sich die Vertreter der sogenannten *Ordinary Language Philosophy* darauf, den Gebrauch eines

36 Vgl. dazu etwa Leinfellner 1965, Essler 1970, 1972, von Savigny 1970, Weingartner 1971, Schmidt 1999c und natürlich die mehrbändige Arbeit von Stegmüller, *Probleme und Resultate der Wissenschaftstheorie und Analytischen Philosophie*.

Wortes in verschiedenen Text- und Redemöglichkeiten lediglich zu beschreiben. In beiden Traditionen wird die Frage diskutiert, ob die Präzisierung einer Sprache eine notwendige Bedingung für die Wissenschaftlichkeit einer Wissenschaft ist, die sich dieser Sprache bedient.

Wie P. Weingartner zu Recht ausführt, muß diese Frage in folgender Hinsicht differenziert werden: Die Präzisierung der in einer Wissenschaft verwendeten Sprache ist ein Ideal, nicht aber eine notwendige Bedingung für Wissenschaftlichkeit. Und dieses Ideal ist kein Ideal unter allen Umständen, sondern ein Ideal zur Erreichung ganz bestimmter *Zwecke*, etwa der Zwecke der Vermeidung von Widersprüchen oder Antinomien (1971, S. 203 f.).

Vertritt man die hier vertretene Auffassung vom wissenschaftlichen Handeln als Problemlösungshandeln im Rahmen des Sozialsystems Wissenschaft (und seiner Teilsysteme), dann lassen sich die von Weingartner angeführten klassischen Zwecksetzungen der analytischen Wissenschaftstheorie durchaus erweitern.

Wissenschaft als Problemlösungssystem ist vital auf Kommunikation angewiesen, und zwar auf Kommunikation, die *kooperatives Handeln* erlaubt. Effektives kooperatives Handeln aber setzt – schon aus Gründen der Handlungsökonomie – voraus, daß vermeidbare Kommunikationsprobleme auch tatsächlich vermieden werden. Eine erfolgreiche Strategie der Vermeidung von Kommunikationsproblemen besteht nun erfahrungsgemäß darin, die Verwendung relevanter Begriffe und Argumentationsmuster so zu regeln, daß keine unproduktiven Irritationen der Kommunikation (vom Typ der Dauerfrage »Was bedeutet X?«) entstehen. Diese Regelung erfolgt zu einem großen Teil im Zuge der wissenschaftlichen Sozialisation des Nachwuchses, wobei dieser Teil der Sozialisation nicht bloß im Auswendiglernen von Termini besteht, sondern in der Verknüpfung disziplinrelevanten Wissens in Begriffssystemen, die den Status quo der epistemischen Selbstverständlichkeiten dieser Disziplin ausmachen – also den blinden Fleck beziehungsweise deren Regreßunterbrecher.

Die begriffliche Normierung wissenschaftlicher Kommunikation optimiert nicht nur innerdisziplinäre Kooperation, sondern auch *inter- und transdisziplinäre Kommunikation*, da ein

Zugriff auf die Wissensbestände einer Disziplin »von außen« über den Zugriff auf deren Terminologie zumindest ansatzweise möglich ist.

Begriffliche Normierung ermöglicht und befördert auch die *Kontinuität* wissenschaftlichen Problemlösens in einer Disziplin und erhöht die Ökonomie, da nun nicht jeder Wissenschaftler terminologisch von vorn anfangen muß, sondern zumindest von einem Grundbestand an definierten Begriffen ausgehen kann, die im Laufe der Zeit kooperativ erarbeitet worden sind und die Evidenzen eines Diskurses materialisieren (vgl. etwa Lorenz 1992).

Eine normierende Disziplinierung wissenschaftlicher Kommunikation, die über alltägliche Kommunikation signifikant hinausgehen muß, bildet weiterhin die Voraussetzung für die *Lehr- und Lernbarkeit* disziplinspezifischen Wissens und Problemlösungshandelns, will man nicht Sozialisation durch Initiation(sriten) ersetzen. Außerdem bildet sie erfahrungsgemäß die Voraussetzung für die *Anwendbarkeit* dieses Wissens und Problemlösungshandelns in anderen Disziplinen sowie außerhalb des Wissenschaftssystems (vgl. dazu Schmidt 1991 und 1997).

Und schließlich erlaubt erst eine solche Disziplinierung, das von vielen »Geisteswissenschaftlern« so hochgehaltene Ziel eines wissenschaftlichen *Pluralismus* zu erreichen – allerdings in Form eines dem Wissenschaftssystem im Laufe seiner Geschichte »zugewachsenen« sogenannten rationalen Theorienpluralismus. Da dieses Thema auch in der neueren Wissenschaftstheorie durchaus umstritten ist, sollen hier einige Überlegungen zum Verhältnis von Pragmatik, Normierung und Beliebigkeit angestellt werden.

Beginnen möchte ich dabei mit einigen Überlegungen Paul Feyerabends, der für viele als ein Repräsentant sozusagen hochrangiger Beliebigkeit gilt. Feyerabend startet mit der wohl kaum widerlegbaren These: »*Die Wissenschaften sind schließlich unser eigenes Werk,* eingeschlossen all die strengen Maßstäbe, die sie uns aufzuerlegen scheinen« (1978, S. 200; Hervorhebung im Original). Mit dieser Feststellung verbindet er zwei Folgerungen:

– Theoriewahl und Theoriebildung hängen nicht nur von den Tatsachen ab, die Wissenschaftlern bekannt und von ihnen akzeptiert sind, sondern auch von Traditionen, Vorlieben und Neigungen (1981, S. 90).

- Die Existenz einer allgemein verbindlichen Logik der Forschung (der Traum aller klassischen Wissenschaftstheoretiker!) ist ebenso unwahrscheinlich wie die Existenz einer allgemein gültigen Methodologie (1978, S. 205, 246).

Zwar erbringt die Anwendung klarer, wohlbestimmter, rationaler Regeln »gelegentlich Resultate«. Aber weder Tatsachen noch Logik, noch der Erfolg rechtfertigen grundlegend wissenschaftliche Rationalität. Auf der anderen Seite hat sich das Kriterium der Rationalität als Differenzkriterium wissenschaftlichen Handelns und Kommunizierens schon seit langem im Wissenschaftssystem fest etabliert, so daß diese Akzeptanz durchaus auch etwas über seine Brauchbarkeit auszusagen scheint.

Rationalität, darauf weisen auch Konstruktivisten wie Jürgen Mittelstraß hin, ist keineswegs nur ein wissenschaftliches beziehungsweise ein Wissenschaftskriterium, sondern ein wesentlicher Teil der menschlichen Arbeit, die damit befaßt ist, Orientierungsprobleme zu lösen (1984, S. 119). Rationalität kann nicht den wissenschaftlichen Verhältnissen abgelesen werden; vielmehr ist zu untersuchen, wie und warum sie von wissenschaftlichen Aktanten *hergestellt* wird. Diese Herstellung erfolgt nach Prinzipien der Einhaltung methodischer Ordnungen, die dann erst theoretische Verhältnisse fundieren.[37] Wenn man berücksichtigt, so argumentiert Mittelstraß durchaus im Sinne von Feyerabend, daß wir in der Wissenschaft die Maßstäbe nicht vorfinden, sondern selbst herstellen, dann kann durchaus sinnvoll über das *Herstellen* von Rationalität (wie von Wahrheit) auf jeder Stufe der Wissensbildung gesprochen werden, wobei wieder zu berücksichtigen ist, daß wissenschaftliche Methoden wie Terminologien von Zwecken und Zielen abhängig sind, also letztlich rückgebunden werden müssen an die soziokulturelle historische Situation der Wissenschafttreibenden, in der diese – notwendig kontingent – über Kriterien, Ziele, Zwecke und Evidenzen ihres jeweiligen Problemlösungshandelns

37 *»Bilde in deinen Sprach- und Wissenschaftskonstruktionen einen Konstitutions- und Geltungszusammenhang, dessen Basis ein lebensweltliches Apriori, eingeschlossen in pragmatische Strukturen, ist«* (Mittelstraß 1984, S. 131; Hervorhebungen im Original).

entscheiden. Um die aus der historischen Perspektive unvermeidliche Kontingenz wissenschaftlichen Handelns nicht in haltlose Beliebigkeit entarten zu lassen, hat sich Wissenschaft im Laufe der Geschichte Selbstreflexion (qua Latenzbeobachtung wie qua Wissenschaftstheorie) als Daueraufgabe sowie Begründungszwang für alle Geltungsansprüche auferlegt, sich also selbst zu einer ständigen Korrektur ihrer Beobachtungen erster Ordnung durch Beobachtungen zweiter Ordnung verpflichtet, was ihre Einsichten nicht (objektiv) wahrer, wohl aber rationaler (sprich: expliziter, nachvollziehbarer und überprüfbarer) macht und ebendamit die Differenz zu nichtwissenschaftlichem Erkenntnis- und Erfahrungmachen markiert. Diese Differenz wird so lange bestehen bleiben, wie sie sich gesellschaftlich als produktiv erweist.

Ebendies gilt auch für die Kommunikation der durch wissenschaftliches Handeln gewonnenen Ergebnisse. Zur Wissenschaftlichkeit empirischen Forschens (im Sinne von Schmidt 1998) im Sozialsystem der jeweiligen Disziplin gehört notwendig, daß die Ergebnisse des systematisch geregelten expliziten Erfahrungmachens kommunikativ stabilisierbar sind beziehungsweise stabilisiert werden, insofern im Diskurs einer relevanten disziplinären epistemischen Gemeinschaft Konsens über die Konzepte, Kritiken und Ergebnisse dieses Erfahrungmachens hergestellt werden kann. Konsensfindung aber setzt eine als sinnvoll (weil zielführend) angesehene Normierung der wissenschaftlichen Kommunikation voraus – womit wir wieder am Ausgangspunkt unserer Überlegungen zur praktischen Unvermeidbarkeit von sogenannten Wissenschaftssprachen zurückgekommen sind.

4.10 Wissenschaftlich empirisch forschen

Wissenschaftliche Erkenntnisproduktion vollzieht sich auf der Ebene von Handlungen und Kommunikationen im Rahmen des Sozialsystems Wissenschaft. Kommunikativ gehen Wissenschaftler aber nicht mit stabilen Realitäten um, sondern mit experimentell und kommunikativ stabilisierten Beschreibungen oder Unterscheidungen in der Erfahrungswirklichkeit einer Gesellschaft; mit anderen Worten, sie operieren, wie oben schon erwähnt, mit Fakten (Gemachtem, Tatsachen), nicht mit Daten (Gegebenem).

»Empirisch forschen« kann dementsprechend allgemein bestimmt werden als praktisches Herstellen logischer, pragmatischer und sozialer Stabilitäten (im Sinne von P. Kruse), mit denen Wissenschaftler wie mit unabhängigen Gegenständen kommunikativ umgehen (ein pragmatisches Als-ob im Sinne Vaihingers beziehungsweise eine funktionale Fiktion). Alles, was zu dieser Stabilitätskonstruktion argumentativ erfolgreich herangezogen werden kann, fungiert – je nach Kriterium und Kontext – als Plausibilisierung oder Beleg. *Empirisches Forschen stellt mithin eine spezifische Art und Weise der Wirklichkeitskonstruktion dar* (prozedurales Empirieverständnis), nicht etwa ein Verfahren einer objektiven Repräsentation von Wirklichkeit (positivistisches Empirieverständnis).

Die Erzeugung von Fakten nach theoretisch-methodologisch kontrollierten Verfahren entspricht dem, was Heinz von Foerster als Trivialisierung beschrieben hat (1993, S. 206 f.)[38], nämlich eine Form der Konstruktion von stabilen Unterscheidungen unter zum Teil extrem komplexitätsreduzierten Bedingungen (etwa in Laborversuchen). Nimmt man die Beobachterproblematik ernst, dann muß »empirisch« in der wissenschaftlichen Forschung von der traditionellen Referenz auf »die Realität« und den Beobachter erster Ordnung (Direktbeobachtung, lebensweltliches Handeln) umgestellt werden auf Wissen und theoretisch-methodisch kontrolliertes Erfahrungmachen (Inszenieren von Beobachtungen). Die aus empirischer Forschung resultierende Intersubjektivität trägt genau so lange, wie sich ihre Auswirkungen auf die wissenschaftliche Kommunikation stabil halten lassen; sie endet, wenn sie einer neuen Beobachtung zweiter Ordnung nicht (mehr) standhält. Wie M. Stadler und P. Kruse mit Nachdruck betonen, können empirische Untersuchungen »im Denken eines Konstruktivisten eher Hinweise als Beweise erzeugen; Hinweise nämlich auf eine in sich stimmige, konsistente Sichtweise von nach bestimmten Regeln erzeugten Daten, die beim Hinzukommen weiterer Daten oder Überlegungen durch jede andere Sichtweise abgelöst werden kann, die einen höheren Grad an Konsistenz aufweist« (1990, S. 147).

38 Vgl. dazu Schmidt 1996b.

Eine Antwort auf die Frage, was nun *wissenschaftliches empirisches Forschen* kennzeichnet, kann nach den bisherigen Rahmenbemerkungen von zwei grundlegenden Überzeugungen ausgehen:

- Da die systematische Frage nach der Empirie eine Frage des Beobachtens zweiter Ordnung ist, sollte die Frage nach wissenschaftlicher empirischer Forschung entsprechend auf die Ebene des Verhältnisses zwischen Beobachtungen erster Ordnung und zweiter Ordnung plaziert werden.
- Wenn man die Unterscheidung empirisch vs. nichtempirisch festmacht an sozialen Kriterien für Erfahrungen und deren Ergebnisse, dann tritt auch bezüglich wissenschaftlicher empirischer Forschung der Gesichtspunkt der Sozialität/Kulturalität und damit der Kontingenz von Wissen in den Vordergrund: Empirisch gewonnenes Wissen ist verläßlich bezogen auf die Geltungskriterien seiner Produktion – *order-on-order*. Die Empirizität einer Theorie wird in anderen Theorien von Empirizität bestätigt oder bezweifelt, nicht durch Überprüfung an der Realität.

Damit zeichnet sich sozusagen ein erstes allgemeines Format der Antwort ab. Ich fasse zusammen: Wissenschaftliche empirische Forschung ist zunächst einmal dadurch charakterisiert, daß das Erfahrungmachen in einer Reihenfolge festgelegter Verfahrensschritte, das heißt methodisch, sowie in den meisten Fällen mit Hilfe besonderer Instrumente, das heißt experimentell, erfolgt. Die Unterscheidungen beziehungsweise systematisch geordneten Mengen von Unterscheidungen, mit deren Hilfe methodisch geregelte Beobachtungen beziehungsweise experimentelle Handlungen durchgeführt werden, müssen im Rahmen einer expliziten Theorie geklärt und begründet werden, die Rechenschaft darüber ablegt, warum ebendiese und nicht andere mögliche Unterscheidungssets gewählt werden, wobei der Grad der Akzeptanz von Klärungen und Begründungen ausschließlich im Wissenschaftssystem selbst bestimmt wird.

Die praktische *Durchführung* empirischer Forschungen erfolgt dann als Realisierung der Operationalisierungsschritte auf einer Beobachterebene *erster Ordnung*.

Zur Wissenschaftlichkeit empirischen Forschens im Sozialsystem der jeweiligen Disziplin gehört schließlich, daß die Ergebnisse des systematisch geregelten Erfahrungmachens kommunikativ stabilisierbar sind beziehungsweise stabilisiert sind, insofern im Diskurs einer relevanten epistemischen Gemeinschaft Konsens über die Konzepte, Kritiken und Ergebnisse des Erfahrungmachens hergestellt werden kann.

Als Basis der Konsensherstellung dienen dabei bislang erprobte unstrittige Kriterien und Verfahren der Konsensbildung, also letztlich Evidenzen, die sozusagen als Stopsignale Begründungsregresse abbrechen, wobei diese Evidenzen als kulturelle blinde Flecken der Beobachtung bestimmt werden können. Zu diesen Evidenzen zählen seit langem und noch immer Überzeugungen hinsichtlich der grundlegenden Dimensionen menschlicher Wirklichkeitserfahrung wie zum Beispiel Kontinuität, Kohärenz, Strukturiertheit in Raum und Zeit, Ursache und Wirkung und vieles andere mehr.

»Konsens(-bildung)« wird hier bewußt als Beobachterterm benutzt, der einen Zustand wissenschaftlicher Kommunikation kennzeichnet, in dem – temporär – kein Einspruch gegen Beiträge zu Themen in Diskursen erhoben wird. Damit werden Konzepte von »Konsens« oder »Intersubjektivität« ausgeschlossen, die eine Übereinstimmung von Mentalzuständen etwa in »herrschaftsfreier Kommunikation« (im Sinne von Habermas) postulieren. Mit Luhmann bin ich dagegen der Auffassung, daß Kommunikation die Bedingung für Intersubjektivität ist und nicht Intersubjektivität die Bedingung für Kommunikation.

Ich fasse zusammen: »Empirisch forschen« im Rahmen einer (konstruktivistischen) empirischen Literaturwissenschaft wird bestimmt als theoriegeleitete operationalisierte Produktion von Erfahrungswissen (Fakten, Tat-Sachen), das kommunikativ anschlußfähig ist und dessen Interpretation als Fremdreferenz auf signifikante Zeit nicht widersprochen wird, weil es intersubjektiven Überprüfungen standhält. Dieses Empiriekonzept hat nichts mehr zu tun mit ontologischen (empiristischen oder positivistischen) Empirie-, Objektivitäts- und Wahrheitsbegriffen, womit ein Haupteinwand gegen empirische Literaturwissenschaft, sie sei eine positivistische Sozialwissenschaft, entfallen dürfte. – Wie hat W.J. Ong einmal so treffend gesagt: »Die Natur setzt keine ›Fakten‹: Fakten entstehen nur durch menschliche Festlegungen, deren Zweck es ist, das nahtlose Gewebe der Wirklichkeit handhabbar zu machen« (1987, S. 22).

Im Rahmen des geschilderten Empiriekonzeptes ist – entgegen anders lautenden Gerüchten – »Arbeit am literarischen Text« durchaus sinnvoll durchführbar im Sinne eines reflexiven Erfahrungmachens mit/an literarischen Phänomenen im weitesten Sinne. Akzeptabel sind hier alle Formen expliziten Diskurses über die Strukturierbarkeit und Referentialisierbarkeit literarischer Phänomene im Rahmen expliziter Methoden und unter Angabe begründeter Zielsetzung für den Einsatz dieser Methoden (vgl. Hauptmeier und Schmidt 1985).

Entgegen einem oft geäußerten Vorurteil ist empirische Literaturwissenschaft also keineswegs festgelegt auf empirische Leserforschung. Sie beobachtet literarische Texte etwa – wie andere Texte auch – als (mehr oder weniger) anschließbare Beiträge zu Themen und Präsentationsstrategien in Diskursen, die notwendig auf kollektives Wissen in/von Diskursgemeinschaften zurückgreifen. So lassen sich etwa literarische Texte beobachten im Hinblick auf die je spezifische Handhabung der Differenzstrategien Intertextualität, Interdiskursivität und Intermedialität (siehe unten), wobei jeweils spezifische Kommunikationskonventionen (wie zum Beispiel Fiktionalität) entsprechend zu berücksichtigen sind. Dabei ist – wie vernünftigerweise nicht anders zu erwarten – unser semantisches Wissen in Form evidenten kollektiven Wissens immer vorausgesetzt; ein voraussetzungsloser Beginn ist unmöglich, und er wäre auch sinnlos, da wir in einem solchen Fall ohne jedes Wissen (also aussichtslos) beginnen müßten. Nicht eine Abschaffung von »Hermeneutik« steht also zur Debatte, sondern ihre wissenschaftliche (im angegebenen Sinne) »Disziplinierung« (gewissermaßen eine Zähmung des Blicks, so Schmidt 1998), um die Plausibilität der Probleme und Problemlösungen sowie die Relevanz des erzeugten Wissens zu erhöhen.

4.11 Literaturwissenschaft als empirische Medienkulturwissenschaft

Die Geschichte der Medien läßt deutlich erkennen, daß die einzelnen Mediensysteme im Gesamtmediensystem einer Gesellschaft sich gegenseitig ihre Funktionsmöglichkeiten definieren. Neue Medien verdrängen bekanntermaßen die alten nicht einfach. Sie zwingen vielmehr zu einer Respezifikation des Gesamtmediensystems, erhöhen die kommunikative Komplexität und modifizieren das Verhältnis zwischen personaler und medienvermittelter Kommunikation.

Seit dem Aufkommen von Fotografie, Film, Hörfunk, Fernsehen und so weiter steht Literatur als Printmediensystem notwendig in Konkurrenz zu den anderen Mediensystemen. Die Literatur hat – im Gegensatz zur Literaturwissenschaft – diese Konkurrenz schon früh erkannt und produktiv angenommen; so etwa in der Adaptation filmischer Techniken des Erzählens, als Ausgreifen literarischer Produktivität auf Hörfunk, Film oder Video, oder im Einsatz von Datenverarbeitungsgeräten bei der literarischen Produktion und Distribution.[39]

Die Entwicklung der Literatur qua Printliteratur ist heute zu konzipieren im Blick auf deren Koevolution mit allen konkurrierenden Medien. Rezeption und Wirkung von Literatur sind nur erkennbar mit Blick auf reale Beobachter beziehungsweise Nutzer von literarischen Medienangeboten; und das sind heute multimediaerprobte Mediennutzer, deren Wahrnehmungs- und Sinngebungsprozeduren durch Medienerfahrungen diverser Art geprägt sind.

Das Postulat, Literaturwissenschaft als Medienkulturwissenschaft zu konstituieren, widerspricht also essentiell Vorschlägen, Medienanalyse und Medienkritik lediglich zum erweiterten Aufgabenkreis der Literaturwissenschaft zu schlagen (so Voßkamp 1990, 1999). Es geht nicht um eine bloße Aufgabenbereichskosmetik, sondern um die Realisierung der Einsicht, daß ausnahmslos *alle* literaturwissenschaftlichen Fragestellungen die Medialität und Intermedialität ihrer Untersuchungsgegenstände ausreichend berücksichtigen müssen, auch und gerade da, wo es scheinbar um rein ästhetische Fragestellungen geht.

Der *Themenkatalog* einer solchen Wissenschaft ist schon jetzt sehr lang. Er umfaßt sowohl alte Themen, die medienkulturwissenschaftlich reformuliert werden müssen (etwa zum Verhältnis von Körper und Text oder von Schrift und Bild), als auch Themen, die erst mit den Beobachtungsinstrumentarien einer Medienkulturwissenschaft hinreichend komplex konstituiert werden können. Auf einige dieser Themen will ich wenigstens kurz hinweisen.

39 Vgl. dazu etwa Matejovski und Kittler (Hg.) 1996 oder Kaiser 1996.

Konzipiert man das Sozialsystem Literatur über Handlungsdimensionen und -rollen, dann läßt sich die Geschichte dieses Systems als Wandel der Handlungsrollen unter den Bedingungen sich wandelnder Gesamtmediensysteme schreiben.[40] Das wird zum Beispiel überdeutlich bei der Analyse von Produktions- und Rezeptionsformen unter den Bedingungen von Hypermedia und Internet. Ein wichtiges Kapitel einer solchen Geschichte müßte sich mit dem in Kapitel II beschriebenen Zusammenhang der gesellschaftlichen Durchsetzung neuer Medientechnologien zu sozialsystemisch organisierten Mediensystemen und dem damit ausgelösten Wandel von Wahrnehmungsformen beschäftigen.

Gattungstheorie läßt sich heute sinnvoll nur noch als Mediengattungstheorie schreiben (Schmidt 1987), Kanonisierungsprozesse können nur noch im Blick auf die Rolle von Mediensystemen plausibel gemacht werden (Schmidt und Vorderer 1995). Intertextualität ist heute im erweiterten Sinne zu fassen als Intermedialität, einschließlich der Analyse von Wertungs- und Wirkungsprozessen, aufgefächert nach Mediennutzergenerationen mit ihren je spezifischen Literaturvorstellungen.

Zentrale Kategorien der traditionellen Literaturwissenschaft wie »Fiktion«, »Autonomie«, »Schönheit« und so weiter müssen unter den Bedingungen von spurenloser Simulation, Cyberspaces und Virtualität grundlegend umformuliert werden, da diese neuen Entwicklungen das traditionelle alteuropäische Kategoriensystem der ontologischen Diskurse zu transformieren beginnen. Diese Transformation betrifft auch alle Vorstellungen von der Funktion(alisierung) von Literatur, also von literarischen Handlungs- und Nutzungsformen. Traditionelle Mediennutzungsformen wie »Verstehen«, »Sinnzuschreibung«, »Lernen« stehen in Konkurrenz zu »Erleben«, »Simulieren«, »Genießen«, »Zerstreuen« und so weiter. Das an Kommunikations- und Unterhaltungsqualitäten geschulte Nutzerverhalten von audiovisuellen Oberflächen markiert heute die Differenz zur traditionellen Textlektüre, die dadurch ihrerseits Differenzqualitäten bekommt – Hermeneutik und Rhetorik treten in ein qualitativ neu bestimmtes und damit gezielt nutzbares Konkurrenzverhältnis.

40 Wie sich Produktion, Vermittlung und Rezeption von Literatur in der Medien-Konkurrenz verändern, hat Saxer schon 1977 beschrieben.

Gegen Reformvorschläge wird in der Regel das Machbarkeits- oder auch das Nützlichkeitsargument vorgebracht, um sie möglichst rasch zu immunisieren. Diese beiden Argumente sollen zwei Aspekte stark machen: Zum einen sind Literaturwissenschaftler keine Superhirne, die alle Aspekte von Medien und Kultur kennen. Zum anderen gibt es schließlich die Lehr- und Ausbildungspraxis der Literaturwissenschaften an Schulen und Hochschulen, die täglich weiterbedient werden muß. So ist es – sagt man.

Aber eine solche Argumentation übersieht, daß im Vorangegangenen ja nicht für eine Superwissenschaft plädiert worden ist, die alles und jedes umfassen soll, sondern für eine reflektierende Reformulierung beziehungsweise Respezifikation der Literaturwissenschaften als spezifische Medienkulturwissenschaft, sprich: als wissenschaftliche Sachwalterin des Mediums Literatur im Gesamtmediensystem einer Gesellschaft.

Wie ein solches Konzept im einzelnen aussehen könnte, darüber hat sich J. Schönert (1995a, 1999) bereits so detaillierte Gedanken gemacht, daß ich hier nur darauf verweisen muß. Nicht in der Phasengliederung und der curricularen Ordnung liegen aber meines Erachtens die Hauptschwierigkeiten einer Neuorientierung der Literaturwissenschaften, sondern in der Ausbildung und Einstellung literaturwissenschaftlicher Forscher und Lehrer. Bis heute ist deren Mediensozialisation oft wenig elaboriert, gibt es erhebliche Vorurteile gegenüber »den Medien«, vor allem gegenüber dem Fernsehen und den sogenannten »neuen Medien«. Bis heute wird (deshalb?) die enorme gesellschaftliche Funktion aller Medien, nicht nur der Literatur, für die Wirklichkeitskonstruktion, die Wertorientierung, die Selbstbeobachtung und Selbststeuerung der Gesellschaft kulturkritisch unterschätzt. Damit geraten Literaturwissenschaftler in eine immer prekärere Differenz zur Mediennutzungspraxis und Medienbewertung ihrer Schüler und Studenten und befördern damit *nolens volens* das Geschäft ihrer Selbst-Fossilisierung.

Schon ein flüchtiger Blick auf Phänomene, die heute unter dem Schlagwort »consumer culture« gehandelt werden, müßte alle Medienverächter eines Besseren belehren. Weltweit dienen heute Konsumgüter allen Altersgruppen, keinesfalls nur Kindern und Jugendlichen, als Instrumente, die zur Identitätsbricolage eingesetzt werden, sind global akzeptierte und bekannte Marken zu Identitätskonstituenten geworden, deren Versprechen auf symbolischen Mehrwert über die weltweit operierende Werbung distribuiert werden. Diese Identitätsbricolage operiert mit selbst- und fremdbeobachteten Differenzsetzungen. Viele Eltern wissen heute ein Lied davon zu singen, wie bestimmte Güter und Verhaltensweisen von ihren Kindern zur identitätsfördernden Abgrenzung von den Eltern und zur Identifikation mit *peers* eingesetzt werden – und genauso rasch auch wieder ohne jedes Bedauern oder Trennungsschmerz aufgegeben werden. Viele Eltern stehen heute verständnis- oder gar fassungslos vor der emotionalen Überwältigung, mit der Musikvideos und deren Heroen als Religionssurrogat genutzt werden – man betrachte sich nur das Video von Michael Jacksons Auftritt in Bukarest (»Dangerous Tour«). Wer als Literaturwissenschaftler glaubt, solche Dinge als subkulturell oder popkulturell abtun zu können, hat längst den Kontakt zur Jugend wie zur aktuellen Medienszene verloren – und wird vermutlich den neuen Entwicklungen der sogenannten Medienkunst ebenfalls hilflos gegenüberstehen.[41]

Die Tatsache, daß alle Künste Medienkünste sind, tritt erst heute recht ins Bewußtsein, wo spezielle Medienkünste auftreten, die dominant elektronische und digitale Steuerungs- und Kommunikationsmedien verwenden und von diesen generiert werden (vgl. Kapitel II, 8.5). Diese Medien lassen keinen Zweifel mehr offen, daß sie unsere Wahrnehmungsweisen verwandeln, unsere Wirklichkeitsvorstellungen transformieren (Stichwort Cyberspace), unsere Nutzungsmodi verwandeln (Stichwort Interaktivität) sowie Künste, Wissenschaften und Technologien in ein neues, engeres Interaktionsverhältnis zueinander rücken (werden). In diesem Mediennetz werden *alle* Künste – ob sie nun mit Printmedien oder im WWW operieren – wieder einmal neue Semantiken für die ewig alten Menschen- und Menschheitsfragen entwickeln. Wer diese Prozesse mit- und nachverfolgen will, muß Medienkulturwissenschaft(en) betreiben. Und Medienkulturwissenschaft – das sollte im vorangegangenen

41 Hier empfiehlt sich ein rascher Blick in das *Kunstforum International*, Nr. 135, zum Thema »Cool Club Cultures«, Januar 1997.

deutlich geworden sein – unterscheidet sich von ihren Vorgängerinnen und Konkurrentinnen durch die Orientierung an Empirie, anders ausgedrückt: durch das Bestreben, empirisches Wissen zu erzeugen.

Von empirischem Wissen aber kann sinnvollerweise erwartet werden, daß es auch *angewandt* werden kann, womit wir zu einem Thema kommen, das in der Literaturwissenschaft nur höchst selten behandelt worden ist[42], in einer Gesellschaft mit Finanznöten aber zunehmend virulent wird.

4.13 Zur Anwendungsorientierung einer Literaturwissenschaft als Medienkulturwissenschaft

In der Einladung zu einem DFG-Rundgespräch »Wissenschaftstheoretische Begründung, wissenschaftlicher Status und institutionelle Gestaltung angewandter und transdisziplinärer Studiengänge im Bereich der Literatur-, Kultur- und Medienwissenschaften« hat G. Jäger 1994 brieflich die Anwendungsproblematik aus der Sicht der germanistischen Literaturwissenschaft wie folgt skizziert:

> »Für die germanistische Literaturwissenschaft – wie für viele andere Geisteswissenschaften auch – sind anwendungsbezogene Studiengänge außerhalb der Lehrerausbildung relativ neu. Es besteht deshalb ein Klärungsbedarf über den wissenschaftstheoretischen Status von anwendungsbezogenem Wissen und über die möglichen Korrelationen von disziplinär bestimmtem Basiswissen und praxisorientiertem Handlungswissen. Anwendungsbezogenes Wissen ist nicht als disziplinäres Wissen zu verstehen, das angewendet wird, es hat eine eigene differentielle Qualität.«

Die folgenden Bemerkungen beleuchten einige Aspekte dieser Problemformulierung, ohne dabei mehr als heuristischen Anregungswert zu reklamieren.

4.14 Zum Status von »Wissen«

Am Beginn von Überlegungen zu einer angewandten (Literatur-)Wissenschaft sollten meines Erachtens Versuche stehen,

42 Vgl. dazu Arbeitsgruppe NIKOL (Hg.) 1986.

den verwendeten *Wissensbegriff* zu klären[43]; denn es dürfte einleuchten, daß alle Bestimmungen des Anwendungsbegriffs entscheidend von einer solchen Klärung abhängen. Viele Vorschläge zur Klassifikation möglicher Varianten dieses Begriffs sind in der Vergangenheit vorgelegt worden.[44]

Was aber ist Wissen? Oder besser, was wollen wir – nach Ludwig Wittgensteins Vorschlag – »Wissen« nennen?

Alltagsintuition und philosophische Tradition(en) kommen überein in der Annahme, daß Wissen an Erfahrung gebunden ist, wobei Erfahrung aber nicht auf die sinnliche Erfahrung der äußeren Sinne beschränkt werden darf. Vielmehr ist Erfahrung rückzubinden an erinnerungsbestimmte Arbeit, an Tätigkeiten oder Operationen, vor allem an Operationen des Unterscheidens und Benennens. So verstehen etwa H. Hauptmeier und G. Rusch Erfahrung als einen »Prozeß, in dem sinnliche, konzeptuelle und motorische Komponenten zusammenspielen, so daß neue ontische Elemente und Operationen, neues ontologisches und operationales Wissen und dadurch neue Wahrnehmungs- und Verhaltensmöglichkeiten entstehen können« (1984, S. 7f.). Erfahrung betrifft nach dieser Auffassung den gesamten Kognitionsprozeß einschließlich aller seiner Bedingungen.

Nach Rusch (1987) wird die konstruktivistische Variante des Empiriebegriffs zum einen bestimmt durch die Umorientierung von »empirisch« auf »Wissen« statt auf »Realität«, zum anderen durch die Unterscheidung zwischen ontologischem und empirischem, das heißt operationalem Wissen. Unter ontologischem Wissen versteht er dabei das »Weltwissen«, das wir in unseren

43 Vgl. dazu auch oben Kapitel II, 7.1.

44 G. Jäger verweist in seiner Aufarbeitung des Forschungsstands etwa auf B. Baduras Typologie von Wissenssorten: »Badura (in: Badura [Hg.] 1976, S. 10) führt folgende ›*Textbuchunterscheidungen* sozialwissenschaftlichen *Wissens*‹ ein: *begriffliches Wissen* (Grundbegriffe, technisches Vokabular), *theoretisches Wissen* (Annahmen, Theorien, Behauptungen zu bestimmten Problembereichen), *wissenschaftstheoretisches Grundlagenwissen* (›ein methodisches Wissen darüber, wie Begriffe eingeführt, terminologisch festgelegt, miteinander verbunden, darüber wie Behauptungen begründet, verteidigt und angegriffen werden können, ein Wissen dafür, was 'Wahrheit', was 'Erklärung' [...] bedeutet, was akzeptable und was nicht akzeptable Regeln wissenschaftlichen Arbeitens und Kommunizierens sind‹), *Faktenwissen, technisch-formales Wissen* (zum Beispiel Statistik), *Rezeptwissen* (direkt anwendungsbezogenes Wissen).«

Konzepten von Objekten, Zuständen, Ereignissen, Folgen von Ereignissen und so weiter nach zeitlichen, räumlichen, konditionalen oder kausalen Aspekten organisiert haben. Wenn wir nun – systematisch oder unsystematisch – erproben, welche Folgen, Resultate und Konsequenzen die Konstruktion dieser Objekte und Ereignisse im Prozeß unserer Kognitionen und bezogen auf uns zeitigt, dann entsteht empirisches Wissen. Empirisches Wissen ist operationales, an Tätigkeiten oder Handlungen gebundenes Wissen. Es wird dadurch ausgedrückt, daß wir die Arten und Weisen beschreiben, in denen unsere Tätigkeiten uns selbst, unsere Denk- und Handlungsmöglichkeiten betreffen:

»In diesem Sinne ist empirisches Wissen Erfahrungswissen. Indem wir in den Begriffen unserer Kognition erleben, was uns während und infolge unserer Tätigkeiten widerfährt, machen wir Erfahrungen. Und nur diese Erfahrungen machen unser empirisches Wissen aus« (1987, S. 242).

Es liegt in der Logik dieser Argumentation, daß Empirizität an erfahrende Systeme und deren kognitive Konstruktivität gebunden wird und nicht an die objektiven Gegebenheiten in »der Realität«. Auch empirisches Wissen ist (nur?) Wissen von der Welt, so wie *wir* sie erfahren und so wie wir dieses Wissen formulieren. Die Erfahrung, daß empirisches Wissen intersubjektivierbar ist, deutet nicht auf Kognitionsunabhängigkeit hin, sondern auf den Grad kognitiver Parallelität, der einerseits aus der Art des Erwerbs solchen Wissens herrührt, andererseits aus der Erfahrung, daß solches Wissen von entsprechend sozialisierten Personen methodisch überprüft werden kann. Empirisches Wissen ist Wissen, das wir mit anderen teilen, die ähnliche Erfahrungen zu machen bereit und in der Lage sind. Der »Realitätsbezug des Wissens liegt somit in seiner eigenen Operativität – und nicht in ermittelbaren Garantien für einen Realitätsbezug der Thematik des Wissens«, wie Niklas Luhmann betont (1990, S. 147).

Diese Auffassung läßt sich meines Erachtens auch so (um) formulieren: Empirisches Wissen bezieht sich auf die Möglichkeiten und Grenzen, die unterschiedlich konstituierte Umwelt(en) unseren aus kognitiven Operationen gewonnenen Erfahrungen setzen. Oder nochmals umformuliert: Umwelt(en) als das, was vom System als Fremdreferenz konstruiert wird, relativiert, wie B. Meyer (1993) feststellt, die interne Selbstreferentialität und operationale Geschlossenheit des Bewußtseins. Meyer folgend bestimme ich dabei operationale Geschlossenheit als Fähigkeit des Systems, symmetrierende Wirkungen nur von innen zuzulassen. »Sofern an den Grenzen solcher Systeme Symmetriebrechungen auftreten, können Einwirkungen nur selegieren, nicht aber symmetrieren« (ebd., S. 139).[45] Mit anderen Worten, »operationale Geschlossenheit« verweist darauf, daß Symmetriebrechung an (kognitive) Systeme gebunden ist, nicht an die Umwelt, ohne daß damit Kausalität qua »Ermöglichungsverhältnis« ausgeschlossen (ebd., S. 69), ohne daß also dadurch die Rolle der Umwelt im Prozeß der Symmetriebrechung vernachlässigt würde.

Empirisches Wissen, so mein Vorschlag, kann bestimmt werden als mit anderen geteiltes (kollektives) Wissen, das an Beobachter in soziokulturellen Kontexten gebunden wird, nicht an »die Realität«.

Wird empirisches Wissen theorien- und methodengeleitet (explizit) im Rahmen reflexiver Beobachtungen zweiter Ordnung gewonnen, dann bezeichne ich dieses Wissen – wie oben ausgeführt – als wissenschaftliches (wissenschaftlich gewonnenes) empirisches Wissen.

In der bisherigen Konzeptualisierung von Wissen sind grundsätzlich zwei Modellierungen voneinander zu unterscheiden:

- Wissen als kognitiv (im Gedächtnis) und kommunikativ (in Archiven) sedimentierbarer und augmentierbarer *Vorrat* an Kenntnissen. Dieses Modell ist orientiert an informationstechnischen Lösungen von Speicherproblemen und wird vor allem von neueren Gedächtnistheorien in Frage gestellt (vgl. Schmidt [Hg.] 1991).
- Wissen als aktuelle *Operation* auf der Grundlage einer vorangegangenen Geschichte von Operationen. Diese Operation muß jeweils in kognitiven oder kommunikativen Prozessen vollzogen werden, um (gedächtnisbasiert) Beiträge zur Lö-

45 Der Vorteil dieser allgemein-systemtheoretischen Bestimmung liegt meines Erachtens darin, daß sie neben Symmetriebrechungen einfache Wechselwirkungen mit der Umwelt berücksichtigen kann, die lineare (quantitative) Einwirkungen kurzer Reichweite und Dauer darstellen (1993, S. 222). – Symmetriebrechung bezeichnet hier die Differenz zwischen Umweltreiz und deren kognitiver Repräsentation, die sich eben nicht als einfache Abbildung, sondern als systeminterne Konstruktion vollzieht.

sung von Problemen im weiteren Sinne zu liefern (Problemlösungsmodell).

Ich votiere eindeutig für das zweite Modell und stütze mich dabei unter anderem auf Luhmann, der Wissen als Kondensieren von Beobachtungen beschreibt. Wissen kann seines Erachtens »nicht nach Art eines zeitbeständigen Vorrats begriffen werden, sondern nur nach der Art einer komplexen Prüfoperation« (1990, S. 129). Wissen muß nach dieser Vorstellung immer neu hergestellt werden[46], wobei für seine kommunikative Erzeugung kennzeichnend ist, »daß die Wahrheit des Wissens ›unmarkiert‹ mitkommuniziert wird« (ebd., S. 134).

Das Gewinnen, Vermitteln und Bewerten von Wissen muß darüber hinaus stets im Zusammenhang mit dem/den in Anspruch genommenen *Medien* gesehen werden. Es macht einen großen Unterschied, ob man sich für Print- oder audioovisuelle Medien entscheidet, ob man Hypertexte im Internet in Anspruch nimmt, ob man *face to face* oder *face to interface* kommuniziert und so weiter. Die Einschätzung der Sicherheit beziehungsweise Verläßlichkeit von Wissen, die Möglichkeiten seiner Adressierbarkeit, der Vernetzung oder des Samplings hängen evidentermaßen von den für Wissensoperationen im weitesten Sinne genutzten Medien ab. Bekanntermaßen überprüfen wir zum Beispiel beim *reality check* von sogenannten Medienwirklichkeiten nicht etwa die Übereinstimmung zwischen Realität und deren medialer Abbildung, sondern die Tragfähigkeit und Anschlußfähigkeit unserer medialen Inszenierungen.

4.15 Wissenschaftliches Wissen und seine Anwendung

Im Rahmen einer operativen Konzeption von Erfahrung und Wissen treten notwendigerweise die konkreten Bedingungen der Wissensproduktion agierender Systeme in den Vordergrund des Interesses. Bei menschlichen Aktanten sind dabei biotische, psychische, soziale und kulturelle Randbedingungen explizit zu berücksichtigen, statt sie – wie in traditionellen Konzeptio-

46 Texte, Daten, Dokumente und ähnliches enthalten oder transportieren kein Wissen. Sie müssen erst kognitiv und kommunikativ zur Produktion von Wissen unter den je aktuellen Operationsbedingungen der aktiven Systeme genutzt werden (vgl. Hejl 1991).

nen von Wissen und Wissenschaft – auszublenden und Wissen durch die Bindung an einen objektiven Wahrheitsbegriff als personen- und kontextfrei zu hypostasieren.

Wissenschaftstheorien und wissenschaftliche Objekttheorien, die heute das Beobachterproblem nicht ernst nehmen, haben im gegenwärtigen wissenschaftsphilosophischen Diskurs nur noch geringe Plausibilität. Schon in der analytischen Wissenschaftstheorie wurde genau unterschieden zwischen Theorien, Theorienformulierungen und Theorieanwendungen (vgl. Hauptmeier 1986). Im Hinblick auf die Formulierung von Wissen in Form von Texten, Theorien und so weiter muß also deutlich betont werden, daß Texte und Theorien von Aktanten kognitiv und kommunikativ zur Wissenschaftsproduktion *genutzt* werden müssen, wobei das Resultat dieser Nutzung nur system- und kontextspezifisch ausfallen kann.

Nach den oben angestellten Überlegungen läßt sich diese Annahme so erläutern: Mitglieder in/von Wissenschaftssystemen erzeugen Probleme, die zumindest von relevanten Gruppen von Mitgliedern als wichtig angesehen werden. Die dabei zum Tragen kommenden Kriterien haben sich im Verlauf der bisherigen systeminternen Kommunikation sowie der Interaktion mit anderen Sozialsystemen als verbindlich herausgebildet (kultürliche Wichtigkeit von Problemen). Für diese Probleme werden dann Problemlösungsverfahren gesucht beziehungsweise entwickelt und angewendet, wobei die unterschiedlichsten Erfahrungen gemacht werden (können). In die Problemstellung ebenso wie in die Problemlösung und die anschließende Vertextung und Kommunikation erzielter Problemlösungen gehen die unterschiedlichsten Ergebnisse früheren Erfahrungmachens ein. Die Unterschiede liegen in der Erfahrungsdimension, in der Systematik des Erfahrungmachens, im Problemtyp, in der Reichweite der Erfahrung, in der Einschätzung der operativen Relevanz und so weiter bis hin zur Einschätzung des Erfahrungsprozesses und der gewonnenen Ergebnisse für das eigene Leben.

In einer Wissenschaft produziertes und nach den Erwartungen und Normen des Systems versprachlichtes Wissen kann prinzipiell innerhalb dieser Wissenschaft wie in allen anderen sozialen Systemen dazu benutzt werden, jeweils systemspezifisches Wissen zur Lösung von Problemen zu erzeugen.

Hinter dieser Hypothese stehen Konzepte von Individuum und Gesellschaft, die vor allem folgende Annahmen betonen: Individuen werden konzipiert als autonome, lebende und kognitive Systeme, die aufgrund ihrer kognitiven Selbstorganisation in sozialen Kontexten subjektdependente Wirklichkeiten entwerfen.[47] Soziale Systeme werden gekennzeichnet durch Selbstorganisation und Selbststeuerung. Beide Systeme sind also weitgehend selbstbestimmt und nur unter spezifischen Bedingungen »von außen« steuerbar (Hejl 1995, Schmidt 1994).

Diese hier in aller Kürze skizzierten Annahmen haben meines Erachtens nicht unwichtige Auswirkungen auf mögliche Präzisierungen des Anwendungsbegriffs. Auf einige will ich kurz hinweisen:

Die Anwendung von Theorien ist nach den bisherigen Überlegungen eine empirisch konditionierte systemspezifische *Transformation von Wissen* (qua versprachlichte Erfahrungen mit Problemlösungen) von Aktant A *in Wissen* (qua systemspezifische Produktion von Wissen qua Problemlösung) von Aktant B in konkreten soziokulturellen Kontexten, wobei wohl nur in Ausnahmefällen beide Ausprägungen von Wissen identisch sein dürften.

Die Anwendung von Wissen qua Wissenstransformation kann disziplinär, interdisziplinär oder intersystemisch, das heißt in der Umwelt des Wissenschaftssystems erfolgen, wobei zum Teil sehr unterschiedliche Bedingungen gelten können. Dabei ist wieder die Beobachterproblematik hinreichend zu berücksichtigen; denn Wissenstransformation wird – schon wegen der unvermeidlichen Selektivität – notwendig ebenso bestimmt von Bedürfnissen, Wünschen, Zielen und Affekten wie von Reputations- und Machtaspekten: Cherubinische Problemlösungspuristen sind mundan eher unwahrscheinlich.

Interessen- und Machtfragen beeinflussen daher (bekanntermaßen) das Verhältnis von Wissenschaftssystemen und ihren Umwelten, besonders wenn diese als »Praxisfelder« (im Sinne von Krohn und Küppers 1989) auftreten.

47 Dieses Modell stimmt weitgehend mit dem »epistemologischen Subjektmodell« von Norbert Groeben überein, worin dem Subjekt prinzipiell die Möglichkeit der Rationalität, Reflexivität, Kognitivität und Konstruktivität zugesprochen wird (Treiber und Groeben 1981, S. 118; vgl. auch Groeben und Scheele 1977).

Die den Wissenschaften von Krohn und Küppers zugeschriebene »Definitionsgewalt« bei der Konzeptualisierung der Gegenstände der Praxisfelder wird nur dann realisiert werden können, wenn die in den Praxisfeldern Agierenden das aus eigenen Interessen selbst anstreben beziehungsweise akzeptieren. Meines Erachtens läuft die Interaktion zwischen Wissenschaftssystemen und Praxisfeldern keineswegs immer und überall in Richtung auf eine »Rekonstruktion sozialer Handlungsfelder nach den Idealen wissenschaftlich definierter Normen«, wie die Autoren anzunehmen scheinen (1989, S. 109). Dies dürfte wohl nur dann und dort der Fall sein, wo Wissenschaften beziehungsweise wissenschaftliches Wissen noch hoch reputiert sind und ihre »Indienstnahme« soziale Distinktionsgewinne (beziehungsweise kulturelles Kapital im Sinne von Pierre Bourdieu) verspricht – ohne daß der eigene Aufwand zu hoch wird (vgl. etwa das Thema »Verwissenschaftlichung« des Schulunterrichts, wissenschaftliche Politikberatung, Werbung und Wirkungsforschung[48] und ähnliches mehr).

Mit diesen Überlegungen wird die traditionelle reinliche Scheidung zwischen Theorie/Wissen vs. Anwendung/Funktionalisierung ebenso (und aus vergleichbaren Gründen) verlassen wie etwa die Unterscheidung zwischen Theorie und Empirie. Die Vorstellung, Anwendung von Wissen geschehe außerhalb und unabhängig von der wissensproduzierenden Sphäre (»in der Praxis«, »im Alltag« oder in »anwendenden Wissenschaften«), operiert nach unplausiblen Differenzen des Typs rein vs. praktisch, theoretisch vs. technisch, Grundlage vs. Praxis.

Meines Erachtens zielt *jede* wissenschaftliche Operation darauf ab, Probleme zu lösen, deren Lösung auch andere interessiert und Anschlußkommunikationen provoziert. Wissenschaftler wollen Wissen produzieren, das andere wiederum zur Wissensproduktion nutzen (= anwenden) können. Insofern ist jede wissenschaftliche Problemlösung im allgemeinsten Sinne anwendungsorientiert. Die traditionelle Rede von der Anwendung muß also entsprechend differenziert werden:

- Wissensproduktion (qua Problemlösung) zum Zwecke der Wissensproduktion unter den gleichen Systembedingungen (innerdisziplinäre Wissenstransformation);

48 Vgl. dazu Schmidt und Zurstiege 2000.

- Wissensproduktion, die Dokumentationen von Wissensproduktionen unter anderen Systembedingungen ausnutzt (interdisziplinäre und intersystemische Wissenstransformation);
- Wissensproduktion im Hinblick auf Probleme in Umwelten, vorgenommen aus disziplininternen Interessen oder aus allgemeine(re)n gesellschaftlichen Interessen (Selbst-Finalisierung);
- Wissensproduktion im Auftrag von Umwelten (Fremd-Finalisierung);
- Wissensproduktion aus Anlaß gezielter Beobachtung unterschiedlicher Typen von Wissensproduktion im Hinblick auf verwendbare Erfahrungen, die damit in unterschiedlichen Systemen, Umwelten, Praxisfeldern oder ähnlichem gemacht werden (können).

Die »Anwendungsdignität« von Wissen/Problemlösungen, also die Bewertung ihrer Transformation in Problemlösungen in anderen Bereichen/Systemen/Feldern, bemißt sich nach dem Stellenwert, der Problemen und Problemlösungen in diesen Bereichen nach gesellschaftlichem Konsens zugeschrieben wird (wobei die Medienberichterstattung heute eine wichtige Rolle spielt). Daß dabei überlebens- und machtrelevante Problembereiche dominieren, ist bekannt; ebenso, daß empirisch plausibles und technisch umsetzbares Wissen in der Regel höher eingeschätzt wird als spekulatives Wissen.

Der hier vorgeschlagene Anwendungsbegriff modifiziert Vorschläge, wie sie vor mehr als zehn Jahren H. Hauptmeier vorgelegt hat. Hauptmeier bezeichnet mit »Anwendung« »Handlungen im Wissenschaftssystem, die auf eine Lösung praktischer Probleme abzielen, so daß eine wissenschaftlich fundierte Antwort auf eine Wie-möglich-Frage entwickelbar wird und im Sinne einer Handlungsanweisung vermittelbar wird«. Davon unterscheidet er »Verwendungen« wissenschaftlichen Wissens als »solche Handlungen außerhalb des Wissenschaftssystems, in deren Vollzug vermitteltes wissenschaftliches Wissen gleich welcher Art problemlösungsorientiert zum Tragen kommt« (1986, S. 9).

Die Modifikation dieses Vorschlags ist meines Erachtens deshalb erforderlich, weil zwei zentrale Punkte dabei problematisch sind: Was heißt genau »praktische Probleme«? Im Rahmen welcher Unterscheidung wird »praktisch« bestimmt (theoretisch/praktisch, praktisch/unpraktisch, vorgestellt/tatsächlich und so weiter)? Ist dieser Begriff nicht zu einseitig auf technisch-pragmatische Zusammenhänge ausgerichtet, um etwa auch im Literaturbereich im weiteren Sinne aussagekräftig sein zu können? Die Koppelung der Unterscheidung Anwendung/Verwendung an die Unterscheidung innerhalb/außerhalb des Wissenschaftssystems leuchtet nicht ein, da meines Erachtens auch innerhalb des Wissenschaftssystems Wissen problemlösungsorientiert zum Tragen kommt. Hinsichtlich des Umgangs mit Wissen scheinen mir vielmehr folgende Unterscheidungen hilfreich zu sein:

- anwendungsbezogenes vs. anwendungsfähiges Wissen;
- anwendungsorientiertes vs. anwendungsbegrenztes Wissen;
- bewußt und intentional angewandtes vs. in Problemlösungen (irgendwie) einfließendes Wissen.

Mit diesen wie mit den früheren Unterscheidungen soll nochmals darauf verwiesen werden, daß nicht »das Wissen« selbst seine Anwendung definiert, sondern Wissensproduzenten in empirischen soziokulturellen Kontexten, die Probleme unterschiedlicher Art zu lösen versuchen.

4.16 Zur Anwendbarkeit literaturwissenschaftlichen Wissens

Um die Frage nach der Anwendbarkeit literaturwissenschaftlichen Wissens beantwortbar zu machen, muß zuerst geklärt werden, welchen Typ beziehungsweise welche Typen von Wissen Literaturwissenschaftler produzieren, das heißt also, in welchen Problembereichen sie welche Typen von Erfahrungen machen.[49]

Hier sind nach meiner bisherigen Argumentation zwei große Problembereiche voneinander zu unterscheiden: das Symbolsystem sowie das Sozialsystem Literatur. Hinsichtlich der Probleme, die Literaturwissenschaftler in bezug auf Phänomene in diesen beiden Bereichen entwickelt haben, gibt es gravierende Unterschiede: Viele dieser Probleme (vor allem im Textbereich) werden (wohl) nur von Literaturwissenschaftlern überhaupt als

49 Auf die damit eng verbundene Problematik der sprachlichen Darstellung erfolgreicher Problemlösungen kann ich hier nur verweisen (vgl. dazu unter anderem Fricke 1977).

Probleme wahrgenommen und bewertet; Wissen aus der Lösung solcher Probleme kann also günstigstenfalls disziplinintern angewandt, also für eine weitere Wissensproduktion von Literaturwissenschaftlern genutzt werden.

Andere Problemlösungen, wie etwa empirisch gewonnenes Wissen über gegenwärtiges Rezeptionsverhalten im Umgang mit literarischen Texten beziehungsweise über den in der BRD generell vertretenen Literaturbegriff[50], können zu Problemlösungen in anderen Bereichen verwendet werden, wenn dort Interessen bestehen, gerade diese Art von Problemlösungen zu favorisieren.

Für Anwendungen (im oben bestimmten Sinne) literaturwissenschaftlich produzierten Wissens in verschiedenen Umwelten dürfte wohl in erster Linie wissenschaftliches empirisches Wissen in Frage kommen, das auf intersubjektive Plausibilisierung angelegt ist und nicht auf prinzipielle Überholbarkeit beziehungsweise Überbietbarkeit (zum Beispiel »Interpretationswissen«).

Wegen der (partiellen) Autonomie sozialer Systeme in funktional differenzierten Gesellschaften ist kaum verläßlich zu prognostizieren, welche Art literaturwissenschaftlichen Wissens für Anwendungskarrieren in Frage kommt. Vielleicht ist es aber möglich, aufgrund beobachtbarer Entwicklungen zumindest Ausschlußvermutungen zu formulieren.

- In einer Medienkultur wird, wie oben gesagt, eine ausschließlich textzentrierte Beobachtung des Literatursystems (qua Sozial- und Symbolsystem) auf Dauer kaum überzeugen; vielmehr dürften Differenzbeobachtungen (Literatur vs. andere Medien im gesellschaftlichen Mediensystem) zu anschlußfähigeren Problemstellungen und -lösungen führen.
- In den Kanon literaturwissenschaftlicher Operationen sollte – im Hinblick auf die Beobachterproblematik – eine Prüf- und Legitimationsprozedur verpflichtend aufgenommen werden. Die Fragen: Für wen ist etwas ein relevantes Problem, und wer kann mit welchem Typ von Lösungen dieses Problems etwas anfangen?, sind keineswegs trivial oder nebensächlich. Wer sie ernst nimmt und zu beantworten versucht, treibt notwendig »anwendungsorientierte Literaturwissenschaft«, de-

50 Vgl. etwa Meutsch 1987 oder Hintzenberg u.a. 1980.

ren Reichweite sich daran bemißt, in welchen gesellschaftlichen Bereichen man Zustimmungsbereitschaft und Anschlußkommunikationen anstrebt beziehungsweise von welchen gesellschaftlichen Bereichen man zur Mitwirkung bei Problemlösungen aufgefordert beziehungsweise eingeladen wird.

Auch mit dieser Akzentuierung verbinde ich einen Vorschlag, H. Hauptmeiers Konzept einer Angewandten Literaturwissenschaft zu modifizieren. Hauptmeier bestimmt Angewandte Literaturwissenschaft als »eine bestimmte Art wissenschaftlichen Handelns, das ›Verändern‹ in Ergänzung zu Beschreiben und Erklären genannt werden könnte« (1986, S. 87). Angewandte Literaturwissenschaft »wendet wissenschaftliche Theorien auf praktische Probleme an« (ebd., S. 89).

Andererseits sieht Hauptmeier aber auch, daß nicht etwa »wissenschaftliche Ergebnisse beziehungsweise Darstellungen von Theorie(-komponenten) auf Probleme und Sachlagen angewendet« werden. Vielmehr werden Theorien (begriffliche Gebilde) auf Probleme angewendet und organisieren diese Probleme in je spezifischer Weise (ebd., S. 90). Und wenig später kommt Hauptmeier nicht umhin, einzuräumen, »daß wissenschaftlich theoretische Probleme sich mit praktischen Problemen überschneiden können«. Probleme entstehen in der problemkonstitutiven Perspektive des Wissenschaftlers: »Probleme, die er gemäß seiner Objekt-Theorien im Literatursystem verortet, kann er als praktische Probleme bestimmen« (ebd., S. 94). Die Inkonsistenzen der Argumentation verweisen meines Erachtens darauf, daß die Trias Beschreiben, Erklären, Verändern nur schwer präzisierbar ist und überdies wenig zu einer trennscharfen Bestimmung des Anwendungsbegriffs beiträgt. Daher plädiere ich für einen Perspektivenwechsel der oben vorgeschlagenen Art, bei dem auf der einen Seite die Wissensproduzenten und ihre Operationskontexte, auf der anderen Seite die konkreten Probleme in ihren Kontexten und Bedingungsgefügen im Vordergrund stehen.

Die Berücksichtigung solcher Aspekte wird für die Literaturwissenschaften meines Erachtens um so bestandswichtiger, je weniger sie ihre Existenz über den Abnehmermechanismus Schule sichern kann. In Zeiten knappen Geldes, aber auch in Zeiten (weitgehend von außen erzwungener) Selbstreflexion sollten sich die Literaturwissenschaften daran erinnern, daß Wissenschaften qua Sozialsysteme nur dann (über)leben, wenn sie problemlösungsrelevantes Wissen produzieren, für das in Umwelten Bedarf besteht. Da Bedarf wie Wissen aus der Perspektive eines Beobachters zweiter Ordnung stets historisch kontingent sind und da in Medienkulturen weder die Bedürfnisse noch die Wahrheiten aufgrund ihrer Eigenwertigkeit sozusagen sowieso für sich selber sprechen, vergibt sich auch die Literaturwissenschaft nichts, wenn sie in den Medien effizient und plausibel kommuniziert, welches problemlösungsrelvante Wissen für welchen Bedarf in welchen Umwelten sie produziert (hat) oder produzieren könnte.[51]

Weder die Literatur noch die Literaturwissenschaft sprechen für sich selbst. Sie brauchen Anwender, die aus ihrem Wissen Wissen machen. Und sie brauchen Public Relations, die darüber in den Medien spricht. Um in dieser PR aber zu bestehen, braucht die Literaturwissenschaft Wissen aus Problemlösungen, deren Verfahren theoriegeleitet methodisch, lehr- und lernbar, explizit formulierbar und intersubjektiv prüfbar ist – mithin sie braucht empirisches Wissen, das aus reflexiven Beobachtungen zweiter Ordnung resultiert.

Abschließend stimme ich dann im Ergebnis doch mit Hauptmeier überein, wenn er feststellt:

»Wissenschaftliches Handeln, das zugleich wertbewußt, theorie- und empirieorientiert ist, wäre hier der Ansatzpunkt für eine Literaturwissenschaft, die sich nicht einer traditionellen Ausdifferenzierung in eine Angewandte und eine Grundlagenwissenschaft [...] aussetzen müßte und einen Beitrag zu einem Wissenschaftsverständnis liefern könnte, das verdeutlichte, daß Wissenschaft gar nicht so verschieden von Praxis ist, wie uns dies viele Wissenschaftstheoretiker, Philosophen und sogenannte Praktiker lehren« (ebd., S. 102).

Und ebenso abschließend bin ich der festen Überzeugung, daß eine Literaturwissenschaft, die im oben geschilderten Sinne als Medienkulturwissenschaft operiert, größere Erfolge bei der Produktion und Verwertung anwendungsrelevanten Wissens erzielen kann als traditionelle Varianten von Literaturwissenschaft. Und was spricht eigentlich dagegen, einen solchen Transformationsversuch der Literaturwissenschaft in ihrem eigenen Interesse zu wagen?

51 Vgl. dazu Schmidt 1993a.

Kommunikations- und Medientheorien – darauf ist in diesem Buch verschiedentlich hingewiesen worden – sind paradoxal, insofern Problembereich und Lösungsinstrument aus demselben »Stoff« sind. In Anlehnung an die in Kapitel 1,3 verwendete Metaphorik könnte man auch sagen: Sie kommen notwendig immer schon zu spät, so wie auch der einzelne Aktant immer schon zu spät kommt hinsichtlich Gehirn, Sprache, Kommunikation, Medien und Kultur.

Welche Konsequenzen sind aus dieser Autologie von Kommunikations- und Medientheorien zu ziehen? Sollten wir in postmoderner Metaphorik das Fazit ziehen, diese Theorien schrieben sich selbst – bestenfalls durch uns, schlimmstenfalls, nach dem Tod des Autors, ganz autonom (dann sollte ich meine Biographie [Abb. 1] besser streichen)? Oder hat es mehr Sinn, zu sagen: Weil offenbar *wir* Probleme mit Kommunikation und Medien haben, sagen unsere Medientheorien viel mehr über *uns* aus als über Kommunikation und Medien? Beide Teile dieser Annahme halte ich für plausibel. Theorien als Formen der Beobachtung zweiter Ordnung fragen immer nach blinden Flekken, ohne sie einholen zu können. Sie werden verschoben, und erst bei einem erneuten Wechsel der Beobachtungsperspektive kommen sie in den Blick – auf Kosten anderer blinder Flecken; so arbeitet ja die Dynamik der Wissensproduktion. Auf der Jagd nach den verborgenen Präsuppositionen, die oft genug (wie K. Krippendorff gezeigt hat) in scheinbar harmloses Alltagsverständnis *(folk psychology)* und Beschreibungsmetaphern »eingekapselt« sind, changieren wir in den Kommunikations- und Medientheorien unentwegt mit den Beobachtungsperspektiven, womit wir nicht etwa »näher an die Wahrheit« oder näher an die »wahre Natur« von Medien und Kommunikation kommen, sondern ständig neue Objekte der Beschreibung erzeugen. Eine Beschreibung *so far* wird, wie J. Mitterer sagen würde, in eine neue Beschreibung *from now on* überführt, mit deren Hilfe wir etwas anderes sehen, weil wir einen anderen Beschreibungszusammenhang, mithin ein anderes »Objekt« erzeugt haben. Je nachdem, was wir am Mediengebrauch wie an der Beobachtung dieses Gebrauchs gleichsam auf- und abblenden, bekommen wir andere Probleme und andere Lösungen, die uns für den

Zeitraum ihrer Konstruktion blind machen gegen andere Möglichkeiten der Beobachtung und Beschreibung. Schon Wittgenstein hatte ernüchtert festgestellt: »Alles, was wir überhaupt beschreiben können, könnte auch anders sein.«[52] Lange zum Beispiel ist das Fernsehen scheinbar so einleuchtend beschrieben worden als »Fenster zur Welt«, womit die Konstellation der Beteiligten überzeugend festgeschrieben war: Wir, die Wirklichkeit und die Medien als ihre getreuen Abbilder. Wollte man heute noch die Fenstermetapher bemühen, würde man wahrscheinlich sagen: Fernsehen ist ein Fenster, das sich nicht etwa nach außen öffnet, sondern nur nach innen, auf die Medienwelt.

Ähnlich steht es wohl auch mit unseren Theorien. Auch sie sind keine Fenster, die nach außen aufgehen und uns den Blick auf »die Wirklichkeit« freigeben, sondern Fenster, die den Blick auf unser *gegenwärtig verfügbares und für wahr gehaltenes* Wissen, auf unsere Kultur, auf unsere Affekte und Normen, unsere Wünsche, Ängste und Hoffnungen freigeben. Lange hat man angenommen, daß Wissenschaft und die für sie reklamierte Wahrheit und Objektivität auf der Möglichkeit beruhen, den Beobachter draußen zu halten. Diese Illusion hat sich verflüchtigt. Wir leben in unserer Welt – und das ist alles. Und wir stehen in den Wissenschaften vor den Produkten unserer Wissensproduktion – und auch das ist alles. Und wenn wir dazu neigen, diese Wissensproduktion als »Fortschritt« zu deklarieren, dann steht uns das frei – am Wissen und seiner »Welthaltigkeit« ändert das leider gar nichts. (Gibt es also keinen Fortschritt? Doch, *für uns* schon.)[53]

Nicht die Umwelt beobachtet unsere Aktivitäten, sondern andere Aktanten. Wir sind – und das ist uns nicht immer angenehm – beobachtete Beobachter, mit anderen Worten: »So sehe ich, daß du siehst, daß ich mich von dir gesehen sehe.«[54] Wittgenstein hat erkannt, daß das Subjekt nicht zur Welt gehört, sondern eine Grenze der Welt ist.[55] Vermutlich liegt hier der Grund dafür, daß wir die Konstruktivität unseres Weltverhält-

52 Wittgenstein, *Tractatus logico-philosophicus*, 5.634.

53 Man Ray hat einmal sarkastisch bemerkt, es gebe keinen Fortschritt in der Kunst, sowenig es Fortschritte in der Sexualität gebe; es gebe nur verschiedene Wege, sie »auf die Beine zu stellen«.

54 Watzlawick u.a., 1967, S. 248.

55 Wittgenstein, *Tractatus logico-philosophicus*, 5.632.

nisses nur so schwer begreifen, weshalb wir immer wieder dazu neigen, dualistisch zu denken: hier das Subjekt, da draußen die Wirklichkeit; hier die Medien – da das Ereignis. Watzlawick und andere formulieren scheinbar einleuchtend, »daß Wirklichkeit die Struktur ist, die wir der Welt auferlegen«.[56] Das ist nicht konsequent konstruktivistisch gesagt. Genauer müßte es wohl lauten: Wirklichkeit ist die Struktur, die wir (um eine andere berühmt gewordene Metapher zu verwenden) als Wirklichkeit »ausflaggen«. Hegel hatte skeptisch bemerkt, daß das bloß sich selbst ausdrückende Subjekt schlechte Subjektivität ist. Ich hoffe, es ist in den Überlegungen dieses Buches deutlich geworden, daß »das Subjekt« nicht als Identität gedacht werden sollte, sondern als Konstrukt, nämlich als Zuschreibung eines Wirklichkeits-Konstruktionsprozesses auf ein Bewußtsein, das sich eben in diesem Prozeß selbst erzeugt, indem es Komponenten der Sinnzusammenhänge ausnutzt, die als thematische Räume in kulturellen Ordnungen gesellschaftlich zur Verfügung stehen. (Frei nach H. J. Freichels könnte man sagen: Tiefe hat nichts mit »darunter« zu tun, sondern mit »dazwischen«.)

Wozu, mag mancher skeptisch fragen, wozu dann überhaupt noch Theorien und speziell Kommunikations- und Medientheorien? Die Antwort ist einfach: Weil sich unsere Beobachtungsbedingungen und damit auch unsere Beobachtungsinteressen ständig ändern. Vor allem weil wir Menschen uns ständig neu sehen, mal als Opfer und mal als Herren der Medien; mal als aktive Mediennutzer, mal als passive Rezipienten; mal als umweltoffene Individuen, mal als kognitiv geschlossene Systeme. Vor allem aber auch, weil wir uns als Theoretiker oder Wissenschaftler immer anders sehen, als Wahrheitssucher, als Wissensproduzenten, als Problemlöser und so fort. Jede Veränderung an der einen Stelle zieht aber Veränderungen an (allen) anderen Stellen nach sich. Ob wir von »Geist« oder von »kognitivem System« reden, macht nicht nur einen terminologischen Unterschied; manche Diskussionsbemerkung hat mich belehrt, daß bei solchen Termini die Affekte mitschwingen, daß normative Überzeugungen mitschwingen, daß mithin alle Steuerungsgrößen im Kognitionsprozeß (vgl. Kapitel 1, 7) »anspringen«, wenn für relevant gehaltene Termini fallen.

56 Watzlawick u. a. 1967, S. 248.

Solange unsere Kulturprogramme noch dynamisch sind, brauchen wir daher neue Modi der Selbstbeobachtung unseres Umgangs mit Medien, die wir den Ausdrucksmöglichkeiten anverwandeln, die die kommunikations-disziplinierenden Medien uns zur Verfügung stellen. So weit wir uns also auch zurücklehnen mögen, um Kommunikation und Medien kühl, aus der Ferne zu beobachten – wir starten immer von Beschreibungen *so far*; denn jede Kommunikation als Sinnvollzug ist eingebunden in vorherige Kommunikationen in sinntypisierten Situationen und Diskursräumen. Wir kommen immer zu spät. Wäre dies nicht der Fall, kämen wir nirgendwohin!

Literatur

Alfes, H. F. (1995), *Literatur und Gefühl. Emotionale Aspekte literarischen Schreibens und Lesens*, Opladen: Westdeutscher Verlag 1995 (Konzeption Empirische Literaturwissenschaft, Bd. 19).

Altmeppen, K.-O. (1998), »Multimedia: ein neuer Journalismus? Arbeitsmarkt, Tätigkeitsfelder und Qualifikationsbedarf«, in: Neverla (Hg.) 1998, S. 197-218.

Amelunxen, H. v. (1988), *Die aufgeschobene Zeit. Die Erfindung der Photographie durch William Henry Fox Talbot*, Berlin: Nishen 1988.

Anderson, B.R. (1993), *Die Erfindung der Nation. Zur Karriere eines folgenreichen Konzepts*, Frankfurt am Main/New York: Campus, 2. Auflage.

Arbeitsgruppe NIKOL (Hg.) (1986), *Angewandte Literaturwissenschaft*, Braunschweig/Wiesbaden: Vieweg.

Ascott, R. (1989), »Gesamtdatenwerk, Konnektivität, Transformation und Transzendenz«, in: *Kunstforum International* 103 (1989), S. 100-109.

Baacke, D. (1997), *Medienpädagogik*, Tübingen: Niemeyer.

– (1999), »Zum Konzept und zur Operationalisierung von Medienkompetenz«, *http://www.jff.de/service/fb98/baacke.htm*.

Baecker, D. (1996), »Oszillierende Öffentlichkeit«, in: Maresch (Hg.) 1996, S. 89-107.

– (1997), »Das Programm der Kultur, die Richtigkeit der Gesellschaft«, in: M. Heller und H.U. Reck (Hg.), *»Ästhetik« nach der Aktualität des Ästhetischen*, Zürich: Museum für Gestaltung 1997, S. 105-126.

Barsch, A., G. Rusch und R. Viehoff (Hg.) (1994), *Empirische Literaturwissenschaft in der Diskussion*, Frankfurt am Main: Suhrkamp.

Barthes, R. (1985), *Die helle Kammer. Bemerkungen zur Photographie*, Frankfurt am Main: Suhrkamp 1985.

Baudrillard, Jean (1991), *Das System der Dinge. Über unser Verhältnis zu den alltäglichen Gegenständen*, Frankfurt am Main/New York: Campus 1991.

Becker, J. (Hg.) (1994), *Fern-Sprechen. Internationale Fernmeldegeschichte, -soziologie und -politik*, Berlin: Vistas 1994.

Becker, T. (1998), *Strategische Unternehmenskommunikation*, Opladen: Westdeutscher Verlag.

Beck-Gernsheim, E. (1986), »Von der Liebe zur Beziehung? Veränderungen im Verhältnis von Mann und Frau in der individualisierten Gesellschaft«, in: Berger (Hg.) 1986, S. 209-233.

Benjamin, W. (1963), *Das Kunstwerk im Zeitalter seiner technischen Reproduzierbarkeit*, Frankfurt am Main: Suhrkamp.

Bentele, G., und M. Rühl (Hg.) (1993), *Theorien öffentlicher Kommunikation*, München: Ölschläger.
– und M. Haller (Hg.) (1997), *Aktuelle Entstehung von Öffentlichkeit. Akteure – Strukturen – Veränderungen*. Konstanz: UVK 1997 (Schriftenreihe der DGPuK, Bd. 24).
Berger, J. (Hg.) (1986), *Die Moderne – Kontinuitäten und Zäsuren*, Göttingen: Schwartz.
Berghaus, M. (1999), »Wie Massenmedien wirken. Ein Modell zur Systematisierung«, in: *Rundfunk und Fernsehen* 47,2 (1999), S. 181-199.
Biere, B. U. (1996), »Fachsprachengebrauch und Verständlichkeit. Bemerkungen zum Verhältnis von Wissenschaft und Öffentlichkeit«, in: Hennig und Meier (Hg.) 1996, S. 213-227.
Bisinger, M., u. a. (Hg.) (1992), *Der ganz normale Mann. Frauen und Männer streiten über ein Phantom*, Reinbek: Rowohlt.
Blöbaum, B. (1994), *Journalismus als soziales System. Geschichte, Ausdifferenzierung und Verselbständigung*, Opladen: Westdeutscher Verlag.
Bödecker, H. E. (1988), »Aufklärung als Kommunikationsprozeß«, in: *Aufklärung. Interdisziplinäre Halbjahresschrift zur Erforschung des 18. Jahrhunderts und seiner Wirkungsgeschichte* 2,2 (1988), S. 89-111.
Böhme, H., und K. R. Scherpe (Hg.) (1996), *Literatur- und Kulturwissenschaften. Positionen, Theorien, Modelle*, Reinbek: Rowohlt.
Bohn, R., E. Müller und R. Ruppert (Hg.) (1988), *Ansichten einer künftigen Medienwissenschaft*, Berlin: Edition Sigma.
Bollmann, St., und C. Heibach (Hg.) (1996), *Kursbuch Internet. Anschlüsse an Wirtschaft und Politik, Wissenschaft und Kultur*, Mannheim: Bollmann.
Bolz, N. (1990), *Theorie der neuen Medien*, München: Raben-Verlag.
– (1993), »Wer hat Angst vorm Cyberspace? Eine kleine Apologie für gebildete Verächter«, in: K.-H. Bohrer und K. Scheel (Hg.), *Medien Neu? Über Macht, Ästhetik und Fernsehen.* Sonderheft *Merkur* 47, 9/10 (1993), S. 897-904.
– (1994), *Das kontrollierte Chaos. Vom Humanismus zur Medienwirklichkeit*, Düsseldorf: Econ.
– (1996), »Weltkommunikation. Über die Öffentlichkeit der Werbung«, in: Maresch (Hg.) 1996, S. 77-88.
Bourdieu, P. (1998), *Über das Fernsehen*, Frankfurt am Main: Suhrkamp.
Bresser, K. (1992), *Was nun? Über Fernsehen, Moral und Journalisten*, Hamburg/Zürich: Luchterhand 1992.
Bretl, D. J., und J. Cantor (1988), »The Portrayal of Men and Women in U.S. Television Commercials: A Recent Content Analysis and Trends over 15 Years«, in: *Sex Roles* 18, 9/10 (1988), S. 595-609.
Brosius, H.-B., und J. F. Staab (1990), »Emanzipation in der Werbung? Die Darstellung von Frauen und Männern in der Anzeigenwerbung des *Stern* von 1969 bis 1988«, in: *Publizistik* 35,3 (1990), S. 292-303.

Bürger, Ch. (1980), »Literarischer Markt und Öffentlichkeit am Ausgang des 18. Jahrhunderts in Deutschland«, in: Ch. Bürger u a. (Hg.) 1980, S. 162-212.
– u. a. (Hg.) (1980), *Aufklärung und literarische Öffentlichkeit*, Frankfurt am Main: Suhrkamp.
Carpenter, E. (1972), *Oh! What a blow that phantom gave me!* Toronto u. a.: Bantam Books 1972.
Ciompi, L. (1986), »Zur Integration von Fühlen und Denken im Licht der ›Affektlogik‹. Die Psyche als Teil eines autopoietischen Systems«, in: K.P. Kisker u. a. (Hg.) ^{3}1986, S. 373-410.
– (1999), *Die emotionalen Grundlagen des Denkens. Entwurf einer fraktalen Affektlogik*, Göttingen: Vandenhoek & Ruprecht.
Craig, S. (Hg.) (1992), *Men, Masculinity, and the Media*, Newbury Park u. a.: Sage Publications 1992.
Crary, J. (1996), *Techniken des Betrachters: Sehen und Moderne im 19. Jahrhundert*, Dresden/Basel: Verlag der Kunst.
Czernin, F. J. (1992), *die aphorismen*, 8 bde., Wien: Sonderzahl.
Dahl, P. (1993), *Radio. Sozialgeschichte für Sender und Empfänger*, Reinbek bei Hamburg: Rowohlt.
Danneberg, L., und F. Vollhardt (Hg.) (1992), *Vom Umgang mit Literatur und Literaturgeschichte. Positionen und Perspektiven nach der »Theoriedebatte«*, Stuttgart: Metzler.
de Berg, H., und M. Prangel (Hg.) (1999), *Interpretation 2000: Positionen und Kontroversen*, Heidelberg: Winter.
Dencker, K.P. (Hg.) (1995), *Weltbilder. Bildwelten. Computergestützte Visionen*, Hamburg: Hans-Bredow-Institut.
Deutscher Akademischer Austauschdienst (Hg.) (1995), *Germanistentreffen Bundesrepublik Deutschland – Türkei: 25.9. bis 29.9.1994*, Bonn: Selbstverlag.
Deutsches Institut für Fernstudien an der Universität Tübingen (Hg.) (1991), *Funkkolleg Medien und Kommunikation. Konstruktionen von Wirklichkeit*, Studienbrief 7. Weinheim u. a.: Beltz.
Doelker, C. (1989), *Kulturtechnik Fernsehen. Analyse eines Mediums*, Stuttgart: Klett-Cotta.
Drechsel, P., B. Gölz und B. Schmidt (2000), *Kultur im Zeitalter der Globalisierung*, Frankfurt am Main: IKO.
Drews, J. (1978), »Literaturkritik und literarische Wertung«, in: *Protokolle* 1, S. 223-241.
Dröge, F., und G. G. Kopper (1991), *Der Medien-Prozeß. Zur Struktur innerer Errungenschaften der bürgerlichen Gesellschaft*, Opladen: Westdeutscher Verlag.
Drost, W., u. a. (1989), »Partnerschaft Heute – Frauenbilder/Männerbilder in der Perspektive französischer und deutscher Werbestrategen«, hektographiert, Siegen.

Durkin, K. (1985), »Television and Sex-Role Acquisition 1: Content«, in: *British Journal of Social Psychology* 24,2 (1985), S. 101-113.
Dyck, J. (1988), »Zwischen Methodenrausch und Buchbindermythos. Zur Lage der Germanistik im Jahre 2000«, in: Oellers (Hg.) 1988, S. 3-15.
Eisenstein, E. (1979), *The Printing Press as an Agent of Change. Communications and Cultural Transformations in Early-Modern Europe*, Bde. 1-2, Cambridge u. a.: Cambridge University Press.
Esposito, E. (1998), »Fiktion und Virtualität«, in: Krämer (Hg.) 1998, S. 269-296.
Essler, W. K. (1970), *Wissenschaftstheorie I. Definition und Reduktion*, Freiburg/München: Alber.
– (1972), *Analytische Philosophie I. Methodenlehre, Sprachphilosophie, Ontologie, Erkenntnistheorie*, Stuttgart: Kröner.
Faßler, M. (1993), »Zivilisierung eines unbegrenzten Raumes? Ordnung und Ironie informationaler Öffentlichkeiten«, in: Steinmüller (Hg.) 1993, S. 103-127.
– (1998), »Makromedien«, in: Faßler /Halbach (Hg.) 1998, S. 309-359.
Faßler, M., und W. Halbach (1998), »Einleitung in eine Mediengeschichte«, in: dies. (Hg.) 1998, S. 17-53.
– (Hg.) (1998), *Geschichte der Medien*, München: Fink.
Faulstich, W. (Hg.) (1994), *Vom »Autor« zum »Nutzer«: Handlungsrollen im Fernsehen*. Bd. 5 der *Geschichte des Fernsehens in der Bundesrepublik Deutschland*, hg. von H. Kreuzer und Chr. W. Thomsen, München: Fink.
– (Hg.) (1994), *Grundwissen Medien*, München: Fink.
Faust, W. M. (1977), *Bilder werden Worte*, München: Hanser.
– (1995), »Die Aufgabe des Kunstkritikers heute ist es, der Kunst bei ihrem Verschwinden zu helfen. Wir sollten dies mit Liebe und Dankbarkeit tun«, in: F.W. Block und H. Funk (Hg.), *Kunst – Sprache – Vermittlung*, München: Goethe-Institut 1995, S. 158-164.
Feilke, H. (1994), *Common sense-Kompetenz. Überlegungen zu einer Theorie des »sympathischen« und »natürlichen« Meinens und Verstehens*, Frankfurt am Main: Suhrkamp.
– (1996), *Sprache als soziale Gestalt. Ausdruck, Prägung und die Ordnung der sprachlichen Typik*, Frankfurt am Main: Suhrkamp.
Fejes, F. J. (1992), »Masculinity as Fact. A Review of Empirical Mass Communication Research on Masculinity«, in: Craig (Hg.) 1992, S. 9-22.
Ferber, Chr. (1964), »Bruderschaft der entzündeten Augen«, in: *Sprache im technischen Zeitalter* 9-10 (1964), S. 728-732.
Feyerabend, P. K. (1978), *Der wissenschaftstheoretische Realismus und die Autorität der Wissenschaften* (*Ausgewählte Schriften*, Bd. 1), Braunschweig/Wiesbaden: Vieweg.

– (1981), *Probleme des Empirismus. Schriften zur Theorie der Erklärung, der Quantentheorie und der Wissenschaftsgeschichte* (*Ausgewählte Schriften,* Bd. 11), Braunschweig/Wiesbaden: Vieweg.

Finke, P. (1982), *Konstruktiver Funktionalismus. Die wissenschaftstheoretische Basis einer empirischen Theorie der Literatur*, Braunschweig/Wiesbaden: Vieweg.

Fischer, M. (1992), »Werbung und Männlichkeit. Eine Untersuchung zur Darstellung und Vermittlung von Männlichkeit in der Illustriertenwerbung«, Diplomarbeit am Fachbereich Erziehungswissenschaft der Universität Tübingen.

Foerster, H. von (1993), *Wissen und Gewissen. Versuch einer Brücke*, hg. von S. J. Schmidt, Frankfurt am Main: Suhrkamp.

Fohrmann, J., und H. Müller (Hg.) (1995), *Literaturwissenschaft*, München: Fink.

Forster, E. J. (1995), »Die unsichtbare Allgegenwart des Männlichen in den Medien«, in: Mühlen Achs und Schorb (Hg.) 1995, S. 57-69.

Franck, G. (1998), *Ökonomie der Aufmerksamkeit. Ein Entwurf*, München: Hanser.

Frank, T. (1995), *Telefonieren in Deutschland. Organisatorische, technische und räumliche Entwicklung eines großtechnischen Systems*, Frankfurt am Main: Campus.

Fricke, H. (1977), *Die Sprache der Literaturwissenschaft*, München: Beck.

Fröhlich, R., und C. Holtz-Bacha (1993), *Frauen und Massenkommunikation. Eine Bibliographie*, Bochum: Brockmeyer.

– (1995), *Frauen und Medien. Eine Synopse der deutschen Forschung*, Opladen: Westdeutscher Verlag.

Fürsich, E. (1994), »Fernsehnachrichten als Ritual«, in: *Publizistik* 39, S. 27-56.

Gappmayr, H. (1977), *raum*, München: edition UND.

Gellner, W., und F. von Korff (Hg.) (1998), *Demokratie und Internet*, Baden-Baden: Nomos.

Gern, C. (1992), *Geschlechtsrollen: Stabilität oder Wandel? Eine empirische Analyse von Heiratsinseraten*, Opladen: Westdeutscher Verlag.

Giesecke, M. (1991), *Der Buchdruck in der frühen Neuzeit*, Frankfurt am Main: Suhrkamp.

Gilmore, D. D. (1991), *Mythos Mann. Rollen, Rituale, Leitbilder*, München/Zürich: Artemis & Winkler.

Glanville, R. (Hg.) (1996), *Heinz von Foerster, a Festschrift. Systems Research* 13,3, September 1996.

Glaser, R., und M. Luserke (Hg.) (1995), *Literaturwissenschaft – Kulturwissenschaft. Positionen, Themen, Perspektiven*, Opladen: Westdeutscher Verlag.

Glasersfeld, E. von (1990), »Die Unterscheidung des Beobachters: Versuch einer Auslegung«, in: Riegas und Vetter (Hg.) 1990, S. 281-295.
Goffman, E. (1981), *Geschlecht und Werbung*, Frankfurt am Main: Suhrkamp.
Goody, J. (1990), *Die Logik der Schrift und die Organisation von Gesellschaft*, Frankfurt am Main: Suhrkamp.
Görke, A., und M. Kohring (1996), »Unterschiede, die Unterschiede machen: Neuere Theorieentwürfe zu Publizistik, Massenmedien und Journalismus«, in: *Publizistik* 41,1 (1996), S. 15-31.
Grant, C.B. (1996), *Probleme des Öffentlichkeitsbegriffs im Verorten von Literatur*, Universität-GH Siegen (LUMIS-Schriften 45).
– (1999), *Functions and Fictions of Communication* (im Druck).
Grassmuck, V. R. (1995), »Die Turing-Galaxis. Das Universal-Medium auf dem Weg zur Weltsimulation«, in: *Lettre International*, Heft 28, S. 48-55.
Großmann, B. (1999), »Der Einfluß des Radikalen Konstruktivismus auf die Kommunikationswissenschaft«, in: Rusch und Schmidt (Hg.) 1999, S. 14-51.
– (1999a), *Medienrezeption. Bestehende Ansätze und eine konstruktivistische Alternative*, Opladen: Westdeutscher Verlag.
Groeben, N., und B. Scheele (1977), *Argumente für eine Psychologie des reflexiven Subjekts*, Darmstadt: Steinkopff.
Gumbrecht, H.-U. (1998), »Medium Literatur«, in: Faßler und Halbach (Hg.) 1998, S. 83-107.
Habermas, J. (1965), *Strukturwandel der Öffentlichkeit. Untersuchungen zu einer Kategorie der bürgerlichen Gesellschaft*, Neuwied: Luchterhand.
Haferkorn, H. J. (1974), »Zur Entstehung der bürgerlich-literarischen Intelligenz und des Schriftstellers in Deutschland zwischen 1750 und 1800«, in: Lutz (Hg.) 1974, S. 113-275.
Hagemann-White, C. (1984), *Sozialisation: weiblich – männlich?*, Opladen: Leske+Budrich.
– (1993), »Die Konstrukteure des Geschlechts auf frischer Tat ertappen? Methodische Konsequenzen einer theoretischen Einsicht«, in: *Feministische Studien* 11,2 (1993), S. 68-78.
Hanke, R. (1992), »Redesigning Men. Hegemonic Masculinity in Transition«, in: Craig (Hg.) 1992, S. 185-197.
Harth, D. (Hg.), *Propädeutik der Literaturwissenschaft*, München: Fink.
Hartmann, D., und P. Janich (1998), »Die kulturalistische Wende«, in: dies. (Hg.) 1998, S. 9-22.
– (Hg.) (1998), *Die kulturalistische Wende. Zur Orientierung des philosophischen Selbstverständnisses*, Frankfurt am Main: Suhrkamp.
Hartmann, H. A., und R. Haubl (Hg.) (1992), *Bilderflut und Sprachma-*

gie. Fallstudien zur Kultur der Werbung, Opladen: Westdeutscher Verlag.
Hatzenbichler, J. (1999), »Raving Society? Über die Konstruktion von Spaß«, in: G. Rusch und S. J. Schmidt (Hg.), *Konstruktivismus in der Medien- und Kommunikationswissenschaft.* DELFIN *1997*, Frankfurt am Main: Suhrkamp 1999, S.322-336.
Hauptmeier, H. (1986), »Probleme einer Angewandten Literaturwissenschaft«, in: Arbeitsgruppe NIKOL (Hg.) 1986, S.3-120.
Hauptmeier, H., und G. Rusch (1984), *Erfahrung und Wissenschaft. Überlegungen zu einer konstruktivistischen Theorie der Erfahrung*, Siegen: Universität-GH (LUMIS-Schriften 4).
Hauptmeier, H., und S. J. Schmidt (1985), *Einführung in die Empirische Literaturwissenschaft*, Braunschweig/Wiesbaden: Vieweg.
Heißenbüttel, H. (1970), *Projekt Nr. 1. D'Alemberts Ende*, Neuwied/Berlin: Luchterhand.
Hejl, P. M. (1991), »Wie Gesellschaften Erfahrungen machen oder: Was Gesellschaftstheorie zum Verständnis des Gedächtnisproblems beitragen kann«, in: Schmidt (Hg.) 1991, S.293-336.
– (1995), »Ethik, Konstruktivismus und gesellschaftliche Selbstregelung«, in: Rusch und Schmidt (Hg.) 1995, S.28-121.
Helwig, G., und H. M. Nickel (Hg.) (1993), *Frauen in Deutschland 1945 bis 1992*, Bonn: Bundeszentrale für politische Bildung.
Hennig, J., und J. Meier (Hg.), *Varietäten der deutschen Sprache.* Festschrift für Dieter Möhn, Frankfurt am Main: Peter Lang.
Hermsen, S. (1992), »Männer in der Werbung«, in: Bisinger u.a. (Hg.) 1992, S.162-180.
Heuermann, H., und M. Kuzina (1995), *Gefährliche Musen. Medienmacht und Medienmißbrauch*, Stuttgart/Weimar: Metzler.
Hickethier, K. (1991), *Die Fernsehserie und das Serielle des Fernsehens*, Lüneburg: Universität Lüneburg.
– (1994), »›Bruderschaft der entzündeten Augen‹. Eine kleine Geschichte der Fernsehkritik in Deutschland«, in: Faulstich (Hg.) 1994, S.119-216.
– (1997), »Medienkritik – öffentlicher Diskurs und kulturelle Selbstverständigung«, in: Weßler u.a. (Hg.) 1997, S.59-67.
– und J. K. Bleicher (1998), »Die Inszenierung der Information im Fernsehen«, in: Willems und Jurga (Hg.) 1998, S.369-383.
Hiebel, H.H., H.Hiebler, K.Kogler und H.Walisch (1999), *Große Medienchronik*, München: Fink.
Hill, P. B., und J.Kopp (1995), *Familiensoziologie. Grundlagen und theoretische Perspektiven*, Stuttgart: Teubner.
Hintzenberg, D., S.J.Schmidt und R.Zobel (1980), *Zum Literaturbegriff in der Bundesrepublik Deutschland*, Braunschweig: Vieweg.
Hirschauer, S. (1993), »Dekonstruktion und Rekonstruktion. Plädoyer

für die Erforschung des Bekannten«, in: *Feministische Studien* 11,2 (1993), S. 55-67.
Hobbold, A. (1999), »Emotionen in der Qualitätspresse. Die Berichterstattung überregionaler Tageszeitungen zum Unfalltod von Lady Di«. Magisterarbeit am Institut für Kommunikationswissenschaft an der Universität Münster 1999.
Hörisch, J. (1998), »Einleitung«, in: Ludes (Hg.) 1998, S. 11-32.
– (1997), »Das letzte Abendmahl. Kapitalismus als Religion«, in: *Die Zeit*, Nr. 1, 26. 12. 1997, S. 43.
Hoffjann, O. (1999), »Journalismus und Public Relations. Ein Theorieentwurf der Intersystembeziehungen in Konfliktsituationen«, Phil. Diss., Universität Münster.
Hohendahl, P. U. (1974), *Literaturkritik und Öffentlichkeit*, München: Piper.
Hollstein, W. (1990), *Die Männer – vorwärts oder zurück?* Stuttgart: Deutsche Verlagsanstalt.
Holtz-Bacha, C. (1994), *Presseförderung im westeuropäischen Vergleich: Ökonomie und Zukunft der Printmedien; ein internationales Forschungsprogramm*, Bochum: Universität.
Hommel, B. (1998), »Visuelle Aufmerksamkeit«, in: Strauß (Hg.) 1998, S. 29-55.
Huemer, M. (1999), »Noch einmal: Was heißt Medienkunst?«, in: *Kunstforum International* 145 (1999), S. 279-285.
Hug, T. (1999), »Medienpädagogik – Begriffe, Konzeptionen, Perspektiven«, in. G. Rusch (Hg.), *Einführung in die Medienwissenschaft*, Opladen: Westdeutscher Verlag (im Druck).
Institut für Demoskopie Allensbach (Hg.) (1992), »Frauen zwischen Familie und Beruf. Fakten, Motive, Probleme in Ost- und Westdeutschland«, in: *Allensbacher Berichte*, Nr. 14/1992.
Issing, L.J. (Hg.) (1987), *Medienpädagogik im Informationszeitalter*, Weinheim: Beltz.
Jäger, G. (1991), »Die Avantgarde als Ausdifferenzierung des bürgerlichen Literatursystems«, in: M. Titzmann (Hg.), *Modelle des literarischen Strukturwandels*, Tübingen: Niemeyer, S. 221-244.
– und J. Schönert (Hg.) (1997), *Wissenschaft und Berufspraxis. Angewandtes Wissen und praxisorientierte Studiengänge in den Sprach-, Literatur-, Kultur- und Medienwissenschaften*, Paderborn: Schöningh.
Janich, P. (1995), »Die methodische Konstruktion der Wirklichkeit durch die Wissenschaften«, in: H. Lenk und P. Poser (Hg.), *Neue Realitäten. Herausforderungen der Philosophie*, Berlin: Akademie Verlag, S. 460-475.
– (1996), *Was ist Wahrheit? Eine philosophische Einführung*, München: Beck.

– (1998), »Die Struktur technischer Innovationen«, in: Hartmann und Janich (Hg.) 1998, S. 129-177.
Janota, J. (Hg.) (1993), *Vielfalt der kulturellen Systeme und Stile. Vorträge des Augsburger Germanistentags 1991*, Bd. 2, Tübingen: Niemeyer.
Jarren, O., U. Sarcinelli und U. Saxer (Hg.) (1998), *Politische Kommunikation in der demokratischen Gesellschaft. Ein Handbuch*, Opladen: Westdeutscher Verlag.
Jones, S. G. (Hg.) (1995), *CyberSociety. Computer-mediated Communication and Community*, London u. a.: Sage.
Kaiser, G., D. Matejowski und J. Fedrowitz (Hg.) (1993), *Kultur und Technik im 21. Jahrhundert*, Frankfurt am Main /New York: Campus.
Kaiser, R. (1996), *Literarische Spaziergänge im Internet. Bücher und Bibliotheken online*, Frankfurt am Main: Eichborn.
Kamman, U. (1997), »Nicht nur am Rande. Medienkritik als Instrument der Qualitätssicherung«, in: Weßler u. a. (Hg.) 1997, S. 89-94.
Kimpeler, S. (1999), »Ethnizismus als kommunikative Konstruktion«. Phil. Diss., Universität Münster.
Kisker, K. P., u. a. (Hg.) ([3]1986), *Psychiatrie der Gegenwart*, Bd. 1, Berlin/Heidelberg/New York: Springer.
Kittler, F. (1986), *Grammophon Film Typewriter*, Berlin: Brinkmann & Bose.
– (1993), *Draculas Vermächtnis. Technische Schriften*, Leipzig: Reclam.
– (1998), »Gleichschaltungen. Über Normen und Standards der elekronischen Kommunikation«, in: Faßler und Halbach (Hg.) 1998, S. 255 bis 267.
Klassen, M. L., C. R. Jasper und A. M. Schwartz (1993), »Men and Women: Images of Their Relationships in Magazine Advertisements«, in: *Journal of Advertising Research* 33,2 (1993), S. 30-39.
Kleinsteuber, H., und M. Hagen (1998), »Interaktivität – Verheißungen der Kommunikationstheorie und das Netz«, in: Neverla (Hg.) 1998, S. 63-88.
Klier, P. (1989), »Warum man die Öffentlichkeit so schlecht belügen kann (De incorrupta rei publicae fide pudoris causa)«, in: Klier und Evard (Hg.) 1989, S. 40-51.
– und J.-L. Evard (Hg.) (1989), *Mediendämmerung. Zur Archäologie der Medien*, Berlin: Edition Tiamat.
Kloepfer, R., und H. Landbeck (1991), *Ästhetik der Werbung. Der Fernsehspot in Europa als Symptom neuer Macht*, Frankfurt am Main: Fischer 1991.
Knegendorf, P. (1989), *Das Bild des Mannes in der Zeitschriftenwerbung*, Bremen: Fachbereich Wirtschaft der Hochschule Bremen.
Kohring, M. (1997), *Die Funktion des Wissenschaftsjournalismus. Ein systemtheoretischer Entwurf*, Opladen: Westdeutscher Verlag.
– und D. M. Hug (1997), »Öffentlichkeit und Journalismus. Zur Not-

wendigkeit der Beobachtung gesellschaftlicher Interdependenz – Ein systemtheoretischer Entwurf«, in: *Medien Journal* 21,1 (1997), S. 15-33.
Konrad, W. A. (1999), »Das Ich-Bewußtsein – Anmerkungen zur Konstruktion der Identität«, in: Rusch und Schmidt (Hg.) 1999, S. 301-319.
Koselleck, R. (Hg.) (1977), *Studien zum Beginn der modernen Welt*, Stuttgart: Klett-Cotta.
Kotre, J. (1996), *Weiße Handschuhe. Wie das Gedächtnis Lebensgeschichten schreibt*, München: Hanser.
Kraft, J. (1997), »Alles schön und gut. Eine Kritik der Medienkritik«, in: *Die Zeit*, Nr. 43, 17. 10. 1997, S. 63.
Krämer, S. (1998), »Das Medium als Spur und Apparat«, In: Krämer (Hg.) 1998, S. 73-94.
– (1998 a), »Zentralperspektive, Kalkül, Virtuelle Realität: Sieben Thesen über die Weltbildimplikationen symbolischer Formen«, in: Vattimo und Welsch (Hg.) 1998, S. 27-37.
– (Hg.) (1998), *Medien Computer Realität. Wirklichkeitsvorstellungen und Neue Medien*, Frankfurt am Main: Suhrkamp.
Kreuzer, H. (1975), *Veränderungen des Literaturbegriffs*, Göttingen: Vandenhoeck & Ruprecht.
Krippendorff, K. (1989/90), »Eine häretische Kommunikation über Kommunikation über Realität«, in: DELFIN, Nr. XIII (1989/90), S. 52-67.
– (1994), »Der verschwundene Bote. Metaphern und Modelle der Kommunikation«, in: Merten, Schmidt und Weischenberg (Hg.) 1994, S. 79-113.
Krohn, W., und G. Küppers (1989), *Die Selbstorganisation der Wissenschaft*, Frankfurt am Main: Suhrkamp.
Krohne, S. (1995), »It's a Men's World. Männlichkeitsklischees in der deutschen Fernsehwerbung«, in: Schmidt/Spieß (Hg.) 1995, S. 36-152.
Kubicek, H., und U. Schmid (1996), »Alltagsorientierte Informationssysteme als Medieninnovation«, *http://infosoc.informatik.uni-bremen.de* (Stand: 22. 7. 1996).
Küchenhoff, E., u. a. (1975), *Die Darstellung der Frau und die Behandlung von Frauenfragen im Fernsehen*, Stuttgart: Bundesminister für Jugend, Familie und Gesundheit.
Kückelhaus, A. (1998), *Public Relations: Die Konstruktion von Wirklichkeit*, Opladen: Westdeutscher Verlag.
Lash, S. (1998), »Wenn alles eins wird«, in: *Die Zeit*, Nr. 10, 26. 2. 1998, S. 41 f.
Lau, Jörg (1997), »Mystik der neuen Medien«, in: *Die Zeit*, Nr. 45, 31. 10. 1997, S. 57 f.
Lecke, B. (Hg.) (1999), *Literatur und Medien in Studium und Deutschunterricht*, Frankfurt am Main: Peter Lang.

Leinfellner, W. (1965), *Einführung in die Erkenntnis- und Wissenschaftstheorie*, Mannheim: Bibliographisches Institut.
Lenk, C. (1997), *Die Erscheinung des Rundfunks. Einführung und Nutzung eines neuen Mediums 1923-1932*, Opladen: Westdeutscher Verlag.
Lent, J.A. (1991), *Women and Mass Communications. An International Annotated Bibliography*, New York: Greenwood Press.
Linke, D. (1996), »Der letzte Mensch blinzelt. Ein Gespräch mit dem Hirnwissenschaftler Detlef Linke«, *http://www.heise.de/tp/deutsch/inhalt/co/2000/1.html.*
Lippmann, W. (1922/1964), *Public Opinion*, New York.
Löffler, S. (1998), »Die Furien des Verschwindens. Der Kritiker als aussterbende Spezies: Wie läßt sich sein Prestigeverfall aufhalten?«, in: *Die Zeit*, Nr. 1, 30.12.1998, S. 37.
Loo, H. van der, und W. van Reijen (1992), *Modernisierung. Projekt und Paradox*, München: dtv.
Lorenz, O. (1992), *Kleines Lexikon literarischer Grundbegriffe*, München: Fink.
Ludes, P., und G. Schütte (1998), »Für eine integrierte Medien- und Kommunikationswissenschaft«, in: Ludes (Hg.) 1998, S. 33-53.
Ludes, P. (Hg.) (1998), *Einführung in die Medienwissenschaft. Entwicklungen und Theorien*, Berlin: Erich Schmidt Verlag.
– und A. Werner (Hg.) (1997), *Multimedia aus medien- und kommunikationswissenschaftlicher Sicht. Theorien, Trends und Praxis*, Opladen: Westdeutscher Verlag.
Luhmann, N. (1971), »Öffentliche Meinung«, in: ders., *Politische Planung*, Opladen: Westdeutscher Verlag, S. 9-34.
– (1972), »Religion als System. Thesen«, in: K.W. Dahm, N. Luhmann und D. Stodt (Hg.), *Religion – System und Sozialisation*, Darmstadt/Neuwied: Luchterhand, S. 11-15.
– (1983), *Liebe als Passion. Zur Codierung von Intimität*, 3. Auflage, Frankfurt am Main: Suhrkamp.
– (1990), *Die Wissenschaft der Gesellschaft*, Frankfurt am Main: Suhrkamp.
– (1990a), *Soziologische Aufklärung 5. Konstruktivistische Perspektiven*, Opladen: Westdeutscher Verlag.
– (1995), *Die Kunst der Gesellschaft*, Frankfurt am Main: Suhrkamp.
– (1996), »Die Sinnform Religion«, in: *Soziale Systeme* 2 (1996), S. 3- 33.
– (1996a), *Die Realität der Massenmedien*, 2., erweiterte Auflage, Opladen: Westdeutscher Verlag.
– (1997), *Die Gesellschaft der Gesellschaft*, Bde. 1-2, Frankfurt am Main: Suhrkamp.
– (1999), »Öffentliche Meinung und Demokratie«, in: Maresch und Werber (Hg.) 1999, S. 19-34.

Lutz, B. (Hg.) (1974), *Deutsches Bürgertum und literarische Intelligenz 1750-1800* (Literaturwissenschaft und Sozialwissenschaften, Bd. 3), Stuttgart: Metzler.
Lysonski, S. (1985), »Role Portrayals in British Magazine Advertisements«, in: *European Journal of Marketing* 19,7 (1985), S. 37-55.
Maatje, Ch. (1999), »Verkaufte Luft. Die Kommerzialisierung des Rundfunks. Hörfunkwerbung in Deutschland 1923-1936«. Phil. Diss., Universität Münster.
Malzacher, J. (1988), »Das Selbstkonzept von Männern und die Darstellung von Männern in der Werbung«. Unveröffentlichte Diplomarbeit am Fachbereich Psychologie der Rheinischen Friedrich-Wilhelms-Universität Bonn.
Manthey, D. (Hg.) (1994), *MAX Werbejahrbuch 1994*, Hamburg: MAX-Verlag.
Manthey, H. (1991), »Der neue Manager: Die allseitig entwickelte männliche Persönlichkeit als Vision vollendeter Autonomie«, in: *Frauenforschung* 9, 1-2 (1991), S. 48-58.
Marcinkowski, F. (1993), *Publizistik als autopoietisches System. Politik und Massenmedien. Eine systemtheoretische Analyse*, Opladen: Westdeutscher Verlag.
Maresch, R. (1995), »Mediatisierte Öffentlichkeiten«, in: *Leviathan. Zeitschrift für Sozialwissenschaft* 23,3 (1995), S. 394-416.
– (1998), »Ein Mehr von Unentscheidbarkeiten«. R. Maresch im Gespräch mit D. Baecker, in: *Telepolis*, *http://www.heise.de/tp/deutsch/inhalt/co/2522/1.html*, 9. 11. 1989.
– (Hg.) (1993), *Zukunft oder Ende. Standpunkte · Analysen · Entwürfe*, München: Boer.
– (Hg.) (1996), *Medien und Öffentlichkeit. Positionierungen · Symptome · Simulationsbrüche*, München: Boer.
– und N. Werber (1996), Einladungsbrief an die Autoren und Autorinnen des Sammelbandes *Kommunikation Medien Macht*.
– und N. Werber (Hg.) (1999), *Kommunikation · Medien · Macht*, Frankfurt am Main: Suhrkamp.
Mast, C. (Hg.) (1996), *Markt – Macht – Medien: Publizistik im Spannungsfeld zwischen gesellschaftlicher Verantwortung und ökonomischen Zielen*, Konstanz: Universitätsverlag 1996 (Schriftenreihe der DGPuK, Bd. 23).
Matejovski, D., und F. Kittler (Hg.) (1996), *Literatur im Informationszeitalter*, Frankfurt am Main/New York: Campus.
Maturana, H., und F. J. Varela (1987), *Der Baum der Erkenntnis*, München/Bern/Wien: Scherz.
Mayer, H., G. Schuhmann, S. Huber (1981), »Darstellungsformen des Mannes in der Zeitschriftenwerbung: Eine empirische Analyse«, in: *Jahrbuch der Absatz- und Verbrauchsforschung* 27,1 (1981), S. 26- 39.

McAthur, L. Z., und B. G. Resko (1975), »The Portrayal of Men and Women in American Television Commercials«, in: *Journal of Social Psychology* 97, 2 (1975), S. 209-220.
McLuhan, M. (1994), *Die magischen Kanäle. Understanding Media*, Dresden: Verlag der Kunst.
Merten, K. (1977), *Kommunikation. Eine Begriffs- und Prozeßanalyse*, Opladen: Westdeutscher Verlag.
– (1994), »Die Darstellung des Mannes in deutschen Zeitschriften. Eine Analyse von Artikeln und Anzeigen. März 1994«. Unveröffentlichter Abschlußbericht einer Inhaltsanalyse im Auftrag von *Hugo Boss*, Universität Münster.
– (1995), »Konstruktivismus als Theorie für die Kommunikationswissenschaft«, in: *Medien Journal*, Heft 4 (1995), S. 3-20.
– und J. Westerbarkey (1994), »Public Opinions and Public Relations«, in: Merten u. a. (Hg.) 1994, S. 188-211.
Merten, K., S. J. Schmidt und S. Weischenberg (Hg.) (1994), *Die Wirklichkeit der Medien. Eine Einführung in die Kommunikationswissenschaft*, Opladen: Westdeutscher Verlag.
Metzmacher, U. (1990), »Das Geschlechterverhältnis in der Kultur des Bürgertums der Jahrhundertwende«. Promotionsschrift am Fachbereich 2 Gesellschafts- und Planungswissenschaft der TU Berlin.
Meutsch, D. (1987), *Literatur verstehen. Eine empirische Studie*, Braunschweig/Wiesbaden: Vieweg.
Meyer, B. (1993), »Analyse und Kritik der Grundlagen der Luhmannschen Theorie sozialer Systeme aus der Sicht der allgemeinen Systemtheorie«, Phil. Diss., Universität Leipzig.
Meyer, P. (1992), »Human affectivity as an element of culture: How cultural texts are provided with valence«. Bielefeld: Zentrum für Interdisziplinäre Forschung der Universität Bielefeld (Report 22/92 of the Research Group on Biological Foundations of Human Culture).
Meyer, S., und E. Schulze (1993), »Frauen in der Modernisierungsfalle – Wandel von Ehe, Familie und Partnerschaft in der Bundesrepublik Deutschland«, in: Helwig und Nickel (Hg.) 1993, S. 166-189.
Meyer, Th., und R. Ontrup (1998), »Das ›Theater des Politischen‹. Politik und Politikvermittlung im Fernsehzeitalter«, in: Willems und Jurga (Hg.) 1998, S. 523-541.
Mittelstraß, J. (1984), »Forschung, Begründung, Rekonstruktion. Wege aus dem Begründungsstreit«, in: Schnädelbach (Hg.) 1984, S. 117 bis 140.
Mitterer, J. (1992), *Das Jenseits der Philosophie. Wider das dualistische Erkenntnisprinzip*, Wien: Passagen Verlag (Edition Passagen, Bd. 38).
– (1998), »Der Radikale Konstruktivismus: ›What difference does it make?‹«, in: *Ethik und Sozialwissenschaften* 9,4 (1998), S. 554f.
– (1999), *Die Flucht aus der Beliebigkeit*, Klagenfurt: Drava.

Monaco, James (1980), *Film verstehen. Kunst, Technik, Sprache, Geschichte und Theorie des Films*, Reinbek bei Hamburg: Rowohlt.
Moravec, H. (1993), »Geist ohne Körper – Visionen von der reinen Intelligenz«, in: Kaiser u.a. (Hg.) 1993, S. 81-90.
Mühlen Achs, G., und B. Schorb (Hg.) (1995), *Geschlecht und Medien*, München: Kopaed Verlag.
Müller, J. E. (1994), »Intermedialität und Medienwissenschaft. Thesen zum State of the Art«, in: *montage/av. Zeitschrift für Theorie & Geschichte audiovisueller Kommunikation* 3,2 (1994), S. 119-138.
Müller-Doohm, St. (1999), »Kulturelle Identität im Zeitalter der globalen Medienkultur«, in: Viehoff und Segers (Hg.), 1999, S. 75-97.
Nave-Herz, R., und M. Markefka (Hg.) (1989), *Handbuch der Familien- und Jugendforschung*. Band 1: *Familienforschung*, Neuwied: Luchterhand.
Negroponte, N. (1995), *Total Digital. Die Welt zwischen 0 und 1 oder Die Zukunft der Kommunikation*, München: Bertelsmann.
Neumann-Braun, K. (Hg.) (1999), *VIVA MTV! Popmusik im Fernsehen*, Frankfurt am Main: Suhrkamp.
Neverla, I. (1991), »Männerwelten, Frauenwelten. Wirklichkeitsmodelle, Geschlechterrollen, Chancenverteilung«, in: Deutsches Institut für Fernstudien an der Universität Tübingen (Hg.) 1991, S. 11-38.
– (Hg.) (1998), *Das Netz-Medium*, Opladen: Westdeutscher Verlag.
Nötzel, R. (1981), »Werbung mit nackten Männern oder Frauen«, in: *Interview und Analyse* 8,11/12 (1981), S. 468-469.
Nüse, R., N. Groeben, B. Freitag und M. Schreier (1991), *Über die Erfindung/en des Radikalen Konstruktivismus*, Weinheim: Deutscher Studien Verlag.
Oellers, N. (Hg.) (1988), *Politische Aufgaben und soziale Funktionen von Germanistik und Deutschunterricht*, Tübingen: Niemeyer.
Oeser, E., und F. Seitelberger (1988), *Gehirn, Bewußtsein und Erkenntnis*, Darmstadt: Wissenschaftliche Buchgesellschaft (Dimensionen der modernen Biologie, Bd. 2).
Ong, W. J. (1987), *Oralität und Literalität: Die Technologisierung des Wortes*, Opladen: Westdeutscher Verlag.
Panofsky, E. (1978), *Tizians Allegorie der Klugheit. Ein Nachwort*, Köln: DuMont 1978.
Parsons, T., und R. F. Bales (1960), *Family, Socialization and Interaction Process*, 3. Auflage, Glencoe, IL: The Free Press.
Plumpe, G. (1995), *Epochen moderner Literatur*, Opladen: Westdeutscher Verlag.
– und N. Werber (Hg.) (1995), *Beobachtungen der Literatur. Aspekte einer polykontexturalen Literaturwissenschaft*, Opladen: Westdeutscher Verlag.
Poltermann, A. (Hg.) (1995), *Literaturkanon – Medienereignis – Kultu-*

reller Text. Formen interkultureller Kommunikation und Übersetzung, Berlin: Erich Schmidt.
Postman, N. (1983), *Das Verschwinden der Kindheit*, Frankfurt am Main: Fischer.
Prinz, W., und P. Weingart (Hg.) (1990), *Die sogenannten Geisteswissenschaften: Innenansichten*, Frankfurt am Main: Suhrkamp.
Pross, H. (1978), *Die Männer. Eine repräsentative Untersuchung über die Selbstbilder von Männern und ihre Bilder von der Frau*, Reinbek bei Hamburg: Rowohlt.
Reck, H. U. (1994), »Perspektiven einer aktuellen Television«, in: Reck (Hg.) 1994, S. 5-14.
– (Hg.) (1994), *Fernsehen der Dritten Art*. Eine Publikation der Lehrkanzel für Kommunikationstheorie anläßlich des Symposiums »Fernsehen der Dritten Art«. Wien: Hochschule für angewandte Kunst.
– (Hg.) (1994a), »Konstruktionen des Erinnerns – Transitorische Turbulenzen I«, in: *Kunstforum International* 127, Juli 1994.
Reichertz, J. (1998), »Vom lieben Wort zur großen Fernsehinszenierung. Theatralisierungstendenzen bei der (Re-)Präsentation von ›Liebe‹«, in: Willems und Jurga (Hg.) 1998, S. 385-402.
Rein, A. (Hg.) (1996), *Medienkompetenz als Schlüsselbegriff*, Bad Heilbrunn: Klinkhardt.
Rheingold, H. (1994), *Virtuelle Gemeinschaft*, Bonn: Addison Wesley.
Riegas, V., und Ch. Vetter (Hg.) (1990), *Zur Biologie der Kognition*, Frankfurt am Main: Suhrkamp.
Rödel, U. (1996), »Mediatisierte Öffentlichkeiten – Ist die Zivilgesellschaft noch zu retten?«, in: Maresch (Hg.) 1996, S. 66-76.
Röser, J. (1992), *Frauenzeitschriften und weiblicher Lebenszusammenhang: Themen, Konzepte und Leitbilder im sozialen Wandel*, Opladen: Westdeutscher Verlag.
– (1993), *Frauen – Medien – Forschung. Graue Literatur 1980-1992. Eine kommentierte Bibliographie*, Münster: Lit-Verlag.
Roth, G. (1995), *Das Gehirn und seine Wirklichkeit. Kognitive Neurobiologie und ihre philosophischen Konsequenzen*, 2. Auflage, Frankfurt am Main: Suhrkamp.
Rötzer, F. (1998), *Digitale Weltentwürfe. Streifzüge durch die Netzkultur*, München: Hanser.
– (1999), »Aufmerksamkeit als Medium der Öffentlichkeit«, in: Maresch und Werber (Hg.) 1999, S. 35-58.
– (Hg.) (1988), *Ästhetik des Immateriellen? Zum Verhältnis von Kunst und Neuen Technologien*, Teil I, *Kunstforum International* 97 (1988).
– (Hg.) (1989), *Ästhetik des Immateriellen? Zum Verhältnis von Kunst und Neuen Technologien*, Teil II, *Kunstforum International* 98 (1989).
Rückenhaus, F. (1993), »Wie viele Programme erträgt ein Mensch«, in: *Die Zeit*, 26. 11. 1993.

Rusch, G. (1987), *Erkenntnis, Wissenschaft, Geschichte. Von einem konstruktivistischen Standpunkt*, Frankfurt am Main: Suhrkamp.
– (Hg.) (1999), *Handbuch der Medienwissenschaft*, Opladen: Westdeutscher Verlag (im Druck).
– und S. J. Schmidt (Hg.) (1995), *Konstruktivismus und Ethik. DELFIN 1995*. Frankfurt am Main: Suhrkamp.
– und S. J. Schmidt (Hg.) (1996), *Interne Repräsentation. Neue Konzepte der Hirnforschung. DELFIN 1996*, Frankfurt am Main: Suhrkamp.
– und S. J. Schmidt (Hg.) (1999), *Konstruktivismus in der Medien- und Kommunikationswissenschaft. DELFIN 1997*, Frankfurt am Main: Suhrkamp.
Rustemeyer, R., und S. Thrien (1989), »Die Managerin – der Manager. Wie weiblich dürfen sie sein, wie männlich müssen sie sein?«, in: *Zeitschrift für Arbeits- und Organisationspsychologie* 33,3 (1989), S. 108-116.
Rutschky, M. (1994), »Nichts als Helden. Der Mann hat die Werbung erobert – heroisch, martialisch, nackt. Mehr als nur ein Zufall?«, in: *Zeitmagazin* Nr. 10, 4. März 1994, S. 12-17.
Sandbothe, M. (1996), »Cool oder hot? Zur Ambivalenz virtueller Gemeinschaften im Internet«, in: *forum medienethik*, Heft 2 (1996), S. 20-27.
– (1998), »Transversale Medienwelten. Philosophische Überlegungen zum Internet«, in: G. Vattimo und W. Welsch (Hg.), *Medien, Welten, Wirklichkeiten*, München: Fink, S. 59-83.
Savigny, E. von (1970), *Grundkurs im wissenschaftlichen Definieren*, München: dtv.
Saxer, U. (1977), »Literatur in der Medienkonkurrenz«, in: *Media Perspektiven*, Heft 12 (1977), S. 673-685.
– (1983), »Macht von Medien – Macht durch Medien. Anmerkungen zu Befunden in einem amorphen Forschungsbereich«, in: *Rundfunk und Fernsehen* 31, 3-4 (1983), S. 439-455.
– (1999), »Kulturelle Identitätsmuster und Medienkommunikation«, in. Viehoff und Segers (Hg.) 1999, S. 98-119.
– und M. Landolt (1995), *Medien – Lebensstile. Lebensstilmodelle von Medien für die Freizeit*, Zürich: Seminar für Publizistikwissenschaft der Universität Zürich (Reihe Diskussionspunkt, Bd. 28).
– und M. Märki-Koepp (1992), *Mediengefühlskultur. Zielgruppenspezifische Gefühlsdramaturgie als journalistische Produktionsroutine*, München: Ölschläger 1992 (Forschungsfeld Kommunikation, Bd. 3).
Schissler, H. (1992), »Männerstudien in den USA«, in: *Geschichte und Gesellschaft. Zeitschrift für Historische Sozialwissenschaft* 18 (1992), S. 204-220.
– (Hg.) (1993), *Geschlechterverhältnisse im historischen Wandel*, Frankfurt am Main/New York: Campus.

Schlesier, R. (1996), »Kulturwissenschaft heute – eine Chimäre?«, in: *Neue Zürcher Zeitung*, Nr. 250, 26./27.10.1996, S. 53f.

Schmerl, C. (1984), *Das Frauen- und Mädchenbild in den Medien*, Opladen: Leske+Budrich.

Schmidt, S. J. (1971), *Ästhetische Prozesse. Beiträge zu einer Theorie der nicht-mimetischen Kunst und Literatur*, Köln: Kiepenheuer & Witsch.

– (1974), *elemente einer textpoetik. theorie und anwendung*, München: Bayerischer Schulbuchverlag.

– (1975), »›Negation‹ und ›Konstitution‹ als Kategorien konkreter Dichtung«, in: Weinrich (Hg.) 1975, S. 393-433.

– (1980), *Grundriß der Empirischen Literaturwissenschaft*, Teilband 1: *Der gesellschaftliche Handlungsbereich Literatur*, Braunschweig/Wiesbaden: Vieweg.

– (1982), *Grundriß der Empirischen Literaturwissenschaft*, Teilband 2: *Zur Rekonstruktion literaturwissenschaftlicher Fragestellungen in einer Empirischen Theorie der Literatur*, Braunschweig/Wiesbaden: Vieweg.

– (1982a), »Unsere Welt – und das ist alles«, in: *Merkur* 36,4 (1982), S. 356-366.

– (1986), »Wertaspekte einer Anwendungsorientierten Literaturwissenschaft«, in: Arbeitsgruppe NIKOL (Hg.) 1986, S. 263-301.

– (1987) »Towards a constructivist theory of media genre«, in: Schmidt (Hg.), S. 371-395.

– (1989), *Die Selbstorganisation des Sozialsystems Literatur im 18. Jahrhundert*, Frankfurt am Main: Suhrkamp.

– (1991), *Grundriß der Empirischen Literaturwissenschaft*. Mit einem Nachwort zur Taschenbuchausgabe. Frankfurt am Main: Suhrkamp.

– (1992), »Why literature is not enough, or, literary studies as media studies«, in: G. Cupchik und J. Laszlo (Hg.), *Emerging Visions of the Aesthetic Process*, Cambridge: Cambridge Univ. Press, S. 227-243.

– (1993), »Kommunikationskonzepte für eine systemorientierte Literaturwissenschaft«, in: Schmidt (Hg.) 1993, S. 241-268.

– (1993a), »Literaturwissenschaft als interdisziplinäres Vorhaben«, in: Janota (Hg.) 1993, S. 3-19.

– (1994), *Kognitive Autonomie und soziale Orientierung. Konstruktivistische Bemerkungen zum Zusammenhang von Kognition, Kommunikation, Medien und Kultur*, Frankfurt am Main: Suhrkamp.

– (1994a), »Einleitung: Handlungsrollen im Fernsehsystem«, in: Faulstich (Hg.) 1994, S. 13-26.

– (1996), *Die Welten der Medien. Grundlagen und Perspektiven der Medienbeobachtung*, Braunschweig/Wiesbaden: Vieweg.

– (1996a), »›System‹ und ›Beobachter‹: Zwei wichtige Konzepte in der (künftigen) literaturwissenschaftlichen Forschung«, in: Fohrmann und Müller (Hg.) 1996, S. 106-133.

– (1996b), »Trivialization and Empiricity«, in: Glanville (Hg.) 1996, S. 385-392.
– (1997), »Anwendungsorientierte Literaturwissenschaft – Perspektiven eines Projekts«, in: Jäger und Schönert (Hg.) 1997, S. 135-144.
– (1998), *Die Zähmung des Blicks. Konstruktivismus · Empirie · Wissenschaft*, Frankfurt am Main: Suhrkamp.
– (1998a), »How to balance open accounts: Some requirements for a further development of the empirical study of literature«, in: S. Janssen und N. van Dijk (Hg.), *The empirical study of literature and the media. Current approaches and perspectives.* Rotterdam: van Waalwijk van Dorn & Co's, S. 92-108.
– (1999), »Literaturwissenschaft als Medienkulturwissenschaft. Anmerkungen zur Integration von Literatur- und Medienwissenschaften«, in: Lecke (Hg.) 1999, S. 65-83.
– (1999a), »Technik – Medien – Politik: Die Erwartbarkeit des Unerwartbaren«, in: Maresch und Werber (Hg.) 1999, S. 108-132.
– (1999b), »Medienwissenschaft im Verhältnis zu Nachbardisziplinen«, in: G. Rusch (Hg.), *Einführung in die Medienwissenschaft*, Opladen: Westdeutscher Verlag (im Druck).
– (1999c), »›Wissenschaftssprachen‹ – heilige Kühe oder Unumgänglichkeiten«, in: H.E. Wiegand (Hg.), *Sprache und Sprachen in den Wissenschaften*, Berlin/New York: de Gruyter, S. 535-560.
–, D. Sinofzik und B. Spieß (1991), »Wo lassen Sie leben? Kulturfaktor Werbung – Entwicklungen und Trends der achtziger Jahre«, in: Ch. Thomsen (Hg.), *Aufbruch in die Neunziger. Ideen, Entwicklungen, Perspektiven der achtziger Jahre*, Köln: DuMont 1991, S. 142-170.
– und B. Spieß (1994), *Die Geburt der schönen Bilder. Fernsehwerbung und Medienkultur*, Opladen: Westdeutscher Verlag.
– und B. Spieß (1996), *Die Kommerzialisierung der Kommunikation. Fernsehwerbung und sozialer Wandel 1956–1989*, Frankfurt am Main: Suhrkamp.
– und P. Vorderer (1995), »Kanonisierung in Mediengesellschaften«, in: Poltermann (Hg.) 1995, S. 144-159.
– und G. Zurstiege (1999), »Starke Männer, schöne Frauen: Geschlechterklischees in der Werbung«, in: A. Gutenberg und R. Schneider (Hg.), *Gender – Culture – Poetics. Zur Geschlechterforschung in der Literatur- und Kulturwissenschaft. Festschrift für N. Würzbach*, Trier: Wissenschaftlicher Verlag Trier 1999, S. 227-246.
– und G. Zurstiege (2000), *Orientierungswissen Kommunikationswissenschaft. Was sie kann, was sie will*, Reinbek: Rowohlt (im Druck).
– und G. Zurstiege (2000a), »Werbewirkungsforschung Revisited«, in: *Publizistik* 4/2000 (im Druck).
– (Hg.) (1987), *Media Genre*, in: *POETICS* 16, Nr. 5.

– (Hg.) (1991), *Gedächtnis. Probleme und Perspektiven der interdisziplinären Gedächtnisforschung*, Frankfurt am Main: Suhrkamp.
– (Hg.) (1993), *Literaturwissenschaft und Systemtheorie. Positionen, Kontroversen, Perspektiven*, Opladen: Westdeutscher Verlag.
– und B. Spieß (Hg.) (1995), *Werbung, Medien und Kultur*, Opladen: Westdeutscher Verlag.
– (Hg.) (1996), *›ersichtlichkeiten‹. Internationale visuelle texte der neunziger*, Siegen: Universität – GH Siegen.
Schmiedke-Rindt, C. (1992), »Eine verhängnisvolle Affäre. Körpersprachliche Strategien im Reich der Wünsche«, in: Hartmann und Haubl (Hg.) 1992, S. 174-189.
Schnädelbach, H. (Hg.) (1984), *Rationalität. Philosophische Beiträge*, Frankfurt am Main: Suhrkamp.
Schneider I., und C. W. Thomsen (Hg.) (1997). *Hybridkultur. Medien Netze Künste*, Köln: Wienand.
Schönert, J. (1995), »Germanistik in den neunziger Jahren – eine Disziplin auf der Suche nach ihrer Identität«, in: Deutscher Akademischer Austauschdienst (Hg.) 1995, S. 17-28.
Schönert, J. (1995 a), »Literaturwissenschaft – Kulturwissenschaft – Medienkulturwissenschaft: Probleme der Wissenschaftsentwicklung«, in: Glaser und Luserka (Hg.) 1995, S. 192-208.
Schönert, J. (1999), »›Kultur‹ und ›Medien‹ als Erweiterungen zum Gegenstandsbereich der Germanistik in den neunziger Jahren«, in: Lecke (Hg.) 1999, S. 43-64.
Scholl, A., und S. Weischenberg (1998), *Journalismus in der Gesellschaft. Theorie und Empirie*, Opladen: Westdeutscher Verlag.
Schorb, B. (1997), »Medienkompetenz durch Medienpädagogik«, in: Weßler u. a. (Hg.) 1997, S. 275-285.
Schulze, A. (1998), »Werbung an der Grenze. Provokation in der Plakatwerbung der fünfziger bis neunziger Jahre«. Phil. Diss., Münster.
Schweitzer, R. von, und H. Pross (1976), *Die Familienhaushalte im wirtschaftlichen und sozialen Wandel. Rationalverhalten, Technisierung, Funktionswandel und das Freizeitbudget der Frau*, Göttingen: Schwartz.
Seel, M. (1998), »Bestimmen und Bestimmenlassen. Anfänge einer medialen Erkenntnistheorie«, in: *Deutsche Zeitschrift für Philosophie* 46, 3 (1998), S. 351-356.
– (1998 a), »Medien der Realität und Realität der Medien«, in: Krämer (Hg.) 1998, S. 244-268.
Seeßlen, G. (1992), »Die Werbung sagt immer die Wahrheit«, in: *Medien Concret* 6, 1 (1992), S. 12-19.
Segal, L. (1990), *Slow Motion: Changing Masculinities, Changing Men*, New Brunswick, NJ: Rutgers University Press.
Sfez, Lucien (1999), »Transparenz statt Gleichheit, Netzzugang statt

Freiheit«, in: *Le Monde Diplomatique / die tageszeitung*, April 1999, S. 22f.
Sicking, P. (1998), *Leben ohne Fernsehen. Eine qualitative Nicht-Fernseherstudie*, Wiesbaden: Deutscher Universitätsverlag.
Siegert, G. (1996), »Die Beziehung zwischen Medien und Ökonomie als systemtheoretisches Problem«, in: Mast (Hg.) 1996, S. 43–55.
Simmel, G. (1923), »Zur Philosophie der Geschlechter. Das Relative und das Absolute im Geschlechter-Problem«, in: ders., *Philosophische Kultur*, 3. Auflage. Potsdam: Kiepenheuer 1923, S. 65-103.
Singer, W. (1998), »Zur Neurowissenschaft der Aufmerksamkeit«, *http://www.heise.de/tp/deutsch/inhalt/co/2002/1.html*, 12.8.1998.
Skelly, G. W. U., und J. Lundstrom (1981), »Male Sex Roles in Magazine Advertising, 1959-1979«, in: *Journal of Communication* 31, 4 (1981), S. 52-57.
Sontag, S. (1978), *Über Fotografie*, München/Wien: Hanser.
Spangenberg, P. M. (1997), »Wahrnehmung und Kommunikation im Leitmedium Fernsehen. Kommunikationssoziologische Untersuchungen zur Konstruktion von Wirklichkeit in audiovisuellen Medien«. Habilitationsschrift, Universität-GH Siegen (erscheint im Fink-Verlag, München).
Spieß, B. (1994), »Weiblichkeitsklischees in der Fernsehwerbung«, in: Merten, Schmidt und Weischenberg (Hg.) 1994, S. 408-426.
Spreen, D. (1998), *Tausch, Technik, Krieg. Die Geburt der Gesellschaft im technisch-medialen Apriori*, Berlin/Hamburg: Argument 1998.
Stadler, M., und P. Kruse (1990), »Über Wirklichkeitskriterien«, in: Riegas und Vetter (Hg.) 1990, S. 133-158.
Steinmüller, K. (Hg.) (1993), *Wirklichkeitsmaschinen. Cyberspace und die Folgen*, Weinheim/Basel: Beltz.
Stöckler, M. (1992), *Politik und Medien in der Informationsgesellschaft*, Münster: Lit-Verlag.
Straub, J. (1996), »Identität und Sinnbildung. Ein Beitrag aus der Sicht einer handlungs- und erzähltheoretisch orientierten Sozialpsychologie«, in: Universität Bielefeld (Hg)., *Jahresbericht des ZiF 1994/95*, Bielefeld 1996, S. 42-90.
Strauß, B. (Hg.) (1998), *Zuschauer*, Göttingen: Hogrefe.
Tenbruck, F. H. (1996), *Perspektiven der Kultursoziologie. Gesammelte Aufsätze*, hg. von C. Albrecht, Opladen: Westdeutscher Verlag.
Thalmann, M. (1970), *Die Romantik des Trivialen*, München: List.
Thiel, C. (1973), »Was heißt ›wissenschaftliche Begriffsbildung‹?«, in: Harth (Hg.) 1973, S. 95-126.
Thomas, G. (1998), *Medien Ritual Religion. Zur religiösen Funktion des Fernsehens*, Frankfurt am Main: Suhrkamp.
Thomsen, C. W. (1996), »Medienkunst und Markt«, in: Thomsen und Blind 1996, S. 5-42.

– und S. Blind (1996), *Medienkunst und Markt. Arbeitshefte Bildschirmmedien*, Siegen: Universität-GH Siegen, Heft 58 (1996).
Treiber, B., und N. Groeben (1981), »Handlungsforschung und epistemologisches Subjektmodell«, in: *Zeitschrift für Sozialisationsforschung und Erziehungssoziologie* 1,1 (1981), 177-238.
Treml, A. K. (1997), *Klassiker. Die Evolution einflußreicher Semantik*, Sankt Augustin: academia Verlag.
Tropp, J. (1997), *Die Verfremdung der Werbung*, Opladen: Westdeutscher Verlag.
Turkle, S. (1984), *The Second Self. Computers and the Human Spirit*, New York: Simon and Schuster.
– (1995), *Life on the Screen. Identity in the Age of Internet*, New York: Simon and Schuster.
Ulmi, M. (1989), *Frauenfragen – Männergedanken. Zu Georg Simmels Philosophie und Soziologie der Geschlechter*, Zürich: efef-Verlag.
Unabhängige Landesanstalt für das Rundfunkwesen (Hg.) (1996), *Bad Girls – Good Girls. Das Frauenbild im Fernsehen: Klischee oder Realität?* Dokumentation der Veranstaltung am 26. März 1996, Kiel: Unabhängige Landesanstalt für das Rundfunkwesen 1996, *http://www.heise.de/tp/deutsch/inhalt/co/2077/1.html.*
Vattimo, G., und W. Welsch (Hg.) (1996), *Media-Transforming Reality*, Stanford: Stanford University Press (im Druck).
Velte, J. (1995), »Die Darstellung von Frauen in den Medien«, in: Fröhlich und Holtz-Bacha 1995, S. 181-253.
Viehoff, R. (1998), »Mediale Umbrüche – Disziplinierung der Wahrnehmung«, in: *Rundfunk und Geschichte* 24,4 (1998), S. 227-232.
– und R. Segers (Hg.) (1999), *Kultur Identität Europa. Über die Schwierigkeiten und Möglichkeiten einer Konstruktion*, Frankfurt am Main: Suhrkamp.
Voßkamp, W. (1990), »Literaturwissenschaft als Geisteswissenschaft. Thesen zur Geschichte der deutschen Literaturwissenschaft nach dem Zweiten Weltkrieg«, in: Prinz und Weingart (Hg.) 1990, S. 240-247.
– (1999), »Literaturwissenschaft und Kulturwissenschaften«, in: de Berg und Prangel (Hg.) 1999, S. 183-199.
Wallich, M. (1999), *Autopoiesis und Pistis. Zur theologischen Relevanz der Dialogtheorien des Radikalen Konstruktivismus*, St. Ingbert: Röhrig Universitäts Verlag.
Watz, C. (1995), »TV-Werbespots und Männer«. Unveröffentlichte Magisterarbeit, Münster.
Watzlawick, P., J. Beavin und D. D. Jackson (1967), *Pragmatics of human communication*, New York: W. W. Norton.
Weber, St. (1996), *Die Dualisierung des Erkennens. Zu Konstruktivismus, Neurophilosophie und Medientheorie*, Wien: Passagen.

– (1999), »Was können Systemtheorie und nicht-dualisierende Philosophie zu einer Lösung des medientheoretischen Realismus/Konstruktivismus-Problems beitragen?«, in: Rusch und Schmidt (Hg.) 1999, S. 189-222.
Weibel, P. (1989), »Der Ausstieg aus der Kunst als höchste Form der Kunst«, in: *Kunstforum International* 98 (1989), S. 60-75.
– (1999), »Freies Hirn im Cyberspace. Peter Weibel über Kunst und Medien der ›Zweiten Moderne‹«, in: *Der Spiegel*, 3/1999, S. 187-189.
Weiderer, M. (1993), *Das Frauen- und Männerbild im deutschen Fernsehen. Eine inhaltsanalytische Untersuchung der Programme von ARD, ZDF und RTLplus*, Regensburg: Roderer.
Weingarten, R. (Hg.) (1990), *Information ohne Kommunikation? Die Loslösung der Sprache vom Sprecher*, Frankfurt am Main: Fischer.
Weingartner, P. (1971), *Wissenschaftstheorie I. Einführung in die Hauptprobleme*, Stuttgart-Bad Cannstatt: frommann-holzboog.
Weinrich, H. (Hg.) (1975), *Positionen der Negativität*, München: Fink.
Weischenberg, S. (1995), »Konstruktivismus und Journalismusforschung. Probleme und Potentiale einer neuen Erkenntnistheorie«, in: *Medien Journal*, Heft 4/1995, S. 47-56.
Weiß, R. (1997), »Läßt sich über Qualität streiten? Versuche in der Kommunikationswissenschaft zur Verobjektivierung des Qualitätsbegriffs«, in: Weßler u. a. (Hg.) 1997, S. 185-199.
Welsch, W. (1988), »Platons neue Höhle. Zur postmodernen Medienkultur«, in: *Erwachsenenbildung*, Heft 1/1988, S. 32-37.
Werber, N. (1992), *Literatur als System. Zur Ausdifferenzierung literarischer Kommunikation*, Opladen: Westdeutscher Verlag.
– (1998), »Zweierlei Aufmerksamkeit in Medien, Kunst und Politik«, *http://www.heise.de/tp/deutsch/special/auf/6310/1.html*, 9. 11. 1998.
Wessely, Ch. (1997), »Theologie und kommerzielle Kultur. Eine fundamentaltheologische Sichtung kommerzieller Spielfilme und Computerrollenspiele«, in: *Communicatio Socialis* 30 (1997), S. 101-126.
Weßler, H. (1997), »Der ›befremdete‹ Blick auf das Selbstverständliche. Wann ist Medienkritik kritisch?«, in: Weßler u. a. (Hg.) 1997, S. 15-26.
Weßler, H., C. Matzen, O. Jarren und U. Hasenbrink (Hg.) (1997), *Perspektiven der Medienkritik. Die gesellschaftliche Auseinandersetzung mit öffentlicher Kommunikation in der Mediengesellschaft*. Dieter Roß zum 60. Geburtstag. Opladen: Westdeutscher Verlag.
Willems, H., und M. Jurga (Hg.) (1998), *Inszenierungsgesellschaft*, Opladen: Westdeutscher Verlag.
Winkler, H. (1992), »Das Ende der Bilder? Das Leitmedium Fernsehen zeigt deutliche Symptome der Ermüdung«, in: K. Hickethier und I. Schneider (Hg.), *Fernsehtheorie. Dokumentation der GFF-Tagung 1990*, Berlin: Edition Sigma, S. 228-235.

Winkler, H. (1997), *DOCUVERSE: Zur Medientheorie der Computer*, München: Boer.
– (1997a), »Die prekäre Rolle der Technik. Technikzentrierte versus ›anthropologische‹ Mediengeschichtsschreibung«, *http://www.heise.de/tp/deutsch/inhalt/co/2228/1.html.*
Winter, R. (1994), *Nie wieder Cowboy! Männliche Jugendkultur und Lebensbewältigung im ländlichen Raum*, Schwäbisch Gmünd: Neuling Verlag.
– und R. Eckert (1990), *Mediengeschichte und kulturelle Differenzierung. Zur Entstehung und Funktion von Wahlnachbarschaften*, Opladen: Leske+Budrich.
Zimmer, H. D. (1983), *Sprache und Bildwahrnehmung*, Frankfurt am Main: Haag & Herchen.
Zurstiege, G. (1998), *Mannsbilder. Männlichkeit in der Werbung. Eine Untersuchung zur Darstellung von Männern in der Anzeigenwerbung der fünfziger, siebziger und neunziger Jahre*, Opladen: Westdeutscher Verlag.

Abbildungsverzeichnis

1. Siegfried J. Schmidt, »Öffentliche Autobiographie«. Erstveröffentlichung.
2. Siegfried J. Schmidt, »alles wird immer gemacht«. Erstveröffentlichung, aus: *von anbeginn*. 43 gedichte.
3. »Nur die Wirklichkeit wirkt wirklicher«. Werbung für Hewlett-Packard-Farbdrucker, aus: *Der Spiegel*, Heft 16/1999.
4. Victor von Bülow, »Loriots heile Welt« (um 1971), aus: Wulf Herzogenrath u. a., (Hg.), *TV-Kultur. Das Fernsehen in der Kunst seit 1879*, Amsterdam/Dresden: Verlag der Kunst 1997, S. 300.
5. »Evolution der Massenmedien«, Bertelsmann Medienmarktstudie (1995), abgebildet in: *Horizont* Heft 17/1997.
6. »Office für Windows 95 ist da«. Werbung der Microsoft Corporation, aus: *Jahrbuch der Werbung* 1996, S. 600.
7. »In jeder Situation eiskalt«. Werbung für Malteserkreuz Aquavit, in: *Der Spiegel*, Heft 51/1998.
8. Werbung für »Viva-Maria«-Wäsche, in: *Der Spiegel*, Heft 1/1999.
9. »Das letzte Abendmahl«. Werbung für Otto-Kern-Wäsche, aus: *Jahrbuch der Werbung* 1994, S. 30.
10. »Hollywood im Serienfieber«, aus: Wulf Herzogenrath u.a. (Hg.), *TV-Kultur. Das Fernsehen in der Kunst seit 1879*, Amsterdam/Dresden: Verlag der Kunst 1997, S. 87.
11. Ito Motoyuki, »Plastic poem 6« (*oto:* Geräusch, Lärm, *mu:* Nichts, nichtig), aus: S. J. Schmidt (Hg.), *Visuelle Poesie. Schriften zur konkreten Kunst*, Bd. 2, Karlsruhe 1969.
12. Adriano Spatola, »Sardinenschrift«, aus: S. J. Schmidt (Hg.), *Visuelle Poesie. Schriften zur konkreten Kunst*, Bd. 2, Karlsruhe 1969.
13. Tizian, »Allegorie der Klugheit« (1560-70).
14. Piet Mondrian, »Komposition« (1922).
15. Kasimir Malewitsch, »Schwarzes Quadrat auf weißem Grund« (um 1920).

Namenregister